西南政法大学 侦查学第七代教材

本书受西南政法大学2019年校级规划教学用书编写项目资助

现场勘查

Investigation of Criminal Scene

倪春乐 ◎ 主编

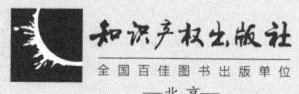

知识产权出版社
全国百佳图书出版单位
—北京—

图书在版编目(CIP)数据

现场勘查 / 倪春乐主编 . —北京：知识产权出版社，2020.9（2023.2 重印）
ISBN 978－7－5130－7114－7

Ⅰ.①现… Ⅱ.①倪… Ⅲ.①刑事犯罪—现场勘查—教材 Ⅳ.①D918.4

中国版本图书馆 CIP 数据核字(2020)第 151329 号

责任编辑：李陵书　李芸杰　　　　　　　责任校对：王　岩
封面设计：研美文化　　　　　　　　　　责任印制：刘译文

现场勘查

倪春乐　主编

出版发行：知识产权出版社有限责任公司	网　　址：http://www.ipph.cn
社　　址：北京市海淀区气象路 50 号院	邮　　编：100081
责编电话：010－82000860 转 8739	责编邮箱：liyunjie2015@126.com
发行电话：010－82000860 转 8101/8102	发行传真：010－82000893/82005070/82000270
印　　刷：天津嘉恒印务有限公司	经　　销：新华书店、各大网上书店及相关专业书店
开　　本：787mm×1092mm　1/16	印　　张：22.5
版　　次：2020 年 9 月第 1 版	印　　次：2023 年 2 月第 3 次印刷
字　　数：423 千字	定　　价：78.00 元
ISBN 978－7－5130－7114－7	

出版权专有　侵权必究

如有印装质量问题，本社负责调换。

前·言

现场勘查是刑事案件侦查工作的重要组成部分,现场勘查课程也是刑事侦查学专业的核心主干课。综合运用自然科学和社会科学的理论和技术,依据法律的规定对刑事案件现场进行勘查,发现、固定、提取和利用现场中的各种信息和证据,进而查明案件事实,是现场勘查工作的重要任务。

对于侦查而言,刑事案件现场是一个信息宝库,犯罪活动在现场发生、各种信息在现场交互,因而它往往保存了最本源、最真实的证明事实的素材。刑事案件现场中的信息具有多层次性,有的可见,有的不可见;有的是物质信息,有的是心理信息;有的可直接感知,有的必须借助科技力量。特别是随着犯罪活动信息化、隐蔽化和智能化的不断增强,对现场信息、证据的发现、固定、提取和使用的要求不断提高。同时,全面依法治国的要求以及诉讼文明化的目标也亟待侦查机关提升侦查取证的规范化、科学化和法治化。

本书在坚持传统现场勘查理论的基础上,结合当前勘查工作实务中的突出问题,以侦查工作在新时代背景下的新需求和依法治国对诉讼活动的高标准为导向,布局全书框架和内容。

全书从现场及现场勘查的一般原理出发,探讨了现场勘查工作的基本法治要求、工作程序、勘查工作要领和策略方法。针对当前高发、多发性案件现场,本书均设专章从现场特点、勘查重难点及勘查方法等方面进行详细阐释。

总体上,本书有如下三方面特点:

一是规范化。现场勘查不仅是一项认识现场的活动,更是一项法律活动。诉讼文明化和法治化对勘查工作的规范化要求不断提升。本书坚持以法律规范为基准,紧紧围绕现场勘查法律规范的条文和立法精神,从接报案程序、现场保护到具体勘验检查工作的开展、现场访问的实施,直至勘后处理等,均以对法律的规范化理解和适用为基础。

二是实操性。现场勘查是一项技术性要求极高的工作,在规范化的前提下,侦查人员必须运用多元思维，结合历史经验和现场状态，在准确分析研判的基础上才能完成对现场的精确认知，以及对痕迹物证和案件信息的准确把握和利用。因此，作为教材就必须要结合案件实例，梳理历史案件中的一般规律，针对实践中的常见问题，提供针对性的操作方案。本书以大量实务案例为基础，对原始素材进行了归纳提炼，坚持问题导向，注重实操指导，能使学生和基层干警更好地理解内容，辅助其具体工作的开展。

三是前沿性。本书结合了当前犯罪活动信息化、隐蔽化、智能化的特点及现场勘查新理念、新技术、新手段的使用状况，将相关内容融入每个章节，有助于指导未来对于新型犯罪案件的现场勘查工作。

此外，本书还具有"理论争鸣"的特色，对于理论和实务中的一些问题秉持开放的态度，提出一些看法和主张供读者参考和批评，以便于在研讨中开拓思路、增进共识，不断提升现场勘查工作的效能，实现其内含的事实价值、法律价值、证据价值。

本书的总体结构和内容由主编倪春乐审定完成，参编人员及具体分工如下：

倪春乐：西南政法大学刑事侦查学院副院长、副教授（第一、三章）。

郑晓均：西南政法大学刑事侦查学院教授（第二、五、十二章）。

胡尔贵：西南政法大学刑事侦查学院院长、教授（第十五、十七、二十一、二十二章）。

管光承：西南政法大学刑事侦查学院教授（第六、十六章）。

刘晓明：上海市公安局闵行分局刑科所原所长、公安部全国刑事技术特长专家（第十四、十六章）。

裘树祥：西南政法大学刑事侦查学院教授（第七、八章）。

杨　鸣：重庆市公安局刑警总队技术处高级工程师（第九、十章）。

李　灿：重庆市公安局沙坪坝区分局刑警支队副支队长、高级工程师（第四、十一、十三章）。

刘　捷：重庆市公安局政治部警务训练处民警（第十八、十九、二十章）。

由于现场勘查本身是一项综合性要求极高的工作，现场勘查课程涉及的知识面极广、实效性极强，鉴于作者水平有限，书中难免有一些错误和疏漏之处，望广大读者批评指正。

《现场勘查》编写组

2020 年 7 月

目·录

上编　现场勘查基础理论　001

第一章　现场勘查绪论　// 003
第一节　现场的概念　// 003
第二节　现场勘查的概念　// 010
第三节　现场勘查的任务　// 011
第四节　现场勘查的基本要求　// 013

第二章　勘查前的现场保护　// 016
第一节　现场保护的作用　// 016
第二节　现场保护的工作内容　// 018
第三节　现场保护的方法　// 021

第三章　现场勘查的管辖、组织与指挥　// 026
第一节　现场勘查的管辖　// 026
第二节　现场勘查的组织　// 030
第三节　现场勘查的指挥　// 034

第四章　现场勘查的基本程序　// 038
第一节　受理报案　// 038
第二节　赶赴现场后的常规处置　// 042
第三节　现场勘查活动的开展　// 045
第四节　结束勘查　// 050

第五章　现场访问　// 053
第一节　现场访问的任务　// 053
第二节　现场访问的对象　// 055
第三节　现场访问的方法　// 057

第六章　实地勘验　// 066
第一节　实地勘验的任务和对象　// 066
第二节　实地勘验的步骤　// 070
第三节　实地勘验的方法　// 077

第七章　现场搜索　// 080
第一节　现场搜索的任务和要求　// 080
第二节　现场搜索的目标、范围和重点　// 082
第三节　现场搜索的实施过程和具体形式　// 084
第四节　现场搜索中的查缉措施　// 087

第八章　现场痕迹物证的发现与提取　// 092
第一节　现场手印的发现与提取　// 092
第二节　现场脚印的发现与提取　// 101
第三节　现场工具和车辆痕迹的发现与提取　// 105
第四节　现场枪弹痕迹的寻找、发现与提取　// 107
第五节　现场其他痕迹物证的发现与提取　// 110

第九章　警犬的使用　// 120
第一节　使用警犬的时机和条件　// 120
第二节　嗅源的发现、保护、提取、保存与使用　// 122
第三节　警犬追踪、搜索与鉴别　// 125

第十章　现场实验　// 130
第一节　现场实验的概念和作用　// 130
第二节　现场实验的种类与规则　// 131
第三节　现场实验的步骤　// 134
第四节　对现场实验结果的评断　// 136

第十一章　现场勘验检查工作记录　// 138
第一节　现场勘验检查工作记录的作用及基本要求　// 138
第二节　现场勘验检查笔录　// 141
第三节　现场绘图　// 149

第十二章　实地勘验后的处理　// 166
第一节　勘后处理的作用　// 166

第二节　勘后处理的具体内容和方法　// 167
第三节　勘验失误的原因及防治　// 171

第十三章　临场讨论　// 175
第一节　临场讨论概述　// 175
第二节　临场讨论中事件性质的判断　// 178
第三节　案情分析　// 181

第十四章　现场分析与重建　// 191
第一节　现场分析概述　// 191
第二节　现场分析的任务、作用和重要特征　// 193
第三节　现场分析中的信息点原理及其应用　// 196
第四节　以信息点为基础的现场分析步骤　// 198
第五节　提高现场分析能力的途径　// 200
第六节　现场重建　// 203

下编　具体类型案件现场勘查方法　205

第十五章　杀人案件的现场勘查　// 207
第一节　杀人案件现场勘查的任务　// 207
第二节　杀人案件现场勘查的重点　// 211
第三节　几种常见杀人案件的勘查重点　// 220

第十六章　爆炸案件的现场勘查　// 232
第一节　爆炸现场的形成及特点　// 232
第二节　爆炸现场勘查的任务及方法　// 240
第三节　爆炸案件现场勘查的重点　// 244

第十七章　放火案件的现场勘查　// 252
第一节　放火案件现场勘查的任务　// 252
第二节　放火案件现场访问的重点　// 256
第三节　放火案件实地勘验的重点　// 259

第十八章　投毒案件的现场勘查　// 267
　　第一节　投毒案件现场勘查的任务　// 267
　　第二节　投毒案件现场勘查的重点　// 269

第十九章　抢劫案件的现场勘查　// 274
　　第一节　勘查抢劫案件现场的任务　// 274
　　第二节　拦路抢劫现场的勘查　// 279
　　第三节　入室抢劫现场的勘查　// 282

第二十章　强奸案件的现场勘查　// 288
　　第一节　强奸案件现场勘查的任务　// 288
　　第二节　强奸案件现场的勘验　// 289
　　第三节　强奸案件的现场访问　// 294
　　第四节　强奸案件中的人身检查　// 295

第二十一章　盗窃案件的现场勘查　// 298
　　第一节　勘查盗窃现场的任务　// 298
　　第二节　入室盗窃现场的勘查　// 300
　　第三节　扒窃现场的勘查　// 310
　　第四节　盗窃交通工具现场的勘查　// 313

第二十二章　重大责任事故案件的现场勘查　// 317
　　第一节　勘查重大责任事故现场的任务　// 317
　　第二节　勘查重大责任事故现场的重点　// 319
　　第三节　生产机械设备事故现场的勘查　// 322
　　第四节　矿山事故现场的勘查　// 326
　　第五节　建筑事故现场的勘查　// 329
　　第六节　违反危险物品管理规定事故现场的勘查　// 334

附录　公安机关刑事案件现场勘验检查规则（2015）　338

参考文献　349

上编
现场勘查基础理论

第一章　现场勘查绪论

第一节　现场的概念

一、现场、犯罪现场及刑事案件现场

1. 现场

现场是一个时空概念（"现"具有时间的含意，"场"具有空间的含意），或者说是在一定时间范围以内的空间概念。按照一般理解，现场是指人们从事某种活动或者发生某种事件的地点。在现实生活中，存在着多种多样的现场，有人为因素形成的现场，也有自然因素形成的现场。前者如生产现场、实验现场、交通肇事现场、交战现场等；后者如地震现场、洪灾现场、泥石流现场、雷击现场等。

2. 犯罪现场与刑事案件现场

所谓犯罪现场，是指犯罪嫌疑人实施犯罪的空间和遗留有同犯罪有关的痕迹物证或其他信息的场所。关于犯罪现场的概念，我国乃至域外侦查学理论界与实务部门已沿用多年。我们认为，"犯罪现场"这一概念应当有所特指，不应与"刑事案件现场"混同。众所周知，犯罪现场以犯罪行为的存在为前提，只有在法律和事实上确定有犯罪行为发生之后，犯罪行为发生的空间才能被称为犯罪现场，反之则不能叫作犯罪现场。实际上，在许多情况下侦查机关勘查的现场并非都是有犯罪行为发生的空间。现场勘查作为一种审查事件性质的措施在实际工作中被广泛加以应用，目的就是通过现场勘验检查，查明是否有犯罪行为存在，是否是一起犯罪事件。一方面，在没有勘查之前，就主观地认为所勘查地点为犯罪现场是不科学的，有悖人们认识客观事物的常理。另一方面，即使勘查结束，认为有犯罪行为发生，需要立案侦查，同样也不能将所勘查的场所称为犯罪现场，因为此时的"有犯罪行为发生"只是勘查人员主观上的一种分析判断，或者说是一种内心确认，只是"认为"有犯罪行为发生，而不能"认定"有犯罪行为发生。从法理上讲，到底是否为犯罪现场，还得根据法院的最终判决，只有最终判决认定某人的行为构成犯罪，那么其实施犯罪行为的空间才可被称为犯罪现场。

取"犯罪现场"而代之的应当是"刑事案件现场"。所谓刑事案件现场，是指有犯罪事件发生或怀疑有犯罪事件发生的场所，以及犯罪嫌疑人实施犯罪过程中可能遗留有与犯罪有关的痕迹物证或其他信息的场所。对刑事案件现场的理解，应把握三个方面：一是它包括的范围较广，但易于界定。它既包括"犯罪现场"所指的犯罪嫌疑人实施犯罪的空间和遗留有与犯罪有关的痕迹物证等信息的场所，也包括不是犯罪现场但被怀疑有犯罪发生的空间和可能遗留有与犯罪有关的痕迹物证等信息的场所。也就是说，凡被怀疑有犯罪发生以及可能遗留有与犯罪有关的痕迹物证的空间或场所都属于刑事案件现场。二是要正确区分案件与犯罪的关系。凡犯罪的，必然形成案件；反之，立案或形成案件的，却不一定是犯罪。从这个意义上讲，刑事案件现场的外延大于犯罪现场的外延，与勘查机关所勘查的现场相吻合，因此，称"刑事案件现场"较为恰当。三是对"现场"二字亦要正确理解。就现场而言，不能笼统地理解为"一定的地点"，因为地点特指某一个区域、空间的某一部分，地点是在地球表面可由经纬度确定的一个空间位置，且不能移动。如果将刑事案件现场仅仅理解为一定的地点，则无法对动态空间中发生的案件作出相应的理论解释和适用。如犯罪嫌疑人在航空器、出租车、火车、轮船上实施犯罪，用"地点"一词无法涵盖这里的"空间要素"。因此，在一定意义上，将现场的空间部分理解为"场所"更为恰当，场所即为某个处所，既包括地点，也包括其他一些特殊空间位置，场所可以移动。

应当注意的是，刑事案件现场是一个复合性、动态化和立体化的概念。首先，就一起刑事案件而言，往往不止一个或两个现场，但多数案件人们只发现其一个或两个现场，只有某些案情复杂、破坏性大的案件，才能找到几个现场，乃至十几个现场。如杀人碎尸案，犯罪嫌疑人在甲地杀人，乙地碎尸，随后将尸块移匿于丙、丁多地，甲、乙、丙、丁等地就是该案的若干个现场。因此在这里，我们说的刑事案件现场应当是一个复合性的概念，是上述若干现场的综合。其次，刑事案件现场是一个动态化、阶段性的概念。一般情况下，一起完整的刑事案件会有预谋、作案、毁证灭迹等环节。相应地，每一个环节和阶段都会形成特定的现场，这些现场是整个刑事案件现场的动态反映。第三，刑事案件现场是一个立体化的概念。就现场所涵摄的空间要素而言，我们不仅要认识和研究物理空间，对有关的场所、物品、人身、尸体等进行勘查，还要注意虚拟空间中以电磁等形式存在的各种信息。因此，现代技术化的现场勘查也应当是立体化勘查。

二、刑事案件现场的构成要素

构成刑事案件现场，必须具备如下要素。

1. 时间、空间要素

刑事案件现场的时间要素，通常是指形成刑事案件现场的犯罪活动从开始到终止的时间，即作案时间。有的案件，犯罪嫌疑人的犯罪活动是在不同时间、不同地点分阶段进行的，现场存在的时间应按不同的地点逐段分别计算。有的犯罪嫌疑人的犯罪行为与犯罪后果不是连续发生的，因而刑事案件现场存在的时间，除了应当计算犯罪嫌疑人在现场活动的这一段时间外，还应当计算因犯罪活动而引起被侵害对象及其物质环境发生变化的那一段时间，尽管此时犯罪嫌疑人可能已逃离现场。

就对刑事案件现场时间要素的认识而言，我们认为可分为三个层次：一是时刻或时间点，即犯罪行为或与犯罪活动相关的行为或现象发生的起、止在时间标注上的静止点，它表明的是行为或现象出现或消失的时间节点。二是时间段，即一定的行为或现象所持续的时间范围，它表明的是一定的犯罪行为或与犯罪有关的其他行为或现象所持续的时间范围。三是时间周期，即特定的犯罪行为或现象在多个刑事案件现场中带有一定规律性的时间特性，它表明的是犯罪行为或现象发生或出现的反复性特征。只有认识时间点、时间段和时间周期，我们才能更好地把握与刑事案件相关的各种行为、现象等发生、发展在时间层面的特性，从而更清晰地认识案件事实。

刑事案件现场的空间要素，是指犯罪嫌疑人实施犯罪活动时所涉及的场所。多数刑事案件，只涉及一个空间范围，即通常所说的只有一个现场。有些刑事案件的犯罪活动是在不同时间、不同场所分阶段进行的，这样就可能有多个现场。

时间和空间既是刑事案件现场存在的形式，也是犯罪事实的组成要素。时间具有持续性和一维性，一个人在同一单位时间内，只能在一个场所活动，而不可能既在甲地活动，又在乙地活动，即不能同时占有两个空间。因此，确定刑事案件现场存在的时间、空间，对于查明犯罪活动情况，收集犯罪证据，确定侦查方向和范围，具有非常重要的作用。

2. 被侵犯对象及其周围物质环境变化要素

引起被侵犯对象及其周围物质环境变化是实施犯罪行为的必然结果。刑事犯罪是一种直接的破坏行为，犯罪嫌疑人的意图一旦实施，必然引起现场被侵犯对象及其周围物质环境（包括人、事、物）的变化。刑事案件现场这种环境变化或危害后果是不可避免的。在实践中，我们应当准确认定这些变化，分析这些变化的原因及性质，注意从变化了的要素中探究不变的犯罪事实核心要素。

3. 犯罪嫌疑人的犯罪行为要素

犯罪嫌疑人的犯罪行为是构成刑事案件现场的核心。从刑事案件现场的结构看，仅有时空要素、被侵犯对象及其周围物质环境变化要素是不够的，刑事案件现场必须具有犯罪嫌疑人的犯罪行为这一要素，这是刑事案件现场区别于其他现场（如建筑施工现场、灾害事故现场）最核心的要素。因此，现场勘查，首先应查明事件性质是否为刑事犯罪，而犯罪事件的成立，又依赖于犯罪行为的发生，不存在犯罪行为的地点或场所就不是刑事案件现场。在侦查实践中，案件情况往往复杂多变，在没有对现场进行勘查前较难分辨。

上述刑事案件现场的三要素相互关联，彼此依存，缺一不可。犯罪嫌疑人的犯罪行为必然与时间、空间、现场诸要素的变化同时存在，它是刑事案件现场的重要内容和基本要件；时间、空间要素是刑事案件现场的基本条件；被侵犯对象及其周围物质环境变化是刑事案件现场的必然结果。

三、刑事案件现场的特点

刑事案件现场与其他现场相比，主要有以下五个方面的特点。

1. 客观性

刑事案件现场是一种客观存在，只要有犯罪行为，就必然有刑事案件现场，这是不以人的意志为转移的。刑事案件现场中存在的痕迹物证是客观的，它们是犯罪行为的反映和体现，这也是不以人的意志为转移的。犯罪嫌疑人即使有销毁现场证据或破坏、伪装现场的行为，仍然会形成新的痕迹。

2. 特定性

刑事案件现场的特定性主要有两层含义。一是每一起刑事案件都有与其相对应的刑事案件现场，不同的案件有不同的现场，现实中不存在两个完全相同的现场；二是每一起刑事案件的现场都有与之相对应的、特有的痕迹物证。正是由于刑事案件现场的这种特定性，才使侦查人员能够区别此案与彼案，也才能由此采用不同的方法侦破案件。

3. 阶段性

刑事案件现场的阶段性主要有两层含义。第一，某一案件的若干现场，其形成或产生表现出阶段性，一般都会按照"预谋—作案—毁证灭迹"的规律先后形成；第二，某一具体现场的痕迹物证，其产生和分布具有阶段性，它是作案人在现场的行为先后顺序的客观反映。正是这些痕迹物证产生和分布的阶段性，侦查人员才能据以分析犯罪活动的过程。

4. 易变性

刑事案件现场形成后，很容易受到各种因素的影响而发生变化，依据其原因，现场变化主要分为两种。一是因自然因素导致的现场变化，二是因人为因素导致的现场变化。侦查人员必须从现场状况分析产生变化的具体原因，从而采取适当的勘查方法和策略，进而将这些变化作为分析现场时的考量因素。刑事案件现场的易变性也要求我们，一方面要尽量减少自然因素可能造成现场的各种变化，或及时记录因自然因素导致的现场变化之前的原始状况；另一方面要严格遵守现场勘查的工作纪律和要求，应绝对避免因侦查人员或保护人员因素导致的人为变化。

5. 可认识性

尽管刑事案件现场由于种种原因而显得扑朔迷离，但其终究是可以被认识的。现场痕迹物证是客观存在的，它们是犯罪行为的反映，同时包含了能证实犯罪行为的信息。侦查人员通过采用科学合理的方法，遵循相应的勘查规范，是可以将这些信息予以解读的。因此，一次现场勘查质量的好坏，不仅取决于现场本身，还取决于勘查人员的主观努力。

四、刑事案件现场的分类

刑事案件现场情况复杂，没有统一的分类标准。由于分类的依据不同，因此在实践中对于刑事案件现场有各种各样的划分。比较科学的分类方法有以下四种。

1. 原始现场与变动现场

以刑事案件现场形成以后有无重大变化为依据，可将刑事案件现场分为原始现场和变动现场。

原始现场是指刑事案件发生以后到实地勘验以前，没有受到人为的或重大自然力的改变和破坏的现场。这类现场保持着案件发生时的本来面貌（原始状态），因此被称为原始现场。这类现场的特点是能客观、真实地反映犯罪嫌疑人在现场的行为方式和作案过程，有关犯罪的痕迹物证比较齐整，能为侦查破案提供丰富的线索和重要的证据。因此，这类现场对侦查工作具有重要作用。实践中要强调现场保护的重大意义，切实落实现场保护的各种制度措施（如责任制），尽量减少某些人为或自然因素对现场造成的改变和破坏，尽可能地使现场保持其原始状态，为现场勘查提供更多的有利条件。

变动现场是指刑事案件发生以后到实地勘验以前，由于自然情况的变化或人为因素的影响，原始状态有了部分或全部改变的现场。这类现场，由于部分地或全部地改变了犯罪行为所造成的被侵害对象和物质环境变化的原始状态，因而，也形成了自己的特点，即犯罪嫌疑人遗留的痕迹和其他物证受到了某种程度的破坏或散失，不能客观、全面地反映犯罪嫌疑人在现场的行为方式与作案过程。这给发现侦查线索、收集证据、分析判断案情等都带来了一定的困难，有时还会导致在分析判断案情上发生错误。但是，无论现在或将来，要完全避免变动现场的出现都是不现实的。因此，一方面，我们要尽力维持现场的相对原始性和稳定性，使现场中的各种信息要素更客观、准确地反映案件事实；另一方面，对于变动现场，我们要善于发现和分析变动源，探究变动可能对认识现场和分析案情造成的影响，并将其作为基本变量考虑到临场分析过程中。

2. 主体现场与关联现场

犯罪活动一般可分为"预谋—作案—毁证灭迹"三个阶段，每一个阶段都可能形成一个或几个刑事案件现场。而各阶段形成的刑事案件现场，按其在犯罪发生、发展过程中的地位和作用，可分为主体现场和关联现场。

主体现场就是犯罪嫌疑人针对犯罪对象实施主要侵害行为的场所。例如，杀人案件中杀人的场所，抢劫案件中实施暴力抢劫的场所，爆炸案件中爆炸发生的场所等。这类现场在案件形成过程中起着关键性的作用，人们认识犯罪往往是从主体现场开始的。主体现场大多能较充分地反映犯罪嫌疑人的犯罪行为，能为侦查人员提供认识犯罪和揭露犯罪的主要情况，这对于判明案件的形成，分析案件的性质，刻画犯罪嫌疑人，发现侦查线索，收集破案证据，确定侦查工作的方向和范围，都具有十分重要的作用。

关联现场是与犯罪嫌疑人实施侵害行为有关的场所。例如，预谋场所，藏赃毁证、移尸埋尸场所等。犯罪嫌疑人在实施侵害行为以前，一般都有一定的预谋活动，如对犯罪地点、时机的选择，犯罪目标的窥探，作案工具的准备等。这些活动所形成的现场即为关联现场。由于所有的关联现场都与犯罪嫌疑人实施侵害行为有着直接的联系，通过对关联现场的寻找、发现与勘验，可以获得更多的侦查线索和破案证据，有利于及时揭露犯罪和揭发犯罪嫌疑人。为了及时揭露和揭发犯罪嫌疑人，必须重视对关联现场的查找。这样既可以印证犯罪嫌疑人的口供，也可以进一步充实犯罪证据，使案件办得更有质量，同时还可以完备侦查人员对犯罪过程的认识，有利于提高其业务水平。

应当注意的是，对于案件侦查认识而言，主体现场和关联现场之分并不意味着两者的作用和意义有大小之别。实践中的诸多案件正是通过对关联现场的认识才发现主体现场，并破获全案的。

3. 真实现场与伪造现场

以刑事案件现场现象的真假为依据，可分为真实现场和伪造现场。

真实现场是犯罪嫌疑人真实犯罪行为所形成的现场。这类现场直接反映了犯罪嫌疑人实施犯罪行为的情况，对于分析判断案情、发现犯罪痕迹和其他物证有着重要意义。但是，实践中更多的是由真实现场派生出的，经过犯罪嫌疑人在现场伪装、掩盖其犯罪行为后的变造现场（或伪装现场）。就真实现场和伪装现场的关系而言，我们认为，伪装行为受犯罪嫌疑人真实犯罪意图所驱动，伪装现场现象是犯罪嫌疑人行为的真实反映，其本质上仍属于真实现场。对于伪装现场的勘查，应主要解决"去伪存真"的问题，善于从现场发现种种反常情况。这里的"伪"并不是"假"，因为从侦查角度讲，掩盖犯罪的行为本质上也是真实的，也能反映犯罪嫌疑人的真实信息。

伪造现场又称为假现场，是指当事人为了达到某种目的或犯罪嫌疑人为了掩盖自己的其他犯罪行为而有意布置的假案现场。这类现场不能反映案件的存在，当事人陈述的"案情"纯属虚构，现场是为了印证虚构的案情布置出来的。

对伪装现场和伪造现场的勘查尤其要细致、谨慎。对于前者，我们要依据逻辑规律和痕迹物证的反常来分析和判断具体的伪装部分，并从中推断出伪装的真实意图，反推犯罪嫌疑人的心理。对于后者，我们要从现场整体性的角度出发，将现场信息与其他信息，尤其是与报案人反映的内容进行综合判断，以便发现其中的矛盾。

4. 宏观现场和微观现场

刑事案件现场还可以从宏观和微观两个角度来划分，此种划分是依据刑事案件空间的大小来确定的。这种划分实质上就是要关注存在于某个案件现场之中大小各异的若干现场——"小"现场，所有这些"小"现场都有重要意义。因而，应当把它们都当成刑事案件现场进行勘查。宏观现场不仅仅只是一个地点，还包括被害人、犯罪嫌疑人以及与案件有关的建筑物和车辆等。微观现场则是指与正在调查的案件相关的所有物品或者痕迹，如死者身上的咬痕，现场的绳索、纤维、毛发，死者的指甲，现场的烟蒂等，都可以被视为微观现场。勘查人员应当分别针对这些现场进行勘查。

每一起刑事案件都可能存在大量的宏观现场和微观现场，勘查人员应审慎地分析宏观现场与微观现场之间的相互关系。无论是宏观现场还是微观现场，都可能为我们侦查整个案件提供有用的信息，甚至帮助我们最终侦破案件。

在理论与实践中，对刑事案件现场还有其他不同的分类方法。如按照现场所处的空间位置，分为室外现场、室内现场；按照案件性质，分为杀人现场、盗窃现场、抢劫现场、爆炸现场、重大责任事故现场、制假现场、交通肇事现场等；按照犯罪活动的先后顺序或发现的先后顺序，分为第一现场、第二现场、第三现场等；按照犯罪阶段，分为预谋现场、作案现场、毁证灭迹现场等。以上各种分类，有助于侦查人员在进行现场勘查时开阔视野、全面考虑，充分估计到可能出现的各种情况，以便针对现场的不同特点，采取相应的勘查方法。

第二节　现场勘查的概念

现场勘查是一项法定的侦查措施。现场勘查是在刑事案件发生以后，侦查人员为了发现侦查线索，收集犯罪证据，查明犯罪事实，依照相关法律规定，运用一定的策略方法和技术手段，对与犯罪有关的场所、物品、痕迹、人身、尸体以及以虚拟空间为载体的电磁数据信息等进行的勘验、检查，对事主、被害人、知情群众进行的调查访问。现场勘查的概念包括以下四个方面的内容。

一、现场勘查的主体

侦查破案是侦查机关的职责所在，现场勘查既然是一项法定的侦查措施，当然就应由侦查机关的侦查人员来主持与实施。《中华人民共和国刑事诉讼法》（以下简称《刑事诉讼法》）第128条规定："侦查人员对于与犯罪有关的场所、物品、人身、尸体应当进行勘验或者检查。在必要的时候，可以指派或者聘请具有专门知识的人，在侦查人员的主持下进行勘验、检查。"《刑事诉讼法》的这一规定明确赋予了侦查人员现场勘查权，同时也指出对于某些情况复杂的案件"在必要的时候"，可以根据需要，指派或者聘请具有专门知识的人参加，但必须在侦查人员的主持下进行勘查。由此可见，现场勘查的主体是法定的特殊主体。除侦查机关的侦查人员以外，其他任何机关、团体或公民个人，都无权进行现场勘查。

二、现场勘查的对象

现场勘查的对象是指现场勘查活动所具体指向的客体物。从对象的表现形态看，主要有与犯罪有关的场所、物品、痕迹、人身、尸体以及以虚拟空间为载体的电磁数据信息等。各种勘查对象都蕴含着与案件及侦查有关的信息。场所一般是指案件发生的现场，包括周围的环境；物品主要包括赃物、遗留物、犯罪嫌疑人使用的物品及现场被破坏的物品；痕迹主要是指因犯罪嫌疑人的犯罪行为而表现和遗留于现场的各种反映形象；人身主要是指犯罪嫌疑人及被害人的人身；尸体是指在现场发现的尸体和可能与案件有关的尸体及尸体组成部分。

针对不同的勘查对象需要采取不同的勘查方法，也需要遵循不同的勘查规则。侦查人员不仅要牢记勘查制度规范，严格遵循法律规定，同时也要善于总结勘查经验，不断提高对各类勘查对象的勘查质量。

三、现场勘查是发现侦查线索和收集诉讼证据的重要手段

刑事案件现场是线索和证据的"宝库"。犯罪行为一旦实施，依据物质交换定律，必然会引起现场各种客观事物的变化，这是不以犯罪嫌疑人的主观意志为转移的客观规律。现场的变动情况以及与犯罪有关的人、事、物，都可以作为侦查线索，有的还是揭露与证实犯罪的重要证据。这些线索和证据客观地存在于刑事案件现场，因此，刑事案件现场是侦查线索和诉讼证据的主要来源。

四、现场勘查的方法

现场勘查的方法主要分为策略方法和技术方法。策略方法主要是指在现场访问时所运用的对策和谋略，也包括宏观层面的现场组织与智慧。技术方法主要是指在实地勘验过程中如何对痕迹、物品、人身、尸体及电磁数据信息等进行发现、提取、保管及使用，从而最大程度地发掘其蕴含的案件信息的技术手段和科学方法。

现场勘查过程既不曲折离奇，也不是探囊取物，它是一个组织化、系统化、协作化、逻辑化的认识和分析过程。正确进行刑事案件现场的勘查，不仅要求勘查人员自身不断地接受训练，具备一定的侦查工作经验，而且要求勘查人员之间协调配合，形成团队合作优势。现场勘查工作绝不能限制或阻碍现场信息的交流与共享，而应当尽可能地创造条件畅通信息交流渠道。团队合作和信息交流是现场勘查工作不可缺少的组成部分。

第三节　现场勘查的任务

一、查明事件性质

事件性质是指已发生事件的属性，即其是犯罪事件还是非犯罪事件。查明事件性质是现场勘查的首要任务。侦查工作的开展是以侦查人员认为有刑事案件发生这一主观性判断为前提的。实践中，侦查机关和侦查人员在接收到各种"事件"信息后，首先需要对事件是否为刑事案件作出基本判断，进而根据不同的法律依据分类处理。只有判断有刑事案件发生时，才能进行立案侦查。因此，现场勘查的首要任务是根据现场情况判明事件的性质。只有有充分的依据认为是犯罪行为引起的事件，并且达到规定的立案标准，才能立案侦查。

二、查明犯罪活动情况

犯罪活动是由一定的主体，在一定的时间、空间，采取一定的方式完成的。案件不同，犯罪活动的情况就不同。就认识的基本要素而言，需要查明的犯罪活动情况主要有以下六个方面。

（1）作案时间。

作案时间是指犯罪嫌疑人实施犯罪行为所经历的时间，即从侵入现场，到在现场活动，直至逃离现场的时间。这里的作案时间不仅包括时间点，即以一定的时刻标示的时间，还包括时间段，即一定的行为经历的时间过程。

（2）犯罪空间。

犯罪空间是指犯罪嫌疑人实施犯罪行为的场所及其在周围环境中的位置。一个案件涉及的犯罪场所可能不止一个，现场勘查要尽量查明所有与案件有关的"地点"，进行全面勘查。

（3）犯罪嫌疑人的情况。

犯罪嫌疑人的情况包括犯罪嫌疑人的人数、条件等，如姓名、性别、年龄、身形体貌、生理特征、语言特征、文化程度、社会职业、动作习惯、犯罪手法熟练程度，以及使用何种工具、凶器等。

（4）犯罪行为及后果。

犯罪行为及后果，即查明犯罪嫌疑人实施了何种犯罪行为，造成了什么后果。如果犯罪行为指向的是人身，应当查明被害人的情况；如果犯罪行为指向的是财物，则应查明遭受了多大损失，以及损失财物的种类、数量、特征等。

（5）实施犯罪行为的过程。

实施犯罪行为的过程，包括犯罪嫌疑人在现场的进出路线、侵入现场的部位、现场活动的先后顺序、逃离现场的方向等情况。

（6）现场的反常情况。

如果是伪造现场或伪装现场，其往往有许多反常情况，这些反常情况就是与犯罪的发生、发展规律不符的情况。侦查人员应在充分掌握现场信息的基础上，依据逻辑规律及常识、常理、常情判断反常情况的有无。

三、发现、收集犯罪证据

现场勘查的过程，也是发现证据和收集证据的过程。把犯罪嫌疑人在现场留下的各种各样的证据尽可能毫无遗漏地收集起来，是现场勘查的一项重要任务。在实地勘验时，不仅要注意发现、收集能够据以确认犯罪嫌疑人、揭露与证实犯罪的相关证据，也要注意发现、收集能够证明某一犯罪事实不存在的证据；不仅要注意发现、收集有罪、罪重的证据，也要注意发现、收集无罪、罪轻的证据；不仅要发现、收集犯罪嫌疑人遗留的痕迹、物品，也要发现、收集被害人遗留的痕迹、物品。但这些痕迹、物品有的容易被发现，有的不容易被发现，在勘查现场时必须仔细搜寻。对于发现的痕迹、物品，要采取适当的、合乎程序规范的方法进行提取和保存，否则现场勘查中收集到的证据材料可能因为程序违法或瑕疵而失去证据资格，也可能因为提取、保存不规范而降低或丧失证明力。

四、记录现场情况

现场情况对查明事件性质、分析判断案情、确定侦查方向和范围都具有极为重要的意义。同时，在现场所获得的各种情况都是重要的证据来源，如果不及时对其加以固定，如不及时对有关痕迹、物品加以提取和固定，它们就会随着时间的推移而变化、消失。因此，应使用现场勘查记录的方法对其加以固定。现场勘查记录是法定的证据之一。在实地勘验中，运用笔录、绘图、照相、录音、摄像等方法，将现场客观情况以及勘查所见、勘查工作过程如实客观地记载下来，形成完备的现场勘查记录，这是现场勘查的重要任务之一。

从作用和功能角度讲，现场勘查记录不仅是法定的证据形式，也是我们分析、判断案情的重要依据，同时还是证明现场勘查程序合法的重要证据。

第四节 现场勘查的基本要求

一、及时

所谓及时，就是指现场勘查工作必须及时进行，不失时机。这要求侦查部门对此要常抓不懈，侦查人员要有雷厉风行、闻风而动的思想作风，要做到赶赴现场快、紧急部署快、实地勘验快、临场分析快、采取措施快。只有如此，才能抓住案发不久、犯罪痕迹比较明显、证据未遭破坏、群众记忆犹新、犯罪嫌疑人未及远逃、赃物尚未脱手等有利时机，取得证据，了解案情，或采取紧急措施，将犯罪嫌疑人查缉归案。反之，如果不及时勘查现场，由于自然或人为因素的影响，现场发生重大改变或遭到破坏，现场线索和证据无法反映案件真实情况，知情人的记忆随着时间的推移趋于淡化、模糊，使现场勘查获取的现场信息不仅数量锐减，而且质量也显著下降，这不仅会给案侦工作带来困难，甚至导致案件无法侦破。

要做到勘查及时，就必须在平时有所准备，如勘查人员的装备准备、报案系统的构建及侦查人员的思想准备等,以保证一旦接到报案,便可抓住稍纵即逝的战机。

二、全面

所谓全面,就是要求勘查人员的勘查工作做到"面面俱到"。凡是与案件有关的场所都要进行勘验,凡是与案件有关的人和事都要进行调查,凡是对侦查工作有价值的线索和证据都要进行收集,凡是与案件有关的情况都要进行分析。

实践中,为了达到全面的要求,有的现场要请各方面的专家进行"集体会诊",以求尽可能全面地认识现场;有的现场要进行反复勘查,以求深入彻底地认识现场。刑事案件现场的复杂性,客观上给勘查认识活动带来了困难。所以,要全面认识现场,就要坚持全面勘查、反复勘查、认真研究,尤其是对大要案件和疑难复杂案件的现场,更应如此。

三、细致

所谓细致,是指在现场勘查过程中,要精心、仔细、认真,不仅要注意发现那些明显的痕迹物证和情况,更要注意发现那些与案件有关的细情末节。勘查中,不仅要注意容易被发现的明显部位,更要注意容易被忽视的隐蔽部位;不仅要注意清洗完整的痕迹物证,更要注意清洗模糊残缺的痕迹物证,尤其是微量痕迹物证。在现场访问中,要耐心详细地访问所有有可能了解案情的人,查清任何可能与案件有关的情况。

细致与全面密不可分,细致是全面的基础,全面是细致的保障,两者是辩证统一的关系,不可偏废。

四、客观

所谓客观,就是在现场勘查中要保持实事求是的工作态度,按照事物的本来面目去认识现场及现场情况。无论是进行实地勘验,还是进行现场访问、制作现场勘查记录,都要保持客观的态度,做到不先入为主,不戴有色眼镜观察和判断现场情况,更不能出于非法目的任意改变现场痕迹物证和证人证言。在调查访问中,要遵循取证的客观性和公正性,切忌以暗示、诱导、欺骗、威胁等方法进行询问。勘查结束后的现场分析中,也要以科学、客观的态度进行有理有据的分析,切不可凭空想象和捏造事实。

五、合法

侦查是一项法律活动,其受到刑事诉讼法的规范和约束,现场勘查同样须遵循有关的法律规定。现场勘查作为一种调查取证活动,其实施主体、实施过程、获取证据材料的方法都受到程序法的严格规制。我国刑事诉讼法规定了严格的非法证据排除规则,现场勘查中所获取的证据材料是要接受证据审查的。尽管程序性违法不一定必然导致所获取的证据被排除，但都会造成程序的补正或证明力评断的折扣，无论是哪种结果，都会给侦查以及整个刑事诉讼活动带来诸多负面影响。因此，勘查人员必须牢固树立程序意识、证据意识，在严格遵守法律的前提下实施现场勘查。

六、安全

实践中，由于种种原因，刑事案件现场可能存在较大的风险或安全隐患，它们可能会对勘查人员的身体健康和生命安全造成威胁。勘查人员应当增强安全意识，在勘查前和勘查过程中要注意观察、分析和判断现场情况，提高警惕，做好自身防护。勘查暴力犯罪案件现场时，可以根据案情合理部署武装警戒，防止造成新的伤害。对涉爆、涉枪、放火、投放危险物质、传染性疾病现场和其他危险现场等进行勘查时，应当先排除险情，在确保安全的前提下谨慎地进行勘查。

第二章 勘查前的现场保护

虽然现场保护不是现场勘查的组成部分，但一方面，由于通过现场保护可以大大提高采证率和勘查质量，世界各国的警察机构无不重视现场保护在现场勘查中的作用；另一方面，现场保护本身属于公民的法定义务和公安机关的法定职责。因此，必须高度重视对现场的保护工作。

第一节 现场保护的作用

一方面，刑事案件现场是集中反映犯罪发生过程的场所，其既是犯罪的必然结果，也是侦查人员逆向认识犯罪的客观依据。刑事案件现场不仅是获取侦查线索的重要来源，也是获取诸如物证等诉讼证据的重要场所。保护现场，就是保证现场与犯罪行为之间联系的客观真实性，它能够为案件侦查与刑事诉讼提供坚实的物质基础。另一方面，由于人为和自然等其他因素的影响，刑事案件现场也与客观存在的其他物质现象一样，不变是相对的，变化是绝对的。这种客观存在的变化，会直接导致现场原始状态的改变、现场痕迹物证的毁损，以及侦查线索的淹没。因此，刑事案件发生后，及时地保护现场，使各种因素对现场的改变或破坏降到最低程度，就成为保证勘查质量、完成勘查任务的重要基础。

总之，刑事案件现场不仅需要保护，而且必须得到切实的保护。现场保护的作用，主要体现在以下四个方面。

一、有助于查明犯罪活动

刑事案件现场由犯罪行为造成，现场现象能够真实地反映犯罪的发生过程、犯罪的结果、犯罪的手段方法以及犯罪嫌疑人的情况。侦查是一个逆向认识的过程，侦查中的假设、推理和判断以及侦查计划的制订，均建立在对现场的各种与犯罪有关的现象的掌握和分析的基础上。现场保护得越好，现场现象就越能客观真实地反映犯罪活动，依此所建立的侦查推论和侦查计划就越能接近客观事实，从而有力地推动侦查人员进一步开展查明犯罪的活动。现场保护若进行得不及时，或质量不高，必然出现现场现象与犯罪行为之间的背离，这不仅会增加勘查人员甄别现场现象真伪的难度，而且会导致侦查人员在认识、判断上出现错误，或者作出一些或然性判断，从而不能正确地认识现场发生的犯罪活动过程，甚至可能导致侦查人员"误入歧途"。

总之，有效而及时地保护好现场，是侦查人员重建犯罪、有效开展侦查活动的客观保障。

二、有助于发现和收集犯罪证据

由于现场现象既来源于犯罪活动，又客观真实地反映犯罪活动，因此，任何一个与犯罪有关的现场现象都具有双重属性。它既可以成为侦查的线索，也可以成为证实犯罪、揭露犯罪的证据。侦查的终极目的之一是为打击犯罪提供证据，现场勘查作为侦查的基础，尽可能地收集证据就必然成为现场勘查的重要任务和必然要求。

因此，及时、有效地开展现场保护，无疑有利于勘查人员及时、全面地发现证据，有助于侦查工作的推进。反之，则会导致证据缺乏，这无疑会给侦查人员的侦查工作带来极大的困难。实践表明，现场勘查能否顺利进行，案件侦查能否及时、有效开展，在很大程度上取决于现场保护质量的高低。

总之，有效地保护现场，是勘查人员发现和收集证据的基础，是证实犯罪的重要保障。

三、有助于发现侦查线索

任何一个现场现象都具有双重属性，一方面，由犯罪活动产生的各种现场的痕迹物证、犯罪遗留物等，是我们揭露和证实犯罪的证据；另一方面，这些犯罪现象不仅表现了犯罪的结果，而且包含着现场现象、犯罪活动与犯罪嫌疑人之间的各种客观联系，而这种联系，是侦查人员侦查案件必须找寻和依据的侦查线索。因此，现场勘查人员收集证据的过程，就是发现侦查线索的过程。侦查线索的多寡，将决定案件侦查的进程。由此可见，能否使现场现象保持原始状态，将直接决定侦查线索能否及时被发现；能发现多少对开展侦查有利的侦查线索，将直接关系到侦查的成败。实践证明，许多案件的侦查之所以无从下手或形成疑难案件，久侦不破，从某种意义上讲是因为在现场勘查中未能有效地发掘侦查线索，而这一结果产生的直接原因之一，是未能及时、有效地进行现场保护，导致现场现象被改变或破坏，现场勘查人员无法真正地把握现场现象中所蕴含的侦查线索。

综上所述，保护好现场，就能保持现场在发案以后的原始状态。现场现象遭受破坏的程度越低，现场勘查中就能发现越多的侦查线索，这对于提高侦查工作的效率，无疑是十分重要的。

四、有助于提高现场勘查工作的效率

现场勘查的效率，主要包含证据的采取率和侦查线索的收集率。收集证据和侦查线索的多寡，取决于现场是否处于原始状态。原始现场犹如一幅调焦清晰的照片，让人一目了然。而遭受过改变和破坏的现场会使人雾里看花，由于与犯罪有关和无关的各种现象交织在一起，必然导致现场勘查人员在进行现场勘查时，要花大量的时间、精力去恢复现场的原始状态；去甄别哪些现场现象与犯罪有关，哪些与犯罪无关；去研究形成某一现场现象的真实原因。如果在此过程中认识方法不对，则可能误导勘查方向，这无疑会大大降低勘查工作的效率。反之，如果在案件发生后，能及时、有效地保护好现场，则可以帮助勘查人员把有限的时间、精力集中在那些真正与犯罪有关的勘查对象上，就可以从现场本身以及现场存在的痕迹、物品、尸体、人身上有效地发现和收集证据和侦查线索，从而大大地提高现场勘查工作的效率。

总而言之，保护好现场，就能保护好现场的原始状态，就能有效地提高现场勘查工作的效率。

第二节　现场保护的工作内容

现场保护是现场勘查的基础，现场保护的工作内容与现场勘查的目的是密不可分的。就现场勘查的目的而言，它主要包括两个方面。一是通过现场勘查，全面了解犯罪后果、作案方法、作案手段、作案动机、犯罪目的，以及犯罪嫌疑人已实施的与犯罪有关的其他行为，完整地再现犯罪情况；二是通过现场勘查，找到可以作为认定犯罪的证据和侦查线索。现场保护无论采取何种方法，其主要工作内容就是围绕现场勘查的目的，采取相应的手段，以促进现场勘查目的的实现。

根据我国刑事诉讼法和治安管理法规的有关规定，现场保护不仅是一项群众性工作，同时也是基层公安组织、企事业单位、保卫组织的重要职责。由于这些组织、单位及所属成员最接近群众，其往往能最早获悉案件发生的情况，因此，他们是现场保护的参与者和组织者。普通群众参与现场保护，是在这些组织、单位及所属成员的领导和指挥下进行的。

一、划定保护范围，封锁现场

保护现场，首先是根据现场所处的地理位置、现场的环境状态和报案情况等，结合现场已发生事件的情况，划定保护范围，并加以封锁，以防止围观者和其他别有用心之人进入、改变或破坏现场。

在保护的过程中，对于现场的受害人、事主或其家属清理现场的情况，保护人员应对其行为加以制止；如果已被清理，应设法弄清楚清理前后的状况，以供在勘查时需恢复现场的原始状态时使用。对于留在现场的各种人员，应进行劝离。对于现场的家禽、家畜、宠物等，应将其隔离在保护范围以外。

封锁现场以后，参与保护现场的人员不得擅自进入已被封锁的现场，不得在现场周围随意走动，更不能擅自离开现场。在保护现场的同时，应及时通知侦查部门派员勘查。

二、了解事件发生、发现的经过，听取群众反映

封锁现场后，参与现场保护的干警，应尽快了解现场情况，对现场范围进行判断，以便及时修正保护范围；应记录下现场细小的，特别是可能转瞬即逝的情况，如门、窗的开启状况；应围绕现场发生的情况，及时开展对事主、被害人以及报案人等的初步调查、了解。做好这三项工作，不仅有利于现场保护，而且会为现场勘查工作的开展提供有利条件，如为现场访问提供访问对象等。

需要在现场保护阶段调查、了解的情况，主要包括以下几个方面。

（1）了解和记录发现现场的时间、详细地址，发案当时的情况，发现犯罪或现场的人的人数、姓名、职业、住址等。记录一定要准确。

（2）了解和记录已知的进入过现场的其他人员的人数、姓名、职业、住址及其在现场的活动情况。

（3）初步了解和记录犯罪的时间、地点及犯罪的后果。如果案件涉及人身伤害，要了解和记录受伤害的人数、受伤害的程度；如果案件涉及财产损失，要了解损失财产的数量、名称、种类、特征、价值等。但对现场保护人员而言，特别是参与现场保护的干警，不能就这种确定基本事实的工作做长时间、过细的盘问，否则，既影响现场保护工作的开展，也可能会对后期的勘查工作造成不良影响。

（4）了解和记录事主、被害人的姓名、性别、年龄、职业、住址等。

（5）了解和记录犯罪嫌疑人的人数、性别、年龄、口音、衣着、身体形态、相貌特征，使用何种犯罪工具、凶器，逃跑的路线、方向等。

（6）了解和记录目击者和其他知情人的姓名、职业、工作地址、住址等。同时注意倾听周围群众对现场发生的事件的议论和反映，特别是对于周围群众谈论的案情和

疑人疑事，应认真地记录。

三、针对紧急情况，采取紧急措施

现场保护阶段常见的紧急情况，主要是排险、救护，以防止犯罪后果的继续扩大。紧急情况优先，这可以说是一个原则，不管现场保护对于现场勘查有多重要，只要现场出现了伤员需要救护等紧急情况，保护工作就必须让位于救护工作。但此时不意味着停止保护工作，只意味着保护人员如何有针对性地采取相应的紧急措施，既能有效地排除紧急情况，又能尽量地不破坏现场，或者尽量地恢复现场，为现场勘查提供条件。

对于出现了人身伤害的刑事案件现场，现场若有受伤的人（既包括被害人，也包括犯罪嫌疑人），只要没有出现明显的死亡症状，则必须采取急救措施。但在此过程中，一方面，应防止所有进入现场进行急救的人员随意搬动和触摸现场各种物品而破坏现场；另一方面，应认真记录和固定好由此而可能遭受破坏的部分在变动前的各种状态；同时，应选择不会对现场形成破坏的路线进入现场，并相机从伤者口中了解有关犯罪的情况，特别是有关犯罪嫌疑人的情况。

对于火灾、爆炸现场，除应对现场受伤的人员及时进行救护外，也应及时组织现场周围的群众，或通知、配合消防人员、专业排险人员，及时扑灭火险，抢救财物，排除爆炸隐患。

对于发生在交通要道或闹市区、居民集中地段的案件，则要注意平衡现场保护与方便人民群众工作、生活之间的关系。既要有效地保护现场，防止围观群众破坏现场、堵塞交通，又要迅速地记明变动前后的状况，对一些不得不搬动的现场物品等，必须注意搬动的方式，并记明其搬动前的状态、位置等。在现场保护中，应坚守岗位，注意维持好秩序，最大程度地保护现场，使其处于原始状态。

四、对犯罪嫌疑人进行监控

在进行现场保护时，有时会出现需要对犯罪嫌疑人进行监控的紧急情况，此时必须遵循"紧急情况优先"的原则，保护现场与监控犯罪嫌疑人并重。在进行监控时，如果人手不够，应立即在现场寻找可靠的人来帮助保护现场，并对其保护行为进行指导，或迅速通知相关部门，派人增援。

对于现场存在的已确认的犯罪嫌疑人，应选择现场外的某一专门场所，由专人看管；对于已发现而尚未确认的犯罪嫌疑人，应布置专人，在其没有察觉的情况下，对其进行暗中监视，但必须采取合适的方法将其调离现场，防止其制造新的痕迹和观察现场的详细情况；对于已逃离现场的犯罪嫌疑人，如果知道其姓名、外貌特征、随身携带物品的特征、逃离方向等，且其逃离现场的时间不长，应立即报告上级公安机关，采取追缉、堵截等紧急措施，缉捕犯罪嫌疑人；对于尚未逃离现场而又负隅顽抗的犯罪嫌疑人，应组织警力、基层保卫组织等，就地包围，并及时报告上级公安机关派员处理。

第三节　现场保护的方法

现场保护，从保护的对象上讲，它不仅包括现场本身，也包括现场与发生的事件有关的各种状况。因此，由于不同刑事案件现场所处的环境、发生的事件的不同，现场保护的对象是多种多样的。

就现场保护的方法而言，并无定规，根据不同现场的不同特点，采取任何可能的方法对现场进行保护都是允许的。然而，就现场保护的程序而言，又是有法可依的，如《公安机关刑事案件现场勘验检查规则（2015）》第15条规定："负责保护现场的人民警察应当根据案件具体情况，划定保护范围，设置警戒线和告示牌，禁止无关人员进入现场。"第16条规定："负责保护现场的人民警察除抢救伤员、紧急排险等情况外，不得进入现场，不得触动现场上的痕迹、物品和尸体；处理紧急情况时，应当尽可能避免破坏现场上的痕迹、物品和尸体，对现场保护情况应当予以记录，对现场原始情况应当拍照或者录像。"第17条规定："负责保护现场的人民警察对现场可能受到自然、人为因素破坏的，应当对现场上的痕迹、物品和尸体等采取相应的保护措施。"在对现场进行保护的过程中，必须遵循上述规定。

一、室外、室内现场的保护方法

1. 室外现场的保护方法

由于室外现场涉及的区域大、情况复杂，以及现场中心部位和外围部位不明显，因此，就室外现场而言，通常在划界时，应注意宁大勿小，即应将现场范围划得大一些。不仅要将可能的现场中心部位划入现场范围，而且要将所有能进出现场的路线和一切可能会留下与现场发生事件有关的痕迹物证的部位也划入现场范围，这样做是因为现场保护人员并不勘查现场，因此，其对现场情况的了解不是特别的清楚，划大一点现场范围，可以防止一些有勘查价值的部位被划定在现场范围之外而得不到保护，从而使这些部位存在的有价值的痕迹物证遭到破坏，这对现场勘查是不利的。通常情况下，实践中对现场的范围都划得不够大，这一点应引起保护人员的重视。

室外现场的类型很多，现场环境各异，条件也非常复杂，在对室外现场实施保护时，所采取的措施和方法也应因案制宜。

（1）范围较大的现场。对于此类现场的保护，可在通往现场的各个道口布置岗哨，设置路障，禁止行人和车辆进入。现场周围布置的岗哨之间应以能够互相照应为标准。

（2）范围较小的现场。对于此类现场的保护，除了应派专人进行看守外，条件允许的，还可在现场周围用绳索进行缠绕，或撒白灰、摆石块作为标志，禁止行人和车辆进入。

（3）有道路穿过的现场。此种情况下，一般应暂时中断交通，派出专人指挥来往行人和车辆绕道而行。但若穿过现场的是铁路或公路干线，过往车辆频繁，附近无岔道可绕，侦查人员又不能及时赶到现场时，可在现场保护人员的指挥和监督下，对影响车辆通行的尸体、痕迹、物品作出妥善的保存处理后，再将行人和车辆放行。

（4）发生在城市繁华街道或者人口密集地区的现场。在此类现场的保护中，为了防止围观群众过多而冲击现场，应增派力量维护现场秩序，指挥疏导来往车辆和行人，同时加强对保护区的看守，以免现场受到破坏。

（5）发生在住户院内空地上的现场。在这种情况下，可暂时关闭大门，张贴布告，禁止无关人员入内，或划出警戒线，明示禁入范围。若院内住户较多，在封锁现场时应注意留出必要的出入通道，以免影响群众正常的工作和生活。

2. 室内现场的保护方法

较室外现场而言，室内现场范围的划定要更容易一些，因为房间的外墙能明显地显示出现场的中心部位，现场外围部位也容易判明，只需考虑现场外围部位的大小。就室内现场而言，在划定现场范围时，同样应解决保护现场与保证群众正常生活之间的矛盾。在具体划定现场范围时，首先应将围墙以内的部位作为现场中心，划入现场范围。除此之外，重点考虑围墙以外的哪些部位是犯罪嫌疑人可能经过或可能留下痕迹的部位，并将其划入现场范围，以满足保护和勘查的需要。在划定这些范围时，如果这些部位对同楼居住人员的生活、工作影响不大，其范围可以适当扩大；反之，则应考虑缩小。如果必须封锁进出现场必经的通道、大门或楼道而又可能影响人们的生活时，可在必要的封锁范围外设置通道。

室内现场的保护，通常是把出事的房间和室外进出该房间的路线，以及可能留有犯罪痕迹、物品的场所一起封锁起来，布置警戒，张贴布告，或者绕以绳索，禁止一切无关人员入内。具体做法可根据刑事案件现场的环境灵活选择。

（1）单门独院的室内现场。在该类现场所在的房门、窗户和房间周围适当的地方，一般是门窗外3—5米为宜，划出一道现场警戒线，并设岗看守。

（2）楼群内某个办公室或住户内的室内现场。应在现场所在房间的门窗外设岗看守。若对现场周围群众的工作、生活无太大影响，现场范围也可扩大至通往出事房间的楼梯，以及周围的房间、通道等。或者在封锁室内现场的同时，对上述可能留有犯罪痕迹、物品的地方进行一次巡查，若发现可疑的痕迹、物品，应就地保护起来，但要注意尽量减少因此给楼内群众工作、生活带来的不便。

（3）其他范围较小的室内现场。若侦查人员一时不能赶到现场，可先将现场的门窗封锁起来，但事先应记明现场门窗的原始状况，如门是敞开的还是关闭的，门锁是完好的还是已经被破坏了的，窗户是敞开的还是关闭的，窗帘是撩开的还是垂闭的，玻璃和纱窗有无损坏，门窗周围有无可疑痕迹、物品等。现场保护人员在封锁门窗时，应避免接触门闩、锁头、插销等可能留有犯罪痕迹、物品的地方，注意不要把自己的指纹留在门窗上。

二、对现场痕迹、物品的保护方法

犯罪嫌疑人遗留在现场的手印、脚印、破坏工具痕迹、交通工具痕迹以及其他遗留物，极易因外界影响而受到破坏，因此，要特别注意保护，这些也是现场保护的重要内容。对于室外和室内现场的各种痕迹、物品，可根据现场的具体情况以及痕迹、物品的特点，灵活采取各种方法进行保护。

1. 勘查前的保护方法

（1）警戒法。

警戒法，是指不进入现场内部，而在现场周围设岗，警戒看守痕迹、物品的保护方法。此种方法适用于一般的室内现场，只要派人在现场出入口处警戒看守，现场及其痕迹、物品即可得到保护。对某些室外现场，如处于偏僻地方的现场，或现场不具备用其他方法进行保护的条件，也可以用警戒法进行保护。

（2）标记法。

标记法，是指在现场痕迹、物品周围用一些醒目的物品作标志，以提醒或告诫人们注意保护的一种方法。这种方法主要适用于以下两种现场：①遇有某种紧急情况的室内、室外现场。如需急救人命、抢救财物、排除险情等，必须进入现场或必须移动现场的某些物品时，对于在行走路线上已经发现的痕迹、物品，可用粉笔、石灰等在其周围作醒目标记进行保护，以免有人不注意进入现场而使现场遭到破坏。②范围较大，痕迹、物品较为分散，但已被保护人员发现，随时有被人为因素破坏的室外现场。遇到这种现场时，除应以警戒法进行保护外，还必须对已发现的现场痕迹、物品设置一定的醒目标志，以引起他人的注意。

（3）遮盖法。

遮盖法，是指在现场痕迹、物品上用一定的物品进行遮盖保护的方法。这种方法主要适用于对室外现场痕迹、物品的保护，特别是遇到刮风、下雨、下雪等情况时，则要用盆、塑料布等不透风、雨的物品进行遮盖保护。使用此种方法的时候，应特别注意，不得使用带有浓烈气味的器物（如装过农药、化肥以及其他刺激气味物品的器物）遮盖，以免破坏嗅源，妨碍使用警犬追踪。如遇雨天，应在痕迹、物品周围开挖排水沟，以免积水破坏痕迹、物品。

（4）转移法。

转移法，是指转移现场的痕迹、物品，并以适当方式保存、保护的方法。此种方法主要适用于以下两种现场：①情况特殊、紧急的室内现场。如放火案件现场中的痕迹、物品，为避免其被烧毁或因房屋倒塌而破坏，必须及时对这些痕迹、物品进行转移保护。②地处特殊位置的室外现场。如发生在铁路、公路主干线上的案件现场，在过往车辆频繁，附近又无岔道可绕，侦查人员又不能及时赶到现场时，为避免造成交通恶性堵塞，应将影响车辆通行的有关部分物品从道轨或路面上搬走，并妥善加以保存。

2. 勘查中的保护方法

（1）勘查人员在进入现场前必须戴手套、头套和口罩，并套上鞋套。

（2）禁止使用现场的任何物品和交通、通信工具。

（3）禁止在现场吸烟、进食、吐痰、梳头和使用现场的盥洗室。

（4）法医以外的人员不得随意触碰尸体或改变尸体的姿势。

（5）移动或触碰现场的物品进行观察时，应尽量选择一些非常规的着力点，如杯子的边沿、摆件的棱角边、门的上缘等。

（6）在提取痕迹、物品时应尽量避免打喷嚏或咳嗽。

（7）勘查人员进入现场工作后，应按照既定的顺序进行勘验，避免反复多次进出现场。

（8）每种痕迹、物品必须单独收集、包装，以免痕迹、物品之间发生交叉污染，并对接触过痕迹、物品的人员进行登记。

（9）在对痕迹、物品提取、包装、运送的各个环节，应落实责任制，经手人必须签名。

三、对现场人体与尸体的保护方法

对于各类刑事案件现场中发现的人体与尸体，应当根据现场勘查的需要和法医学的要求，做好必要的保护。

（1）悬吊的人体。

若在现场发现悬吊的人体，应首先查看其是否死亡，若尚未死亡需要急救，则可在其颈部未打结处剪断绳索，将人体放下进行抢救，但应注意不可将现场的家具作为垫脚物，应保持绳结的完整性，不得触摸系绳点；若确已死亡，则应保护好尸体的悬吊状态，切勿移动。保护人员进入现场时，可在进入通道上铺上纸张或其他衬垫物，以保护地面痕迹。

（2）火场中的尸体。

若现场的火势已得到控制，建筑物无倒塌危险，则应对尸体就地予以保护；若现场的火势有继续蔓延的趋势，建筑物有随时倒塌的危险时，则应将尸体移出火场进行保护，移动时应尽量避免在尸体上形成新的痕迹。

（3）室外恶劣气候条件下的尸体。

对于夏季发现的暴露在室外高温条件下的尸体，应使用洁净的物品对尸体加以遮盖，以减缓尸体的腐败速度；对于冬季发现的在寒冷野外的尸体，应就地进行保护，切勿匆忙移入室内，以防尸体解冻发生腐败，进而破坏尸体上的伤口、血迹等痕迹；若遇雨雪天气变化，应用塑料布等洁净的防雨材料将尸体遮盖起来，以防尸体上附着的毛发、血迹、精斑等痕迹物证被侵蚀、破坏。

（4）水中的尸体。

首先应设法将其固定，防止其继续漂流，一般不必打捞上岸，以防尸体接触空气而加速腐败。若水流湍急无法固定，则可将其打捞上岸，但打捞过程中应谨慎小心，切勿直接抓握尸体四肢进行拖拉，而应采取用洁净布匹或塑料袋等将尸体兜住的方法，打捞尸体出水，并尽可能寻找干燥阴凉或冰冻的地方予以存放保护。

第三章　现场勘查的管辖、组织与指挥

现场勘查是一项综合性的审查和侦查措施。由于现场勘查的对象多且情况复杂，完成一个现场勘查又涉及很多部门，且时间紧，专业性强，因此，开展现场勘查，离不开对现场勘查有效的组织和指挥。

第一节　现场勘查的管辖

现场勘查，首先涉及由哪个机关负责的问题。一般而言，案件由谁管辖，谁就负责现场勘查。根据我国《刑事诉讼法》和《公安机关办理刑事案件程序规定》的有关规定，刑事案件的管辖主要分为以下四种。

一、部门管辖

部门管辖主要是一种职能管辖，它是指人民检察院、公安机关以及人民法院等国家机关之间，按职能划分受理案件的管辖类型。

根据刑事诉讼法对刑事案件管辖分工的规定，除法律另有规定的以外，刑事案件一律由公安机关负责立案侦查。具体讲，不由公安机关，而由其他国家机关立案侦查的刑事案件，主要包括以下几种情况：

（1）监察机关管辖的职务犯罪案件；

（2）人民检察院管辖的在对诉讼活动实行法律监督中发现的司法工作人员利用职权实施的非法拘禁、刑讯逼供、非法搜查等侵犯公民权利、损害司法公正的犯罪，以及经省级以上人民检察院决定立案侦查的公安机关管辖的国家机关工作人员利用职权实施的重大犯罪案件；

（3）人民法院管辖的自诉案件。对于人民法院直接受理的被害人有证据证明的轻微刑事案件，因证据不足驳回起诉，人民法院移送公安机关或者被害人向公安机关控告的，公安机关应当受理；被害人直接向公安机关控告的，公安机关应当受理；

（4）军队保卫部门管辖的军人违反职责的犯罪和军队内部发生的刑事案件；

（5）监狱管辖的罪犯在监狱内犯罪的刑事案件；

（6）海警部门管辖的海（岛屿）岸线以外我国管辖海域内发生的刑事案件。对于发生在沿海港岙口、码头、滩涂、台轮停泊点等区域的，由公安机关管辖；

（7）其他依照法律和规定应当由其他机关管辖的刑事案件。

上述七种情况由拥有管辖权的国家机关根据法律的有关规定和自身的条件，组织现场勘查。除以上七种法律规定的情况外，其他刑事案件的现场勘查，均由公安机关负责组织。

二、地域管辖

地域管辖，是指根据行政区划来划分现场勘查的管辖范围。在此，仅以公安机关的管辖为例，对地域管辖进行阐释。

根据《刑事诉讼法》和《公安机关办理刑事案件程序规定》等法律法规的有关规定，刑事犯罪案件由犯罪地的公安机关管辖。如果由犯罪嫌疑人居住地的公安机关管辖更为适宜的，可以由犯罪嫌疑人居住地的公安机关管辖。这里所谓的"更为适宜"，主要指以下三种情况：

（1）犯罪嫌疑人系流窜作案，其主要犯罪地难以确定，而其居住地的群众更了解其犯罪情况的；

（2）犯罪嫌疑人在居住的当地民愤很大，当地群众强烈要求在居住地进行审判的；

（3）根据刑法的有关规定，可能对犯罪嫌疑人判处管制或适用缓刑，应当在犯罪嫌疑人居住地监督、考察的。

犯罪地包括犯罪行为发生地和犯罪结果发生地。犯罪行为发生地，包括犯罪行为的实施地以及预备地、开始地、途经地、结束地等与犯罪行为有关的地点；犯罪行为有连续、持续或者继续状态的，犯罪行为连续、持续或者继续实施的地方也属于犯罪行为发生地。犯罪结果发生地，包括犯罪对象被侵害地、犯罪所得的实际取得地、藏匿地、转移地、使用地、销售地。

居住地包括户籍所在地、经常居住地。经常居住地是指公民离开户籍所在地最后连续居住一年以上的地方，但住院就医的除外。单位登记的住所地为其居住地。主要营业地或者主要办事机构所在地与登记的住所地不一致的，主要营业地或者主要办事机构所在地为其居住地。

针对或者主要利用计算机网络实施的犯罪，用于实施犯罪行为的网络服务使用的服务器所在地，网络服务提供者所在地，被侵害的网络信息系统及其管理者所在地，以及犯罪过程中犯罪嫌疑人、被害人使用的网络信息系统所在地，被害人被侵害时所在地和被害人财产遭受损失地公安机关可以管辖。

根据相关规定，在行驶中的交通工具上发生的刑事案件，由交通工具最初停靠地公安机关管辖；必要时，交通工具始发地、途经地、目的地公安机关也可以管辖。在中华人民共和国领域外的中国航空器内发生的刑事案件，由该航空器在中国最初降落地的公安机关管辖。

中国公民在中国驻外使、领馆内的犯罪，由其主管单位所在地或者原户籍地的公安机关管辖。中国公民在中华人民共和国领域外的犯罪，由其入境地、离境前居住地或者现居住地的公安机关管辖；被害人是中国公民的，也可由被害人离境前居住地或者现居住地的公安机关管辖。

根据有关规定，对于多个公安机关都有权管辖的案件，由最初受理的公安机关管辖，必要时，可以由主要犯罪地的公安机关管辖。对于管辖不明确或有争议的刑事案件，可以由有关公安机关协商确定管辖；对于情况特殊的刑事案件，可以由共同的上级公安机关指定管辖。具有下列情形之一的，公安机关可以在职责范围内并案侦查：

（1）一人犯数罪的；

（2）共同犯罪的；

（3）共同犯罪的犯罪嫌疑人还实施其他犯罪的；

（4）多个犯罪嫌疑人实施的犯罪存在关联，并案处理有利于查明犯罪事实的。

以上情形中，最终拥有管辖权的公安机关，即为现场勘查的组织机关。

三、级别管辖

级别管辖，是指公安机关、人民检察院对各自管辖的案件，按不同的情况而实行的内部分级管辖。下面以公安机关为例，详细介绍一下公安机关的级别管辖。

根据《公安机关办理刑事案件程序规定》的有关条款，无论是一般、重大刑事案件，还是特别重大刑事案件，原则上均由县级公安机关负责立案侦查。据此，县级公安机关必须对发生在本辖区内的刑事案件，组织现场勘查。设区的市一级以上公安机关负责下列犯罪中重大案件的侦查：

（1）危害国家安全犯罪；

（2）恐怖活动犯罪；

（3）涉外犯罪；

（4）经济犯罪；

（5）集团犯罪；

（6）跨区域犯罪。

所谓危害国家安全犯罪，是指危害国家主权、领土完整和安全，分裂国家、颠覆人民民主专政的政权和推翻社会主义制度的犯罪行为。根据我国刑法规定，主要包括危害国家主权、领土完整和安全、国家政权和社会主义制度罪；叛变、叛逃罪；间谍、资敌罪三大类。所谓恐怖活动犯罪，是指通过暴力、破坏、恐吓等手段，制造社会恐慌、危害公共安全、侵犯人身财产权利或者胁迫国家机关、国际组织，以实现其政治、意识形态等目的的犯罪行为。所谓重大的涉外犯罪，必须满足两个条件：一是它必须属于重大案件；二是指犯罪嫌疑人是外国人，或犯罪嫌疑人侵害的对象是外国人。所谓重大的经济犯罪，是指犯罪嫌疑人实施的犯罪涉及金融领域，且犯罪金额比较巨大，给他人或社会造成了较大的损失等。所谓重大的集团犯罪，是指三人以上为共同实施犯罪而组成的较为固定的犯罪组织所实施的犯罪，如黑社会性质组织犯罪、走私集团犯罪、毒品集团犯罪等。所谓跨区域犯罪是指案件涉及的犯罪行为地、犯罪结果地跨越多个县区，由某一个县区难以有效侦办的案件。

上级公安机关认为有必要的，可以侦查下级公安机关管辖的刑事案件；下级公安机关认为案情重大需要上级公安机关侦查的刑事案件，可以请求上一级公安机关管辖。

四、专门管辖

专门管辖是指地方公安、铁路、民航等行业在案件上的管辖分工，这种分工也是他们在现场勘查中管辖分工的依据。

根据《公安机关办理刑事案件程序规定》的规定，铁路公安机关管辖铁路系统的机关、厂、段、院、校、所、队、工区等单位发生的刑事案件，车站工作区域内、列车内发生的刑事案件，铁路沿线发生的盗窃或者破坏铁路、通信、电力线路和其他重要设施的刑事案件，以及内部职工在铁路线上工作时发生的刑事案件。

铁路系统的计算机信息系统延伸到地方涉及铁路业务的网点，其计算机信息系统发生的刑事案件由铁路公安机关管辖。

对倒卖、伪造、变造火车票的刑事案件，由最初受理案件的铁路公安机关或者地方公安机关管辖。必要时，可以移送主要犯罪地的铁路公安机关或者地方公安机关管辖。

在列车上发生的刑事案件，犯罪嫌疑人在列车运行途中被抓获的，由前方停靠站所在地的铁路公安机关管辖；必要时，也可以由列车始发站、终点站所在地的铁路公安机关管辖。犯罪嫌疑人不是在列车运行途中被抓获的，由负责该列车乘务的铁路公安机关管辖；但在列车运行途经的车站被抓获的，也可以由该车站所在地的铁路公安机关管辖。

在国际列车上发生的刑事案件,根据我国与相关国家签订的协定确定管辖;没有协定的,由该列车始发或者前方停靠的中国车站所在地的铁路公安机关管辖。

铁路建设施工工地发生的刑事案件由地方公安机关管辖。

民航公安机关管辖民航系统的机关、厂、段、院、校、所、队、工区等单位、机场工作区域内、民航飞机内发生的刑事案件。

重大飞行事故刑事案件由犯罪结果发生地机场公安机关管辖。犯罪结果发生地未设机场公安机关或者不在机场公安机关管辖范围内的,由地方公安机关管辖,有关机场公安机关予以协助。

海关走私犯罪侦查机构管辖中华人民共和国海关关境内发生的涉税走私犯罪和发生在海关监管区内的非涉税走私犯罪等刑事案件。

此外,在涉及公安机关与其他有侦查权、调查权的机关互涉案件办理时,相关法律法规也确定了管辖权划分的原则。比如公安机关侦查的刑事案件的犯罪嫌疑人涉及监察机关管辖的案件时,应当及时与同级监察机关协商,一般应当由监察机关为主调查,公安机关予以协助。公安机关侦查的刑事案件涉及人民检察院管辖的案件时,应当将属于人民检察院管辖的刑事案件移送人民检察院。涉嫌主罪属于公安机关管辖的,由公安机关为主侦查;涉嫌主罪属于人民检察院管辖的,公安机关予以配合。

以上所有案件的勘查均由具有侦查权的机关负责开展。

第二节　现场勘查的组织

现场勘查前,对现场勘查的组织领导主要是做好三个方面的准备工作。一是案件未发生时的勘查人员的思想准备、组织准备和物资器材准备,即无案件发生时的常规准备;二是出警前的准备;三是临场准备。*

一、无案件发生时的常规准备

(1)思想准备。

思想准备的主要内容包括两个方面。一是注重培养勘查人员树立必胜的坚定信念,只有这样的信念存在,才能发挥每一个勘查人员工作的主动性和积极性;二是无

---

* 为了更直观、全面地了解勘查前的准备工作,可参见本节后的"附件A　勘查前的准备工作示意图"。

论是指挥人员还是勘查人员，都必须注重培养自己的敌情意识、快查快办意识、利用情报意识和协作意识。

只有平时注重思想准备，才能保证勘查的指挥人员遇事不乱，临场不慌，调度有方，方案得当；才能保证勘查人员始终以良好的精神状态对待现场勘查，对勘查工作保持高度的自觉性，认真对待自己的勘查行为。

（2）组织准备。

组织准备主要包含两个方面。第一，组建勘查小组，轮流值班待命。组建勘查小组的原则是新老搭配，侦技结合。在具体组建时，应充分考虑本辖区和全国范围的敌、社情的变化趋势，做好对犯罪的种类、手段、方法的预测，结合本辖区的实际，全面考虑本队人员各自的优势、特长，有针对性地组建勘查小组。第二，明确现场勘查人员的岗位职责，并做好预测工作，根据可能的变化，考虑勘查人员的配置和勘查方案的设计。

（3）物资器材准备。

该项准备主要涉及三个方面，即勘查器材、通信器材和交通工具。一是勘查器材的准备。勘查器材主要包括勘验、检查器材，照相、摄像器材，绘图器材，照明器材及电源等。二是通信器材的准备。现场勘查常用的通信器材有对讲机、车载通信台、车载传真机以及移动电话、传呼机等。三是交通工具的准备。交通工具主要指现场勘查车以及其他机动交通工具，如摩托车、直升机、快艇等。

二、出警前的准备

（1）迅速核实情况，布置现场保护。

一旦接到报案，应派人到现场迅速核实情况，并采取相应的现场保护措施。如果有采取紧急措施的条件，应迅速上报，就地处置。

（2）根据报案情况，确定现场勘查的参与人员，准备相应的勘查器材。

接到报案后，现场勘查的指挥人员应根据案件的性质、危害后果和紧急程度等情况，迅速确定参与现场勘查的人员数量、勘查器材的种类及数量。

（3）做好应对紧急情况的准备工作。

三、临场准备

临场准备，主要有以下五个方面的工作。

（1）临场后，应迅速架设现场与刑警队、上级公安机关、人民检察院及有关部门之间的通信网络，专人负责，专线专用。

现场勘查

（2）迅速掌握现场情况，取得指挥的主动权。现场指挥人员应通过临场访问和实地观察，迅速掌握现场外部和内部情况，针对实际情况，布置有关的勘查措施，取得勘查指挥的主动权。

（3）进一步检查和落实现场的保护措施，并根据现场访问和实地勘验的需要，进一步加强对现场勘查范围的封锁。

（4）根据现场勘查的需要，对参与人员进行分工并制订相应的勘查计划，确定各个参与人员相应的职责。对于重大、特别重大和复杂现场的勘查，可将勘查人员分为四个小组：

①实地勘验组。主要参与人员为技术员、侦查员或其他有关人员，必要时，还应有聘请的专家或具有专门知识的技术人员。

②现场访问组。主要参与人员为侦查员，最好是案件的承办者、基层公安保卫组织的人员。

③现场保护组。主要参与人员为基层公安保卫组织的人员和安保人员。

④机动组。主要参与人员为侦查员、警犬训练员、基层公安保卫组织的人员。

（5）根据现场勘查的需要，划定各种专用场地。在进行实地勘验之前，应结合现场勘查的需要和现场的特点，预先划定各种专用场地，以便于勘查的实施。

附件A 勘查前的准备工作示意图

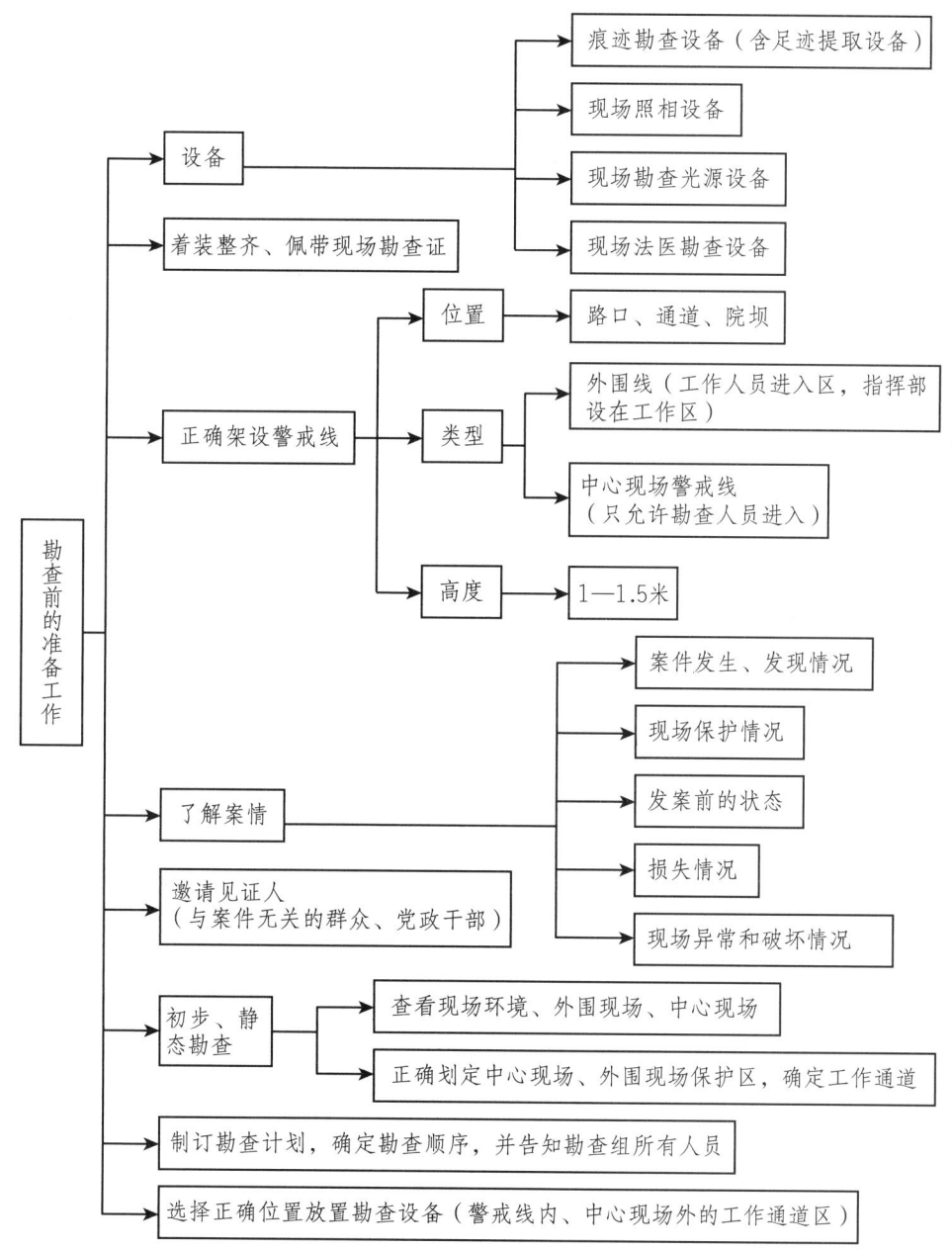

第三节　现场勘查的指挥

一、对现场访问的指挥

对现场访问的指挥，应重点做好以下四个方面的工作。

（1）组织访问人员视察现场，利用多种途径发现知情人，为现场访问做好准备。

（2）根据案件的情况，结合侦查的需要，精心安排访问重点和访问顺序。一般而言，应优先安排的访问对象是：

①被害人、事主、报案人和第一个发现现场的人；

②耳闻目睹犯罪嫌疑人作案以及了解犯罪嫌疑人体貌特征的人；

③了解案件发生前后某些疑人疑事的人；

④了解案件发生前后被害人、事主行踪的人；

⑤流动人员中的知情人；

⑥其他能为采取紧急措施提供情况的人。

现场访问中，应先后查明的问题是：第一，有关犯罪嫌疑人的体貌特征、衣着特征，以及其在作案过程中形成的其他附加特征及逃跑的路线、方向，使用的交通工具等情况；发案前后，谁曾经在现场出现过，现场周围群众所掌握的与案件有关的疑人疑事。第二，如果涉及财物，应及时查明财物的种类、名称、数量、重量、体积、特征等。以上两方面情况，一经掌握，应及时通报有关部门，以便迅速发现和缉捕犯罪嫌疑人、控制赃物。第三，如果被害人是不知名尸体，应通过访问，查明死者的姓名、住址、身份或其他情况，以便根据某种特定的因果联系，查找嫌疑犯罪人，或用通报等方式，通知有关地区，查明死者的情况。

（3）抓住有利时机，及时开展现场访问。在迅速做好上述工作后，应立即布置专人在预先选定的访问地点，开展现场访问。

（4）站在刑事诉讼的角度，提醒和指导现场访问人员，严格依据相关要求，制作具备证据效力的证人证言。

二、对实地勘验的指挥

对实地勘验进行指挥，应主要做好以下三个方面的工作。

（1）带领实地勘验人员，巡视现场，明确勘验的重点，树立获取物证和侦查线索的信心。

（2）明确划定勘验范围和搜索范围。进行实地勘验以前，应明确划定勘验范围和搜索范围，指挥人员还必须根据勘查的进展和勘查的需要，对勘验范围进行有针对性的灵活调整。

（3）根据现场实际情况和勘查需要，有针对性地确定勘查顺序。指挥人员必须根据现场的具体位置、环境、痕迹物证的分布状况以及气候状况等因素，有针对性地确定勘查顺序，以满足现场勘查的需要。

三、对勘查后的现场处理的指挥

现场勘查结束后，指挥人员应重点抓好临场会议，通过临场会议的汇总、评断，考查勘查的质量，并据此结合现场的情况，对勘查后的现场处理工作提出实施意见。临场会议上，指挥人员应发扬民主，鼓励勘查人员发表自己对现场、案情的看法，以便集思广益，正确评断勘查质量和全面掌握客观、真实的案件情况，在此基础上，制订出切实可靠的侦查计划，为勘查后的侦查工作提供切实可行的行动指南。

经过临场会议，指挥人员应在全面评断、综合研究勘查材料的基础上，集中各种正确的意见迅速确定侦查方向和范围，制订侦查计划，部署初步的侦查工作。

四、对紧急情况的指挥

作为现场勘查的指挥人员，在进行具体的指挥时，必须将对紧急情况的处置作为指挥的要点之一，优先考虑。实践中，对紧急情况的处置主要有以下五个方面。

1. 对正在实施犯罪的犯罪嫌疑人的处置

对于接受报案时正在实施犯罪的犯罪嫌疑人，应立即对其进行抓捕，防止事态的进一步扩大，并根据案件情况，采取紧急措施，对正在实施的犯罪予以处置。

2. 对劫持人质的犯罪嫌疑人的处置

对于以劫持人质达到犯罪目的，或以此作为罪行暴露后脱身条件的犯罪嫌疑人，在处置时应以保护人质的安全为前提，智取为上，切忌盲动。

对于受理报案时正在劫持人质的犯罪嫌疑人，应迅速出警，将其包围，然后采取相应措施解救人质，抓捕犯罪嫌疑人。一般而言，可首先采取喊话、宣讲政策法律有关精神，或令其亲属配合展开亲情攻势的方法，勒令其缴械投降，放出人质，争取宽大处理。在以上措施均不能奏效时，应迅速根据现场情况，制订突袭方案，或派精干力量，如突击小组等进行强行突袭，解救人质，或派出精锐的狙击手，抢占有利地形，相机歼敌。也可采取与犯罪嫌疑人谈判的方式，并辅之其他抓捕策略，相机解救人质，抓捕或歼灭犯罪嫌疑人。

受理报案时，如果犯罪嫌疑人已将人质劫走，则不能鲁莽行事，应根据情势的发展，谨慎指挥，选择最有利的时机，相机抓捕犯罪嫌疑人，安全解救人质。对这类案件实施行动时，应考虑行动的隐蔽性、突然性，以免惊动犯罪嫌疑人，造成人质死亡或其他损失。

3. 对正在逃离或暂时隐匿的犯罪嫌疑人的处置

受理报案后，对于有条件采取追缉、堵截措施迅速捕获犯罪嫌疑人的，应在做好实地勘验、现场访问，为实施追缉、堵截提供有力支持的同时，迅速组织力量开展追缉、堵截。

对于已逃跑的重大、特大案件的犯罪嫌疑人，如具备以下条件之一的，应立即开展追缉、堵截工作。

（1）发案与受理报案之间间隔时间不长，犯罪嫌疑人未远离现场，且正在逃跑，有可能缉捕归案的。

（2）犯罪嫌疑人体貌特征有比较充分的暴露，或其因搏斗受伤，身上可能黏附大量血迹和其他明显的附着物，且特征明显的。

（3）案件发生的目击者能直接提供较为准确的犯罪嫌疑人的逃跑方向、路线，或者根据现场遗留的足迹、车轮痕迹及其他痕迹、物品，能辨别犯罪嫌疑人逃跑的方向、路线的。

（4）犯罪嫌疑人携带的赃物多、体积大、分量重，其特征明显，逃速缓慢，有可能被捕获的。

（5）犯罪嫌疑人驾车、乘车逃跑，其驾乘的车辆的种类、型号、牌号、特征已被掌握的。

接受报案后，如果已明知犯罪嫌疑人是谁，但人已逃离现场，且去向不明，应采取有力的措施，通过其亲友、邻居和同事，迅速查明其社会交往关系和可能的落脚点，通过排查、监控其可能藏身匿迹的地点，发现、缉捕犯罪嫌疑人。如果犯罪嫌疑人虽已离开现场，但还未逃离本地区，应迅速组织力量，严密控制车站、机场、码头及一切交通要道，防止其外逃，同时应组织力量，在其可能落脚之处对其进行搜捕。

如果在现场附近发现了犯罪嫌疑人藏匿的赃款、赃物，应采用外松内紧、明撤暗留等策略，在绝对保密的情况下，布置专门力量守候，伺机捕获犯罪嫌疑人。

4. 对受伤人员的处置

受理报案后，对于涉及人身伤害的案件，如杀人、放火、投毒、爆炸、重大责任事故、交通肇事等，如果有人员伤亡，特别是现场已受伤的被害人等，只要其没有明显的死亡特征，就必须进行抢救。为此，必须及时通知医疗、消防、安全、交通等部门，派出人员和车辆，对受伤人员进行抢救。在抢救的过程中，一方面应尽量保全现场及现场物证，另一方面应派专人参与抢救全过程，注意保存一切对查明案情有利的痕迹、物品。

5. 对险情的处置

对采用放火、爆炸、投毒等手段实施犯罪的案件，如果险情尚存，则勘查必须让位于抢险，应迅速组织公安、消防、排爆等各方面人员，赶赴现场，扑灭火险，排除爆炸隐患，消除毒源，抢救受伤人员，防止事态的恶化。如果火势已成灾，应积极配合消防人员，组织群众迅速撤除火场周围一切可能导致火势蔓延的物品或建筑物，扑灭大火，防止更大的灾难发生；如果爆炸已成定局，应迅速疏散、隐蔽群众，转移贵重财物，力争把爆炸可能造成的危害降到最低；对现场发现的爆炸装置，应组织专业人员进行拆除。如果犯罪嫌疑人投放毒气或投毒于公共饮水或食物中，应组织专业人员，消除毒源和污染区，转移疏散群众，以免造成更大的危害。对已造成危害后果的放火、投毒、爆炸案件，应组织人员全力抢救受伤人员，排除隐患，防止意外事故的发生。

第四章 现场勘查的基本程序

第一节 受理报案

一、受理报案的渠道

侦查部门受理报案的渠道主要有以下三种。

（1）通过110指挥中心向公安机关刑事侦查部门报案，或者被害人及其亲属直接到刑事侦查部门报案。

（2）有关单位和公民个人向刑事侦查部门报案。

（3）基层公安保卫人员接到群众报案后，再转报刑事侦查部门。

二、受理报案的要求

刑事侦查部门及其侦查人员在受理报案时应做到认真接待，及时受理，妥善处置。具体要求有以下四点：

（1）对于属于本部门管辖的案件，应当立即受理。对于口头提出的报案，接待的侦查员应按照询问要点，尽可能将有关情况询问清楚，并认真做好笔录，告之权利和义务，经报案人阅核无误或对其宣读后，由报案人签名并按手印。必要时，也可让报案人填写书面报案材料。侦查人员应填写《接报报警登记表》《接受刑事案件登记表》（参见本节后的附件B）。

（2）对于不属于本部门管辖的案件，也应当先接受，再及时联系并移送主管机关处理。

（3）对于不属于本部门管辖而又必须采取紧急措施的案件，应当先采取紧急措施，以防止犯罪嫌疑人逃跑、自杀、行凶或毁灭证据，然后及时移送主管机关处理。

（4）公安机关应当采取相应措施，切实保障报案人及其亲属的安全。如果报案人不愿意公开自己的姓名和报案行为，应当为其保密。

三、受理报案时的询问要点

（1）案件基本情况包括什么时间、什么地点发现或者发生了什么事件，现场的准确位置在何处。

（2）被害人、事主情况。包括被害人或事主的姓名、性别、年龄、职业、住址及邮编、邮箱、QQ号、电话号码、衣着、体貌情况，受到什么样的伤害、伤害程度和现在的情况，或者是被盗、被抢了何种财物，财物的名称、数量、体积、重量、特征、价值等。

（3）犯罪嫌疑人情况。包括犯罪嫌疑人的人数、姓名、性别、年龄、身高、体貌、衣着、口音、语言习惯等，以及侵害方式，身上是否有伤痕，伤的部位、形态，逃跑方向、路线，携带何种凶器和物品等。

（4）案件概况和现场简况。包括案件起因、经过、结果，现场范围、进出口，现场痕迹、物品分布，有无采取施救、保护、排险等措施。

（5）报案人基本情况。包括报案人的姓名、年龄、职业、工作单位、住址、联系方式，以及与事主、被害人的关系。

（6）要求报案人出示能证明自己身份的证件，如身份证、驾驶证、工作证等，同时应在公安人口信息网上进行查证核实。

四、受理报案后的行动

（1）报告。

值班员在接到报案后，应当立即向指挥员报告。如果发生的是重大、特大案件，值班员还应根据指挥员的决定，立即通知勘查人员及时赶赴现场，并将案件梗概情况及采取或准备采取的措施，向上级主管的侦查部门报告，必要时可迅速向本地党政领导机关报告，争取支援，以便协调相关部门。如果有特别紧急的情况，可通过侦查部门向公安指挥中心报告，以便在较大范围内迅速采取有效措施。

（2）联络。

需要排除险情（如灭火、排除爆炸装置）和急救人命的，还应及时与有关部门，如消防、卫生等部门取得联系，要求其派员迅速赶赴现场，采取相应措施，防止造成更严重的危害后果。

（3）通报。

有些重大、特大案件，特别是严重暴力犯罪案件，必要时应迅速通过公安指挥中心向车站、空港、码头、堵卡网点等发出通报，并及时通报友邻地区的侦查部门，以便及早进行控制。

勘查重大、特大案件现场，必要时应当商请人民检察院派员参加。

现场勘查

（4）确定勘查人员，快速赶赴现场。

受理报案后，指挥员应对报案情况作出分析判断，迅速确定和调动现场勘查人员。参加现场勘查人员的多少，应根据案件的大小、性质、危害后果和紧急程度等实际情况而定。勘查严重暴力犯罪案件现场或需要采取紧急措施案件的现场，应集中优势力量打歼灭战，并召集警犬训练员带上警犬参加搜索、追踪和鉴别物证的工作；根据需要可召集特警、巡警、防爆警等警种组成围剿、追堵、缉捕的机动部队参加现场勘查；勘查涉命案（事）件现场和强奸案件现场，应通知法医参加。同时，指挥员应当考虑一旦立案侦查，现场发生的事件，由哪些侦查人员承担侦查任务，要尽可能让这些人参加现场勘查，以便有利于勘查工作和侦查工作的顺利开展。总之，指挥员在确定勘查人员时，在指导思想上必须明确两点，一是参加现场勘查的人员的多少必须与勘查任务的轻重相适应；二是要有一个合理的人员结构。

勘查部门应充分利用汽车、摩托车等现代化交通工具运送勘查人员迅速赶赴现场，结合发案地点的地理位置和交通条件，也可利用火车、船只、马匹等交通工具。

附件 B 接受刑事案件登记表（模板）

填报单位
（公章）　　　　　　　　　　　接受刑事案件登记表

编号：

报案人	姓名		性别		年龄		住址	
	单位		电话				案件来源	
移送单位			承办人				电话	

报案内容（发案时间、地点、简要过程、涉案人基本情况、受害情况等）：

领导批示：

处理结果：

接警单位		接警地点	
接警人员		接警时间	

第二节　赶赴现场后的常规处置

一、检查现场保护情况

现场勘查指挥人员及侦查、技术人员在听取有关人员的汇报、观察现场的时候，应检查现场保护情况。如果发现应当保护的地方未予以保护或保护措施不当的，要立即进行保护或纠正；保护力量不足的，要进行补充；保护范围过大或过小的，要进行适当调整；未划保护圈的，要进行补划，并让无关人员退出保护圈；对重要的又极易受到破坏的痕迹、物品，应重点保护；对极易消失的痕迹，要在立即照相后提取；还应指定专人保护现场，维护好现场周围秩序，以防止无关人员进入现场，防止来往行人、车辆堵塞交通，以及造成新的人身伤亡事故。

二、掌握重要知情人

在现场围观人员中，常常有对犯罪有关情况耳闻目睹的重要知情人。勘查人员赶赴现场后，应抓紧时机，弄清案件发生时有哪些人在场，哪些人是目睹过犯罪嫌疑人及其实施犯罪经过、知道案件情况的知情人，并将其姓名、工作单位、住址、联系电话等逐一登记。为避免登记错误，必要时也可让知情人出示能够证明其身份的证件，以便进一步分别调查访问。

掌握重要知情人，除了用一般的调查访问方法外，也可以通过照相或摄像的方法，将现场围观的人员拍摄下来，这也是寻找、发现、掌握重要知情人的重要途径之一。

三、了解并掌握现场情况

现场勘查指挥人员到达现场后，首先需要做的就是迅速了解并掌握现场情况，弄清现场有关工作的进展，取得指挥主动权。掌握现场情况的方法主要有以下三种。

1. 听取汇报

指挥人员与勘查人员到达现场后，首先要听取先期到达现场的巡警、派出所干警、内部保卫干部、治保、协警等人员的汇报。要求汇报的内容包括以下五个方面：

（1）案件发生、发现的经过和简要情况；

（2）最先发现现场的人的姓名、年龄、职业、住址及其他情况；

（3）对紧急情况的处理经过和结果；

（4）现场的保护及变动、变化情况；

（5）初步调查访问的情况。

2. 直接询问被害人、事主、发现人和报案人

指挥人员与勘查人员在听取汇报后仍不能够对现场情况作出基本判断时，应当直接询问案件的被害人、事主、发现人和报案人。通过询问，进一步了解案件的发生与发现时间、地点、经过，人身、财物被侵害的情况，以及犯罪嫌疑人的体貌特征、作案过程等。

3. 巡视现场

巡视现场是了解现场情况的基本方法。因此，指挥人员要在现场保护人员的陪同下，亲自对现场进行巡视。巡视的顺序，一般是先查看现场的位置、环境，进而在现场周围观察犯罪嫌疑人的进出口、来去路线，以及其遗留的痕迹、物品，然后再查看现场内部的状态和痕迹、物品的分布情况。

四、邀请现场勘验检查见证人

为了保证现场勘查的客观性和合法性，使发现的痕迹和其他物证以及勘验检查记录具有充分的证据作用，在实地勘验以前，必须根据《刑事诉讼法》《公安机关办理刑事案件程序规定》《公安机关刑事案件现场勘验检查规则（2015）》等有关法律法规，邀请一至两名与案件无关的公民作见证人，明确告知其现场勘验检查见证人的权利和义务，并要求其在《现场勘验检查见证人邀请书》上签字。

1. 见证人的条件

凡是与案件无利害关系的公民均可以作见证人。但由于见证人在刑事诉讼活动中的特殊地位，下列人员不宜作见证人：

（1）当事人、被害人及其近亲属；

（2）在职的公安、检察、审判人员和刑事技术鉴定人员；

（3）有犯罪嫌疑或者因犯罪受过刑罚处罚的人；

（4）未成年人；

（5）精神上、生理上有缺陷（视觉、听觉等障碍），妨碍履行见证人义务的人。

2. 见证人的权利和义务

见证人到场后，在实施勘验检查以前，侦查人员应告知其法律所规定的见证人的

权利和义务。见证人不是勘查人员，其只对勘查方法、程序、过程作见证，因此，见证人在勘查中有特定的权利和义务。

（1）见证人的权利。

①对现场发现、提取的痕迹、物品都有权进行观察。

②如果见证人认为勘查人员在实地勘验中有不合法的行为，可以提出意见，并可要求将这些意见写在现场勘验检查笔录中。

③见证人应见证现场勘验检查的全过程。

（2）见证人的义务。

①见证人必须自始至终观察、见证勘验检查的全过程，不能随意离去，不能随意走动，也不能随意触摸和移动现场的任何痕迹、物品。

②证明提取的痕迹、物品确实来源于现场。

③证明现场勘验检查笔录中的一切记载都是客观、真实的。

④对勘验检查中所获得的痕迹和其他证据要严格保密，不得泄露。

⑤勘验检查结束后，要在现场勘验检查笔录上签名或盖章。

邀请见证人，要取得现场所在地派出所或单位内部保卫组织的协助，以保证所邀请的见证人符合法律的要求。

五、聘请具有专门知识和技能的专家和技术人员

现场勘验检查涉及的知识范围很广，经常会遇到一些专门问题和技术难题，因此可根据《刑事诉讼法》第128条的规定，指派或聘请具有专门知识的人参加勘验检查，以解决某些方面的专门问题和技术难题。这里所指的具有专门知识的人，既包括高等院校、科研院所等有关方面的教授、专家、学者、技术人员，也包括各行各业长期从事专门工作、具有丰富经验的人。

勘查人员应向指派或聘请的具有专门知识的人讲明其职责和应遵守的纪律，并主动向他们介绍情况，提供必要的工作条件。接受指派或聘请的具有专门知识的人，应在侦查人员的主持下进行工作，其工作范围仅限于解决某些专门性问题。他们对职责范围内的问题提供的咨询，以及所作的解释、说明和评断，只能供分析判断案情时参考。如果需要作为证据使用的，还必须经过专门的鉴定程序，由鉴定机构出具鉴定书。

六、做好勘查前的其他准备

现场勘查值班人员应严格遵守值班制度，值班期间必须在岗在位，并保证通信畅通；技术部门必须加强现场勘查车辆、设备的检查维护，保证勘查设备、耗材齐全、

功能正常和外观整洁。为了确保现场勘查的质量,提高现场勘查的效率,指挥人员应根据案情概况及现场实际,对参加勘查的人员进行恰当分工,做到职责明确,协调配合;在初步了解案情及现场保护情况后,确定勘查范围,根据具体情况调整警戒范围,制订现场勘查方案;确定现场勘验检查技术负责人,协调各方面工作,掌握勘查进度,及时处理勘查中出现的各种问题,同时掌握侦查、技术信息,及时协调相关部门工作。勘查重大、特大案件现场,现场指挥人员和勘查人员赶赴现场后,应迅速布置以现场为中心的通信网络,促进现场与指挥中心、现场指挥人员与侦查人员以及侦查人员相互之间的沟通,以实现互通情报,密切配合,调集力量,协同作战。

有条件的侦查部门,可将手提电脑或车载传真机、摄像转播车、通信指挥车等设备调至现场,以便迅速准确地将现场勘查中发现的手印等的照片、文字材料等传输至指挥中心,及时检索犯罪情报资料,发现有关犯罪嫌疑人的线索,并及时发出通缉、通报;或将现场勘查的实况信息直接传输至指挥中心,以便指挥中心进行指挥调度。

第三节　现场勘查活动的开展

现场勘查是一项综合性的侦查措施,其应用范围广、内容多、任务重,而且在现场勘查中时常遇到紧急情况,这就要求现场勘查的指挥人员在做好赶赴现场准备工作的同时,还要根据现场的实际情况,区分轻重缓急,迅速布置现场勘查任务,合理组织人员,明确职责分工,既保证重点,又照顾全面,保证现场勘查任务的完成。

一、开展现场访问

现场访问主要由现场访问组的侦查人员按照如下基本步骤和程序进行。

1. 确定访问的范围和重点

确定访问的范围。访问的范围包括访问的区域范围、访问的人员范围和访问的内容范围三个方面。侦查人员在进行现场访问时,应当从已掌握的情况出发,研究确定在什么区域的哪些人员中访问与案件有关的哪些事实、情节。访问的范围确定之后,还必须从中确定访问的重点,包括重点区域、重点人员、重点问题。

2. 了解被访问人员的基本情况

侦查人员可通过各种途径(如询问单位、同事、邻居、有关机关和部门),尽可能地了解被访问人的姓名、性别、年龄、职业、工作单位、兴趣爱好、性格脾气、文化程度，以及与案件有什么样的关系等基本情况。通过对被访问人员基本情况的了解，研究其能提供什么信息和能证明什么问题等，以便正确地选择访问的方式、方法。

3. 拟订访问提纲

为保证现场访问质量，应当在访问前拟订访问提纲，访问提纲一般包括如下内容：

（1）访问的目的和要求；

（2）访问对象的简况；

（3）访问的时间、地点；

（4）应向访问对象询问的问题；

（5）应采取的询问方式。

4. 询问访问对象

现场访问一般是先由侦查人员说明访问意图，必要时先做好访问对象的思想转化工作，让其自由、详细地陈述其所知道或感受到的与案件有关的情况，然后再从访问对象的陈述中有针对性地提出问题，力争把访问对象了解和掌握的情况全部问明。

5. 现场访问的法定程序

现场访问必须按照我国《刑事诉讼法》规定的询问证人和被害人的有关程序进行。

（1）现场访问只能由侦查人员负责；

（2）侦查人员在进行访问时，必须首先向被访问人出示公安机关人民警察证或省（市）级公安机关制的调查证、专案工作证等表明身份的证件；

（3）对具体对象的访问应分别进行，不允许把几个访问对象集中在一起进行询问，更不允许以座谈会或集体讨论的方式询问被访问人，以保证访问对象畅所欲言，防止其互相影响；

（4）访问开始时，应从每个访问对象的特点出发，向其讲明作证的责任和义务，告知其应当如实提供证言、证据，以及有意作伪证或隐匿罪证应承担的法律责任；

（5）对不满18岁的访问对象，可以通知其法定代理人或老师到场；

（6）访问应当按要求制作笔录并要求被访问人签名，访问对象要求自行书写证言的，应当允许。

二、进行实地勘验

实地勘验是指侦查人员依法对与案件有关的场所、痕迹、物品、尸体、人身，运用感知、比较、技术检验、搜索等科学技术方法，发现、收集侦查线索和犯罪证据的一种侦查活动。实地勘验的主要任务是发现、提取现场痕迹、物品，分析研究现场痕迹、物品与犯罪活动的关系,同时与现场访问密切配合,为确定案件性质、划定侦查范围、查找和证实犯罪嫌疑人提供依据。现场勘查人员到达现场后,应当先了解案件发生、发现和现场保护情况。需要采取搜索、追踪、堵截、鉴别、安全检查和控制赃物等紧急措施的,应当立即报告现场指挥员,并果断处置。具备使用警犬或者鉴别条件的,在不破坏现场痕迹、物品的前提下,立即使用警犬搜索和追踪,提取有关物品、嗅源。勘验检查暴力犯罪案件现场,可以视案情部署武装警戒,防止造成新的危害后果。勘验检查涉爆、涉枪、放火、中毒、放射性物质、传染性疾病等可能危害勘查人员人身安全的场所,应当先排除险情,在保证勘查人员人身安全的前提下,再进行现场勘查。

实地勘验是一项技术性很强且复杂、细致的工作,必须按照一定的步骤、顺序和方法,有领导、有组织、有秩序的进行。

1. 实地勘验的一般顺序

实地勘验一般是在巡视现场的基础上(巡视现场由现场指挥人员带领现场勘查人员进行),根据案情,并结合现场环境,划定勘验检查范围,确定勘验检查顺序和勘验重点。

首先正确架设警戒线和告示牌,负责警戒的民警必须坚守岗位、履行职责;在巡视中发现有异常情况,应及时采取保护措施并做好记录;同时进行现场照相、摄像,绘制现场方位图。然后由现场指挥人员率领现场勘查人员沿着划定的临时通道进入现场,按照分工开始勘查。一般顺序是:①痕迹勘验人员根据勘验检查顺序,开辟进入中心现场的临时通道,用数字标牌或记号笔标记地面上的痕迹、物品;②现场照相、摄像、记录等人员进入通道并沿着通道对现场的概貌、中心进行照相、摄像、做笔录和绘图,以固定现场;③痕迹勘验人员、法医及相关专业技术人员进入现场进行实地勘验,在勘验过程中,现场记录人员亦应做相应记录;④勘验时,应本着边观察、边记录、边分析、边采取措施的原则,注意反常情况;⑤有被害人的现场,法医及相关专业技术人员应在打开通道后,立即进入中心现场确认被害人是否死亡,如果已死亡,应立即退出并按顺序进行勘查;如果未死亡,应立即送医院抢救,并收集相关物证(如呕吐物、血、尿液等)。总之,在勘验检查时,可根据现场实际情况制订现场勘验检查方案,确定勘验检查顺序。具有室内、室外两个现场的,可先勘验检查室内现场,亦可同时勘验检查;若因气候、人为等因素,可能使室外现场遭受破坏的,应先勘验检查室外现场;勘验检查地处交通要道、繁华地段或要害场所的现场,应从阻碍交通、易受人为破坏或急于恢复秩序的地点开始。

2. 实地勘验的基本原则

实地勘验的基本原则是先静后动,先下后上,先易后难,先表后里,先重点后一般，先固定后提取。实地勘验要求运用各种手段和方法对与案件有关的痕迹、物品，逐一进行详细勘验和检查，以从中发现有价值的痕迹、物品。仔细研究每一痕迹、物品的特征、遗留部位、遗留原因、存在形式及与犯罪的关系，从而分析这些痕迹、物品的证据意义。对细小、残缺的痕迹、物品及变动、破坏的现场要仔细勘验检查，注意各种反常现象。命案现场勘验检查应注意观察尸体的位置及与其周围物体的关系，有无移尸现象；观察尸体体位、姿势和衣着；观察血迹的分布及形态，分析血迹的形成；观察附着物及其他异常情况。另外，也应按操作规范发现、固定、提取各种痕迹、物品，应特别注意微量物证、生物检材的发现、提取，强化"无损发现提取"及"一证多用"意识。勘验检查与电子数据有关的犯罪现场，应按照有关规范处置相关设备，保护电子数据和其他痕迹、物品，必要时，可以指派或聘请专业技术人员复制有关电子数据。

3. 实地勘验的法定程序

实地勘验中应按照整体勘验到局部勘验再到个体勘验的步骤实施，并遵守以下法定程序：

（1）实地勘验只能在侦查人员的主持指挥下进行。

（2）侦查人员进行勘验检查，必须持有侦查机关的证明文件。

（3）对于死因不明的尸体，经县级以上公安机关负责人批准，可以进行解剖，并通知死者家属到场，并出具《解剖尸体通知书》让死者家属签名或者盖章，无故不到场或者拒绝签名、盖章的，也可以解剖尸体，但是应当在《解剖尸体通知书》上注明。对于身份不明的尸体，无法通知其家属的，应当在笔录中注明。尸体解剖按照公安部《法医学尸体解剖标准》规定进行，提取毒化物证等相关检材（如血、胃内容物等），同时捺印尸体指、掌纹，尸体解剖过程应照相、录像、记录。解剖尸体应当在解剖室进行；确因情况紧急，或受条件限制，需要在现场附近解剖的，应当采取隔离、遮挡措施。

（4）为了确定被害人、犯罪嫌疑人的某些特征、伤害情况或者生理状态，可以对其人身进行检查。犯罪嫌疑人如果拒绝检查，侦查人员认为有必要时，可以强制检查。检查妇女的身体，应由女工作人员或医师进行。检查、提取相关痕迹、物品，应照相或制作笔录。

（5）勘验检查的情况应当写成笔录，由参加勘验检查的人员和见证人签名或者盖章。

（6）为了查明案情，在必要的时候，经公安机关负责人批准，可以进行侦查实验。而侦查实验，禁止一切足以造成危险、侮辱人格或者有伤风化的行为。

4. 电子物证的实地勘验

故意杀人、故意伤害致人重伤或者死亡、强奸、抢劫、贩卖毒品、放火、爆炸、投放危险物质犯罪现场，以及其他有电子物证勘查必要的案（事）件现场，必须进行电子物证的实地勘验。对电脑、手机等电子物证进行勘查时应注意以下几点：

（1）合理安排现场保护人员，做好现场保护。

（2）初步判断现场可能包含电子物证的电子设备。

（3）电子物证检材及环境的拍照、录像。

（4）电子数据的提取和分析。电子数据的提取和分析遵循以下原则：①不得将生成、提取的数据存储在原始存储媒介中；②不得在目标系统中安装新的应用程序。如果因为特殊原因，需要在目标系统中安装新的应用程序的，应当在《现场勘验检查笔录》中记录所安装的程序及其目的；③应当在《现场勘验检查笔录》中详细、准确记录实施的操作以及对目标系统可能造成的影响；④对于处于关机状态下的计算机，原则上不能开启。

（5）固定电子数据。

（6）电子物证的封存和固定。

5. 实地勘验纪律

现场勘查人员必须服从指挥；进入现场时必须佩带《刑事犯罪现场勘验检查证》，按照规定着装；进入现场的人员，应当使用相应的个人防护装置，必须佩戴头套、手套、鞋套、口罩等；勘查过程中应注意保护现场，依法、规范收集物证；现场勘查人员应当严格保守秘密，不得向无关人员泄露现场信息，不得擅自接受新闻媒体的采访，并要向辅助人员、见证人宣读保密规定；严禁在现场吸烟、吐痰、吃食物等，严禁使用现场的卫生间；应尊重当地群众的风俗习惯；勘验检查现场时，非勘验检查人员不得进入现场，确需进入现场的，须经指挥人员同意，并按指定路线进出现场。

关于实地勘验的更多内容，可参见本书"第六章 实地勘验"，此处不再赘述。

三、现场复验、复查和现场实验

在现场勘查过程中，指挥人员要合理使用力量部署勘查工作，及时了解现场访问或实地勘验中是否发现了重要的破案线索和痕迹物证，随时掌握现场勘查的进度，协调各项勘查工作，妥善解决勘查中遇到的问题。现场若存在某些不能经一次勘查就认识确定的情况，可进行现场复验、复查；遇有下列情形之一的，应当进行复验、复查：①案情重大、现场情况复杂的；②侦查工作需要从现场进一步收集信息、获取证据的；③人民检察院审查案件时认为需要复验、复查的；④当事人提出不同意见，公安机关认为有必要复验、复查的。如果经过现场复验、复查，有些问题仍然搞不清楚，可以进行现场实验。

四、组织临场讨论，做好善后处理工作

现场勘查结束后，指挥员应召开临场会议，根据现场访问和实地勘验获取的材料和情况，对案件情况、事件性质、进出口情况、作案工具、作案过程、损失情况等作出初步的分析判断，并在此基础上推断犯罪嫌疑人可能具备的条件，大致确定侦查方向和范围。与此同时，还应做好勘查后的现场处理工作，如由技术人员在现场清点提取的痕迹物证，扣押的物品、文件，勘验检查设备、工具等，并清理勘验检查废弃物；由现场勘验检查技术负责人提出现场、尸体等处置意见；由指挥员作出是否保留现场、是否复勘现场、是否保存尸体的决定。

第四节 结束勘查

结束勘查是现场勘查的最后一道程序。结束勘查前，现场勘查人员应按照结束勘查的条件，对现场勘查的所有活动进行全面的检查总结，并做好现场勘查后的处理工作。

一、结束勘查的条件

只有同时具备了以下三个基本条件，才能结束勘查。

第一，现场主要情况已经查明和研究清楚。现场可能与案件有关的痕迹、物品已被发现、固定和提取，其他有关的侦查线索、证据已经收集；实地勘验中现场个别现象之间的矛盾、现场访问材料之间的矛盾、实地勘验所获情况与现场访问材料之间的矛盾已经基本澄清或得到正确解释；现场勘查中所获得的一切材料已经有根有据、合情合理地作出了分析判断等。做到了上述几点，现场的主要情况才称得上已经查明和研究清楚。如果某些次要的犯罪嫌疑情况，经过多方努力仍暂未发现深入调查的线索，也可以结束勘查。对于个别重大、特大、复杂案件的现场，由于主客观条件的限制，一次实地勘验难以完成任务的，不能结束勘查，应视案件及现场具体情况，把现场的全部或局部、留有痕迹的物品或尸体保留下来，并落实保护措施和责任人，以便反复地勘验、研究，直至将主要问题查明和研究清楚。

第二，现场进出口，来去路线，侵害目标和损失情况，作案方式、手段和特点，作案工具和作案人在现场的活动过程等已研究清楚；现场电子信息、痕迹物证、生物物证、微量物证等已固定提取；现场侦查范围、重点和应采取的侦查措施已经确定。

否则，应继续进行勘查和研究。

第三，相关的法律手续完备。在结束勘查时，必须认真、细致、全面地检查勘查活动中的勘验、检查、现场访问、现场实验和采取的紧急措施等是否符合法律及有关规定，法律手续是否完备。如果发现法律手续不齐全，应及时补齐，否则，将影响勘查材料在揭露和证实犯罪中的证据效力。

决定结束勘查前，勘查人员应按上述三个条件对现场勘查活动进行一次全面的检查、复核，发现不足之处时，要及时补正。必要时，还可以对现场进行复验、复查。

二、结束勘查的善后处理

现场勘查结束后，勘查人员应当根据案件的具体情况，及时做好结束勘查的善后处理工作。善后处理工作主要包括以下三个方面。

第一，撤销现场保护。结束勘查以后，应撤销现场保护，并通知有关单位、事主对相关事务进行妥善处理。重要物品应向发案单位或事主当面清点。命案现场可让死者的家属、亲友将尸体火化或掩埋，如果没有亲属，可由公安机关协同民政部门或死者生前所属单位负责处理。

第二，运送有关痕迹、物品。现场勘查结束后，指挥人员应指定专人，落实责任，对提取的有关痕迹、物品进行登记并妥善包装、加封运送、保全保存，防止损坏或遗失。如果在现场发现有爆炸物品、毒品、枪支、弹药和淫秽物品以及其他非法违禁物品，应当立即扣押，固定相关证据后，交有关部门处理；扣押物品、文件时，应当场开具《扣押清单》，一式三份，并由侦查人员、见证人和物品、文件持有人签名或者盖章，一份交物品、文件持有人，一份交公安机关保管人员，一份随卷备查。提取贵重物品或绝密文件，应经过县级以上公安机关负责人批准并制作查封决定书。

第三，对现行抓获的人员和犯罪嫌疑人的处理。对于群众扭送或通过紧急措施捕获的现行人员，要依法进行人身和住宅搜查，办理拘留手续，呈请拘留，同时指派专人及时进行讯问，调查取证。对于犯罪嫌疑人可酌情进行讯问，或派专人暗中继续监视，以澄清犯罪嫌疑人或进一步开展调查，扩大线索，相机取证。

为了更直观、清晰地查看现场勘查的工作流程，尤其是实地勘验的具体步骤与方法，特将其予以总结，绘制成流程图，详见本节后的"附件C　现场勘查工作流程图"。

现场勘查

附件C 现场勘查工作流程图

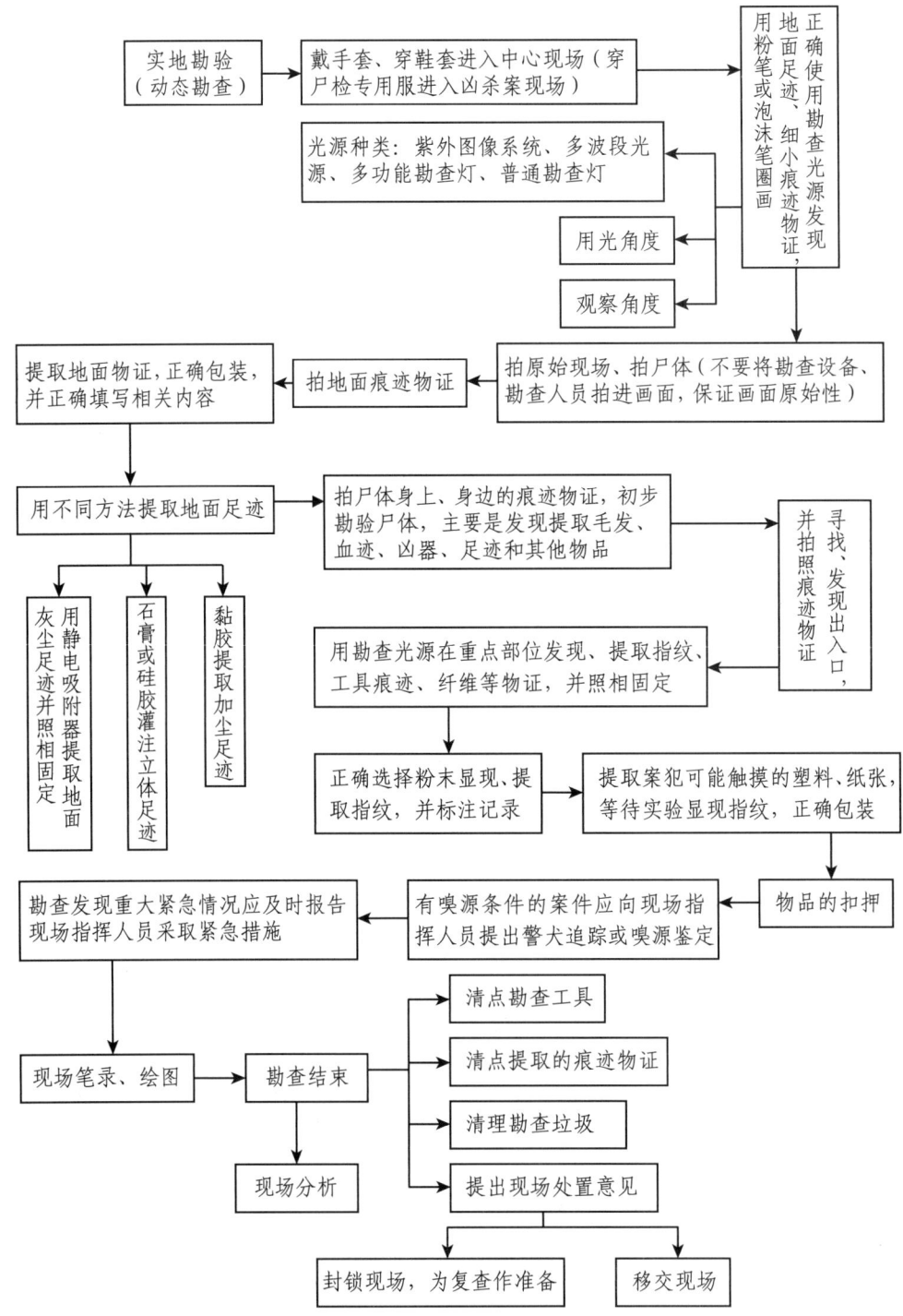

第五章　现场访问

现场访问，是指勘查人员为查明案情，发现、收集侦查线索和犯罪证据，在实地勘验的同时或其前后，围绕案件现场，运用一定的策略、方法，对有关的人、事、物进行查访的一种侦查活动。

现场访问和实地勘验是现场勘查的两个重要方面，两者相辅相成，密不可分。只有把两者有机结合起来，才能保证现场勘查的质量，全面地发现和收集证据，使分析判断案情、制订侦查计划建立在充分的客观物质基础之上。另外，现场访问能为现场指挥人员采取紧急措施提供情报，为分析判断案情提供客观依据，能查明实地勘验中发现的某些痕迹物证与犯罪事件之间有无内在联系，能弥补实地勘验的不足，促使勘查工作向纵深发展。

第一节　现场访问的任务

现场访问的任务因案而异，但概括起来，其任务一般应包括查明以下问题。

一、查明案件及被害人的相关情况

1. 查明案件发生、发现的情况

查明案件发生、发现的情况，对于发现和收集侦查线索和犯罪证据，分析判断案情具有重要意义。

（1）查明案件的发现人与现场接触人，即谁最先发现现场，哪些人因何种原因进入过现场，触动过哪些痕迹、物品等。

（2）查明案件被发现的时间、地点、犯罪人数和后果。

（3）查明犯罪嫌疑人作案的手段与方法。作案的手段与方法包括：使用的犯罪凶器、工具、计谋或圈套，接近作案目标、实施侵害行为以及伪装的方法等。

（4）查明犯罪过程。包括犯罪嫌疑人侵入的部位，实施侵害的先后顺序，如何逃离现场以及在现场逗留的时间。

2. 查明被害人的基本情况

被害人的某些基本情况是研究犯罪动机的重要依据。在现场访问中，应着重查明被害人的以下基本情况：

（1）被害人的身份。包括被害人的姓名、性别、年龄、住址、文化程度及职业等。

（2）被害人的经历及表现。包括被害人的社会经历、政治态度、思想品德、生活作风、性格、兴趣爱好、习惯以及有无贪污、盗窃、赌博等劣迹或前科。

（3）被害人的经济情况。包括被害人和其家庭的经济收支，以及有无贵重物品、积蓄和债务关系等情况。

（4）被害人和其家庭成员的社会交往关系。主要是指被害人和其家庭成员与他人之间有无仇怨、债务、恋爱、奸情、矛盾等关系。

（5）被害人在遇害前的行踪。被害人在遇害前，在什么时间、什么地点、与哪些人有过接触和交往，或者在何时与何人一起外出，到过什么地方，结交过什么人，在何时、何地开始断绝音信。

（6）有无致使被害人自杀的因素。被害人生前精神上是否受过重大打击或刺激，有无悲观厌世或严重伤残、久病不愈、生理缺陷、精神疾病及其他可能致使其自杀的因素存在，平时有无自杀的言行表现等。

（7）被害人如果是不知名尸体，应主要查明其姓名、住址和身份。

二、查明犯罪嫌疑人情况

1. 查明发案前后犯罪嫌疑人的行踪动向

查明犯罪嫌疑人案前是否到现场"踩点"，以及案后藏身匿迹、处理赃物和其他罪证的行踪动向，有助于发现侦查线索和采取紧急措施。

2. 查明犯罪嫌疑人侵害财物的情况

查明犯罪嫌疑人侵害财物的情况是现场访问的一项重要任务，其对于判明犯罪的动机、目的、案件性质，确定侦查方向和范围以及采取侦查措施，都有很大的作用。查明犯罪嫌疑人侵害财物的情况主要是指查明以下情况：

（1）被侵害财物的种类、名称、数量、重量、体积、特征；

（2）被侵害财物的来源、运送、保管和使用情况；

（3）保管财物的处所有无安全隐患因素存在等。

3. 查明犯罪嫌疑人遗留物品、物质的情况

犯罪嫌疑人遗留在现场的物品、物质，既是物证，也是侦查线索，对开展侦查工作有重要意义。

（1）现场哪些物品、物质是犯罪嫌疑人遗留的；

（2）现场周围的可疑物品、物质是否是犯罪嫌疑人所留；
（3）现场周围有关人员拾得遗留物品的情况；
（4）遗留物品、物质的种类、名称、数量、特征和产销情况。

4. 查明犯罪嫌疑人的体貌特征

犯罪嫌疑人的体貌特征对于确定侦查方向和范围，采取紧急措施抓捕犯罪嫌疑人，有着重要的作用。犯罪嫌疑人的体貌特征包括性别、年龄、身高、体态、面貌、躯干、四肢、穿着打扮以及附加特征（犯罪过程中形成的）等。此外，在有条件的情况下，还要查明犯罪嫌疑人的语言、口音、动作习惯等。

第二节　现场访问的对象

从广义的范围讲，现场访问的对象主要是了解案件情况的人，具体而言主要有以下三类。

一、被害人

被害人是指合法权利受到犯罪行为侵害的人。受到犯罪行为的侵害是多种多样的，有身体或生命受到侵害的，也有财产权利受到侵害的，无论是哪种权利受到侵害的人，都是被害人。

被害人一般对案件发生、发现的情况了解得比较清楚，如被害的时间、地点、人身受到的伤害、财物受到的损害等。尤其是抢劫、强奸、诈骗等案件，被害人与犯罪嫌疑人有过直接的接触，其了解犯罪嫌疑人的体貌特征、犯罪人数、犯罪过程、犯罪的手段和方法，甚至还可以指认犯罪嫌疑人。因此被害人是现场访问的重点对象。访问时必须认真听取他们的陈述，以便及时查明案情，发现、收集侦查线索和犯罪证据。

二、事主

事主，实践中又叫当事人，是指在某些案件中，自己的合法权利并未受到侵害但与被侵害对象有直接关系的人。如某些盗窃案件中，国家或集体的财产受到侵害而自己的财物未受到侵害的会计、出纳、保管或看管人员等，这些人对财物的存放、管理有直接责任，了解财物的有关情况，能够提供案件发生、发现的时间，以及事前到过现场的人员；再如，某些抢劫、诈骗案件中的事主，其与犯罪嫌疑人有过正面的接触与交往，能提供犯罪嫌疑人的人身形象、犯罪的手段和方法、犯罪后的行踪去向等重要情况。因此，事主也是现场访问的重点对象之一。

三、其他知情人

其他知情人是指除被害人、事主以外的其他了解案件情况的人。具体包括以下几种人：

（1）案件的发现人、报案人；

（2）案件发生时，目睹作案过程和了解犯罪嫌疑人体貌特征的人；

（3）知道案件或犯罪嫌疑人某些情况的人；

（4）发案后，了解犯罪嫌疑人行踪去向，或者是发现疑人疑事的人；

（5）案件发生前，知道被害人行踪的人；

（6）了解被害人基本情况的人；

（7）了解被抢、被盗财物的来源、运送、贮存、保管、使用及其特征的人；

（8）知道案件其他情况的人。

在开始进行现场访问时，一般除被害人、事主是明确的以外，大多数案件的其他知情人是不明确的，现场访问人首先要善于寻找和发现这些知情人。发现其他知情人的方法包括以下几种：

（1）通过询问被害人、案件的发现人或报案人发现其他知情人。

在被害人、案件的发现人或报案人中，有的是目睹犯罪嫌疑人作案及其体貌特征的人；有的是看见犯罪嫌疑人逃跑的人；有的是发案时虽未在场，但往往较早抵达现场，对案情有所耳闻的人。通过对这些人进行询问，可以发现其他知情人，至少其能提供当时在场的人。

（2）从现场的围观群众中发现其他知情人。

一旦发生案件，特别是发生在交通要道或公共场所的案件，往往引起群众围观。在围观群众中，有的可能是发案时就在场的见证人，有的可能是听到现场发出枪声、爆炸声、呼救声的人，有的可能是第一个发现案件的人等。因而必须抓紧时机对现场的围观群众进行访问，以便从中发现其他知情人。值得注意的是，在众多的围观群众中，有不少属于流动人员，随着时间的推移，他们便会先后离开现场，一旦离开，日后就很难再找到他们了。为此，必须首先掌握这些流动人员，并对他们及时进行访问，即使他们没有提供多少有价值的情况，也要做好记录，记下他们的姓名、住址或工作单位，以备再次查访。

（3）从居住或工作在现场周围的人员中发现其他知情人。

现场访问人员可以以现场为中心，对现场周围的有关单位、街道、交通线路、村落等，采取分片包干的方法，先对有机会目睹作案和犯罪嫌疑人情况的对象进行访问，然后再逐门逐户地访问其他人员，以便发现其他知情人。

（4）从途经现场及其附近的过往行人中发现其他知情人。

现场访问人员要在自己负责的区域内，进行观察了解，以发现发案前后可能途经现场及其附近的过往行人。这些人主要是指在一定时间，通过一定地点的上下班职工、学生、农民、电汽车司机、售货员等。这些人当中可能有了解犯罪嫌疑人体貌特征或其他有关情况的知情人。

（5）从犯罪嫌疑人来去现场的路线上发现其他知情人。

犯罪嫌疑人来去现场必经一定的路线，难免会被沿途从事耕作的农民，面向街道、路径的住户、商店、旅社、饭店的服务人员，机关单位的门卫，道路执勤的民警，个体摊贩，电汽车司机等发现。通过对这些人进行访问，就可能发现目睹犯罪嫌疑人及其行踪的知情人。

（6）从已经离去的围观群众和过往行人中发现其他知情人。

勘查人员到达现场时，有的围观群众和过往行人已离开了现场。对这部分人中的知情人，可采用会议部署、电话通知、发通报等形式，要求有关派出所、保卫部门及友邻地区的公安机关协助查询。

（7）从犯罪嫌疑人的家属、亲友、同事和邻居中发现其他知情人。

在现场勘查过程中，若已发现了犯罪嫌疑人，为了判明其行踪去向、体貌特征和携带的物品，现场访问的对象必须是了解犯罪嫌疑人的人。这些人大致限定在犯罪嫌疑人的家属、亲友、同事、邻居等范围内。在这些人中，要着重访问了解犯罪嫌疑人近况的人，特别是其家属、亲友，因为这些人往往是知情人。

（8）从被害人所在单位、街道、派出所及其家属、邻居和其他有关人员中寻找知情人。

为了查明被害人的家庭、社会交往关系、政治态度、现实表现、思想品德、生活作风、经济状况、债务关系、财产纠纷、私仇宿怨、奸情矛盾等情况，可以从被害人所在单位、街道、派出所及其家属、朋友、邻居等中寻找了解被害人情况的知情人。

第三节　现场访问的方法

一、对被害人、事主的访问方法

被害人、事主是现场访问的重点对象，必须不失时机地对其进行访问，以便及时查明案情。对被害人、事主现场访问的主要方法有以下几种。

现场勘查

1. 选择恰当的访问地点

对被害人、事主进行询问,要根据案件的性质、危害后果,现场的位置环境、气氛,访问对象的人数及其心理状态等因素综合考虑,选择恰当的访问地点,以利于被害人、事主脱离现场环境的影响,克服思想、感情上的障碍,平静地进行陈述,从而取得良好的访问效果。选择访问地点时应注意以下三个方面:

(1)有利于报告和联系。访问地点应选在便于向现场指挥人员报告和与其联系的地方,这对于需要通过现场访问,弄清犯罪嫌疑人的体貌特征、逃跑的方向路线,并迅速采取紧急措施追捕犯罪分子的案件,显得特别重要。

(2)有利于保守秘密。访问地点应选择没有第三者,更没有围观群众在场,有利于保守秘密的安静场所,使被害人、事主能放心大胆地进行陈述,以免造成不应有的损失。

(3)有利于保护现场。访问地点一般不要选择犯罪嫌疑人来去的路线上或停留的地方,也不要选择正在实施勘验的场所,以免破坏痕迹物证,或影响勘查工作的进行。对于发生在城镇街道或居民区的案件,可在其附近的派出所、保卫部门、有电话的机关或私人住宅内询问。对于发生在机关、厂矿、企事业单位内部的案件,可由党政组织出面,寻找合适的房间作为访问地点。对于发生在郊区或农村的案件,可依靠当地干部,在现场附近的交通沿线寻找访问地点,或者利用现场勘查车作为访问地点。

2. 询问前要做好安定情绪的工作

询问前必须首先安定被害人、事主的情绪,以利于询问工作的顺利开展。被害人的情绪往往是不平静的,特别是杀人、抢劫、强奸、放火、爆炸、重大盗窃等案件的被害人,他们大都是有生以来第一次遭受如此打击和承受如此重大损失,很自然地会产生激动、紧张、恐惧、悲愤、痛惜、悔恨等复杂情绪,且一时难以平静。如果被害人或事主在这种心理状况下接受询问,由于心神不定、精神恍惚、思维混乱、思想表达能力降低,其回答问题势必语无伦次,前后矛盾,最终达不到良好的询问效果。因此,侦查人员必须根据案件发生的具体情况,通过与被害人或事主接触交谈,摸清其心理状态和个性特征,采取切实可行的措施。做好安定情绪的工作,主要方法有以下三种:

(1)改变被害人、事主所处的环境。把被害人或事主带到另外一个安静的场所,避免犯罪现场再度对他们形成刺激。

(2)侦查人员要以热情的态度接待被害人、事主。如主动向被害人、事主嘘寒问暖,请他们喝水、抽烟,使其感到侦查人员和蔼可亲;然后向他们提出一些与案件无关的问题,把他们的注意力转到其他事情上去,使其逐渐从紧张中松弛、冷静下来,为询问工作创造条件。

（3）侦查人员要向被害人表明爱憎分明的立场和破案的决心。侦查人员要用诚恳的态度对被害人的不幸遭遇表示同情，对犯罪嫌疑人的罪恶行径表示深恶痛绝。同时，要向他们表明破案的决心，使其相信案件必破，犯罪嫌疑人一定会受到惩罚。对于生活、经济上有困难的被害人，要尽量请求当地政府或有关单位帮助解决，从而取得他们的信任和支持。

3. 向被害人说明访问意图

根据《刑事诉讼法》的规定，在侦查阶段，被害人应尽的义务是：应当如实向侦查人员提供其了解的案件情况，不能作虚假的陈述；如果有意捏造事实，提供虚假陈述，陷害他人，则要负法律责任；必要时，被害人有义务接受身体检查等。在告知受害人上述规定时，侦查人员要根据不同的对象和不同的情况，采取恰如其分的态度和方法，一定要注意不能使他们冷静下来的情绪又重新紧张起来。当然把话题转到与询问有关的问题时，侦查人员的态度也应随之变得稍微慎重一些，以便引起对方的注意和思考。在此基础上，再告诉被害人："下面向你提问的有关问题，对于破获案件、查清犯罪嫌疑人非常重要。请把你知道的情况全部讲出来，不知道的就说不知道。你看到的、听到的都要实事求是地告诉我们，如果弄错了，不仅会使侦查工作失败，你也要负法律责任，请你一定努力配合好。"

4. 提问的顺序

首先，应迅速而准确地把需要采取紧急措施的有关事项问清楚，如犯罪嫌疑人的人数、性别、年龄、身高、体态、面貌、衣着、特别记号、动作习惯、口音、习惯用语以及身上是否有搏斗伤痕等。在综合这些外表特征后，还要问明犯罪嫌疑人看上去像什么样的人，如工人、农民、流浪汉等。

其次，要询问犯罪嫌疑人在现场遗留有什么物品，携带何种犯罪凶器、工具逃跑，逃跑的方向、路线和方式。

最后，要询问案件发生、发现的时间、地点、经过、结果；犯罪嫌疑人在现场的活动情况；人身、财物被侵害的情况；被侵害财物的种类、名称、数量、特征以及存放地点和保管情况；受害人的社会交往关系、债务关系、恩怨关系、财物纠纷关系、生活行动规律、经济收支情况；发案前室内物品的陈设情况；发案后是否有人接触过现场，触动了哪些部位，是如何触动的；等等。

5. 对受重伤的被害人的询问

对受重伤的被害人应先将其送医院进行抢救，根据医生的意见安排询问时间。如果被害人生命垂危，应取得医生的协助，抓紧时机进行简要询问。被害人不能讲话时，可借助手势，尽可能地了解有关情况，如犯罪嫌疑人的人数、身高、性别、年龄、姓名、是否熟人等。

6. 对谎报假案的所谓被害人或事主的询问

在听取被害人或事主陈述时，如果发现其陈述有矛盾或不符合逻辑的地方，推测有报假案的可能时，应当耐心地听取其陈述，做好记录，不要立即进行反驳。但可根据情况，有目的地提出一些问题，认真进行分析研究，判明确系谎报假案时，要有引导、有计划、有准备地揭露矛盾，澄清事实真相。

7. 对强奸案件被害人的询问

对强奸案件被害人的询问应由女侦查员进行，或请当地的妇女干部参加。因为这类案件的被害人特别是未婚女性，面对男侦查员时难以吐露真情。同时对被害人要做耐心细致的思想工作，并对其讲明公安机关遵守的保密原则，促使其提供真实情况。

二、对其他知情人的访问方法

1. 查明被访问对象的身份和与案件的关系

在询问前，侦查人员要通过有关群众调查了解被访问对象的经历、职业、文化程度、家庭环境等情况，以及其与被害人、犯罪嫌疑人有无矛盾冲突、私仇宿怨或系亲友等利害关系，以便根据这些情况确定访问方法，并防止其提供伪证，诬陷他人，或为犯罪嫌疑人开脱罪责的情况发生。

2. 创造适合访问的环境气氛

现场访问，是通过侦查人员与被访问对象之间的对话来达到了解案情的目的。这种对话只有在友好、平和及真诚的气氛中才能取得良好的效果。但被现场访问的对象常常是临时确定的，他们对侦查人员的来访，往往具有"陌生感"和"戒备感"，致使这种对话出现障碍。因此，现场访问，除特殊和紧急情况外，一般侦查人员与被访问对象之间，必须要有一个沟通思想感情、建立对话关系和相互了解的短暂过程。在这个过程中，侦查人员应积极主动地发挥自己的聪明才智和人格魅力，充分运用自己的经验，根据被访问对象及当时当地的具体情况，创造适合敞开思想交谈的环境氛围，以消除对方的"陌生感"和"戒备感"。具体做法是：侦查人员应首先采取和蔼的态度与对方打招呼；然后即可寻找某种话题与对方交谈；在交谈中，边留意对方的性格、爱好、兴趣，边选择适合对方的话题，自然地交谈下去。这种开端话题，与一般的社交场所相同，比如，可选择当地的风土人情、对方的兴趣爱好、电视公布的新闻等。在交谈中还可以使用一些幽默诙谐的语言，使气氛更为融洽和活跃。但是，这种语言格调，要根据不同对象的不同情况来具体加以确定。如果遇到素不相识、互不知底的对象，态度过于随便，谈话中夹杂的笑语太多，反而还会起副作用。所以，一定要掌握分寸，做到恰如其分。

3. 做好疏导转化工作，消除各种思想障碍

做好被访问对象的疏导转化工作，消除其各种思想障碍，是现场访问取得成功的关键。被访问对象的情况非常复杂，不同的访问对象的性别、年龄、性格、文化程度、社会经历、智力水平、思想状况是各不相同的，因而其对待现场访问的态度必然会有差异，有各种各样的心理状态，概括起来大致有如下十种表现：

（1）憎恨犯罪的心理。大多数人的思想觉悟高，是非观念强，他们对犯罪嫌疑人的犯罪行为是憎恨的，因此对现场访问的态度是积极的，愿意如实提供自己所了解的案件情况。

（2）隐恶扬善的心理。有的人思想觉悟低，是非观念淡薄，明知犯罪嫌疑人的有关情况，也不愿说出真相，只说其好，不说其坏。

（3）幸灾乐祸的心理。有的人对被害人有成见，或自认为被害人平时表现不好，因此对被害人不是投以同情的目光，而是抱着幸灾乐祸的思想，在接受询问时，不愿提供真实情况，或采取不负责任的态度。

（4）事不关己的心理。有的人狭隘自私，认为犯罪嫌疑人没有侵害到本人的利益，则不顾他人遭受的损失，对待询问采取漠不关心的态度。

（5）怕被打击报复的心理。有的人从现实生活中吸取反面教训，怕"祸从口出"，今后遭到犯罪嫌疑人及其家属的打击报复，因此采取少说为佳、明哲保身的态度。

（6）怕犯诬陷罪的心理。有的人与案件没有什么牵连，确实也知道一些情况，但怕说错了而犯诬陷罪，采取推脱或回避的态度。

（7）碍于情面的心理。有的人与犯罪嫌疑人是亲属、朋友、同乡、同事关系，或者与他们的父母是上下级关系等，因而碍于情面，慑于权势，不敢如实提供情况，甚至做虚假陈述，公开进行庇护。

（8）怕惹火上身的心理。有的人曾与犯罪嫌疑人一起做过一些违法犯罪的事情，或者无意间给犯罪嫌疑人提供了某种犯罪条件，或者得了犯罪嫌疑人的某些好处等，这些人虽然了解情况，但怕惹火上身，牵连到自己，对侦查人员的询问，一般不愿意吐露真实情况。

（9）顾及名誉的心理。有的人与被害人或犯罪嫌疑人有过不正当的男女关系，或者有其他不正当的行为，因此为了维护自身的名誉和尊严，不愿如实提供情况。

（10）发泄私愤的心理。有的人与被害人或犯罪嫌疑人有私仇宿怨，为了发泄私愤，借机进行报复，其往往采取夸大事实情节的方法加害一方，甚至编造假证据置人于死地。

上述种种心理状态，除第（1）种情形外，其余的都属于现场访问的阻力和障碍。侦查人员在对被访问对象进行正式询问之前，应当通过接触交往和侧面调查了解，探明被访问对象的心理状态和对待询问的态度，以便采取措施做一些疏导转化工作，消除其思想障碍。做好疏导转化工作的方法包括以下两种：

（1）有针对性地做好思想教育工作。

对于憎恶犯罪的，一般无须做过多的工作，只要通过交谈摸准这种对象后，即可告知其访问意图，交代有关事项，进行正式询问。

对于持消极态度、与案件没有牵连的人，应当对他们坚持正面教育，做耐心细致的思想疏导工作。首先，着重向他们讲明打击犯罪嫌疑人的犯罪活动的重要性和必要性，以及在同犯罪做斗争中公民应尽的义务。其次，应向他们说明如实提供情况与侦查破案的关系，以及侦查破案可以使更多的人免受其害的道理，从而提高他们的责任感，使他们抛弃私心杂念，积极主动地向侦查人员反映自己所了解的案件情况。

对于犯罪嫌疑人的亲戚朋友和犯有某种过错的人，应当揭露和批评其不良的思想和行为，讲明其只有相信组织，实事求是地反映问题，才有利于侦查破案，划清自己的责任；才有利于取得政府和群众的谅解，获得从轻处罚；才有利于总结经验教训，端正态度，改正错误。

对于发泄私愤、乘机报复的人，应着重对他们进行法治教育，严肃批评其错误的想法和做法，明确地向他们讲明有意提供虚假情况陷害好人或包庇坏人必须要负法律责任的后果，警告他们必须改正错误，实事求是地进行陈述才是唯一的正确态度。

（2）侦查人员要以实际行动帮助被访问对象克服思想障碍。

首先，侦查人员对于侦查案件要充满必胜的信心和决心，对询问工作要有认真负责的态度，对询问遇到的困难和问题要有一抓到底、顽强拼搏的精神。只有如此，才能唤起对方的正义感，使态度消极的人打消顾虑，积极反映案件情况；才能使犯有错误、怕受牵连的人相信案件必破，促使他们放下包袱，丢掉幻想，主动讲清问题。

其次，要以平等的心对待被访问人。只有这样，才能取得对方的依赖和支持，才能形成良好的访问气氛。尤其应当注意的是，对待青少年、工人、农民这样的被访问人，有时就容易使用一些粗鲁的语言，做出一些无礼的举动，从而忽视了对其人格的尊重。这样不但不利于其态度向积极方面转化，反而使其态度变得更加消极，甚至还会出现"顶牛"的现象。因此，无论对待什么样的被访问人，都要平等相待，不能忘记基本的礼貌。

最后，要体谅被访问人的处境和困难。侦查人员要以热情的态度对待被访问人，充分考虑对方的处境和困难，不要只顾自己的方便和需要。在一般情况下，不要耽误被访问人的工作和休息，在不得已需要占用这些时间时，要向对方说明理由，请予合作，并节约时间，有时还可和对方一起劳动，边劳动边谈情况。要主动关心被访问人的困难，只要是合理的要求，在条件许可的情况下，应努力设法帮助解决。任何人都有一定的困难处境，如果不注意这一点，是感动不了对方，得不到对方支持的。

4. 掌握提问的时机

提问的时机应根据各个访问阶段的特点、内容和对象等具体情况灵活确定。一般来说，在最初的访问阶段，或者是以采取紧急措施为目的的现场访问，由于没有充分的时间，原则上只要发现了知情人，即可单刀直入地进行提问。但是对于一般性的犯罪情况的现场访问，由于时间不是那么紧迫，则应在创造了适合访问的气氛，消除了被访问人思想障碍，引起了对方的注意和关心之后，再开始提问。提问的时机不当，容易遭到对方的否定，对方一旦说出"什么也不知道"，再想让其改口就比较困难了。因此，在询问前的交谈和疏导过程中，应仔细观察对方的态度和表情，抓住机会，不失时机地进行询问，这对以后的询问将会产生重要的影响。

5. 提问的方式

对其他知情人的提问方式有以下四种：

（1）比较笼统的提问，即让对方在自己知道的范围内自由地回答。比如，"你发现什么可疑情况没有？""当时现场的情况如何？"等。但该方式的缺点是问题回答不集中，很难得到提问者所期望的答案。

（2）针对具体问题提问，即提问者将自己所要了解的情况具体提出来，要求对方照此作出回答。这种提问方式的问题集中明确，但提问之外的情况无法得到，而且容易造成暗示和诱导。

（3）有选择地征求提问，即针对问题给出若干种答案，让对方从中选择一个进行回答。如"犯罪嫌疑人是高个子还是中等个子？或者是矮个子？""犯罪嫌疑人是穿中山服还是西服？"等。这种提问方式可以得到明确、具体的答案，但可能造成暗示和诱导。

（4）肯定性或否定性的提问，即以肯定或否定为前提的一种提问方式。如"犯罪嫌疑人是穿的胶鞋吧？""你和犯罪嫌疑人没有进行过搏斗吧？"等。这种提问方式有启发性的作用。

上述提问方式各有利弊，在现场访问中，应根据被访问人的具体情况以及需要了解的内容，恰当地选择运用，从而尽可能地将对方掌握的情况询问出来。

6. 询问的步骤

询问一般分以下四个步骤进行：

（1）向被访问人提出询问内容。

侦查人员对被访问人开始进行询问时，通常采取比较笼统的提问方式，即把所有要提问的内容列出一个整体概况，要求对方在自己知道的范围内如实进行陈述。这种提问必须把握两点：首先，提问的用语要恰当，概况的主题要明确，使对方一听就明白访问意图，千万要防止因提问语言的含糊不清，让对方摸不着头脑，无法进行回答的情况发生。其次，提问的内容要有宽容度，使对方能够在提问中自由地进行陈述，把自己知道的情况毫无遗漏地讲出来，避免因提问过于具体而限制对方的思路和回答。

（2）让被访问人自由地进行陈述。

侦查人员向被访问人提出询问的内容后，被访问人即可按照提问内容的要求，把自己所了解的情况自由、充分地陈述出来。陈述的内容应该是自己耳闻目睹的与案件有关的客观事实。如果是他人转告的情况，应当说明情况来源。一般不要求被访问人对陈述内容作出判断或提出自己的意见，但若他们的分析判断是有事实根据的，则可作为参考。在询问过程中，提问应尽量简短，充分保证被访问人的陈述时间。不要中途打断对方的讲话，即使对方的陈述有时主题不太明确，或者没有把问题说清楚，或者离题，也不要随意进行干预，应耐心地听下去，然后根据情况，通过恰当的提问将其拉上正轨。这样可以避免打乱对方的思路和影响其陈述，有助于对方按照其所感知的客观事实的先后顺序以及每个具体问题自身的逻辑性进行陈述，并有助于对方进行联想、回忆，使其将案件事实情节陈述得更加具体、准确，也有助于侦查人员了解提问内容以外的一些情况。

（3）根据对方的陈述提出问题。

被访问人进行自由、充分地陈述之后，侦查人员根据其陈述的事实是否清楚，情节是否有矛盾，问题是否有遗漏等情况，向被访问人提出问题，再让其作补充回答。这种提问，应当以客观存在的事实为基础，不能凭空想象，让人无法据实回答。而且提出的问题要有逻辑性、确定性、针对性，不能暗示、诱导，不能约束对方，应使其独立、自由地进行回答。如果问题是两个以上的，应按时间和逻辑的先后顺序，依次向被访问人提出来，让其逐项进行回答。这种提问，应当根据具体的访问对象和各个阶段的访问目的，突出重点，把所提问的重要内容问清楚。同时，又要做到全面细致，按照诉讼证据的要求,把案件事实或其中每一个具体问题的来龙去脉、前因后果、发展经过等询问清楚,符合"何时、何地、何人、何事、何因、何果",即"六何要素"的要求。

(4)核对询问笔录。

询问完毕后,侦查人员应按法定程序将询问笔录交给被访问人进行过目核对,或者向其宣读,并且要告诉对方,对于陈述事实的记载,如果有错误、遗漏和不准确的地方,可以向侦查人员提出,或者由本人直接在笔录上进行补充修改、更正。如果询问完毕后被访问人又回忆起没有问到的有关情况,还可找侦查人员进行补充陈述。

第六章　实地勘验

实地勘验是侦查人员针对案件现场，依法运用科学技术方法，对与案件有关的场所、痕迹、物品、尸体、人身等进行观察、检验、搜索、记录，以发现、搜集侦查线索和犯罪证据的一种侦查活动。

第一节　实地勘验的任务和对象

一、实地勘验的任务

（一）记录现场情况

制作现场勘查记录是实地勘验的一项重要任务，也是我国《刑事诉讼法》对实地勘验的基本要求。现场勘查记录是分析研究案情、采取侦查措施的客观依据，也是发现或排除犯罪嫌疑人、甄别被告人口供、证明有无犯罪事实的重要证据。现场勘查记录的内容包括现场的方位、现场内部的客观状态以及勘验的情况和勘验结果等。记录的形式有笔录、绘图、照相、录像等。其中现场勘验笔录是现场记录的主体，现场绘图、现场照片、现场录像是现场勘查笔录的重要附件。

（二）发现、收集与案件有关的痕迹物证

实地勘验的过程，也是发现、收集证据的过程。发现有关痕迹物证，可通过观察、现场搜索、现场实验以及物理、化学、法医学、生物学等方法；收集有关痕迹物证，主要运用照相、复印、制作模型、提取实物和录像等手段。

（三）发现、搜集侦查的线索

线索是侦查工作得以顺利开展的前提和基础，现场勘查以后就要开展侦查，因此，要求在实地勘验中尽可能多地搜集线索。

二、实地勘验的对象

实地勘验的对象主要是与案件有关的场所、痕迹、物品（包括书证）、尸体、人身等客体。不同的勘验对象，各有其不同的勘验内容。

（一）案件场所的勘验

案件相关场所的勘验内容主要包括以下四个方面：

（1）犯罪嫌疑人作案的地点，即通常所说的主体现场；

（2）犯罪嫌疑人在作案前进行预谋策划、准备作案工具、潜伏、守候、等待作案时机的地点；

（3）犯罪嫌疑人作案后处理赃物、隐匿作案工具和其他罪证，以及抛弃、掩埋尸体的地点；

（4）犯罪嫌疑人来去现场的路线等。

对案件的上述场所的勘验主要解决以下问题：

（1）了解案件场所所在的方位，了解其与周围环境的联系。

（2）了解犯罪嫌疑人在现场的活动情况，包括犯罪嫌疑人在作案前的预伏、准备情况；犯罪嫌疑人进出现场的部位、侵入的方式方法；犯罪嫌疑人进入现场后的活动情况，即犯罪嫌疑人的作案过程；犯罪嫌疑人在作案后毁证灭迹的情况。

（3）了解因犯罪行为引起的现场变动、变化情况以及犯罪后果等。

（二）案件相关痕迹的勘验

与案件有关的痕迹，主要指一切与犯罪有关的，遗留在现场的各种形象痕迹。对这类痕迹的勘验是实地勘验的重点。通过对这类痕迹的发现、提取、检验，能为判断案件性质，推测犯罪嫌疑人犯罪的动机、目的和作案的时间、人数、手段、过程、犯罪工具，以及分析犯罪嫌疑人的个人特点提供有力的依据。

根据侦查和刑事诉讼的需要，实地勘验中对与案件有关的痕迹的勘验，主要是以下四类。

1. 能反映犯罪嫌疑人人体特征的痕迹

（1）手印：包括指印、指节印、掌印等。

（2）足印：包括赤足印、鞋印、袜印等。

（3）人体其他部位留下的印痕：包括指甲印、牙齿印、额印、唇印、耳部印痕、脸部印痕等。

（4）人体形成的坐、卧、跪等印痕。

（5）能反映走路特征的步法痕迹。

2. 能反映犯罪嫌疑人所使用的凶器和破坏工具的痕迹

（1）各种钝器形成的打击痕迹。

（2）各种锐器形成的砍、刺、切、割痕迹。

（3）各种破坏工具形成的撬、压、钳、剪、钻、锯、割、锉、削痕迹。

（4）各种带状物品形成的索沟、勒痕。

（5）枪弹痕迹。

3. 能反映犯罪嫌疑人所使用的交通工具的痕迹

这类痕迹主要包括各种汽车、拖拉机、摩托车、人力车、兽力车等形成的车轮痕迹。

4. 其他与犯罪有关的痕迹

这类痕迹主要包括牲畜蹄印、燃烧痕迹、爆炸痕迹、腐蚀痕迹、整体分离痕迹等。对案件的这类痕迹的勘验主要解决以下问题：

（1）痕迹在现场中的位置、状态、数量、承受客体的情况以及同周围其他痕迹、物品的关系。

（2）形成痕迹的物质成分及痕迹上附着物质的情况。

（3）痕迹形成的过程、新旧程度、原因。

（4）痕迹与案件的关系。如根据痕迹判断案件性质，犯罪的动机、目的，以及作案时间、人数、手段、过程、工具和犯罪嫌疑人的个人特点。

（三）案件相关物品（包括书证）的勘验

这里所说的物品，是指一切与案件相关的物品（物质），包括以下四类。

1. 犯罪嫌疑人遗留在现场的各种物品（物质）

（1）各种凶器和破坏工具。这类物品如刀、枪、枪弹、棍、棒、锤、镐、锹、锄、铲、扳手、砖头、石块、毒品及毒品的包装物，各种绳、带、凿、刨、螺丝刀、钳子、剪子、钻、锯、锉、引火物、爆炸物、起爆装置等。

（2）犯罪嫌疑人的分泌物、排泄物、人体组织和体液。主要包括精液、唾液、血液、尿液、粪便、毛发、皮肉、气味等。

（3）犯罪嫌疑人的随身物品。主要包括提包、衣、裤、鞋、袜、帽子、手巾、纸巾、香烟、火柴、吃剩的各种食物，以及车船票、报刊、信件、字条、单据、证件、纽扣、碎衣片等。

（4）犯罪嫌疑人带入或带走的各种物质。主要包括泥土、灰尘、灰浆、油漆、油渍、金属粉末、碎屑、植物花粉、种子、叶片等。

以上在现场客观存在的，又与案件有密切关系的物品（物质），对于我们判明案件性质，确定侦查方向和侦查范围具有重要的作用。因此，对于在现场发现的任何可疑物品（物质），都应将其看作是潜在的物证而进行认真的勘验。

2. 被触动、破坏和侵害的物品（物质）

这类物品（物质），主要是指与犯罪嫌疑人在现场实施完整的犯罪行为的过程相一致，而又受到犯罪嫌疑人的触动、破坏和侵害的相关部位的物品（物质），如犯罪嫌疑人进出现场必经路线上的门、窗、墙壁，现场的财物保管处所的箱柜，以及被犯罪嫌疑人视为财物而带走的手表、现金、家用电器等。

3. 现场各种变化的物质

这类变化的物质，如燃烧物及燃烧后的残留物，爆炸装置及遗留物。

4. 被害人遗留在现场的各种物品（物质）

这类物品（物质）有血迹、被害人的衣物及其他相关遗留物，如生活日用品、提包、车票、信件、证件、尸体上的附着物等。通过对上述物品（物质）进行勘验主要解决以下问题：

（1）物品在现场的位置、状态以及同其他痕迹、物品的关系。

（2）物品（物质）的名称、种类、数量、特征，如形状、大小、重量、气味、颜色、制作所用的材料和特殊记号等。

（3）物品遗留的时间、形成的过程和原因，以及物品上有无附着的微量物质。

（4）物品（物质）与案件的关联。

（四）尸体检验

命案现场一般都有尸体存在，也有杀人后移尸野外或分尸、抛尸多处的，对于这样的现场，一经发现，均应进行尸体外表检验。如果死因不明，还必须依法对尸体进行解剖检验。尸体检验主要包括以下方面：

（1）死者衣着及随身物品的检验；

（2）尸表检验；

（3）解剖检验；

（4）组织、脏器检验。

通过尸体检验主要解决以下问题：

（1）尸体在现场的位置、姿势以及与其他痕迹、物品的关系；

（2）死者死亡的时间、过程和致死的原因；

（3）死者的身份特征，如身高、性别、年龄、民族、文化程度、职业、居住地区等；

（4）尸体外部损伤的形状、性质及凶器可能的种类、特征。

（五）人身检查

人身检查是指为了确定犯罪嫌疑人、被害人的某些人身特征、伤害情况或生理状态，而对其进行相关的人身检验、查证的侦查活动。人身检查的内容主要包括以下方面：

（1）了解、确定人的生理特征和状态；

（2）了解、确定人的病理状况和特点；

（3）了解、确定伤害程度和有关情况；

（4）现在还包括对人的心理状况进行检查，如人格是否健全、性格有无异常。

第二节　实地勘验的步骤

为了使实地勘验工作能做到有序有效，在具体操作中，实地勘验工作应遵循"从一般到具体，从外表到内部，循序渐进，逐步深入"的原则。具体来说，完整的实地勘验工作包括整体静态勘验、局部静态勘验、个体静态勘验、个体动态勘验四个步骤。

一、整体静态勘验

所谓整体静态勘验，是指现场勘验人员不进入现场内部，而是围绕着现场的外围，对整个现场进行观察。因此，整体静态勘验又称为视察现场或巡视现场。

整体静态勘验是实地勘验的第一步，在进行整体静态勘验过程中，现场勘验人员可根据了解到的现场环境和现场内部的情况，拟订勘验的重点、勘验的顺序、进入现场的路线、勘验的方式和方法以及勘验的范围等。整体静态勘验一般由现场勘查指挥人员带领参与实地勘验的侦查人员、技术人员及记录人员进行。

（一）整体静态勘验的基本要求

在整体静态勘验中，现场勘验人员的行为应符合以下基本要求：

（1）除非绝对必要，否则不得触摸和移动现场的任何物品。

整体静态勘验中，不得为了观察的需要而改变现场的原始状态，如果必须改变现场的原始状态，在改变前必须用笔录、绘图或设定标志等办法记录、固定改变前的各种状况。应记住一点，整体静态勘验是将现场的物质环境置于相对静止的状态，主要是用肉眼进行的不触动式的观察。

（2）整体静态勘验应立足于宏观的观察，而不应进行微观的搜索。

整体静态勘验的总的要求是要通过观察，了解现场的大致状况，形成有关现场情况及可能的痕迹问题的看法，以便迅速制订勘查计划。因此，整体静态勘验的重点是要查明现场的方向、位置；现场内部的大体情况；犯罪嫌疑人进出现场的位置和路线；何为现场的中心部位，何处存在较多的痕迹物证等，而非集中精力去观察和发现具体的痕迹物证。

（3）整体静态勘验中应做好固定和记录工作。

整体静态勘验中，要用笔录、照相、绘图、摄像等方法，对现场的方位和整体情况进行固定记录。对记录人员而言，除按证据规定的要求制作好勘验笔录的有关部分外，还应记录观察中所发现的可能会迅速改变或消失的各种状况，如现场的气味等，以便为后续的勘验提供依据。

（二）整体静态勘验的实施

整体静态勘验由现场勘查指挥人员主持实施。参与整体静态勘验的人员不宜过多，一般由参与实地勘验的主要勘验人员组成。为了快速推进整体静态勘验的进行，必要时可吸收现场保护的负责人或管区民警或熟悉现场环境的人员参加。

整体静态勘验应按由外向内、由整体到局部的顺序，结合现场的具体位置（室内或室外），分层次进行。

1. 室内现场

（1）观察现场的方位、环境，并留意现场周围的各种状况。

为此，应测定现场的地理位置，观察和确定现场在周边环境中的具体位置、方向，现场周围有无具体明显的地形、地物及标志物，以及相互位置关系，如山脉、河流、道路、桥梁、机关单位、居民住宅、围墙等。现场周围的各种状况，如人们的生产、生活情况，交通设施及交通状况，哪些地方具备供犯罪嫌疑人预伏、藏身、隐匿赃物和罪证的条件或有可疑迹象等。

（2）观察现场建筑物的结构、用途及外貌。

为此，应注意观察现场所在的建筑物的房屋为何种建筑结构及其朝向；建筑物是平房还是楼房，或是独门小院还是深宅大院；房屋是用作办公室还是住宅、仓库、保管室或营业店堂，或公共娱乐场所；房屋有无不安全因素的存在。如果为火灾现场等，还应观察建筑物是整体被毁还是部分被毁,是内烧还是外烧,等等。

(3)观察现场在整个房屋中的具体位置。

为此,应注意判明整个建筑物有多少层楼或多少个房间,现场位于哪个楼层或哪几层、哪一个房间,房间的结构、用途,现场与邻近房间、走廊、楼梯、天窗、大门、侧门等的关系,以及有无可疑的痕迹、物品。

(4)观察现场内部状况。

观察现场内部状况的重点是要初步查看和判明室内各种物品的位置等状况,特别是一些重要部位的状况,如财物保管处所;犯罪嫌疑人在现场内部的撬压、翻动及其他的破坏情况;尸体的位置、姿势,尸体与血迹或其他痕迹、物品的关系等。

2. 室外现场

对于室外现场,其一,应观察它位于何处,它是在机关、厂矿等单位内部还是在居民住宅区,是在公共复杂场所还是在荒郊野外,或是在农田、沟渠、河流、塘堰等地;其二,应观察现场内部的尸体及其他痕迹、物品的分布状态,相互位置关系;其三,应观察现场周围的地形、地物,道路的分布、走向、河流的分布、走向以及道路、河流上的交通工具的运行情况,现场周围有无单位、民宅,有无可供犯罪嫌疑人藏身和隐匿赃物、工具、凶器的山洞、涵洞、树林、草丛等处所。

(三)整体静态勘验应解决的主要问题

整体静态勘验是后续勘验的基础。通过整体静态勘验,待勘验人员对现场的方向、位置、周围环境、内外状态、痕迹和物品的分布状况、进出口、进出路线等有一个比较全面的认识后,应在此基础上,为下一步的勘验解决以下问题。

1. 划定勘验范围

准确地划定勘验范围,是现场实地勘验成功的前提和基础。划定勘验范围应以整体静态勘验的结果为依据,并结合现场所处的具体地理环境因素,抓住重点,照顾全面,力求准确。在实践中,勘验的范围应包括现场的中心和外围两部分。

由于勘验范围的划定主要基于整体静态勘验的结果,而整体静态勘验主要是一种在现场外部而非在现场内部进行的观察判断,因而,基于这种观察判断而划定的勘验范围不一定十分的准确,在实地勘验中,根据勘验情势的发展,允许对先前划定的勘验范围进行灵活调整。

2. 确定勘验顺序

勘验顺序,即勘验开始于何地,终止于何地。勘验顺序应根据勘查的需要,根据现场所处的位置、环境和现场痕迹、物品的分布状况综合确定。实践中，通常采用的勘验顺序主要有以下几种：

（1）由中心向外围进行勘验。

由中心向外围进行勘验，勘验的起点在现场中心。它是一种常用的勘验顺序，主要适用于范围不大，中心部位比较明显，痕迹、物品相对集中的现场。室内现场一般多采用这种勘验顺序。对室外现场而言，如果现场本身符合以上条件，也可采用这种勘验顺序。如抢劫、强奸案件的被害人能明确指出受害地点的室外现场；杀人案件中，尸体所在地点十分明显的室外现场。

（2）由外围向中心进行勘验。

由外围向中心进行勘验，勘验首先从现场外围着手。它主要适用于范围较大，中心不明显、不突出，痕迹、物品较为分散的现场。室外现场常采用这种勘验顺序。采用这种勘验顺序，关键在于如何判定现场的外围和中心。实践中有的现场符合由中心向外围进行勘验的条件，但由于现场外围极易遭受破坏，也可采用先勘验现场外围，对现场外围进行抢救性勘验，后勘验现场中心的顺序。

（3）分片分段进行勘验。

对于现场范围比较大，或者现场呈狭长地带，或者现场范围涉及多个地点、多个楼层，或者现场环境十分复杂，为了便于迅速地寻找和发现痕迹、物品，特别是一些微小的物品、物质等，可采用分片分段的方法对现场进行勘验。

（4）沿着犯罪嫌疑人的行走路线进行勘验。

如果现场痕迹反映清晰，且能明显地指引出犯罪嫌疑人在现场的行走路线；或者经过访问目击者、受害人等，查明了犯罪嫌疑人在现场的行走路线；或者现场的门、窗开启状态，现场物品的陈列方式等，反映或决定了犯罪嫌疑人在现场的行走路线等，可采用此种顺序对现场进行勘验。

（5）沿着地形、地物的自然界线进行勘验。

如果属于范围较大，而又地处自然界线较为明显的江河、湖泊、塘堰、沟渠、傍山小道，以及铁路、公路线上的现场，可以沿着河边、湖岸、铁路、公路等的界线进行勘验。

（6）沿着警犬追踪的路线进行勘验。

对于存在嗅源，可利用警犬进行追踪的案件现场，一方面，可组织人员沿警犬追踪路线进行搜索式勘验，另一方面，可同时对现场中心进行勘验。对于警犬追踪路线上发现的可能是犯罪嫌疑人停留、隐蔽或藏匿罪证的地点，应进行仔细的搜索和检查。

（7）从现场的某个特定部位开始勘验。

对于处于交通要道、繁华场所，不可能长久封闭或无法封闭的现场；或者为了采取紧急措施，需要迅速查明与采取紧急措施有关的现场情况；或者已知现场的某个部位存在潜在危害等，可采用从现场的某个特定部位开始勘验的顺序，对现场进行勘验检查。

另外，对于一个案件存在多个现场的，可采用"先发现，先勘验"的顺序进行勘验；如果同时发现一个案件中的若干现场的，可从勘验价值高、勘验条件好的现场开始勘验，若具备人力、物力条件，也可同时进行勘验。

以上几种勘验顺序符合勘验活动的行为规律，是保证勘验工作有效、有序进行的基础。实践中，可根据勘验的需要灵活选用，必要时也可组合使用，当然也可根据具体的案件情况，采用其他的勘验顺序。

3. 选择进入现场的路线

整体静态勘验后，无论采用何种方式、何种顺序勘验现场，都必然进入现场内部开展工作，因此，选择进入现场的路线尤为重要。进入现场路线选择不当，不仅不能保证勘验顺利进行，而且还可能破坏现场潜在的各种痕迹、物品，为勘验设置障碍。

在具体选择时，应由现场勘查指挥人员指定一名有经验的勘验人员为先导，根据现场的环境状况，现场痕迹、物品的分布状况，以及被害人、事主、目击证人反映的情况和勘查的需要，寻找、选择一条进入现场的路线，作为后续人员进入现场进行勘查的路线。选线的原则是不改变现场原始状态，不破坏现场的痕迹、物品。选定路线后，勘验人员可沿此线，按事先确定的勘验顺序进行勘验。

二、局部静态勘验

局部静态勘验，是在不改变现场原始状态的前提下，按照整体静态勘验所确定的勘验范围、顺序，沿着预先选定的路线，进入现场内部，把现场分成若干个部分进行观察、研究、记录的一种侦查活动。它是在整体静态勘验的基础上，紧接整体静态勘验进行的对现场进一步的勘验和检查。

现场局部，既可以根据现场的痕迹、物品之间的联系进行划分，如被盗财物的保管处所，可以将该处所和该处所上留下的撬压痕迹、手印，以及其周围位置相近、关系密切的足印，犯罪工具和其他遗留物品等划成一个局部。现场若有尸体存在，可以将尸体和与其相关的血迹、凶器、手印、搏斗痕迹等划成一个局部。也可以按现场物质环境的不同空间范围进行划分，如划分成不同的房间、不同的地段等。还可以根据特定的痕迹、物品的分布状态进行划分，如成趟的足迹、滴落的血迹等。对整个现场的局部的划分，实质上是对勘验重点的进一步确定，这种确定有助于使实地勘验更加有序和有针对性。

具体进行局部静态勘验时，首先应对各个局部进行记录和固定，记录和固定的方法是笔录、绘图、照相、摄像。记录和固定的要点包括现场各个局部的原始状态，痕迹、物品的分布、状态及相互间的位置关系。在记录、固定之后，方可集中注意力，对局部范围内的痕迹、物品的分布、状态、相互关系等进行观察、分析，查明局部范围内有哪些明显可见的痕迹、物品，哪些痕迹、物品是现场原有的，哪些痕迹、物品是新出现的，哪些痕迹、物品可能与案件有关。

观察、分析、查明以上情况，目的是进一步判明局部范围内的痕迹、物品的形成原因和其与犯罪行为的关系，以及现场各局部之间、现场局部与现场整体之间的关系；初步确定正在勘验的局部是否为犯罪嫌疑人必经的出入口，是否为实施主要犯罪行为的部位或为实施主要犯罪行为而创造条件的部位，现场是否存在反常现象。同时，通过观察、分析、查明以上情况，可进一步判明犯罪嫌疑人在现场的活动过程和活动路线，为进一步寻找到尚未发现的，或潜在的与犯罪有关的各种痕迹、物品等提供依据和方向。

三、个体静态勘验

个体静态勘验是在局部静态勘验的基础上，对局部静态勘验中发现的具体痕迹、物品的个体进行进一步的观察、记录和固定。个体静态勘验的目的是保持具体痕迹、物品的原始状态，防止其遭到人为的变动或破坏。

个体静态勘验中，应集中精力对每一个物品上是否存在痕迹，痕迹本身的具体位置、形态，它与周围其他痕迹、物品的相互关系，它与犯罪行为的关系等进行观察、固定和分析判断，以此为动态勘验提供对象，为分析、判断案件性质、案情提供依据，为甄别、获取证据提供支持。

在个体静态勘验中，如果发现了对查明案情可能有重要意义的痕迹、物品，包括具有证据价值的血迹，犯罪嫌疑人遗留的手印、足印、凶器、破坏工具及其所形成的痕迹、随身物品，以及尸体、尸体残肢等，应及时进行勘验，并按相关证据的要求，用笔录、绘图、照相、摄像等方法，对其位置、状态、特征等进行全面固定和记录。

四、个体动态勘验

所谓个体动态勘验，是指在静态勘验的基础之上，对物体进行翻转移动式的勘验、检查，又称为细目勘验。如果说前面三种静态勘验的侧重点在于观察、分析、记录、固定每一个现场现象的位置、状况，那么个体动态勘验则侧重于对具体的痕迹物证的发现、研究和提取。个体动态勘验的目的是要利用一切可利用的勘查手段，对所发现的具体痕迹物证的形成原因、变化状态、特征进行研究，对痕迹物证与犯罪的关系进行判断，寻找和发现不易见的痕迹和微量物质，并将它们记录、提取、固定，以供进一步的检验和作为诉讼证据。个体动态勘验是个体静态勘验的深入和发展。

进行个体动态勘验时，应戴上手套，以防止勘查人员将自己的手印等遗留在被勘验的客体物上，干扰勘验的顺利进行。个体动态勘验往往最终以提取某个具体痕迹物证为终结，因此，在进行个体动态勘验时，除了应注重对提取方法进行研究和确定外，还应准备好与物证收集、包装、保管的要求相一致的各种提取工具、包装物等。

在具体进行个体动态勘验时，可以对物体的具体位置进行变动，并可按由低及高、由外及内、由表及里的顺序，对被勘验客体物进行分层次的勘验、检查。例如，对疑为"盗口"的门窗进行勘验时，应先对门、窗的开启状态等进行记录、拍照，以固定其原始状态，然后应观察、发现、记录和提取门、窗外围地面、墙壁上的足迹、蹬踏痕迹及其他痕迹物证；紧接着应注意对门、窗的被破坏部位进行观察、研究，寻找破坏工具痕迹、手印和其他相关附着物，研究破坏方法，提取相关痕迹物证；最后打开门、窗，进一步寻找门窗内侧及相邻墙壁、地面上是否存在相应的痕迹及其他微量物质。

在进行个体动态勘验的过程中，勘验人员应充分发挥自己的主观能动性，积极寻找被勘验客体。对于重点部位和重要的痕迹、物品，要认真地进行勘验、检查；对于非重点部位以及初看起来并不重要的痕迹、物品，也应高度重视；对于当时未发现，而又可能存在于现场的各种潜在痕迹或微量物质，应在全面了解犯罪嫌疑人在现场活动的各种情况的基础上，结合每一类犯罪和犯罪嫌疑人活动的规律，以及现场的各种具体状况，进行进一步的寻找与发现。对已经发现的各种痕迹、物品，除精心提取、仔细包装、小心运输外，还应综合现场访问及其他方面的有关情况，对其是否与犯罪有关进行认真的甄别，必要时，还可通过调查、辨认、技术鉴定、现场实验等方法进行验证。

上述实地勘验的四个步骤是一个内部紧密相连的有机整体，不能把它们截然分开，即不能把静态勘验和动态勘验，特别是局部静态勘验、个体静态勘验和个体动态勘验看成是一系列各不相干或独立的阶段；也不能理解成是把现场局部进行一次全面静态勘验后，再进行每个个体的静态勘验，或待每个个体都静态勘验完毕后，再对它们进行动态勘验；更不能将整体静态勘验、局部静态勘验、个体静态勘验认为是重复的勘验。事实上，这四个步骤反映了一个彼此相连的勘验活动的程序，在实际操作中，当整体静态勘验结束后，应立即进行局部静态勘验，当局部静态勘验结束后，应立即着手对每一个已发现的痕迹、物品进行静态和动态结合的勘验。这四个步骤反映了实地勘验有序的过程，而这一过程是与科学的认识规律相一致的。如果错误地理解这四个步骤的实践意义，不仅延误勘验，而且可能导致勘验的无序和失败。实地勘验中，应严格按照上述四个步骤进行勘验,它不仅有利于勘验工作的有序化、系统化,提高痕迹、物品的发现率、采证率,而且能提升实地勘验的成功率。

第三节　实地勘验的方法

在实地勘验中,综合地运用我们的感觉器官和有效地利用刑事科学技术,构成了实地勘验方法的全部内容。就一般而言,实地勘验的方法主要有观察、推断与验证、技术检验、现场搜索和记录等,这些方法适用于实地勘验的全过程。

一、观察

所谓观察,是指勘验人员利用自身的感觉器官,对与案件有关的场所、痕迹、物品、尸体等进行感性认识的一种勘验方法。

观察是实地勘验最基本的方法,它不仅适用于动态勘验,更适用于静态勘验。观察是适用其他实地勘验方法的前提和基础,在上述三个静态勘验步骤中,解决勘查问题主要依赖于观察;在动态勘验中,观察能为其提供勘验对象,为选择其他勘验方法提供依据,此时,它是一种与技术手段相结合并被技术手段强化了的勘验方法。实践中,观察的要领有两点。

1. 充分运用各种感觉器官,细心体察

观察是通过感觉、知觉等形式,反映被勘验客体的外部联系及其表面特征和一般特征。它需要我们充分运用眼、耳、鼻、舌等感觉器官去感觉各种现场现象的外部特征,如颜色、形状、气味等,并用我们的大脑去综合研究、判断,从而形成对每一个现场现象的整体特性的认识,形成知觉和表象。这个过程也是一个循序渐进的认识过程。

首先,在具体的实地勘验活动中,勘验人员应充分运用自己的感觉器官,接触现场的物质环境,在其大脑中形成感性认识,即感觉。其次,在充分感知被勘验客体各方面特性的基础上,运用大脑,把各种反映事物某一方面特性的感觉组合在一起,形成反映事物各个方面特性的完整形象,即知觉。最后,在知觉的基础上,用大脑把感觉和知觉储存起来,并形成记忆,使勘验人员能够在以后的判断、研究中,从思维上再现现场物质环境、环境中的各个组成部分及相关痕迹、物品。

感知应有计划、有目的。在具体的感知过程中,不仅要把注意力集中在明显的痕迹、物品上,而且还要把注意力集中在隐蔽、潜在的痕迹和微量物质上,要全面关注

现场一切可能被犯罪嫌疑人触动的部位和物品。唯有此，才能全面发现痕迹物证；才能全面认识和正确反映客观事物的真实情况及特性；才能发现现场痕迹、物品与案件的联系，查明真相，识别伪装。

2. 运用比较的方法进行观察

用各种感觉器官去细心体察，用大脑去综合研究、判断，可以帮助我们掌握现场某一现象外在的某些特征和关联，但是，它并不能完全揭示现象与案件之间的内在联系，因此，有必要对此进行深化和补充。运用比较的方法进行观察，能较为有效地解决上述问题。实地勘验中，运用比较的方法观察现场，就是把被观察的局部现场现象或单个的痕迹、物品与现场其他部分的现场现象或其他痕迹、物品进行比较，以发现它们的关联性；或是将被害人、事主及其家属的陈述或对案件有关情况所作的解释与现场现象进行比较，以发现它们的相同点或差异点；或是将以往同类案件现场中的痕迹、物品或现场现象与本案现场的痕迹、物品及现场现象进行比较，找出它们的相同点或差异点，以判断是否为类案。

二、推断与验证

能否客观全面地寻找、发现、提取一切现场可能存在的与案件有关的痕迹、物品，是衡量实地勘验是否成功有效的一个重要标准。要使实地勘验取得最佳的勘验效果，除了严格按照勘验步骤和正确地进行观察以外，勘验人员还必须能随时根据勘验情势的发展，提出各种推断，并通过实地勘验将其加以验证，只有这样才能保证查明一切需要查明的与本案有关的各种情况，从而把勘查工作引向深入，为全面收集痕迹、物品指明方向。

实地勘验过程中的推断与验证和临场会议上进行的推断与验证，既有联系，又有区别。就两者的联系而言，实地勘验过程中的推断和验证的结果为临场会议上的推断和验证提供依据；临场会议上的推断和验证的结果则建立在前者的基础上，是前者的深化，这也是认识发展的必然结果。就区别而言，两者则有很大的差异。一是推断与验证的目的不一样。实地勘验过程中的推断与验证是从原因到结果，其目的是更有效地发现和寻找能证实这些推断的痕迹、物品及有关情况，为寻找和发现更多的痕迹、物品提供方向；临场会议上的推断与验证则是从结果到原因，目的是从已发现的痕迹、物品中，去寻找它们与犯罪事件、犯罪嫌疑人的联系，从而指明侦查工作的方向和对策。二是推断的问题有差别。实地勘验中的推断，往往是就某一具体的痕迹、物品或某一具体的情况而进行，而临场会议上的推断则是就整个案件的情况而进行。

三、技术检验

实地勘验除有效地运用观察、推断与验证等方法外，也离不开各种具体技术检验方法的运用。事实上，观察、推断与验证等方法为技术检验方法的运用提供基础和条件，而技术检验方法则能帮助实现观察、推断与验证等方法的深入运用。技术检验方法在实地勘验中主要集中于对各种痕迹物证的发现、固定、提取和初步检验等环节，多在对痕迹、物品、人身、尸体进行动态勘验时使用。

四、现场搜索

现场搜索是在实地勘验中，对中心现场以外的区域进行公开搜寻、检查，以发现隐藏的犯罪嫌疑人或与案件有关痕迹、物品的一种勘验方式。该方法有专章（本书第七章）阐述，此处不再赘述。

五、记录

从广义上看，在实地勘验的方法中，记录属于技术检验方法的一种，但之所以将其单列出来，是因为其对实地勘验有着非凡的重要性。一是现场勘验记录本身就是法定证据。我国《刑事诉讼法》规定的证据形式之一就是勘验、检查笔录。从现场勘查的实践情况看，记录的具体方式主要是笔录、照相、录像、录音和绘图，而笔录是记录这种形式的证据的主体，照相、录像、录音和绘图则是笔录的补充和说明。二是现场勘验记录是现场勘查中所获取的所有痕迹、物品的佐证。三是现场勘验记录既记录了勘验过程中发现和获取的所有痕迹、物品及相关情况，同时也记录了勘验活动的整个过程，这便于人们去认定某次勘验活动是否合法、有效。

第七章 现场搜索

现场搜索是指在实地勘验的过程中，为了寻找、发现可能隐藏或遗留于现场外围的与案件有关的痕迹、物品、尸体、尸块及隐匿的犯罪嫌疑人而进行的一种勘验活动。现场搜索工作是实地勘验工作的一个重要部分，特别在某些刑事案件现场的勘验中，对现场主体部分的勘验发现不了什么有价值的痕迹、物品，而通过现场搜索，却往往能有所收获。现场搜索与具体的勘验活动有所区别。一是具体的勘验活动主要是针对现场的主体部分（或中心部分），在一个案件中，现场的主体部分是指犯罪嫌疑人实施其犯罪行为的具体地点或犯罪结果发生的具体地点，这些地点一般痕迹、物品较多且较集中。而现场搜索则主要是针对现场的外围部分，从范围上，其一般比现场主体部分要大，且较多的留有与犯罪行为相关的痕迹和物品。二是具体的勘验活动主要由侦查人员和技术人员负责实施，其他人员一般不得参与，而现场搜索则可在侦查人员的指挥、带领下，发动保卫人员、群众、治安积极分子等参加，这主要是因为现场外围部分一般范围较大，单靠侦查人员的力量，实显单薄，现场搜索中难免会"挂一漏万"，而发动群众和有关人员参与，则可尽可能地避免这一问题。

第一节 现场搜索的任务和要求

一、现场搜索的任务

现场搜索的任务因案件和现场具体情况的不同而有所差异，一般来说，其主要包括以下六个方面：

（1）寻找、发现犯罪嫌疑人来去现场的路线及相关的痕迹、物品，如足迹。

（2）寻找、发现犯罪嫌疑人案前、案后在现场外围逗留、等候的场所，如犯罪嫌疑人逗留的山洞、树林、房屋、工棚等，以及犯罪嫌疑人进行其他活动可能留下的痕迹、物品，如足迹、印压痕迹、排泄物、食物残渣、烟头、火柴梗等。

（3）寻找、发现犯罪嫌疑人丢弃、隐藏的各种痕迹、物品，如赃物、赃款、作案工具、凶器及与案件有关的其他物品。

（4）寻找、发现并盘查可疑人员，以从中发现犯罪嫌疑人。

（5）寻找、发现并缉捕隐藏在现场外围或未及远逃的犯罪嫌疑人。

（6）寻找、发现命案中的尸体、尸块、人体组织、器官及相关物品。

二、现场搜索的要求

现场搜索的范围往往较大，且在搜索中常常会遇到一些未预料到的情况，甚至还会遇到犯罪嫌疑人行凶拒捕等紧急情况。因此现场搜索必须要遵守以下要求：

（1）因案制宜，因"地"制宜。

现场搜索是实地勘验中经常使用的一种侦查措施，但并不是所有实地勘验中都要实施现场搜索。在实践中，必须要根据案件的具体情况和现场的具体情况，因案制宜，因"地"制宜，才能使搜索真正起到作用。对于案情和现场需要搜索或具备搜索条件的，则应及时组织力量展开搜索；对于没有必要进行搜索或不具备搜索条件的，则不必展开搜索，以免浪费人力、物力。一般而言，对于发生在野外，如山林、旷野等地的刑事案件，其现场范围往往较大，犯罪嫌疑人活动的区域也相对较大，留下痕迹、物品的概率较高，且这些地区一般人烟较为稀少，痕迹、物品不易受到破坏，对其进行现场搜索，往往能发现、获取有价值的证据和线索。另外，对于某些现场，推断犯罪嫌疑人可能尚未远遁，或极有可能隐藏在周围某处所的，也可及时开展现场搜索，以发现、抓获犯罪嫌疑人。

（2）正确指挥，服从命令。

正确指挥是指作为指挥人员在安排现场搜索时，要做到心中有数，对搜索范围、地段、顺序的确定必须是在已了解现场情况的基础上作出的，不能随意地指定搜索范围，更不能由搜索人员自行决定。服从命令是指参加现场搜索的人员必须听从指挥人员的安排，认真负责地完成所分配的任务，切忌自行决定搜索范围，擅自扩大或缩小搜索范围。

（3）密切配合，注意方法。

现场搜索往往有许多人员参加，既有侦查人员，也有一般的保卫干部、治安积极分子、街道居委会人员和某些群众，这些人员的专业技能、工作水平、敬业精神以及自身的各种能力都不相同。因此，在安排搜索人员时，首先，应根据具体情况对各种人员进行合理搭配，以确保搜索的质量。具体搜索时，应注意互相配合、互相呼应，遇到疑难地段或问题，应立即请示侦查人员。其次，在搜索时，应注意方法，如果重点是寻找和发现痕迹、物品，则应使用寻找和发现痕迹、物品的方法，如观察、探测等；如果重点是寻找和发现犯罪嫌疑人，则应寻找和发现犯罪嫌疑人的方法，如盘查、缉捕等。

(4) 认真负责,减少漏洞。

现场搜索不是一件轻松的工作,而是一件枯燥烦琐甚至艰难危险的工作。因此,必须要求参加搜索的人员一切行动听指挥,对于分配给自己的搜索任务必须认真负责地完成,对于自己所负责的地段范围内的各种地貌、地物、处所、一草一木等都不能疏忽和遗漏,任何马虎和草率都可能导致痕迹、物品的遗漏,特别是在搜捕犯罪嫌疑人时,更应提高警惕,严密注意,以防犯罪嫌疑人乘机逃跑或拒捕。

(5) 非专职人员不得承担搜索犯罪嫌疑人的任务。

如果搜索的任务是寻找、发现并缉捕隐藏在现场外围或未及远逃的犯罪嫌疑人,从安全角度考虑,非专职人员不得承担该任务。

第二节 现场搜索的目标、范围和重点

一、现场搜索的目标

现场搜索的目标,即根据侦查工作和勘验工作的需要所确定的需要搜索的具体对象。这些具体对象主要有以下四种:

(1) 犯罪嫌疑人;

(2) 与案件有关的痕迹、物品;

(3) 与案件有关的处所;

(4) 案件中的尸体、尸块或其他人体组织。

现场搜索应明确搜索的目标,这样才能有的放矢。搜索目标的确定主要根据侦查工作和勘验工作的需要,既要看侦查工作和勘验工作需要重点去发现、提取何物,还要考虑实际情况,即案件的具体性质、现场环境等。

搜索目标确定之后,为了使现场搜索工作顺利完成,要尽量从现场访问和实地勘验所发现的材料中,筛选与案件有关的情况和特征。例如,若搜索的目标是犯罪嫌疑人可能丢弃或隐藏的物品,就应查明该物品的种类、大小、数量、形状、颜色、重量以及其他相关特征;若搜索的目标是作案的凶器,就应根据被害人的受伤情况和伤痕特点,分析判断凶器的种类、名称、形状、大小及遗留血迹和其他附着物等特征;若搜索的目标是犯罪嫌疑人,就应了解犯罪嫌疑人的人数、年龄、身高、体态、相貌、衣着等特征以及是否持有凶器等情况。了解这些目标特征,便于在搜索时正确筛选目

标，减少现场中其他物体、物品的迷惑性，且有助于搜索人员提高警惕或采取必要的防护措施，以免发生意外。

二、现场搜索的范围

范围是一个地域空间概念，现场搜索的范围一般应依据案件的具体情况和现场的地理环境来确定。根据现场发生案件的性质及有关情况，分析犯罪嫌疑人在附近是否有逗留、等候行为；根据来去现场的路线，分析犯罪嫌疑人抛弃或隐藏赃物、作案工具或其他物品之处；根据某一尸块所在现场的地理环境，分析其周围哪些地区可能有其他尸块，在确定搜索范围时，就应把这些地区划归进去。现场搜索范围的划定一般应遵循宜大不宜小的原则，当然，应具体情况具体分析。在实践中，如果搜索范围过小，可能会由此而遗漏某些痕迹、物品，未把一些重要的物证划入搜索范围，从而使侦查工作失去一些宝贵的线索和证据。但如果搜索范围过大，则相应地需花费更多的人力和物力，在人力和物力比较紧缺的情况下，过大地划定搜索范围显然是不切实际的。

三、现场搜索的重点

在划定搜索范围的基础上要确定现场搜索的重点。现场搜索的重点是指极有可能留有与案件有关的痕迹、物品的地点和部位。在搜索中，对这些地点和部位应加大搜索力量，密切加以注意。一般而言，若搜索的目标是犯罪嫌疑人在现场外围逗留、等候或藏身的处所，如果在城市，则应以现场中心周围的车站、码头、公园、商场、仓库、建筑工地、空地空房以及停放的车辆等为搜索重点；如果在农村，则应以庙宇寺院、山洞沟渠、牲畜棚、柴草垛、机井房、废弃的房屋、草棚，以及密林、果园、草丛等为搜索重点。若搜索的目标是被害人的尸体、尸块及相应的包裹物、捆扎物，如果在城市，则应以现场中心周围的河流、湖泊、公共厕所、垃圾站和垃圾桶、防空设施、下水道、地下通气管道等为搜索重点；如果在农村，则应以粪坑、水塘、水井、沟渠、水库、山涧、山洞、密林、草丛和植株较高的农田等为搜索重点。若搜索的目标是犯罪嫌疑人丢弃或隐藏的赃物、赃款及作案工具、凶器，如果在室内，则应以房顶、天棚、瓦缝、地下室、地道、地窖、厨房、厕所、楼梯、柜顶、柜后、床下、杂物堆放处、烟囱、炉灶等为搜索重点；如果在室外，则应以较为隐秘的楼角夹缝、花台草圃、涵洞管道、路边粪坑、垃圾堆、草丛以及水池、水塘等为搜索重点。搜索重点的确定，应根据案件和现场的实际情况进行综合分析。另外，还应考虑搜索目标的特点、性质，如果搜索目标是非常细小的物品，则搜索重点应为墙缝、边、角等隐秘部位；如果搜索目标是体积较大的物品，则搜索重点应为足以存放、隐蔽这些物品的部位。

第三节 现场搜索的实施过程和具体形式

一、现场搜索的实施过程

一次完整的现场搜索工作应包括以下四个具体步骤。

1. 搜索前的准备

适当而有效的准备是顺利、圆满完成现场搜索工作的重要前提,准备工作的好坏,会直接影响到现场搜索工作的质量。一般说,搜索前的准备包括以下两项具体内容:

(1) 选择、确定参加搜索的人员。

在搜索人员的选择、确定上,应把握三个原则。一是要以现场需搜索地域的大小、复杂程度为依据,确定参加搜索的人员的具体人数;二是要将参加搜索的人员进行新老搭配,专业知识、技能好的和差的搭配,做到以老带新,以好带差;三是要注意凡是与案件有涉人员,不得参与搜索,以防其破坏、隐匿或伪造某些证据。

(2) 准备必要的搜索器材。

现场搜索需要一定的物质条件,特别是对某些痕迹、物品(如微量物证)进行搜索时,更要借助一定的设备、仪器。一般来说,常用的搜索器材有:通信工具,以便在搜索时保持随时联络;照明器材,以便在搜索照明时使用;照相、摄像器材,以便在发现痕迹、物品后固定使用;打捞、探测器材,以便对某些地域、水域的痕迹、物品进行打捞探测;必要的痕迹、物品提取器材,如粉末、胶纸、荧光灯、手套、纸袋等,以便在提取该类痕迹、物品时使用;若在范围较大的密林进行搜索或是搜索时间较长时,应带上指南针、地图、帐篷、食品等器材物品,侦查人员还应带上必要的警械和武器,以防不测。

2. 确定搜索目标、范围和重点

本章第二节对此内容已作论述。作为搜索人员,在搜索工作具体开始之前,必须要明确搜索的目标,了解搜索的范围,掌握搜索的重点,以不打无准备之仗。

3. 实施搜索

已做好准备的搜索人员,按划定的搜索范围和每人或每组所分配到的区域和地段,采用一定的方法,开始寻找和发现痕迹、物品及其他与犯罪有关的事物。

4. 结束搜索

结束搜索是搜索工作的最后一个步骤。是否结束搜索,应由搜索指挥人员或现场勘查指挥人员决定。一般而言，应根据现场搜索的时间和结果来决定是否结束搜索，如天色已晚，照明条件较差，已很难分辨痕迹、物品时，就应考虑暂时结束搜索，或是在搜索中已发现了预定的探索目标，也可考虑适时结束搜索。结束搜索具体包括以下两项工作：一是汇总各搜索小组或搜索人员的搜索情况，各搜索小组和搜索人员要将自己在搜索过程中发现的痕迹、物品、疑人疑事等各种现象和有关情况进行汇报，由搜索指挥人员或现场勘查指挥人员统一进行记录，并酌情处理；二是提取并保存在搜索过程中发现的痕迹、物品等。

二、现场搜索的具体形式

现场搜索的目标、范围、重点及现场地形、地貌的不同，应采取的搜索形式也不同。在某些情况下，还要考虑天气条件和光线条件对现场搜索的影响，从而采取最恰当的搜索形式，保证搜索的质量。一般而言，常见的搜索形式有以下七种。

1. 辐射式

这种搜索形式的特征是搜索从现场中心向现场外缘呈辐射状展开进行，即把需搜索的范围划分成若干的扇区，由若干小组或人员负责一定的扇区进行搜索，如图7-1所示。这种搜索形式适合于中心突出、明显的现场。搜索时可以现场中心为出发点，向现场外缘逐步推进。

2. 收缩式

这种搜索形式正好与辐射式相反，其特征是搜索从现场外缘开始逐步向现场中心推进，也是把需搜索的范围划分成若干扇区，只是搜索方向与辐射式相反，如图7-2所示。这种搜索形式适合于中心不明显或范围不大的现场。另外，对于已经知晓或预测到犯罪嫌疑人隐藏于某一处所时，也可采用这种搜索形式，层层紧逼，逐步缩小包围圈，令犯罪嫌疑人无从逃遁。

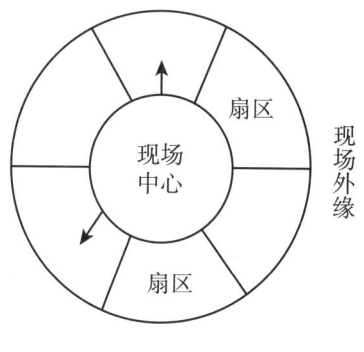

图7-1 辐射式搜索*

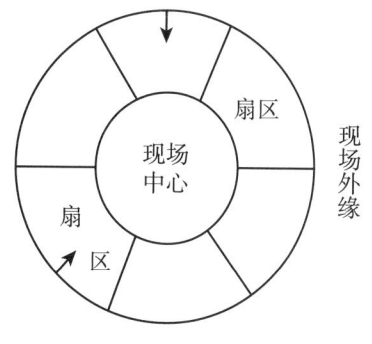

图7-2 收缩式搜索

---

* 说明：图7-1至图7-7中箭头所指的方向为搜索方向。

3. 螺旋式

这种搜索形式的特征是搜索路线呈螺旋状，一般是以现场中心为起点，以一定距离宽度向现场外缘逐层铺开进行搜索，反之，从现场外缘逐层地向现场中心旋转收缩也可，这种形式的搜索路线从平面上看是一个一个等距离的同心圆，如图 7-3 所示。这种搜索形式较适用于某些特殊的地形地貌。

4. 分片分段式

分片分段式，即把搜索范围划分成若干片区或段区，然后一片或一段地进行搜索。如图 7-4 所示，将某一现场分成 1、2、3、4、5、6 个片区，可由六个搜索小组各负责一个片区，同时进行搜索，在搜索人员较少时，也可依次进行搜索。

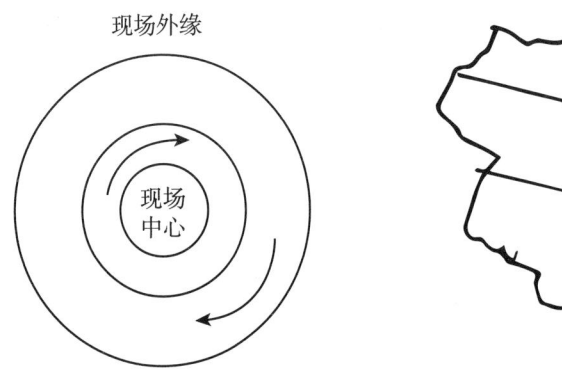

图 7-3　螺旋式搜索　　　　　图 7-4　分片分段式搜索

5. 条格式

这种搜索形式实际上包含两种具体的方式。一是条式搜索，即把需搜索区域划分成若干条状地带，搜索人员从第 1 条地域边缘出发，搜索到另一边缘，然后再从该边缘沿第 2 条地域搜索返回，再到第 3 条地域，依次而行，直至将所有区域搜索完毕，如图 7-5 所示。二是格式搜索，即把需搜索的范围纵横交错划分成若干格状地域，搜索时，搜索人员可先按纵条进行搜索，再按横条进行搜索，直至将整个区域交叉搜索一遍，如图 7-6 所示。

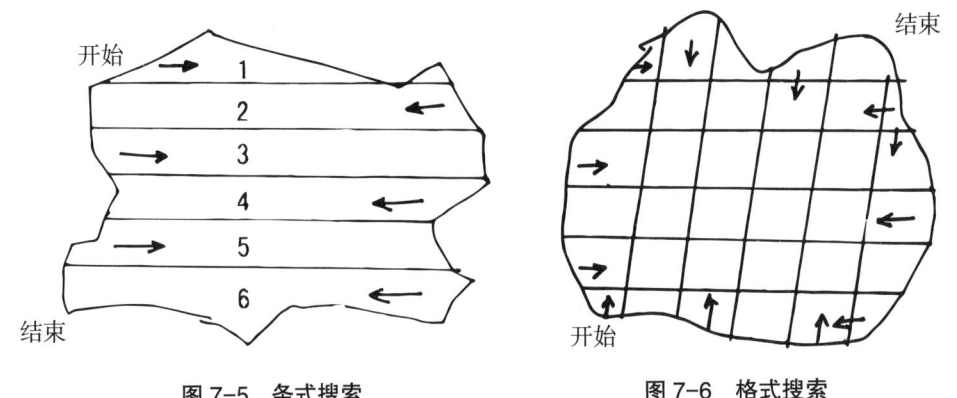

图 7-5　条式搜索　　　　　图 7-6　格式搜索

6. 栅栏式

这是在某种情况下，为了进行更仔细的搜索，在条格式的基础上交叉进行的一种搜索形式。这种搜索形式的特点是搜索密度大、覆盖广，搜索路线纵横交叉、来回穿插，一般较适合于据分析肯定有某种目标存在于搜索区域的情况。采用这种形式进行搜索时，要注意合理安排搜索人员，以免互相交叉，出现混乱。

7. 卷席式

卷席式即所有搜索人员都由同一边缘、同一方向向另一边缘搜索推进，如图7-7所示。卷席式搜索较适合于狭长地带的现场。搜索时，全部搜索人员都由现场的同一边缘出发，像卷席一样，向前推进，直到现场的另一边缘。

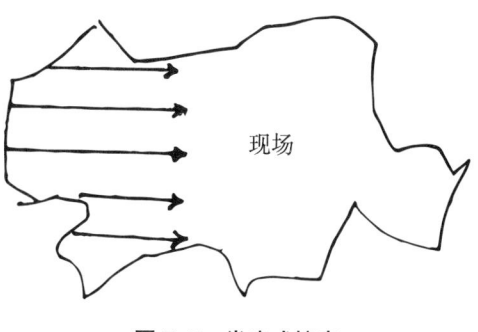

图 7-7　卷席式搜索

第四节　现场搜索中的查缉措施

现场搜索中的查缉措施主要是指盘查和缉捕措施。大量的侦查实践表明，正确地使用盘查和缉捕措施，对于发现、抓获犯罪嫌疑人具有十分重要的意义。查缉措施适用得当，可使侦查工作省时省力，达到事半功倍的效果。作为现场搜索的指挥者和参与者，当认为犯罪嫌疑人可能藏匿于现场或逃离现场尚不远时，应及时、果断地采取查缉措施，以便发现和抓获犯罪嫌疑人。

一、盘查措施

盘查措施就是对于某些可疑人员或特定区域内的人员，通过盘问和检查，以确定其是否为犯罪嫌疑人的一项侦查措施。

1. 盘查对象

案件性质、类型不同，侦查工作的要求就不同，则盘查的对象也就不同，但从实践中看，一般应将在搜索范围内的具有下列条件的人员列为盘查对象。

（1）在已划定现场范围内滞留的人。

（2）形迹可疑的人。比如行动鬼鬼祟祟，表情或情绪异常，或偷窥现场搜索和勘验活动的人。

（3）体貌可疑的人。比如体貌特征与被害人或事主所提供的犯罪嫌疑人的体貌特征相似，或衣着打扮有可疑之处的人。

（4）携带可疑物品的人。比如携带类似赃物、巨额现金、大量贵重首饰或其他有价证券的人，或携带某种管制刀具和枪支武器的人。

（5）有其他可疑之处的人。比如身上有可疑的外伤，衣服黏附有可疑的泥土、草屑、血迹等的人。

2. 盘查步骤及方法

一般而言，现场搜索中的盘查要通过以下步骤和方法进行：

（1）仔细观察，发现对象。

盘查并不是对现场周围的所有人员都要进行盘问和检查，因为无论是从工作角度，还是对于人的精力而言，这都是不可行的。因此，要进行盘查，首先必须要寻找、发现盘查的对象，具体方法是：在现场搜索时，要注意观察周围的人员，看他们的行踪是否可疑，言语是否正常，有无符合上述五个条件的人员；搜索人员在观察时要做到善于捕捉人的某些细小表情和动作，善于揣摸人的心理活动和由此反映在言行上的表现。

（2）向盘查对象表明自己的身份。

搜索人员在对盘查对象正式开始盘查前，要向其表明自己的警察身份，这样做一是可以使盘查活动合法化；二是可以由此营造出适当的盘查气氛；三是能端正盘查对象的态度，以免出现拒不回答、不配合、胡言乱语、敷衍塞责甚至擅自跑掉等情况，使盘查活动能顺利进行。

（3）有针对性地进行盘问，盘问着重在于问。

要从已发生的案件（事件）和现场情况为依据，紧紧围绕盘查对象的身份、活动情况、随身物品及其与案件（事件）或现场的关系而展开。盘问中的提问要正确、简练，所提问题必须具有一定的针对性，不能含糊不清或与主题无关。盘问中，要密切注意盘查对象的语气、表情和动作，注意其情绪上的细小变化，要善于从盘查对象的回答中发现矛盾、抓住矛盾，从而一追到底，迫使其缴械。盘问中如果发现盘查对象为犯罪嫌疑人，则应采取相应的措施，以防不测。如果盘问对象有多个，则应分别盘问，以免互相影响和比照，从而出现相同的回答。

（4）认真开展检查。

盘查的实质就是盘问和检查，因此在对盘查对象进行盘问的同时，还应对其进行检查，检查的具体内容包括：检查其身上的伤痕，要注意观察伤痕的位置、大小、深浅、形状与被害人所述或现场情况是否相吻合，要查清其伤痕的成因。检查其衣裤、鞋袜或身上黏附的物品，弄清物品的种类、名称、数量、黏附部位，进一步查清这些黏附物与现场有无联系，比如所黏附的泥土与现场的泥土是否种类相同、成分相同，以确定其和现场之间的某种内在关系。检查其随身携带物品，要注意检查其随身携带的各种证件和有关物品，如果有身份证的，应仔细核对照片上的人与盘查对象是否为同一人；如果有枪支、管制刀具等物品的，应立即予以收缴，并查清该物品的来源；如果有与现场丢失之物相同或相似之物品的，应查清该物品的来源。在检查时，检查人员要保持高度的警惕，严密注意盘查对象的动态，以防其行凶反抗或逃跑。

（5）盘查后的处理。

盘查完成后，应根据不同的情况和结果对盘查对象进行不同的处理。对于经过盘查，认为其与案件无涉，排除嫌疑的，应立即放行，对某些对象还应做一定的安抚工作。对于经过盘查，认为其就是搜索的犯罪嫌疑人的，则应当场扣留。对于经过盘查，既未能肯定其犯罪嫌疑，又未能排除其犯罪嫌疑的，应采取其他有关措施予以妥善处理，如监视或继续调查。

二、缉捕措施

在现场搜索中，一旦发现要搜索的犯罪嫌疑人，应立即组织力量，予以缉捕。由于缉捕面对的是犯罪嫌疑人，在缉捕过程中，随时会出现被缉捕人反抗、行凶、自杀、逃跑等情况，所以缉捕是一项十分危险的工作。因此，参加缉捕的人员一般应为公安人员和武警战士。在缉捕过程中，必须步调一致，听从统一指挥和安排，军警之间要配合默契，同时还要讲究战略战术。

1. 缉捕的准备工作

由于缉捕是一项十分危险的工作，因此，在事前必须要有充分的准备，以求在行动时将危险降到最低程度。缉捕的准备工作具体包括以下方面：

（1）人员准备。缉捕工作一般应由公安人员和武警战士承担，所以在事先明确搜索目标是犯罪嫌疑人时，就应与公安人员和武警战士取得联系，以求他们的配合，其他人员如群众一般不得参与缉捕工作，以免发生伤亡，造成不良影响。

（2）武器准备。由于面对的是犯罪嫌疑人，且其身上往往带有凶器，如刀、枪，甚至炸药等，因此缉捕人员必须要携带武器，包括枪支、匕首、催泪弹、手榴弹等。

（3）其他器具准备。如照明工具、绳索、手铐以及必要的医药设备，在缉捕人员受伤时可进行及时处理。

（4）心理准备。参加缉捕的人员，必须要清楚缉捕任务的艰巨性和危险性，要有勇敢无畏的精神，并要做好受伤甚至牺牲的准备。

2. 缉捕的方法

缉捕中，因缉捕对象和缉捕地点等情况的不同，应采取的缉捕方法也各不相同。

（1）非对峙状态下的缉捕。

非对峙状态下的缉捕，是指在现场搜索中，搜索人员已发现犯罪嫌疑人，而犯罪嫌疑人尚未被惊动，且没有察觉到对其所进行的缉捕行为的情况下，将犯罪嫌疑人抓捕归案。非对峙状态下的缉捕相对于对峙状态下的缉捕而言，危险性要小得多，只要缉捕人员计划周密，行动迅速、及时，一般都能一举成功。在非对峙状态下的缉捕中，常见的策略、战术有以下五种。

第一，包围收网。在发现犯罪嫌疑人后，要立即组织力量在隐蔽状态下将其团团包围，以防其发觉后乘隙逃跑，然后慢慢收拢包围圈，直至将其捕获。

第二，秘密进袭。当参加缉捕人员较少，难以对犯罪嫌疑人形成包围圈时，可用秘密进袭的方法进行缉捕，即趁犯罪嫌疑人尚未察觉，派精干的小分队突然快速进袭犯罪嫌疑人的藏身之处，从而一举抓获犯罪嫌疑人。采用这种战术，一要讲究秘密性，如果秘密性差，惊动了犯罪嫌疑人，则可能会引起其反抗，对缉捕人员造成伤害；二要讲究快速，兵贵神速，趁犯罪嫌疑人尚未察觉、未回过神之机，一击成功。

第三，守候捕获。在搜索中发现犯罪嫌疑人之后，根据其活动规律，在其可能出入的地段或区域派缉捕人员进行守候，待其出现时将其捕获。还有一种情况也可采用守候捕获，即发现犯罪嫌疑人未来得及转移、拿走或是掩埋、隐藏的赃款、赃物后，及时布置力量进行守候，待犯罪嫌疑人前来取赃时，将其捕获。

第四，内紧外松。这种策略适合于尚不明确谁是犯罪嫌疑人，或不知晓犯罪嫌疑人确切的藏身地点，但已经知道其藏身的大致范围的情况。这时，如果采取其他方法可能会惊动犯罪嫌疑人，而采取内紧外松的策略则比较有效，即公开地佯装撤走搜索力量，解除警戒，以松懈犯罪嫌疑人警惕之心，但暗中则派人秘密监视各个出入口及交通要道，注意搜索范围内各种人员的动向和行踪，一旦发现可疑情况或反常现象，立即采取措施或转为公开缉捕，将犯罪嫌疑人缉捕抓获。

第五，引蛇出洞。当搜索的范围是人员密集的居民区或生产区时，采用其他方法缉捕，犯罪嫌疑人很可能会反抗、行凶甚至劫持人质，从而伤及无辜。这时，可用引蛇出洞之法，即可用某种借口或由犯罪嫌疑人的亲属、朋友、邻居、同事、领导等将其骗出居民区或生产区，然后由缉捕人员在适当的地点将其捕获。

（2）对峙状态下的缉捕。

对峙状态下的缉捕，是指犯罪嫌疑人已发觉缉捕人员针对其进行的缉捕活动，并且其不愿束手就擒，而借助某种地形、地物或其他条件，与缉捕人员形成对峙局面，并负隅顽抗的情况。这种对峙状态下的缉捕，实际上是缉捕与被缉捕双方面对面的交锋。这种缉捕工作的危险性较大，所以更应讲究策略方法，切忌盲目蛮干。总结实践中的经验，对峙状态下的缉捕策略方法主要有以下四种。

第一，政策攻心，法律教育。对于已被包围的犯罪嫌疑人，可以用党的政策和国家法律实施攻心战术，向其灌输投案自首才是唯一出路的思想，以此瓦解其顽抗的精神意志，击溃其侥幸的心理防线，促使其放下武器、投案自首。采用这种策略方法时要注意宣传的党的政策和国家法律必须正确，必须有针对性，切忌胡乱搬用或以法律的名义随便许诺。

第二，动之以情，晓之以理。对于某些已被包围的犯罪嫌疑人，如果了解到其夫妻、子女等家庭关系较为和睦，对家庭的依恋感较强，则可采用这种策略方法，即让犯罪嫌疑人的家属、亲朋好友跟其通话，用家庭感情、夫妻感情等来唤起其求生的欲望。这时再适当对其辅以一定的法律、前途教育，讲情讲理，促使其缴械投降。

第三，秘密偷袭。对于某些被包围的犯罪嫌疑人，在采用其他方法不奏效后，就可考虑采用秘密偷袭的方法，秘密突进，一举将其捕获。采用这种策略方法时应讲究具体的方式，如可以故意进行某些活动，以吸引犯罪嫌疑人的注意力，而缉捕人员则从另一方秘密靠近，将其捕获，也可趁夜色掩护或犯罪嫌疑人身体疲倦、注意力不集中时发动突然袭击。实施秘密偷袭时，应事先计划好一旦被犯罪嫌疑人发现后的对策，如偷袭一旦被发现，就可立即采取强攻的方式，迅速及时地将其抓获。

第四，强攻。在其他缉捕策略方法都不奏效时，就可采用强攻的方法，即组织突击队员采用武力强行进攻。这种缉捕方法，对抗性极强，危险性也极大，特别是当犯罪嫌疑人手中有枪支、炸弹等武器时，更是如此。因此，不到万不得已时，一般不予采用此策略方法。一旦决定采用强攻，必须要周密部署、精心准备，以求一举成功，并把缉捕人员的伤亡降到最低。实施强攻时，除进攻队员进行正面强攻外，外围队员应给予密切配合，如用火力压制犯罪嫌疑人的火力，必要时可用烟幕弹、眩晕弹、催泪弹等辅助进攻。

第八章　现场痕迹物证的发现与提取

现场必然存在与犯罪有关的痕迹物证。现场勘查是获取诉讼证据的重要方法，也是诉讼证据的重要来源。对现场痕迹物证的发现、提取，既是实地勘验的核心工作，又是侦查工作和刑事诉讼顺利进行的重要保证。对现场痕迹物证的发现、提取，不仅要注重发现、提取的方式、方法的科学性，而且要注重从证据的角度保全发现和提取的每一个痕迹物证的证明力。

第一节　现场手印的发现与提取

现场手印，主要指犯罪嫌疑人在现场留下的指印、掌印。现场手印是每一起案件现场最有价值的线索之一，是认定犯罪嫌疑人最重要的证据。通过研究现场手印，有可能会查出谁是本案真正的犯罪嫌疑人。

手印是犯罪嫌疑人最有可能留下的痕迹，即使该犯罪嫌疑人戴手套或使用其他防护用具，但由于客观条件的限制，也可能会留下手印。因此，发现和提取现场的手印是可能的。发现和提取现场手印时，一是应根据现场手印的类型，采用有针对性的发现和提取方法；二是应全面掌握和分析犯罪嫌疑人在现场的行为过程，从其最有可能接触的部位入手，精心发现和提取。在任何一起案件中，对于现场已发现的一切手印，都应当提取和保存，以便于后期的甄别、鉴定和使用。

在发现、提取手印的过程中，勘查人员应小心谨慎，防止在现场留下自己的手印。如果不小心留下了勘查人员自己的手印，应对此记录在案，以便在甄别现场手印时，排除掉这类手印，防止甄别工作"误入歧途"。

一、寻找和发现手印的重点部位

对于可能找到手印的重点部位，因案而异。但就一般方法而言，只要紧紧围绕犯罪嫌疑人在现场实施犯罪行为的行为过程，就不难确定重点。

1. 从现场进出口寻找手印

现场的进出口是犯罪嫌疑人进出现场的必经之路，也是其实施犯罪行为的必要条件。犯罪嫌疑人的进出方式往往是一种不同于常人的非正常方式，因而也往往伴随着排除进出障碍的行为，并留下相关的手印。现场勘查中，必须关注犯罪嫌疑人所选择的进出口，在这些部位相关物体的表面寻找手印。对现场进出口的勘查，不仅有可能寻找到手印，也可以根据这些部位的其他痕迹，推断出犯罪嫌疑人是否使用手套之类的防护用具。

在现场进出口寻找手印，应考虑两个问题，一是排除障碍的方式，二是可能接触的部位。如果犯罪嫌疑人采用破门而入的方式，则应在门锁、门把手的周围或强行闯入的部位寻找手印；如果犯罪嫌疑人采用破窗而入的方式，则应在窗上的玻璃、玻璃的碎片、窗闩、靠近窗的门闩等处寻找手印；如果犯罪嫌疑人是通过爬窗等方式进入现场的，应重点注意其用力抓握的内侧的窗台、窗框、窗侧壁等部位。

2. 从现场的中心部位寻找手印

现场的中心部位是指实施犯罪行为的核心内容所涉及的部位，如盗窃案件中财物的保管处所，杀人案件中杀人的地点等。由于犯罪所需，犯罪嫌疑人必然在这些部位进行频繁的活动，相应地就可能在这些部位留下手印。因此，这些部位应是关注的重点。在这些部位中，凡是被犯罪嫌疑人接触、搬动过的物品的各个侧面及表面都是发现手印的重点部位。如果事前已判明犯罪嫌疑人有可能使用了防护用具，那么在寻找手印时，应重点关注其戴手套等防护用具时很不方便作案的部位，如被翻动过的抽屉里的各种东西。

另外，在现场中心部位寻找手印时，对于可能为犯罪提供方便条件的物品及其所在部位，如电灯开关、电源插座、保险盒、被触动过的灯泡等；可能被犯罪嫌疑人用作充饥、休息、毁损证据的处所及相关物品，如喝水的杯子、桌、椅、盥洗设备等，应给予高度关注。

3. 从犯罪嫌疑人遗留在现场的物品上发现手印

犯罪嫌疑人遗留在现场的物品主要指在犯罪前后，即在预伏、实施等场所留下的犯罪工具、凶器及其他随身物品，如纸张、吃剩的食品、丢弃的烟头等。这些物品要么是犯罪嫌疑人在作案时不经意留下的，要么是其在作案前后，因警惕性不足而留下的。因此，极有可能在这些物品上发现手印。

4. 从犯罪嫌疑人可能接触的其他部位或物品上发现手印

犯罪嫌疑人在作案前后，往往会放松警惕或为遮人耳目而不使用手套等防护用具，这既是犯罪嫌疑人的一种常见心理，也是我们在犯罪嫌疑人可能接触的其他部位和物品上发现手印的重要依据。因此，对于与现场相连的部位，例如，楼梯的扶手，犯罪嫌疑人逃离现场后藏匿、毁灭证据的场所及有关物品，如犯罪嫌疑人抛弃从现场带走物品的垃圾桶等，都应密切关注。

二、发现手印的方法

现场手印，由于其形成的中介物质和承受客体的性质不同，会出现不同的种类。不同种类的手印，则有不同的发现方法。因此，准确而有效地发现手印，必须在关注重点部位的同时，关注手印的类型。

在实地勘验中，一般可见到三种类型的手印。第一类是塑性手印，即手触碰或按在一种可塑性材料上时形成的手印，也称为立体手印。这种手印的印痕与乳突纹线的花纹凹凸相反，如在食用油脂、未干的油漆表面、巧克力、沥青等物品上形成的手印。第二类是平面的可见手印，它是指手粘上异物而形成的手印，如手指沾上灰尘、烟灰、墨水、颜料、血液而在某个清洁物品表面留下的手印。第三类是潜在手印，即手的各个部分，特别是指尖的乳突纹线，在与物体接触时，黏附了少量的油脂物或汗液及其他污物，而在其他物品表面形成肉眼看不见但通过某种方法可以看见或辨别的手印，即只有经过物理或化学显现后才能检见的手印。

对于以上三类手印，因其可见程度不同，发现的方法也不同。对于第一类、第二类手印，可以通过直接观察法加以发现。直接观察法是指勘查人员利用视觉，在自然光或人工光照明的情况下，直接观察与发现手印。对于第三类，即潜在手印，则可以采用以下方法进行发现。

1. 人工光透射法

该方法主要适用于透明物体上的无色汗垢手印或在其他中介物上形成的潜在手印，如灯泡、玻璃等透明物体上的汗垢手印。人工光透射法是在被检物背面设置光源和深色背景，将人工光线在0℃至90℃变换照射角度并透过被检物，然后从被检物正面予以观察，以发现手印。观察时，可以将被检物上下左右移动，直到看清手印为止。

2. 人工光反射法

该法又称侧光观察法，它适用于玻璃、器皿、瓷器、光面塑料、漆器、电镀金属等有光泽的物体表面的潜在手印的发现。人工光反射法是将人工光线置于被检物的正面一侧，在0℃至90℃交换照射角度，然后从正面与人工光线相对应的另一侧进行观察，以发现手印。具体观察时，为看清手印，既可以调整被检物表面的倾斜度，也可以上下左右移动光源。应注意一点，在使用此法进行观察时，如果被检物表面对光线呈扩散反射，此法则难以奏效。

3. 哈气法

此法主要用于发现透明或光滑物体表面的潜在手印。哈气法是用口对着被检物表面疑有手印的部位哈气，使凹凸纹线之间和周围表面形成不同的反差，从而发现手印。

通过以上三种方法仍不能发现手印的，则必须采用物理或化学显现的方法来发现。

三、显现手印的方法

对潜在手印进行显现，不仅是发现手印的重要方法和途径，也是对通过上述方法发现的手印进行拍照固定的重要辅助手段。显现潜在手印的方法是在研究手印加层物质的某些物理和化学属性及其同某些物质相互作用的基础上发展起来的，因此，在选择具体方法时，除了要考虑承受客体的某些物理和化学属性，还必须研究手印加层物质的物理和化学属性。实践中，我们主要运用的是物理显现和化学显现两大类方法。

（一）物理显现法

1. 粉末显现法

粉末显现法是将某种粉末刷在潜在手印上，待形成手印痕迹的物质显现出来，手印便清晰可见了。其基本原理是：选择与承受客体表面色调差较大的金属或非金属粉末，利用平面无色手印中各种微量物质（主要是脂肪）的黏合力，可以把无色汗垢手印变为有色加层手印。

粉末显现法是勘查中常用的一种手印显现方法。使用粉末显现法的关键在两点，一是粉末的选择，二是刷显方法的选择。对于粉末的选择，一方面应考虑手印承受客体表面的形态，另一方面取决于以何种方式固定手印。如果潜在手印清晰完整，粉末的选择则不是特别重要。在具体选择中，除考虑粉末应与承受客体颜色反差大这一因素外，还应注意粉末的比重与手印新旧程度以及承受客体表面的光滑程度的关系。一般而言，表面光滑物体上的新鲜手印，宜用轻粉末；表面粗糙物体上的陈旧手印，宜用重粉末。经常使用的粉末有铝粉、青铜粉、石墨粉等，颗粒度以500目左右为宜。常用粉末的适用范围如表8-1所示。

表8-1 常用粉末的适用范围

粉末名称	颜 色	适 用 范 围
铝粉 （又名银粉）	银灰色	适用于显现釉陶器、瓷器、搪瓷、玻璃、油漆、塑料制品等光滑物体上的新鲜手印
青铜粉 （又名金粉）	金黄色	适用范围与铝粉一致，是一种重金属粉末
铬酸铅	黄色	适用于显现铜、铁、镍等金属制品和油漆上的较新鲜手印
硫酸钡	白色	适用于显现铁器、橡胶制品上的新鲜手印

续表

粉末名称	颜 色	适 用 范 围
氧化铜	棕黑色	适用于显现瓷器、金属制品、喷漆、本色木制品和粗糙纸张上的较新鲜手印
四氧化三铅	亮红色	适用于显现加层油质手印,以及蜡纸、竹器上的新鲜手印
石墨粉	黑色	适用于显现光滑纸张、白色瓷器上的手印
磁性粉末	多种颜色[①]	适用于显现塑料制品、皮革、竹子、纸张等物体上的较新鲜手印;应注意,磁性粉末不能用在含铁的材料上
荧光粉末（又名蒽粉）	黄白色	适用于显现彩色客体、画报、瓷器、玻璃等物体上的新鲜手印

[①]磁性粉末是一种混合粉末,其颜色因配混的物质不同,而呈多种颜色。

此外,常用的粉末还可选择静电复印粉、天宝粉、二氧化锰粉等。

在勘验中,常用的粉末显现法主要有以下两种:

（1）刷显法。用软毛刷（由玻璃纤维、驼绒毛的柔软部分或尼龙制成）轻轻地蘸些粉末,然后用手轻弹,使刷子上仅留下少量的粉末。将此软毛刷在承受客体上顺着手印的纹线轻轻地刷显,粉末的微粒黏附到所有带油脂物或污物的部位上,指纹便会清晰地显露出来。使用刷显法时所选用的粉末和使用的刷子必须干燥,且刷子不能黏附油污等污物。

（2）磁性刷法。用磁性刷吸上磁性粉末,在疑有手印的部位轻轻来回刷动,待手印逐渐显出后去掉刷上的磁性粉末,再用干净的磁性刷顺着手印的纹线刷去多余的粉末,手印即可显现出来。由于这种方法具有特殊的性质,它只有用在非磁性物的表面上才有效。

运用粉末显现现场手印,除使用刷显法、磁性刷法外,还可使用吹显法以及震荡法进行显现。在选择粉末时,一般选用黑色指纹粉,但在黑色的表面,则必须选用其他颜色的粉末。在使用白色粉末时,其显现出的指纹与用黑色指纹粉末显现出的指纹纹线凸凹相反。

2. 熏染显现法

碘熏法是熏染显现法中的一种常用方法。碘是一种非金属元素,呈黑紫色结晶状,在常温下可以直接由固体变为气体。利用碘的这一特性,可通过熏染显现无色手印。碘熏法主要适用于显现浅色纸张、塑料、竹木器等承受客体上的无色汗垢手印,尤其能显现比较陈旧的手印。

用碘熏显现手印的具体操作方法是：把碘放入烧杯等容器中，将疑被显物置于碘蒸气上，反复不断地移动，或把被显物置于烧杯内（被显物与碘之间应隔开）密封，直至手印被显现出来。如果为了加速显现，可使用酒精灯或用手握烧杯底部加热的方式，加速碘的升华。

为了方便显现，可用木料或塑料制成小箱，四周用玻璃嵌装。这种小箱既可以观察显现的情况，又可以同时处理几件被显物。对现场体积较大、不能装入容器进行熏染的被显物进行熏显时，可用一支玻璃管，内装氯化钙（干燥剂）、玻璃绒（隔离材料）和碘，制成熏显器。在具体显现时，先将玻璃管口贴近被显物表面，然后用电吹风通过玻璃管往被显物表面吹送碘蒸气，直至手印被显现出来。用碘熏法显现出的手印容易消退，所以对此法显现出的手印应及时照相或用氯化钯水溶液加以固定。该方法还适用于用粉末显现法显现不出的现场手印。由于碘具有很强的腐蚀性，因此，不使用时，应将碘密封保存。

在实地勘验中，除使用碘作为熏染材料外，还可以使用松香、樟脑、煤油、蜡烛等作为熏染材料，这些物质燃烧所产生的烟尘具有细腻、均匀、色黑、附着力强等特点，以其熏染承受客体表面来显现手印。这些熏染材料同样适用于陶器、瓷器、竹器、玻璃、金属、塑料及油漆等光滑物体表面的新鲜手印。在具体操作中，应将被选用的熏染材料点燃，置于距离被显物 9—12 厘米处，不断移动被显物或发烟物，再用毛刷轻轻刷去多余的烟尘，手印即显现出来。用这种方法显现出的手印反差大，清晰度较高。应注意一点，如果被显物是易燃物，使用此法时，应将发烟物与被显物之间的间隔加大，以防止被显物燃烧。

3. 真空镀膜法

真空镀膜法是采用高真空镀膜机来喷镀金属或非金属元素以显现手印的方法，这是一种在实验室采用的物理显现法。真空镀膜法主要用于显现其他物理、化学方法难以显现的新旧手印，它适合于显现皮革、金属制品、玻璃、瓷器、本色木、人民币、石蜡等物体上的带油的或灰汗混合的无色手印。

为保证显现效果，可对被显物进行多次喷镀，对有些用粉末显现法未能显现清晰手印的，也可再次使用真空镀膜法进行显现。

4. 激光显现法

在实验室显现手印，除使用真空镀膜法外，还可使用激光显现法。该法主要是通过使用激光照射承受客体表面，使无色手印中的微量物质发出荧光，从而显现手印。它特别适用于显现纸张、塑料、玻璃、木材、纺织品和金属等承受客体上的潜在手印，尤其是陈旧的手印或显现前经过高温、水浸泡等遗留时间很长的手印。用激光显现法显现过的手印，还可以重新用其他显色剂进行显现。

（二）化学显现法

化学显现法是用一定的化学试剂与汗液中的某些物质发生化学反应，生成有色沉淀物，从而显现手印的方法。常用的化学显现法主要有以下四种。

1. 硝酸银溶液显现法

手印，特别是指印，它是以氯化钠的沉淀物形式存在的。使用硝酸银溶液显现手印，该溶液中的硝酸银与氯化钠之间发生化学反应，产生两种新的化学物质，即硝酸钠和氯化银。氯化银具有很强的感光性，通过紫外线或日光照射，其被还原成金属银，手印即显现出来。用该法显现的手印呈黑色。常用的硝酸银溶液配方如表8-2所示。

表8-2　常用的硝酸银溶液配方

常用的硝酸银溶液	配　　方
硝酸银水溶液	硝酸银1—5克，蒸馏水100毫升
硝酸银酒精溶液	硝酸银1—3克，无水酒精100毫升

使用硝酸银溶液显现现场潜在手印，其方法有以下两种：

（1）用毛笔或棉球将硝酸银溶液涂在承受客体表面，或将纸张之类的被显物浸入溶液中，待其阴干，置于日光或紫外线下，潜在手印即显现出来。为防止曝光过度，使整个承受客体或被显物表面变黑，应马上使用照相等方法将其固定，或转入黑暗之中加以保存。

（2）使用照相用显影剂。该法是先用硝酸银溶液处理承受客体表面，然后用浓度为50%*的照相用显影剂进行显影，而后用常规的照相定影剂定影，最后用清水冲洗。用该法显现出的手印可经久不变，且承受客体不会被损坏。

硝酸银溶液显现法，主要用于显现浅色纸张和本色竹木制品上的陈旧无色汗垢手印。使用该法时，最好戴防护手套。另外，用无水酒精代替蒸馏水配制硝酸银溶液，效果会更好；加用氨基比林则无须曝光亦可快速显现手印。

2. 8-羟基喹啉显现法

8-羟基喹啉又称喹啉醇，是一种白色或淡黄色的结晶粉末，沸点低。8-羟基喹啉加温升华后，可与汗液手印中的钠、钾、钙等三十多种金属阳离子结合，生成各种荧光物质，用波长为2537埃米（1埃米=1×10^{-10}米）的短波紫外线进行照射，即可发出浅蓝色荧光手印。

---

* 用百分数表示含量、成分或浓度时，一般原则为：气体中是体积比；溶液中是质量比（实验室配制的溶液和混合物例外，有时是体积比）；固体（例如金属材料）中是质量比。

用 8- 羟基喹啉显现手印的具体操作方法是：将一定量的 8- 羟基喹啉粉末放于烧杯内，加温使其升华，将疑有手印的被显物置于烧杯上方约 5 毫米处，待升华气体与手印中的金属阳离子结合后，再将被显物拿到紫外线下进行照射，即可显现出浅蓝色手印。

8- 羟基喹啉显现法适用于显现无荧光的聚苯乙烯塑料、白灰墙和纸张等承受客体上的汗垢手印，尤其对显现易被各种溶剂溶解的聚苯乙烯泡沫塑料和不能使用粉末的油污工具，以及彩色书报、画刊等承受客体上的手印。8- 羟基喹啉法操作简便，手印显现清晰，在现场可大面积显现，而且经此法处理后，不妨碍再用其他方法进行显现。

3. 茚三酮显现法

茚三酮又称宁西特林，呈白色粉末状，可以与汗液中的微量有机物——氨基酸发生化学反应，产生一种蓝紫色化合物，以显现无色手印。

用茚三酮显现手印的具体操作方法是：先把茚三酮配制成 2%—5% 的丙酮溶液，用毛笔或棉球涂在承受客体表面，在室温下经 4—6 小时即可显现出清晰的手印。在该方法中，温度对显现时间有决定性影响，如果用 100 瓦灯泡烘烤或置于 80—100℃ 恒温箱中，10—30 分钟即可显现手印；如果用电熨斗在正面（可垫一层纸）或背面加热，甚至一两秒钟即可显现。但熨烫时，必须控制好温度，以免把承受客体烫焦。

茚三酮显现法适用于显现牛皮纸、本色竹木器具上的陈旧无色手印。由于茚三酮中有丙酮成分，故不得在能被丙酮溶解物质的表面使用，如油漆、塑料等。

4. 502 胶显现法

502 胶的主要成分是 α- 氰基丙烯酸乙酯，当用 502 胶显现潜在手印时，胶中挥发出来的 α- 氰基丙烯酸乙酯气体遇到了手印中的水和氨基酸，形成高分子固体聚合物，潜在手印就被显现出来。

502 胶显现法在显现现场手印时的具体操作方法是：用玻璃罩或塑料袋，将疑有手印的被显物或其部分表面，封闭在一个小空间内，然后滴入少量 502 胶，使其自然挥发、熏染，数小时后即呈白色或灰白色并显出手印。为加快 502 胶的挥发速度和显现手印的速度，一种方法是使用 20 瓦电烙铁触及滴有 502 胶的铝片，数秒钟内，502 胶即呈白烟迅速挥发，10 分钟内即可完成全部操作使手印显现；另外一种方法是将 502 胶滴在用氢氧化钾溶液处理过的脱脂棉上，这同样能加快 502 胶的挥发速度。

502 胶显现法，主要适用于显现塑料、金属、玻璃、瓷器等承受客体表面的潜在手印。

除以上常用方法外，为了更有效地显现手印，还可以采用其他化学药品，如采用醋酸铀酰锌溶液，可显现棉、麻、丝和人造纤维纺织品上的汗垢手印；对人体或尸体上的无色汗垢手印，可采用碘-银板转印法进行显现。随着科技手段的发展，利用图像处理技术显现现场手印将会成为一种新的、行之有效的方法。

四、固定和提取手印的方法

对现场勘查中通过使用以上方法显现的手印，必须固定和提取，这是对手印进行检验和利用手印作为证据的前提条件。常用的固定和提取手印的方法有以下四种。

1. 原物提取法

将在现场发现的手印与承受客体一起提取，即原物提取，是固定和提取手印应首先考虑采用的方法。原物提取可以使手印的提取在实验室这样良好的条件下进行，这将有利于对手印的鉴别和运用。即使原物较笨重，但如果有分离的条件，也应尽可能地提取留有手印的部分原物。

对提取的原物要进行妥善的包装。在包装时，应把原物放入稍大的木箱或其他容器中，并使包装材料不与承受客体表面接触，以免破坏手印。

2. 照相法

通过使用照相的方法固定和提取手印，是现场勘查中固定、提取手印的基本方法。即使是使用其他方法提取、固定手印，也应在使用其他方法之前先使用照相法。用照相法提取、固定手印，不仅能客观、完整地记录现场手印，而且对手印和承受客体没有任何损伤和影响。

在具体进行拍照时，拍摄的内容除应反映手印本身的特征外，还要反映手印和周围物品之间的关系。拍照单个指纹，以反映原物的实际大小为宜；若需缩小或放大时，应在手印旁放置比例尺后，再进行拍照。

3. 胶纸粘取法

胶纸粘取法与下文提及的方法，主要适用于不可能提取原物的手印。该方法主要用于提取和固定用粉末显现的手印。具体操作方法是：用一块大于手印的透明胶纸，平展粘贴在粉末显现的手印上，在粘贴的过程中，应注意胶纸与承受客体之间不能留下气泡；然后把胶纸轻轻揭下，贴附在与粉末颜色成较强反差的封底上。使用此法，常用的材料是专用的透明的指纹提取胶带或合成橡胶材料等。

对于白灰、烟黑或其他有色粉末形成的加层手印，拍照固定后，可直接用胶纸粘取。对于减层手印，如果中介粉尘较薄，也可以用胶纸粘取，如果中介粉尘较厚，则不宜用胶纸粘取，应按立体手印处理。

4. 制模法

制模法主要用于固定、提取立体手印。在使用制模法固定、提取手印前，应先拍照。用制模法固定、提取手印，常用的材料是石膏粉、硅橡胶等。

制模法的具体操作过程是：先在手印周围用硅橡胶筑起一道约 2 厘米高的"围墙"，然后往"围墙"内浇铸石膏水溶液，待其干后，即制成手印模型。对灰尘立体手印进行制模时，应先在手印上喷撒一层固定剂（主要成分是酒精和树脂），然后用石膏制模。

现场手印提取后，应妥善地加以包装和放置，以免对其造成损坏，使其失去证据价值。对于用胶纸粘取法提取的手印，应放入干净的纸袋或盒子中；对于采用制模法提取的手印模型，应装在硬纸箱或木盒内，并用棉花、纱头等柔软物进行充塞固定。在每一个包装袋、盒、箱上，应在专门的地方注明案别，提取物的名称，以及提取时间、地点、部位和方法。为了使现场提取的手印具有物证的法律效力，还应将注明的情况分别而详细地记入现场勘查笔录。

第二节　现场脚印的发现与提取

脚印是在现场经常遇到的痕迹之一，也是我们发现侦查线索、揭露和证实犯罪的重要依据之一。现场脚印，可能是赤脚印、鞋印，在少数情况下，还可能是袜印。通过对脚印的分析，可以为判断犯罪活动的过程、犯罪时间、犯罪嫌疑人的人数和特点等许多与案件有关的情况提供依据。脚印最重要的作用在于它可以进行同一认定，从而直接或间接地证明某人曾到过现场的客观事实。根据对成趟脚印的分析判断，可以了解犯罪嫌疑人的步法特征，为采用步法追踪提供依据。此外，脚印中留下的犯罪嫌疑人从别处带来的物质，有时可以为发现犯罪嫌疑人指明方向；脚印中所遗留的特殊微量气味，是利用警犬追踪犯罪嫌疑人的良好嗅源。总之，在现场勘查中，现场脚印的发现与提取是实地勘验的重要工作之一。

一、现场脚印的发现

现场脚印存在的部位，必然与犯罪嫌疑人在现场的活动过程有关。因此，在现场寻找和发现脚印之前，必须首先对现场进行观察，访问被害人、案件的目击者及其他知情人，结合现场的环境和进出现场的必备条件等情况，初步判明犯罪嫌疑人在现场的犯罪过程、进出口、来往必经路线以及案件性质。只有在此基础上，才能比较准确地确定发现脚印的重点部位、顺序和方法。

1. 发现脚印的重点部位

在实地勘验中，通常可从以下重点部位发现脚印：

（1）现场的进出口。如进出室内现场的门、窗、天棚，进入现场的洞口、地道、通道，以及进出室外现场的必经路口等。

（2）现场的中心部位。现场的中心部位是指犯罪行为的具体实施地。不同性质、种类的刑事案件现场，其中心部位也不相同。如杀人案件的中心部位主要指行凶杀人的处所或陈尸的处所，盗窃案件的中心部位则指被盗财物的保管处所。由于这些部位为犯罪嫌疑人活动最频繁且必经之地，因此，现场的中心部位及其相关客体物是发现脚印的重要部位。

（3）现场被犯罪嫌疑人踩踏、攀沿过的物品等。如犯罪嫌疑人越墙而入，而借用的垫脚物，借力的墙壁，以及室内的桌、凳、窗、框、阳台等，伤害、杀人、抢劫、强奸案件中被害人的衣物、床单、被褥等。在这些物品上，也可能发现犯罪嫌疑人的脚印。

（4）掩埋尸体、隐匿赃物和罪证的处所。

（5）犯罪前后犯罪嫌疑人守候、踩点、窥视、预伏、休息的处所。

（6）犯罪嫌疑人在现场或现场周围遗留的痕迹、物品的周围地面等部位。如当发现了犯罪嫌疑人遗留的凶器、犯罪工具、随身携带物时，应在这些物品所处部位的周围寻找脚印。

2. 发现脚印的顺序和方法

（1）发现脚印的顺序。

在现场勘查中，发现脚印的工作往往与寻找进入现场路线的工作结合在一起，脚印的发现顺序与勘查顺序是一致的。勘查顺序不一样，发现脚印的顺序也不一样。根据现场情况，勘查顺序既可以由中心向外围，也可以由外围向中心。

（2）发现脚印的方法。

在选择具体的脚印发现方法时，必须考虑脚印的种类，承受客体的大小，承受客体表面是否有光泽及其光洁度、硬度，以及光照条件等各种因素。

对于现场的立体脚印和有色脚印的发现比较容易；对于不明显的灰尘平面脚印、无色汗液脚印的发现则比较困难，尤其是在粗糙的或花瓷砖等地面上，由于光线漫反射，无论是加层脚印还是减层脚印都不容易被观察出来。对于这类脚印，通常采用半侧光或全侧光，改变其亮度、角度和方向，以及调整视线位置、角度的方法进行观察。在室外现场，可利用自然光进行逆光、侧光观察。对于室内现场，为增加反差，可采取遮挡所有的自然光线，然后用合适的灯光配光观察。对于可移动的物品，将其置于暗室之中进行配光观察的效果最好。对于透明物体，可进行透光检查。对于无色汗液脚印，可以采用显现现场手印的各种方法加以显现。对于曾经存在于现场，后又被清洗过的血脚印，可在细心地吸干水泥地面污水后，采用潜在血手印的显现方法进行显现，具体操作方法是：先配制甲、乙两种溶液，甲溶液为在 100 毫升酒精中溶入 1.5 克联苯胺；乙溶液为 3% 的双氧水，显现前先将甲、乙两种溶液按 10∶2（体积比）混合，然后轻轻蘸涂于地面，血脚印即被显现出来。

现场脚印一旦被发现，应立即采取措施，加注标记予以保护。对于现场已发现的脚印，应尽可能地甄别其是否为犯罪嫌疑人所留。

二、现场脚印的提取、固定

现场脚印一旦被发现后，应根据具体情况，采取相应的方法予以提取、固定。提取、固定时，应避免使脚印变形和破坏脚印的特征。常用的提取、固定方法有以下几种。

1. 照相法

任何脚印被发现后，均应立即采用照相法予以固定和提取。拍照时，应使相机与脚印平行，并同时在脚印边沿放置比例尺。为了使拍出的脚印更清晰，可根据脚印和承受客体的颜色，采取相应措施，增加反差。

对于用静电吸附法提取的粉尘脚印，应在现场立即拍照，以防止其在运送途中被损坏而失去鉴定价值。对这种脚印进行拍照，可利用自然光或人造光源以低角度照射被吸附的脚印，以增强反差。对于成趟脚印，除按前面的要求对单个脚印进行拍照外，还应对成趟脚印采用分段连续照相法进行拍照，拍照时应注意把成趟脚印的走向和单个脚印之间的相互关系及步法特征反映出来。

2. 实物提取法

将带有脚印的实物进行提取，不仅有利于保存脚印的原始状态，而且有利于分析和鉴定。因此，凡有条件提取承受客体原物的，拍照后应将脚印连同承受客体一同提取。提取时，应征求被害人的同意，提取原物要办理相关手续，妥善包装，防止损坏，用后归还。

3. 粘胶法

对于以粉末法显现的粉尘脚印，可使用粘胶法予以提取。实地勘验中，对于在较平坦的承受客体上形成的平面脚印，无论是加层脚印还是减层脚印，只要中介物质颗粒度比较细密，厚度不大，以及承受客体表面背景比较洁净，均可使用此法予以提取。常用的粘取材料为透明胶纸、润湿的黑白相纸或复写纸。在实施提取时，为了保证提取的质量，按压力度必须均衡且不能产生气泡。

4. 平绒按压法

平绒按压法主要用于提取灰尘较厚且潮湿的泥土、圆柱体，以及凹凸不平和粗糙物体上的粉尘脚印。具体操作方法是：先取黑色丝光绒与泡沫塑料粘合成按压板，然后将按压板放置在脚印上，垂直按压，切勿挪动，按压力度的大小视承受客体和粉尘情况而不同。

5. 静电吸附法

静电吸附法主要用于提取干燥水泥地面、地板、地毯、皮毛、纺织品等物体表面上的粉尘脚印。该方法主要是通过使用静电吸附仪来完成现场脚印的提取工作。

6. 石膏制模法

石膏制模法是提取现场立体脚印的常用方法。具体操作方法是：首先，沿脚印周边 5 毫米左右筑一道 2—3 厘米高的"围墙"，并把内部的异物（确系脚印形成后落入的土块、树叶、小棍等）清理干净。然后，将已调好的石膏浆浇入"围墙"（石膏浆以石膏 5 份、水 3 份的比例调制，调配时应轻轻搅拌，以免产生气泡）。待整个脚印浇满石膏浆约 1 厘米厚时，放入事先准备的骨架，然后再浇注至 2 厘米厚。浇注完毕经半个小时左右凝固后，即可从一侧轻轻地起出，然后用水轻轻洗净晾干。

对粉尘上的立体脚印、雪地上的立体脚印以及形成在其他松软物质上的立体脚印，在用石膏制模法提取前，应先对立体脚印的表面进行加固。加固的方法是：在离脚印 40—50 厘米处，使用喷雾器向脚印表面喷洒加固液，当加固液凝结成模后，即可轻轻灌注石膏浆。常用的加固液有 8%—10% 过氯乙烯树脂丙酮溶液、5% 松香酒精溶液或 6% 松香丙酮溶液等。

对雪地立体脚印，除用上述方法首先进行加固外，还应将石膏粉放在雪地上降温，然后在水中加入氨水或食盐，使水温降至零度以下，这样才能保证提取的质量。

7. 其他方法

提取现场水渍脚印，宜先染色固定，然后照相提取。染色固定的方法是：用硫酸汞粉末筛于水渍脚印上，即显出黄色脚印。

对被灭火泡沫覆盖的脚印的提取。如果怀疑火灾现场中某个部位有脚印存在，但其又被灭火泡沫所掩盖，则可先用吸尘器，以最小转速将泡沫吸走，然后用照相法提取。

提取脚印时，除提取形象痕迹外，还应注意收集形成痕迹的粉尘物质以及犯罪嫌疑人从别处带入痕迹的各种异物。对提取的脚印，应妥善包装，避免脚印受到任何碰擦，以保证其在转运过程中不被损坏。如果案情重大，承受客体又不便提取，可就地封存，以便日后必要时复验。对提取的脚印，应在包装或包管物上注明案别和提取的时间、地点以及提取人的姓名等，并将其记入现场勘验笔录，以保证其证明力。

第三节　现场工具和车辆痕迹的发现与提取

所谓工具痕迹，是指犯罪嫌疑人（或与犯罪有关的人）使用工具破坏或移动障碍物和某些目的物时所形成的痕迹。车辆痕迹则主要是指车轮痕迹。

工具痕迹是实地勘验中应重点寻找和提取的痕迹。利用工具痕迹，不仅能有效地推断犯罪的人数，分析犯罪的过程，了解犯罪嫌疑人的职业特征，考察犯罪嫌疑人的体力、身高，判断犯罪现场的真伪，而且可以为侦查提供有用的侦查线索，为刑事诉讼提供有力的证据。

车辆常常被犯罪嫌疑人用作运输工具或交通工具，车辆本身也常常成为犯罪直接侵害的客体物。因此，发现和提取车辆痕迹，不仅有助于追踪犯罪嫌疑人，判明犯罪嫌疑人在现场活动的某些情节，为案情的分析判断提供支持，而且通过同一认定，还可以为侦查和诉讼提供线索和证据。

一、工具和车辆痕迹的寻找和发现

1. 工具痕迹的寻找和发现

工具痕迹由于是一种永久性形变，且形变比较明显和稳定，因此，寻找工具痕迹并不困难。寻找工具痕迹，必须细致全面。既要关注破坏很明显的痕迹，又要从破坏不明显处着手，发现能较完整地反映工具特征的痕迹。寻找工具痕迹的主要部位，应是犯罪嫌疑人在犯罪过程中所破坏的障碍物和某些目的物，主要包括以下部位。

（1）室内现场的进出口。室内现场的进出口，是犯罪嫌疑人进出现场的必经之处。除预伏、溜门等情况外，犯罪嫌疑人一般都必须对进出的障碍物进行破坏后，方能进出现场。破坏方式一般有挖、割、撬、钻、剪、切、划等。因此，对于室内现场进出口的破坏情况应高度关注，特别是对被破坏的门、窗、天棚、门锁、墙壁等，要注意从这些部位发现工具痕迹，寻找破坏工具。

（2）现场的中心部位。现场中心部位的柜、橱、箱、抽屉等物品，常被犯罪嫌疑人采用撬压、打击、切割等方法破坏，从而留下相应的工具痕迹。因此，这些物品所在之处是寻找工具痕迹的又一重要部位。另外，对于已发现的埋藏赃物、罪证、尸体的部位，应注意发现挖掘工具痕迹。

对盗窃机械设备，盗窃、破坏公路、桥梁、通信设施等案件的现场进行勘查时，应邀请专家参与寻找工具痕迹,并且在勘查前应注意检查所勘验部位是否已断电。

2. 车辆痕迹的寻找和发现

对于车辆痕迹,寻找的焦点主要关注两个方面,一是车辆行路部分的车轮痕迹;二是车辆其他部位的痕迹及车身的剥脱物。

对于车辆痕迹的寻找和发现,其一,应注意区分出事车辆和其他车辆在现场留下的轮胎痕迹。在寻找车辆痕迹之前,应根据现场环境并结合现场访问,注意寻找车辆行路部分痕迹,包括车轮数量、轨距、轴距、外轮径的尺寸、胎面宽度、花纹类型、花纹沟的宽度和深度以及商标。其二,要注意发现轮胎损坏或修补处所形成的痕迹。寻找车辆痕迹时,还应注意轮胎痕迹的变化状况。其三,如果在现场发现刹车痕迹,应邀请有关的专家来处理。

二、工具和车辆痕迹的提取

一旦发现工具和车辆痕迹,应立即采用相应的技术措施加以完整提取,以供鉴定之需。在提取前,应首先对痕迹进行拍照固定。拍照时,除痕迹本身以外,还应将痕迹所处的客观环境、客体部位等一并拍成照片。提取时,特别是对工具痕迹,最好采用原物提取法。另外,还可采用锯割或拆卸等方法提取带有痕迹的部分物体。当不能采用原物提取等方法时,可采用以下方法加以提取。

1. 硅橡胶提取法

硅橡胶提取法提取的模型痕迹准确、细腻,且操作简便,是一种常用的提取法。具体操作方法是:先取适量的 106 号室温硫化硅橡胶置于玻璃板上,加入 1%—2% 的触媒剂(月桂酸二丙基锡),然后加入 3%—5% 的交联剂(正硅酸乙酯),充分调匀后,注入痕迹中,经约 1 小时即固化定型。取模时,应从四周逐渐剥脱。对较深的痕迹模型,不可重拉,以防断裂。需加速固化时,可增加交联剂的比例或加入 1% 异辛酸亚锡 2—3 滴。加速固化的模型,韧性较差,对深度较深、表面粗糙的痕迹不宜使用。为增加色调反差,可在硅橡胶中加入需要的颜料。

2. 打样膏提取法

打样膏提取法适用于提取面积较大、深度较深的痕迹。打样膏的主要成分是黄蜡、石蜡、松香和填充物。具体操作方法是:先在痕迹上涂抹少许甘油,然后将打样膏在热水中浸软,再将打样膏均匀地压入痕迹,待其冷却定型后即可取出。

3. 橡皮泥提取法

橡皮泥提取法适用于提取浅而光滑的痕迹。橡皮泥是一种含有防燥剂的混合黏土。其具体操作方法是：先在痕迹表面喷少许甘油，然后将橡皮泥揉合，并在玻璃板上按平，再将按平的橡皮泥与痕迹完全接触后即可取出。由于橡皮泥质地柔软，因此，橡皮泥模型易损坏，在保存和运送过程中应特别小心。

4. 石膏取样法

石膏取样法与提取现场脚印的方法相同。为便于脱模，可在浇铸石膏溶液时，在痕迹表面涂抹甘油。凝固取出时，可用开水烫淋或煮沸。

5. 易熔合金提取法

易熔合金提取法特别适用于提取金属客体表面的工具痕迹。该法所使用的易熔合金的主要成分是52%的铋、18%的锡和30%的铅。具体操作方法是：先在痕迹表面涂抹甘油，然后在铁勺内用酒精灯、煤炉等热源将其加热熔化，去除表面杂质后，慢慢将其注入痕迹，待其冷却后即可取出。对于金属物体上的痕迹，可先将金属加热后再注入易熔合金。

除以上几种方法外，还可使用醋酸纤维素、X射线透视等方法提取工具和车辆痕迹。

提取工具和车辆痕迹时应制作详细的提取记录，其内容包括案件发生的时间、地点；案件性质及其简况；犯罪嫌疑人使用何种工具、何种方法进行破坏，破坏程度如何；痕迹的大小、具体特征、名称、编号，痕迹所在的部位、位置、方向；何人提取、见证人是谁以及提取日期等。除此以外，对提取的过程及有关痕迹的介绍应记入现场勘验检查笔录，以保证其具备证据效力。

第四节　现场枪弹痕迹的寻找、发现与提取

枪弹痕迹主要是指子弹在发射过程中，枪支有关部件在弹头、弹壳上遗留的反映形象，外弹道反映以及射击残留物等。现场勘查中发现、提取枪弹痕迹是为检验提供支持，目的在于解决与案件有关的专门问题，如判断发射的枪种，认定发射枪支是否同一，判明弹孔，计算射击角度、距离、方向，判断射击顺序、射击地点，确定枪支是否"走火"，确定子弹是否为工厂制造或改制以及确定射击弹头、弹壳是否为同一整体等。在枪杀、枪伤以及持枪抢劫等案件中，发现和提取枪弹痕迹是实地勘验的一个重要内容。

一、枪弹痕迹的寻找与发现

在勘查涉枪案件现场时，寻找和发现枪弹痕迹是一项非常细致的工作。枪弹痕迹

的寻找与发现，主要通过对弹头、弹壳、枪支的寻找和发现来实现。

1. 对弹头的寻找与发现

弹头射击到目的物、障碍物后，会出现穿透、反跳、穿入、碰落等结果。因此，寻找和发现弹头应根据弹孔、弹头擦痕以及其他弹着痕迹，有针对性地进行。在具体寻找和发现时，应先找出所有的弹着痕迹，确定射击次数及其弹道，然后即可沿每次射击的弹道，以最末弹着点为重点，寻找弹头。对于被击毙的尸体，应仔细检查弹孔是否将其穿透，特别应注意检查其发髻、耳后和腋下等处是否有隐蔽的弹孔。若系贯通枪创，应根据被射击的部位、高度、射入口、射出口的方向、角度，按其弹道所示的方向寻找弹头；若系盲管枪创，可先用 X 射线透视或拍摄，以发现弹头所在，然后由法医取出。如果枪弹射入墙壁、地板、泥土，则应在弹道点内，按弹道所示方向用金属探测器等搜寻，用非金属工具挖掘、筛滤。如果弹头穿透障碍物，可根据射入和射出口、擦带及附带痕迹指示的方向、角度追踪寻找。若弹头反跳，则需根据跳弹痕迹在跳弹角内的区域寻找。若无跳弹痕迹，或弹着点、擦带、弹头遗留地不明确，应扩大寻找范围，在大面积搜索中可使用探雷器、悬丝磁秤等。

2. 对弹壳的寻找与发现

用自动枪支射击时，弹壳均排在射击位置附近。枪支种类不同，其排弹方向、角度和距离均有所不同。有的向右上方排壳，有的向右后侧方排壳，一般在射击位置 5 米以内可寻找到弹壳。远距离射击，则应在判明射击方向、角度和距离后，先寻找射击地点，再寻找弹壳。提取到嫌疑物时，要仔细检查其中有无弹壳。寻找弹壳时应注意，犯罪嫌疑人射击后，可能将弹壳远抛；用非自动枪支或转轮枪支射击时，弹壳可能留在枪内被犯罪嫌疑人带走。因而，当没有发现弹壳时，可适当扩大寻找范围，并在犯罪嫌疑人的逃跑路线上用探雷器等工具进行搜索。

3. 对枪支的发现与寻找

自杀、自伤以及伪装自杀现场，一般可在尸体、伤者身边发现枪支。他杀、远距离射击和误射现场，一般都不能发现枪支。特别是犯罪现场，犯罪嫌疑人一般都把枪支带走。如果推断犯罪嫌疑人有可能抛弃或隐匿枪支，应在现场附近的井底、池塘、粪坑、地下管道口等处进行搜索。

二、枪弹痕迹的提取

1. 对弹头、弹壳、枪支的提取

在涉枪案件中，对于在现场发现的弹头、弹壳、枪支等，凡是暴露在外的，均应在勘验前用照相方法固定，特别要用中心照相法明确地反映出这些物品与周围主要客体之间的关系，如尸体握枪姿势、手部与枪支的距离、弹壳与某些物体之间的距离等，以便准确客观地记录现场情况，供分析案情时参考。

提取弹头、弹壳时，应按顺序对其进行编号，并将弹头的口径、阳线数、转向、转角、附带痕迹和弹壳上的各种射击痕迹及其位置详细地加以记载。如果弹头已射入墙壁、木制品中，应先细心抠挖其射入口，然后用长镊子（非金属镊子）夹出。抠挖时，切忌直接触及弹头表面，以免破坏阳线痕迹。提取的弹头、弹壳，应用棉花、软纸等分别妥善包装，存入小盒，并予以加封。对弹头上的各种附着物，提取时最好勿先行处理，应一并封装。

对于在现场发现的枪支，提取时应注意防止意外的发生。提取前应首先检查枪支上面是否有指印、血迹，子弹是否上膛，若有，应进行必要的处理，并进行拍照固定；提取时，要退出上膛子弹，闭锁枪机，放下击锤，卸下弹匣，对退出的子弹、弹匣、枪支应分别包装。枪口和其他缝隙应用脱脂棉堵塞。提取时还应注意拿取的部位，以免破坏枪支上可能潜在的痕迹。

对于以上提取的每件物证，均应将提取的时间、地点、方法及有关的详细情况，如枪管有无气味及火药灰，枪支的状态，弹头、弹壳的具体状况等记入勘验检查笔录。

2. 提取弹道痕迹

（1）确定弹孔和弹着点。

涉枪案件现场勘查时，判断已发现的可疑孔洞是否为弹孔或弹着点有两个途径。如果已判明了射击地点、方向、角度、持枪口高度，则可以通过判断该孔洞是否在弹道上，来确定其是否为弹孔或弹着点。如果事先无法确定以上内容，可根据以下五个方面来判定其是否为弹孔或弹着点。

①被射击客体上的痕迹特征，如射入口、射出口特征，擦带、跳弹特征。

②洞底、洞壁是否有弹头金属擦痕。

③侵切力大小。

④用物理、化学方法显现射击残留物。

⑤结合现场情况综合判断。

通过以上两个途径判定现场可疑孔洞为弹孔或弹着点时，应做好勘查记录。

（2）擦带、跳弹痕迹的提取。

对于弹孔中的擦拭圈、障碍物表层的擦带和跳弹痕迹，在提取时，应首先进行比例照相，记录其形状、分布位置，测量其长度、角度，然后用双面胶纸或醋酸纤维素薄膜或石蜡粘取，或用刀具刮取表面微量物质。对跳弹痕迹，还应测量入射角、反射角、弯曲方向和弯曲度。如果能测量、计算其与射击地点的距离，还应记录其与射击地点的距离关系。

3. 提取射击残留物

发现射击残留物的重点部位是犯罪嫌疑人的手、衣着、射击地点、弹孔、弹着点周围的孔壁、中弹者各层衣服弹孔的纤维等。射击残留物可通过使用放大镜、显微镜、紫外线灯、滤色灯光、红外线或软 X 射线发现。提取射击残留物的方法有以下七种：

（1）先将双面胶纸固定在扫描电镜样品台上，提取时，用此胶纸粘取上述重点部位。

（2）用特制微型吸尘器，将射击残留物吸取，黏附于双面胶纸上。

（3）用 5% 稀硝酸棉球浸泡后，擦拭重点部位。

（4）用丙酮或石油醚（分析纯）棉球浸泡后，擦拭重点部位，并用玻璃瓶密封保存。

（5）用切片石蜡粘取重点部位。

（6）用醋酸纤维素薄膜粘取重点部位。

（7）对于较小的客体或孔洞周围的纤维，可采用原物提取法。

对用以上方法提取的物质是否为射击残留物的判定，还必须通过将其送技术部门，利用高效液相色谱仪、原子吸收光谱仪、中子活化、能谱分析等手段，进行有机、无机成分及形貌检测。

对以上提取的痕迹和物品，应妥善包装封存，并制作现场勘查笔录。

第五节　现场其他痕迹物证的发现与提取

一、血迹的发现与提取

血迹是现场一种颇具价值的物证。通过对血迹形状的判断和对血迹的检验，不仅可以确定作案顺序，而且可以将犯罪嫌疑人与犯罪现场紧密地联系在一起。

（一）搜寻血迹的重点部位

在大多数情况下，血液是一种可见物质。因此，搜寻血迹在杀人、强奸、抢劫等案件中，并不困难。但在发案时间长，血迹的颜色已经改变，且与背景颜色或其他物质颜色混淆，或者现场已被犯罪嫌疑人清洗的案件中，搜寻血迹则是比较困难的。为此，应结合现场的环境，紧紧围绕尸体或实施犯罪行为的场所，进行仔细搜寻。比如，强奸现场应以实施强奸的场所为重点，在该场所的地面、床、被褥、枕巾、沙发，以及犯罪嫌疑人的遗留物或被害人的丢弃物如卫生纸、棉花等物品上，仔细地搜寻血迹。

具体搜寻血迹时，比较方便的方法是用手电筒进行斜光照射。为增加血迹显现的效果，可采用带有颜色的光源进行搜寻，如使用红色、绿色以及普通白色光依次照射可疑部位。

对于犯罪嫌疑人实施犯罪行为后，又对现场进行过清洗的，如清理现场垃圾物、冲洗地面等，勘查人员应仔细观察那些不易直接观察到的地方，如抽屉的背面、门把手、排水弯管内沉积物品的部位，毛巾、窗帘或其他可能被犯罪嫌疑人接触过的织物。假如犯罪嫌疑人已冲洗过地面，可对地面的隐蔽之处，如地板的裂缝、接头等处进行仔细寻找。对衣服上的血迹，在发现可疑衣物时，如果怀疑该衣物已被清洗过，可在衣服的接缝、里子、袖子内以及口袋的里面等部位进行寻找，寻找衣服上的血迹，必须仔细而且有步骤地进行。

对于人体，应注意在其指甲缝及其他隐蔽部位寻找血迹。对于室外现场，发现血迹则比较困难。室外现场的血迹，或因风、雨、雪或阳光等自然因素作用而消失，或因泥土的性质而很快改变颜色。如果勘查时在地面上发现不了血迹，应重点关注可疑区域内的草叶、树枝、树叶等。对于怀疑有血迹存在的物品或部位，如刀、工具、缝隙、接头、接缝等应仔细地进行搜寻。

在搜寻血迹时，如果血迹已被清洗，或不明显，或无法确定已发现的可疑斑块是否为血迹，可采用各种显现血迹的方法对其进行显现和判断。具体显现血迹的方法有以下三种：

（1）用紫外线灯对可疑部位进行照射，如被照部位出现土棕色荧光反应，则可判定此部位存在血迹。

（2）磷甲联苯胺冰醋酸溶液显现法。使用该方法前，应首先配制甲液和乙液，具体配方如 8-3 所示。

表 8-3　甲液和乙液的具体配方

甲液	乙醇 20 毫升，浓度 8%；磷甲苯胺 1 克；冰醋酸 0.5 毫升
乙液	3% 的过氧化氢，数滴

具体操作中，应先将甲液滴在可疑部位或可疑斑块的表面，然后滴上乙液，如呈现翠蓝色，则极大可能该处存在血迹或可疑斑块是血迹。

（3）鲁米诺检测法。该方法适用于对大面积血迹的寻找，特别是被清理或清洗过的血迹。在室外现场，该方法也是比较有效的。鲁米诺溶液的具体配方为：鲁米诺 0.5

克；苏打5克；蒸馏水或开水1升；使用前，加入3%的过氧化氢100毫升。

具体操作中，应用滴管将事先配好的鲁米诺溶液滴在可疑部位，如出现天蓝色荧光反应，则可判定该部位存在血迹。由于鲁米诺检测法释放出的光非常微弱，因此，这种检测只有在黑暗处或具备很好的遮光条件下进行效果才好。

（二）血迹的提取

现场血迹可能以液体、干燥或潮湿的状态存在。提取现场血迹，亦应据此而采用相宜之法。

1. 液体血迹的提取

提取现场如血泊等液体血迹时，可采用以下两种方法。

第一种是先用氯化钠和蒸馏水，制成浓度为0.85%的盐水，然后在干净的试管中注入2毫升的盐水备用。提取时，用吸管吸入2毫升的血液，并将它注入备用的试管中，将试管塞住，轻轻摇晃2—3次，使血液和盐水融为一体。这种方法，可以保证血液中的血红细胞不被溶解。但是这种方法的不足之处是，现场勘查人员必须携带盐水溶液，同时，这种方法提取的血液必须在24小时内进行检验，否则，血液将变质。

第二种是使用吸附能力强的材料进行提取。具体操作方法是：选用100%的白色纯棉织物，将其放入血泊中，待其吸收血液直至饱和状态，再用镊子将其取出，并放入试管中晾干。应注意的是，放入试管后，不要在试管口上加塞子。

用以上两种方法提取液体血迹时，应在试管上标明样本种类及采集人的姓名。

2. 干燥和潮湿血迹的提取

（1）干燥血迹的提取。

现场多见的是干燥的血迹。对干燥血迹，可采用以下方法提取。

如果干燥血迹呈血痂状，可使用干净的刀片，如外科用手术刀等，将其刮下，并用干净的包装纸包装，包装上应标注有关说明，然后再装入干净的大纸袋中。

对于干燥的唾沫或干燥的血滴，应使用100%的白色纯棉织物，用擦拭的方法提取。擦拭前，先将棉织物用蒸馏水弄湿，然后用镊子夹住它，反复擦拭血迹的表面。当棉织物在擦拭的过程中呈黑色或铁锈色时，表明已提取到了足够浓度的血迹，然后将其放入干净、无色的试管中，并标注说明。

（2）潮湿血迹的提取。

对于沾有潮湿血迹的物品，如衣服等，在提取前，应让其在正常室温下晾干，禁止为加快晾干速度而将其置于阳光下暴晒。晾干后将其放入干净的纸袋中或用干净的包装纸予以包装并标注说明。用包装纸包装，不宜扎得太紧。如果来不及晾干，也可用上述方法进行提取，但不得扎封得太紧。包装物不得使用报纸等，应使用干净的包装物。

对于附有血迹的物品，最好能原物提取，提取前，应按规定拍照；包装和运输中，应注意保证其不受污染和破坏。对于体积太大的物品，不能整体提取时，如床垫等，可采用擦拭法或用剪刀剪取沾有血迹的部分等方法提取。如果是为了鉴定血型，还应按规定提取邻近的不沾有血迹的部分作为对照样本。

血迹是一种非常容易变质的物证。因此，禁止使用一切可能加速其变质的提取、包装方法，如使用塑料袋、密封容器包装等。对提取的血迹采用正常室温下晾干保存或置于冰箱内保存等方法，将有助于保证血迹的鉴定价值。

二、对牙齿痕迹的发现和提取

牙齿痕迹是可以进行人身同一认定，对识别人身具有重要意义的痕迹。牙齿既可以被犯罪嫌疑人用来在现场咬切食物，也可能被犯罪嫌疑人用作犯罪的手段，同时，被害人也可能将牙齿作为自己的"武器"。所以，凡是在现场可能留下牙齿痕迹的食物，包装食物的物品，受害人的尸体、身体或犯罪嫌疑人的身体，都是我们寻找牙齿痕迹的重点部位。牙齿痕迹多为一种立体痕迹。因此，发现牙齿痕迹并不困难。牙齿痕迹不仅能帮助我们识别人身，判断牙齿的唇面或咬合面的某些特征，而且可以帮助我们了解和掌握与案件有关的各种情况，如犯罪的人数、是否有搏斗及犯罪嫌疑人在现场的活动情况或逗留的时间等。牙齿痕迹的具体提取方法有以下两种：

（1）提取牙齿痕迹，应以提取原物为首选。提取前，应进行拍照固定其位置和各种特征。由于牙齿痕迹的承受客体多为糕点、水果等食物，因此，提取、运送时，应注意妥善包装、防腐，防止牙齿痕迹遭到破坏。为了保证这些承受客体不会因为自然脱水而造成牙齿痕迹变形，提取后，可采用冷冻法进行保存。这种方法不仅利于保存，而且为用制模法如硅橡胶、石膏等提取牙齿痕迹创造良好条件。

（2）对于遗留在被害人或犯罪嫌疑人身上的牙齿痕迹，因体表皮肤、肌肉组织有弹性，提取时不宜采用制模法塑形，而只宜采用照相法提取。尸体上的牙齿痕迹，可直接提取附有牙齿痕迹的部分皮肉组织，放入10%的福尔马林等防腐液中保存，或放入冰箱冷冻后，再用制模法提取，以便长期保存。

提取牙齿痕迹时，应注意研究和判断牙齿部位、咬合状态和承受客体的各种属性对牙齿痕迹形成的影响，为提取比对样本提供条件。

三、整体断离痕迹的发现和提取

整体断离痕迹分为断裂痕迹和分离痕迹，它是指物体在外力作用下分离为若干部分时，在各分离部分所形成的整体分离痕迹。现场中以断裂痕迹较为常见。利用整体断离痕迹，不仅可以判断工具的种类，推断犯罪嫌疑人破坏的手段和搏斗迹象，而且可以证明犯罪嫌疑人与犯罪事件的某种联系，有时可以据此直接认定犯罪嫌疑人。

（一）整体断离痕迹的寻找和发现

为了有效地寻找、发现整体断离痕迹，现场勘查中应结合案件的性质、现场的环境、现场内部的状况及现场访问等情况，分析、判断作案的过程是否存在此类痕迹，并据此在相关部位去寻找和发现。寻找和发现时，应非常仔细，可借助放大镜等进行观察。对现场存在的犯罪遗留物、犯罪工具及一切可能留有整体断离痕迹的物品及其碎片，如衣片、纽扣、线头、碎纸、断木棍等，应给予高度关注。

盗窃案件现场中，应注意现场进出口和中心部位，注意从这些部位的各种被破坏物品的碎片上去寻找痕迹，如门窗玻璃碎片、抽屉木片等。

杀人案件现场中，一方面，应关注尸体上存在的各种与犯罪有关的物品，如包装布、塑料布、纸片、用于捆绑尸体的绳索；另一方面，应注意观察和检查伤口、骨缝等处是否有断裂的刀刃等断离体。

强奸、抢劫案件现场中，应注意发现与搏斗和犯罪有关的各种物品，如被害人被撕裂的衣服，扯掉的纽扣，衣、裤的碎片，扯断的挎包、皮带等。

放火、爆炸案件现场中，应注意在起火点、炸点、爆炸物被抛掷的区域内寻找引火物、起爆装置及其他被破坏的物品，如被分离的纸片、竹木片、瓶罐等。

（二）整体断离痕迹的提取

现场勘查中，对带有断离痕迹的物品一经发现，应立即提取，并根据断离痕迹的不同情况进行妥善处理。

整体断离痕迹的提取方法主要是照相和实物提取。提取时，应首先关注断口的形象特征。为此，必须对其发现时的形态予以固定，以防止其继续变形和掉渣，如有机玻璃表面硬度低，应注意防止被擦伤和划伤，防止其吸附灰尘而被污染。保护好断口形象特征，能为有效地检验整体断离痕迹提供保证。

对整体断离痕迹的提取方法，应依分离物不同而定。如系细小的分离物，可用针尖轻轻拨下或者用透明胶纸粘取，然后放入清洁的小盒或瓶罐中保存。如系纸片、布片，可夹入玻璃片或书本。木棒则可用纱布、棉花将断头包裹，使断茬不致变形或脱落。对于绳索的断头，可用细线或胶纸将其固定，避免摩擦松散。在提取断离的纽扣时，若发现其还带有被拉断的线头，还应对线头长度、品种、颜色、穿纫方向等进行详细记录并拍照。提取、固定整体断离痕迹时，切忌在分离缘上增加任何痕迹。

四、物证文书的发现与提取

由于现场的物证文书能以其表述的内容或本身的特征来表明案件的某些情况，因此，对于在现场可能发现的物证文书，应进行仔细的寻找和认真的提取。

由于现场物证文书多出自被害人或犯罪嫌疑人之手，当然也不排除其他例外，且它与犯罪本身密切相关，因此，现场勘查中，应重点关注现场物证文书可能存在的部位，如现场的箱柜、书架、抽屉、书包、书桌以及文件袋、信封、纸篓、下水道等。

对于已发现的物证文书，提取前应遵循先封后动的原则。对物证文书存在的地点和周围环境，物证文书所处的具体位置，物证文书的特点，如文书的种类、粘贴物的种类、粘贴的时间、文书的内容，其外形、正面、反面的一般状况，纸张的颜色、形状、质量、新旧，字迹承受客体表面的特性等进行勘验。勘验中如发现了遗留在物证文书周围的手印、脚印、粉笔头、铅笔、钉子、木片、烟头、便纸等，应按其相应的要求予以提取。只有在此基础上，才能对物证文书进行动态勘验和提取。对物证文书无论是进行动态勘验还是提取，都应戴手套，使用镊子等工具，不宜用手直接进行勘验和提取。

提取物证文书时，应根据物证文书的特点，采用不同的方法。有的可采用拍照法予以提取，有的可以提取物证文书原物，有的可以连同字迹所在的物体或部分物体一同提取。提取不同的物证文书，需注意以下不同事项。

（1）提取已被撕碎的物证文书，应先将物证文书的碎片收集起来，展平后，再按纸张的种类、文书的页码、格子线的特点、文字墨迹的颜色、文字内容、文字形体、笔迹特征等予以分类，放在玻璃板上依次进行拼接对合。拼接对合复原后，用另一块玻璃盖住，片夹边缘可用透明胶带或胶布包封。对被撕碎的物证文书进行拼合时，勿使用胶水粘接，以免增加其他痕迹（包括破坏痕迹）。对于散落的未被撕碎的物证文书，可使用透明胶带，按要求进行粘取。

（2）提取已被烧毁的物证文书，难度颇大。具体提取时，切忌直接用手拿取或用镊子夹取。应先用纸板或小扇轻轻扇动，使纸灰微微浮动，抓住时机将其慢慢移至玻璃片上。也可先喷以水雾、甘油或丙酮溶液等润湿剂使其软化，然后将纸灰移至玻璃片上，用玻璃板按上述方法夹妥后，即可包封提取。喷洒水雾、甘油等物时，喷嘴不能直接面对纸灰，以免破坏物证文书。

（3）提取被水浸泡的物证文书，一般不宜用手，而宜用镊子轻轻夹起，置于玻璃片上并细心展平。对于浸泡时间长、已非常软且易碎的物证文书,应将提取用的玻璃片直接插入水中,从物证文书的下面将其托起,提出水面,然后用另一块玻璃片盖住,最后用绳索或橡皮筋捆扎牢固,以防止玻璃划动。提取时,勿将已被浸泡后的物证文书置于其他纸上进行晾干,以免相互粘连和字迹间的相互渗透,从而破坏物证文书。

(4)提取任何物证文书时,不得随意在物证文书上添加任何新的标注记号、痕迹,或将物证文书折叠、损坏,也不宜将物证文书粘贴在另一张白纸上。

五、微量物证的发现与提取

微量物证是指作为证据的某些微量物质的总称。微量物证尽管量小质微,但它能将犯罪嫌疑人和被害人或犯罪现场联系起来,是一种举足轻重的证据。作为微量物证的微量物质,它因犯罪活动而遗留于现场、犯罪嫌疑人或被害人身上。由于微量物证量小质微,容易被犯罪嫌疑人遗留且不易消除,因此,现场勘查中寻找微量物证是有条件的。微量物证包括各种粉尘、油漆、污垢、木头碎屑、纤维、头发,以及其他有机物或无机物的微粒等。

发现微量物证,应根据案件及现场的具体情况来确定发现的重点。在发现的方法上,既可应用人工光作辅助照射并利用放大镜进行观察,也可使用磁铁、紫外线灯及其他仪器来协助搜寻。一般而言,我们可以根据微量物证的来源进行微量物证的发现和提取。

1. 衣服和其他织物

由于静电的作用,微量物证很容易吸附在被害人或犯罪嫌疑人衣服的各个部位。现场勘查中如有衣服之类的物品存在,应尽快对衣服等进行勘验,以尽快发现、收集和保全微量物证。发现犯罪嫌疑人或现场活着的被害人或被害人的尸体,应尽快对其衣服的各个部位进行观察,以便发现微量物证。可能的情况下,应让犯罪嫌疑人或活着的被害人站在一张干净的纸上,脱掉衣服,以防止微量物证散落在地上。脱下衣服后,可将此衣服在纸上轻轻抖动,以收集微量物证,或者将该衣服整体提取,送实验室进行检验。对衣服整体进行提取时,应格外小心。衣服应装入干净的纸袋,避免使用塑料袋,以防止衣服发霉。若衣服潮湿或沾有未干血迹,在包装前应将其晾干。衣服应每件单独进行包装,包装上应有明确的标注。

诸如床单之类的织物也可采用以上方法,发现和提取微量物证。对衣服、床单之类的物品,在发现微量物证后,可使用带吸尘网罩的吸尘器进行提取。

在抢救受伤的被害人的过程中,应对其脱下的衣服进行妥善包装,然后送实验室进行检验；若衣服未干，应晾干后进行包装。对于现场的尸体，可先对其指甲等可能隐藏微量物证的部位进行搜寻，若无条件进行此类检查，应将尸体的手等部位进行包封，以防止微量物证的散失。为保证对尸体衣服上的微量物证进行有效的发现和提取，应先将尸体置于干净的包装纸上，再小心脱去其衣服，然后依照前述方法和要求提取该衣服，以供检验。

2. 鞋

鞋是我们发现和提取微量物证的重要来源之一。在鞋面或鞋底，我们常常可以发现灰尘、土壤、植物的种子、花粉、血迹或其他碎片。对于鞋，应采用原物提取的方法进行提取并送实验室检验。

提取鞋子时，应分别包装，以免相互接触。对于带有泥块的鞋类物证的包装要非常小心，在运送途中，要防止泥块从鞋上脱落或被碾成粉末，因为这会影响检验的效果。

3. 身体

对犯罪嫌疑人或被害人的身体进行仔细检查，往往能有效地发现微量物证。它主要包括损伤及相关微量物质、射击残留物、血迹、毛发、皮肤碎屑等。因此，对伤害、杀人等现场中的被害人或犯罪嫌疑人，应仔细检查其头部、阴部、耳朵、头发、指甲缝等处，以发现微量物证。

4. 相关部位

相关部位主要包括手及有关部位，对相关部位的检测常用作对微量金属的发现和提取，主要用来测定犯罪嫌疑人手上及相关部位是否存在金属残留物、射击残留物。

金属残留物、射击残留物的发现方法是：用1%—2%的8-羟基喹啉溶液配制于异丙醇中，检查时，将其喷涂于受检者手上，再置于紫外线下观察，如显现出黑色，则表明金属存在。条件好的情况下，还可以测出食指上扳机和手掌上枪柄金属框架的痕迹。

这种方法检出的结果，在运用上要首先排除检测前，受检者已触摸过其他金属的情况。

5. 工具、武器及其他物品

其他微量物证如建筑材料的颗粒、金属碎屑漆片等，往往出现在工具、武器及其他物品上，如汽车等。对这些微量物证，应首先将工具、武器等进行整体提取，然后按要求封装送检。如果这些物品上的物质颗粒大，容易遗失，则可在提取原物前，先将其细心的取下，放入标有记号的专用容器中。对于大型物品，如大块的地毯、汽车以及房间的地面等，可采用吸尘器收集微量物质，然后从中寻找微量物证；除此以外，也可用胶纸粘取法，粘取微量物质。

现场勘查

对通过以上途径和方法收集到的微量物证，应采用双层包装的方法，以保证其不被遗失。采用双层包装时，每一层包装都应标注提取的时间、地点、物证简介、案件名称，以及提取人、包装人的姓名。

关于现场可发现、提取的痕迹、物证种类，可参考图 8-1 与图 8-2。

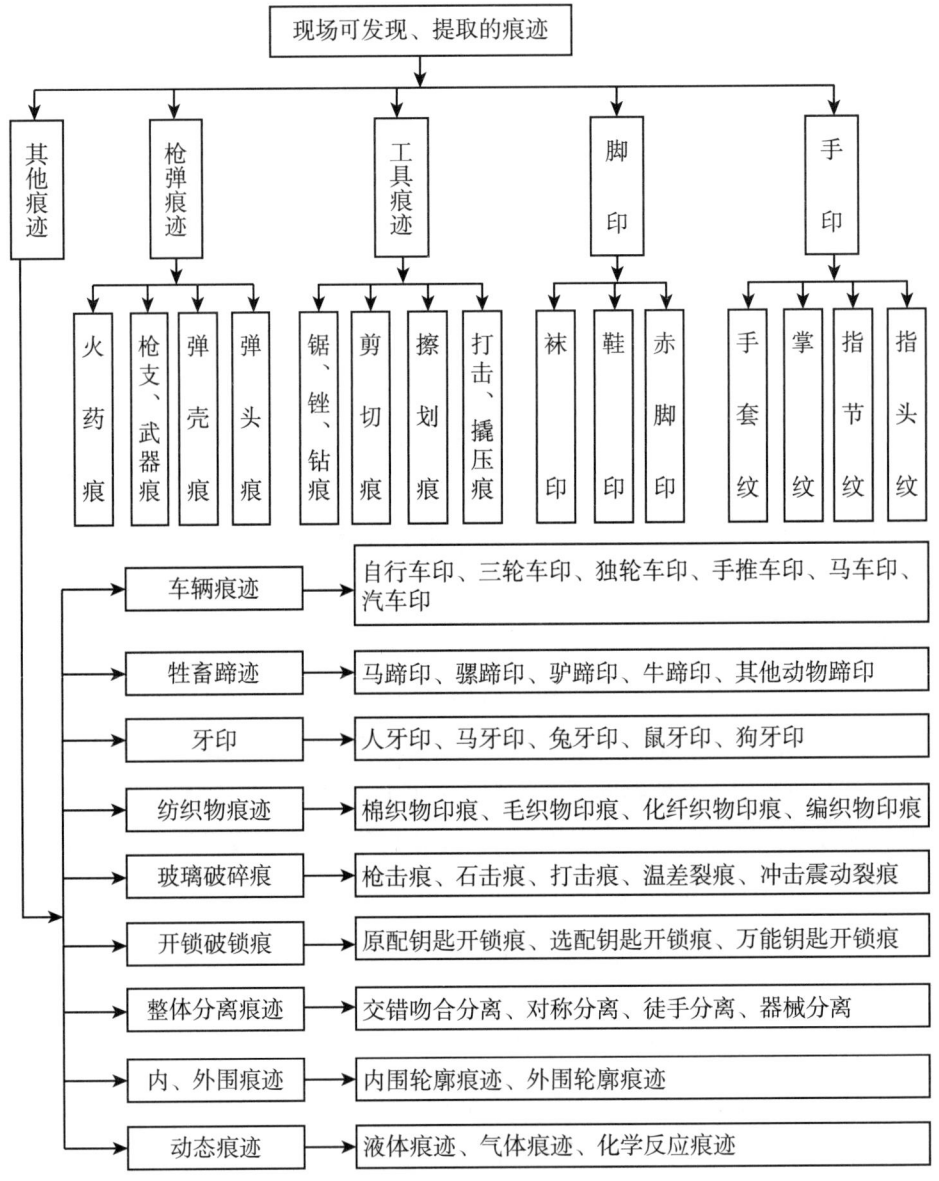

图 8-1 现场可发现、提取的痕迹

第八章 || 现场痕迹物证的发现与提取

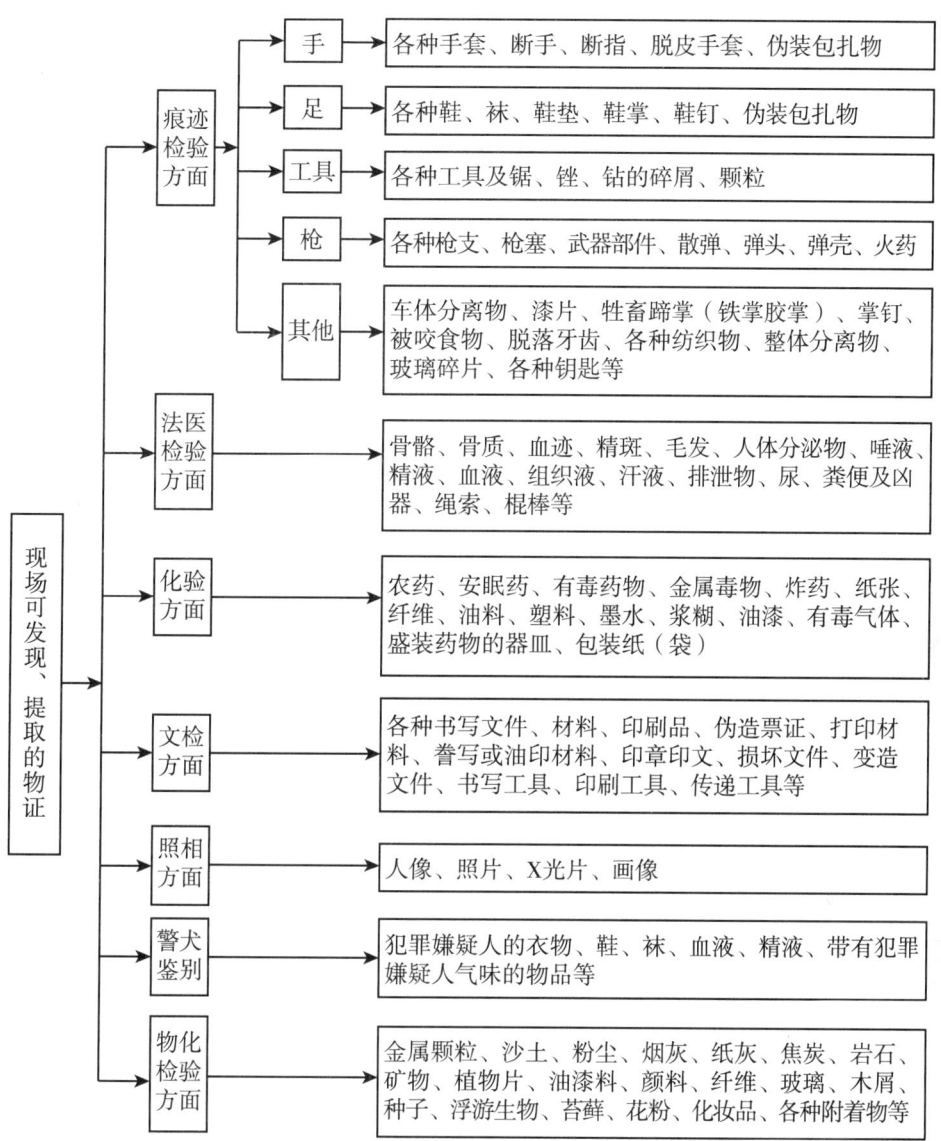

图 8-2 现场可发现、提取的物证

第九章　警犬的使用

第一节　使用警犬的时机和条件

警犬是指公安机关选择优良犬种，经过专门训练，用于追踪、鉴别、搜捕、搜索、搜毒、搜爆、巡逻等侦查破案和安全保卫的工作犬。经过严格挑选、科学培育和特殊训练的警犬，具有高度发达的神经系统和高级神经活动机能，有特殊敏感的嗅、视、听等感觉器官和分辨能力，对各种环境有良好的适应性，以及具有凶猛咬斗和快速奔跑的能力。特别是警犬的嗅觉灵敏度很高，能准确地分辨不同的气味，因而警犬在现场勘查和侦查破案中能发挥重要作用。在现场勘查中，警犬一般可在以下工作中发挥作用：

（1）追踪。即警犬训练员指挥警犬以犯罪嫌疑人在现场遗留的气味为嗅源，寻觅其行走的迹线，顺踪追缉。使用警犬追踪，可以给侦查工作及时指明方向，发现罪证，有时还可以捕获作案后逃跑的犯罪嫌疑人。

（2）搜索。即利用警犬特殊敏感的嗅觉、听觉和分辨能力，在一定范围内搜寻发现凶器、血衣、赃物、作案工具、爆炸物品、毒品等罪证，以及尸体、尸块、犯罪嫌疑人等。

（3）鉴别。即警犬训练员赋予警犬嗅源，使警犬从若干种气味（物品）中辨认出与嗅源相同的气味。通过警犬鉴别，可以确定同一现场遗留的多种犯罪痕迹、物品是否附有同一个人的气味，从而判明是一个或几个人作案；可以确定不同现场所留的气味是否系同一犯罪嫌疑人，从而判明这些案件是否为同一人所为；可以确定犯罪嫌疑人的气味是否与嗅源气味相同，从而为审查其犯罪嫌疑提供依据。

警犬虽具有良好的侦查功能，在现场勘查中也有相当的作用，但其功能与作用毕竟要在人的控制与指挥下才能得到有效的发挥。因此，勘查指挥员和警犬训练员能否根据案件现场乃至侦查过程中发现的线索和具备的条件，准确掌握使用警犬的时机，充分利用使用警犬的条件，有准备、有目的地完成某一侦查任务，是使用警犬的首要环节。

一、使用警犬的时机

勘查指挥员接到报案或到达现场后，根据已了解的案情和现场情况，及时作出是否使用警犬的决定。

使用警犬的时机掌握是否准确，关键在于勘查指挥员是否能掌握第一手材料，及时作出判断。为此，勘查指挥员接到报案后，在组织力量赶赴现场的同时，应尽可能把案件的有关情况了解得详细一些，根据案件发生的时间、地点、现场的环境、条件和简要案情等有关情况，分析使用警犬的可能性。如果可以使用，应立即通知警犬训练员携犬赶赴现场。如果对现场情况了解得不清楚，勘查指挥员可在到达现场详细了解有关情况后，再作出是否使用警犬的决定，以避免盲目行动。

由于气味是一种气体，会随时间的推移而逐渐飘移、散失。在正常的气候条件下，气味一般在现场环境中可保留24小时左右，但在风、雨、雪等自然因素的影响下，特别是在我国北方的冬季，气味散失得很快，有时只能保留几个小时。因此，凡有条件使用警犬的，应当及时使用。

二、使用警犬的条件

1. 要有准确和有效的嗅源

嗅源，是指警犬嗅认作业所依据的气味。每个人因新陈代谢的强度、生活习惯、饮食嗜好、社会职业等不同而形成各自不同的气味，即人体气味具有个体性。另外，人体气味也具有相对稳定性，这种相对稳定性主要表现在两个方面，一是同一个人的气味在其生长的不同时期会保持相对不变；二是人体气味产生后，通过一定的手段将其密封，能使之在相当长的时间内保持不变。嗅源通常附着在一定的物体上，如犯罪嫌疑人手握过的作案工具、掉落在现场的随身物品等都附有其气味。准确和有效的嗅源是警犬进行追踪、搜索、鉴别等作业的依据。如果嗅源不准确，误把其他无关人员的气味作为犯罪嫌疑人的气味而加以利用，那么警犬的使用就会失败，还可能误导侦查方向。如果嗅源失效，如无关人员在现场活动混杂了气味，或犯罪嫌疑人在现场散布具有刺激性气味的化学物质，掩盖了犯罪嫌疑人自己的人体气味，则会失去使用警犬的客观可能性。

2. 警犬具有正常的兴奋性

警犬的兴奋性是否正常，对警犬使用效果会有很大影响。兴奋性偏高或偏低，使用的效果都不会很理想。为使警犬具有正常的兴奋性，首先要让警犬嗅闻好嗅源。嗅闻前，应让警犬停止其他活动，不使其接触任何人员和物品的气味，然后让其自然地嗅闻嗅源，充分感受嗅源的气味，产生高度兴奋后，再进行追踪、鉴别、搜索，并应始终保持警犬兴奋性的正常状态。

3. 做好充分的准备工作

要有效地使用好警犬，还必须做好充分的准备工作。警犬能否发挥其侦查作用，关键在于警犬训练员对警犬的严格训练和有效管理。否则因训练不当，管理松散，会出现警犬的正常功能衰退、临场不听指挥的现象，这将贻误战机，甚至导致意外事故的发生。因此，勘查指挥员经常检查监督警犬训练员日常的训练和管理，保持警犬的健康状态，不断强化和提高警犬的侦查功能，是发挥警犬作用的前提条件。

根据现场勘查使用的需要，警犬训练员也要做好随时出动现场的精神准备和物质准备。警犬队要建立严格的值班值宿制度，保养好车辆。警犬训练员要准备好追踪绳、手电筒、纱布、剪刀、镊子、卷尺、粉笔、记录本、磨口瓶、塑料袋等物品，以能够随时出动现场。

第二节 嗅源的发现、保护、提取、保存与使用

一、嗅源的发现

发现嗅源就是指发现犯罪嫌疑人遗留在现场的气味。对犯罪嫌疑人遗留在现场的气味的发现，应当根据气味遗留的规律进行。一般而言，犯罪嫌疑人来去经过的路线，停留和隐藏过的地方，触摸、移动过的物体，使用过的作案工具和凶器，遗留的随身物品，以及其血迹、毛发、排泄物、分泌物等都有其气味存在，应注意发现。

为了准确地发现嗅源，应通过分析案情，确定犯罪嫌疑人到过现场哪些部位，在哪些地方停留过，触摸过哪些物体，留下了哪些痕迹、物品。还应注意向事主了解现场内外原有物品摆放的位置、状态等，以确定其是否被犯罪嫌疑人移动过。对于现场的可疑物品，应通过事主辨认等方式，确定其是否为犯罪嫌疑人所留。

在现场勘查中，如果发现能说明是两人以上作案的痕迹或其他迹象，应尽力找到每一个犯罪嫌疑人的气味，并分别提取。遇有嗅源与其他气味相混淆时，应查明混淆的原因和程度，以确定有无使用警犬的条件。

二、嗅源的保护

在刑事案件现场一旦发现了嗅源，要立即采取保护措施。在对嗅源进行保护时，

可用粉笔画线标示或用绳索围住，以使其不被其他勘查人员无意中破坏。若用有色粉末来作标记，注意不要用有刺激性气味的粉末。对犯罪嫌疑人遗留的痕迹、物品，为了防止其受风吹雨淋或家畜、家禽等的破坏，可用干净的脸盆、玻璃器皿等遮盖，但用以遮盖的器具和材料不能有诱导性气味，以免破坏嗅源。在勘查过程中，既要防止无关人员不慎破坏嗅源，也要防止勘查人员在勘查时无意中破坏嗅源。

三、嗅源的提取

对需要提取的嗅源均应及时提取，以免延误时间而降低嗅源的使用价值。提取嗅源的方法主要有以下三种。

1. 原物提取

这种方法适用于提取附有嗅源气味的小件物品。提取时，将原物装入干净的纸袋或塑料袋中，将口封严即可。

2. 感染提取

这是一种常用的嗅源提取方法，既适用于现场足迹、触摸痕迹之类上嗅源的提取，也适用于现场遗留物上嗅源的提取。此种方法又分为三种具体操作形式：

（1）一般感染提取。提取某些小件硬质物品如锁头、木块之类上的嗅源，可用一到两块小纱布将物品包裹起来装入磨口瓶中一起封存。这样可使气味感染在纱布上，延长保存时间。但纱布不宜过大、过多，以免气味因散发面大而减淡。

（2）热蒸发感染提取。在附有嗅源的客体比较干燥或天气较冷的情况下，可采用热蒸发感染提取。即将纱布铺在有气味的地方，纱布上面用一块干净的玻璃板压住，在玻璃板上面放一个热水袋对其进行加热，从而将气味蒸发感染到纱布上面，但应注意加热时间不宜过长，在玻璃板朝向纱布的一面稍有蒸汽出现即可。

（3）摩擦感染提取。该法适用于地面上的足迹或其他痕迹的嗅源的提取。提取时先将干净的双层纱布铺于嗅源客体上，再用一块硬塑料板平铺于纱布上，然后用静电吸附器滚动吸附，或用毛巾、丝织物在硬塑料板上用力摩擦30秒钟即可。

3. 蘸附提取

蘸附提取适用于新鲜血液、精斑、唾液、鼻涕、尿液等人体分泌物和体液的嗅源提取。提取时用小块纱布或脱脂棉将其蘸附少许，待阴干后放入瓶内封存。

不论采用何种方法提取嗅源，提取时均应注意以下问题：

（1）提取嗅源时，必须戴上干净的乳胶手套或使用金属镊子，切忌赤手直接接触附有嗅源的客体。

（2）提取前应运用照相、笔录、绘图或摄像的方法，将附有嗅源的痕迹、物品的原来位置、状态等记录下来。

（3）提取附有嗅源的贵重物品或需要破坏附有嗅源的物品时，须经领导批准，并按法律规定办理相应的手续。

四、嗅源的保存

对提取的嗅源要妥善保存。盛装嗅源的容器或其他物品必须清洁、无异味，即没有其他诱导性气味或本身气味不大。保存多个嗅源时，不能将其混放在一起，以免气味相互渗透而受到污染。提取的每个嗅源都要标号，说明是在什么现场、什么部位提取的。

五、嗅源的使用

使用各种嗅源时，应在分析研究嗅源的种类、纯度、浓度和使用价值等有关因素的基础上，确定使用的目的和方法，做到心中有数，也有利于使用后作结论时参考。

（1）确定警犬嗅认嗅源的部位要准确。多数嗅源都附着在带有某些气味的物品上，在与犯罪嫌疑人身体直接接触的物品的某一部位气味较浓。发案后，这些物品的部位未被他人触动，也未与其他气味相混杂，犯罪嫌疑人遗留的气味就较纯。只有准确地选定警犬嗅认嗅源的部位，警犬才能充分感受犯罪嫌疑人的气味，使用嗅源时才能稳妥、可靠。若犯罪嫌疑人的手帕、手套、帽子、衣服、鞋子、粪便、精液、血液、呕吐物、纸张等物品遗留在原始现场，这些物品又没有受到其他较强烈的气味的污染，则可以以原物直接使用，作为警犬嗅源而加以嗅认。

此外，有些流窜犯、惯犯非常狡猾，作案时使用戴手套或其他方法掩盖或破坏犯罪痕迹，现场没有遗留手印、脚印或其他物品，但现场有犯罪嫌疑人翻动和破坏的痕迹。遇到这种情况时，要选择犯罪嫌疑人在翻动和破坏过程中接触时间较长、次数较多的部位作为嗅认的嗅源，例如，被犯罪嫌疑人翻动过的衣物、某些物品上遗留的破坏工具痕迹等。嗅源附近若有较复杂气味时，要设法排除异味，以保证嗅源一定的纯度。

对于现场外围遗留的嗅源，要将其与现场中心部位的嗅源进行比对，在同一认定的基础上加以使用，防止弄错。

（2）嗅源保留的气味，一般在24小时之内有效，因此，对陈旧的气味，应感染提取并使用。即使用热蒸发的方法来挥发气味，使警犬易于感受。因保管不当而发霉、变质的嗅源，在热蒸发前可适当晒晾，使霉气散发，减少干扰。使用血迹、油脂等附有特殊气味的嗅源的数量不宜过多，最好以纱布感染提取并使用。

为防止嗅源上附着的气味被破坏，在使用前可用纱布感染若干块，这样使用时就比较妥靠方便。但气味淡的嗅源不宜采用分块使用的方法。

（3）使用混合气味的嗅源，应注意排除干扰。使用犯罪嫌疑人气味占主要成分的嗅源，可适当延长使用时间或用晾晒方法减淡其他气味。使用其他气味占主要成分的嗅源，应在设法排除干扰的情况下，抓紧时间使用。如果嗅源受到农药等强烈气味的污染，一定要在设法排除或减少混杂气味的干扰后，再酌情使用。

第三节　警犬追踪、搜索与鉴别

一、警犬追踪

使用警犬追踪，可以给侦查工作及时指明方向，发现犯罪证据，有时甚至可直接捕获逃跑中的犯罪嫌疑人。

（一）使用警犬追踪的条件

使用警犬追踪一般应具备下列条件：

（1）赶赴现场及时。除案发在草原、农村、山野等人烟稀少、空气清新的现场外，一般在发案后12小时以内赶到现场使用警犬追踪较为有效。赶到现场的时间距发案时间越近，使用警犬追踪越有利。

（2）现场留有嗅源。如果在现场发现不了嗅源或嗅源已遭到严重破坏，就会失去警犬追踪条件。

（3）现场外围环境相对清静。如果发案后围观群众多，或现场处于繁华闹市区、人口稠密的集镇或居民区，犯罪嫌疑人遗留的气味因群众围观而被破坏，或受到车来人往的严重干扰，在这样的现场环境下，警犬追踪就难以奏效。此外，犯罪嫌疑人遗留的气味会因烈日烘烤、大风吹刮、雨水冲刷等自然气候条件的影响而加速消失，因而在这样的自然气候条件下使用警犬追踪往往也没有效果。

（二）使用警犬追踪前的准备

使用警犬追踪前应做好相应的准备工作，准备工作主要包括两个方面。一是认真勘查现场，发现和确定嗅源后，应先提取追踪备用嗅源装入易于携带和嗅闻的容器内，以备追踪途中使用；二是为警犬训练员配备一至二名熟悉当地情况的人员作助手，协助处理追踪中遇到的问题，并携带小型无线通信机，以便随时联系。

（三）使用警犬追踪的方法

1. 准确确定追踪的起点

使用警犬追踪不同于日常训练，现场各种情况比较复杂，只有准确确定追踪的起点，才能保证追踪有正确的开端。

（1）嗅准嗅源。警犬训练员选定好嗅认的嗅源部位后，要让警犬细致地感受嗅源气味，区别异味，然后让警犬充分寻找迹线。这时警犬训练员应仔细观察警犬的每一反应和表现，并对此作出分析判断。一旦警犬上线之后，应及时给予"奖励"，并以相应的速度随警犬前进。要特别注意"奖励"的时机，如果第一次"奖励"得不正确，必然给警犬造成错觉，可能会使追踪失败。

（2）重复寻找起点。有时警犬虽能追踪上线，但把握不大，为慎重起见，可让警犬进行一两次复核，也可使用第二只警犬进行复核，然后进行综合判断。如果警犬嗅嗅源后反复寻找追不上线时，警犬训练员应进一步分析现场情况，结合见证人提供的线索，有重点地扩大范围，反复寻找起点。

（3）掌握痕迹特征。以某种痕迹为嗅源追踪时，警犬训练员要记准追踪起点的痕迹特征，便于在追踪中进行辨认。警犬训练员跟警犬前进时，还要注意防止破坏痕迹物证。

2. 密切掌握途中追踪动向

警犬追踪上线后，警犬训练员要细心观察警犬的表现和沿途的环境、地形、地物等情况，及时分析警犬追踪是否正确，并注意发现物证，排除各种障碍，使追踪顺利进行。

（1）适当"奖励"，提高警犬的兴奋性。警犬训练员在追踪途中可根据警犬的表现，在追踪方向正确时给警犬以适当"奖励"，以保持和激发警犬的兴奋性。追踪路途较长时，中途要选择易于重新接线的适当地点让警犬休息，以保持警犬的体力。

（2）在追踪途中，警犬对某地点或某一物品有特别兴奋的表示时，警犬训练员要就地勘查与分析，作出判断。若不能停止追踪，可记清地点以便复查，或留下专人进行勘查。对追踪中发现的可疑物品，要进行拍照、记录和提取。

（3）追踪途中，由于气味混杂或受其他因素影响导致警犬脱线时，警犬训练员不要一味催警犬寻找踪迹，要冷静、沉着地分析，找出造成脱线的原因，再去接线继续追踪。

（4）灵活掌握追踪速度。对于追踪速度，在条件较好和环境清静的地方可适当加快，在环境复杂的地方可适当放慢。当警犬突然出现高度兴奋，或有主动防御表现时，警犬训练员应立即警惕，掌握警犬的行动，做好应付突发情况的准备。

3. 追踪终点的处理

当追踪接近终点时，警犬一般会表现得异常兴奋，警犬训练员应充分预测到可能出现的情况。如果是重大案件，尤其是严重暴力案件，犯罪嫌疑人很可能行凶或逃跑，为了人和警犬的安全，警犬训练员应根据具体情况做好临战准备，并力求安全和有效地制服犯罪嫌疑人。如果发现警犬对某人有反应，但又未发现别的证据，此时一般不要急于抓捕，而应将其作为重点犯罪嫌疑人进行侦查，以确认其是否可能作案。如果警犬追踪至某一院内，警犬训练员应观察警犬的表情及院内所有人员的动态，如果发现赃物或其他证据时，一般不要急于提取，应立即报告领导，同时，应暂时禁止院内人员随意出入，并警惕可能发生的意外情况。追踪过程中，遇以下几种情况，追踪即告结束：

（1）直接追到犯罪嫌疑人的；

（2）追到赃款、赃物或其他罪证后，不能继续追下去的；

（3）追进村庄或院内后，不能继续追下去的；

（4）追踪过程中断线，而又不能接线的。

不论在何种情况下，追踪一旦终止，有条件时应及时请示报告，并经过分析作出追踪结论，同时要及时做好追踪记录。

二、警犬搜索

使用警犬搜索，主要是为了寻找作案凶器、血衣、赃物、尸体、尸块、爆炸物品、毒品等物证和搜捕潜逃的犯罪嫌疑人。在现场勘查中如遇下列情况一般可使用警犬搜索：

（1）距现场中心部位较远的某一区域可能留有犯罪痕迹物证需进行现场搜索的；

（2）犯罪嫌疑人作案后潜逃过程中可能隐藏在某一区域内，有条件使用警犬搜索的；

（3）碎尸案件中，发现某一尸块后为搜寻其他尸块而有必要使用警犬搜索的；

（4）爆炸、贩毒案件中，为了搜寻埋在地下的爆炸物和隐藏在其他物品中的毒品时，亦需使用警犬搜索的。

使用警犬搜索时应掌握以下几点：

第一，明确搜索目的，确定搜索范围。在居民住宅区使用警犬搜索时，勘查指挥员要严格控制搜索范围。

第二，根据搜索范围，确定搜索方法。搜索范围较大时，可分片分段进行，防止遗漏。搜索狭长地带时，可从一头开始逐步向前推进。可先行搜索重点地方，再搜索其他地方。搜索犯罪嫌疑人时，动作要隐蔽，提高警惕，防止犯罪嫌疑人行凶反扑。野外搜索时，可酌情摘下警犬脖圈，放开牵绳，便于警犬扑捉犯罪嫌疑人。

第三，如果搜索是为了发现犯罪嫌疑人遗留或隐藏在一定范围内的作案工具、凶器、血衣、赃物等物证，一般需要嗅源。但对特定场合和特定的物品，可进行无嗅源搜索。若在野外、林区等人烟稀少、空气清新的环境中进行搜索，或对血衣及有血液气味的物品进行搜索，则不一定需要嗅源。

第四，参加搜索的侦查员，应尾随在警犬训练员身后，或位于搜索地区边沿进行监视，不要随意进入搜索区内，防止发生意外或破坏痕迹物证。

第五，搜索中若发现物证，应及时拍照、记录和提取；若发现犯罪嫌疑人，应及时采取有效措施抓捕，防止其行凶逃跑。

三、警犬鉴别

使用警犬鉴别，主要是根据犯罪嫌疑人遗留在现场的气味，对犯罪嫌疑人进行气味同一认定。此外，警犬鉴别还可用于下列情况：

（1）对某些破坏性大、翻动面宽、损失物品多，而犯罪痕迹又较为模糊、难以确定作案人数的现场，通过警犬鉴别现场的多件物品、多处痕迹的气味是一人或几人所留，为判断作案人数提供依据；

（2）对若干起在作案手段等方面相同或相似的案件，为判定是否为同一人作案而将各个案件现场提取的嗅源让警犬鉴别，以便为并案侦查提供依据；

（3）在警犬追踪或侦查过程中发现嫌疑物品的情况下，通过警犬鉴别确定该嫌疑物品是否为犯罪嫌疑人遗留物品、赃物或其他罪证。

警犬鉴别分为鉴别前的准备、鉴别的进行，以及作出鉴别结论，对鉴别结论进行评断三个方面。

（一）鉴别前的准备

（1）准备好嗅源，查明嗅源的有关情况。在鉴别前，首先应准备好嗅源，并查明嗅源发现、提取、保存的条件等，以确定嗅源的使用价值。如果嗅源是犯罪嫌疑人的遗留物并有两个以上，或感染提取的嗅源气味有浓、淡、纯、杂的差别时，应选用其中气味浓且相对纯正的。

（2）准备好犯罪嫌疑人的物品与配物。准备供警犬鉴别用的犯罪嫌疑人的物品时，应尽可能选用与嗅源气味在部位上相同或相近的、气味浓且未被其他人混穿混用过或感染过其他杂味的物品。准备的配物也要有所选择，应尽可能选择与犯罪嫌疑人在职业、年龄、居住环境、生活嗜好等方面相同或相似的人员的，所选择的配物与犯罪嫌疑人的物品在种类、外形、部位等方面应尽量相同，并应登记编号，以防鉴别时出错。

（3）选择好鉴别场地。场地的选择一般以不影响警犬在作业时的注意力为原则。场地环境应较为清静，且尽量清洁。同时，准备好各项鉴别所需的器具，如剪子、镊子、纱布、鉴别罐等。

（4）鉴别前，应使警犬保持适当的兴奋性，不让警犬接触无关人员或其他物品的气味。

（二）鉴别的进行

在使用警犬进行鉴别的过程中，要注意让警犬充分地感受嗅源气味，及时地调整警犬作业的兴奋性，细致地观察警犬在鉴别过程中的表情及是否对被鉴别物逐个嗅认，有无遗漏，尤其要注意警犬对犯罪嫌疑人物品有无反应和有无遗漏，对无反应或反应不明显的警犬不要反复催促。对作出鉴别结果的把握不大时，可用同一只警犬或用其他警犬进行复核。复核时，一定要有时间间隔，防止警犬的互相诱导。鉴别时，在场观察的其他人员不能大声喧哗，不能有突然或异常动作，以免影响警犬的正常作业。鉴别时，应做好鉴别记录。

（三）作出鉴别结论，对鉴别结论进行评断

警犬在鉴别中通常有以下三种表现：
（1）对任何物品都不表示；
（2）犹豫不定；
（3）表示一个或两个以上的物品。

鉴别结论的正确与否，与警犬的鉴别能力、嗅源条件、鉴别方法有着直接关联。警犬训练员应对警犬的能力有个基本估计，既要相信警犬有一定鉴别能力，又不能只根据警犬的某一个表现就作出鉴别结论。应该将警犬在鉴别过程中的每一个表现和检材条件，以及鉴别的方法等有关因素综合起来进行分析，然后再作出切合实际的结论。作结论时要防止先入为主或单纯根据警犬表示的次数和用以鉴别的警犬数量，而要根据起决定作用的多次表现作出判断，以犬鉴人。

使用警犬只有与使用其他侦查技术手段相结合，才能更有效地发挥警犬在侦查活动中的重要作用。不能把使用警犬的鉴别结论作为拘捕犯罪嫌疑人的唯一依据，要把使用警犬提供的材料和其他方面提供的证据材料进行综合分析，才能作出正确的判断。

第十章 现场实验

第一节 现场实验的概念和作用

一、现场实验的概念

现场实验,是指为了研究现场有关情况,或者为了查明与案件有关的某些事实、情节或现象,而在与发案当时相同或相近条件下,对该事实、情节或现象加以模拟再现的一种侦查活动。

我国《刑事诉讼法》第 135 条第 1 款规定:"为了查明案情,在必要的时候,经公安机关负责人批准,可以进行侦查实验。"现场实验是一种侦查实验。它主要是为了解决现场勘查中遇到的一些问题而进行的临场实验,是现场勘查阶段的侦查实验。从侦查实践的情况看,现场实验是侦查实验的主要内容,大量的侦查实验都是在现场勘查阶段进行的。现场实验所采用的方法,是有计划地模拟案发当时的相关条件,将被验证的事实、情节或现象予以重演,通过实验,排除某些可能,以帮助侦查人员认识案件的有关情况。现场实验,与一般的现场观察等方法相比,有许多优越之处。第一,现场实验凭借直观的方式,以接近于被验证事物原来状态的物质现场及环境为依据,经历从直觉到抽象思维的认识过程,保证了认识的客观性。第二,现场实验的过程,可以排除一切外界影响,避免观察分析中无关因素的干扰而产生错误。第三,现场实验过程中可以假设一些新的情况,以探究被验证事物产生的必要条件,研究被验证事物出现的最大可能性。第四,现场实验能在一定条件下或按计划在改变的条件下反复多次进行,以便确定被验证事物发生的准确性及稳定性。

二、现场实验的作用

现场实验是侦查人员用以查明案件有关事实的重要方法,其主要的作用体现在以下五个方面。

(1) 帮助审查事件性质。

在实践中,侦查部门所受理的报案并非都是犯罪案件,须进行立案审查。而审查案件是否能够成立有很多途径,其中根据控告人、检举人和事主等人陈述的事实情节,进行必要的现场实验是一种有效的方法。如果现场实验证明有需追究刑事责任的犯罪行为存在，即可作出立案侦查的决定。反之，则案件不成立。如火灾现场，若通过现场实验排除了自然起火和失火的可能，则就要考虑人为放火的可能。

（2）帮助判明案件性质。

案件性质在侦查中具有重要作用，它可以帮助侦查人员确定侦查方向。通过现场实验，可以帮助判明某一案件的具体性质。如某一单位财务处发生财物短缺，通过现场实验发现现场无明显进出口，墙上虽有一新挖洞口，但人无法从该洞口进出，则可判断该案应属内部人员所为。

（3）帮助审查证据的真实可靠程度。

在侦查办案中，必须对所获取的各种证据材料进行审查，以鉴别其是否真实、完备，对查明和证实犯罪有无意义。为了解决这类问题，最常用的科学方法之一，就是进行现场实验，借以验证证据材料是否真实可靠及其程度。特别是对于某些人员的陈述，往往可以用现场实验的方法去验证其真实性。

（4）帮助验证侦查判断是否符合客观实际。

侦查实践中，侦查人员为验证已作出的某种侦查判断是否符合客观实际，往往需要进行现场实验。如根据犯罪现场遗留的痕迹、物品的状态，推断出犯罪嫌疑人的作案时间、工具和过程等，但对这些推断尚有疑问的，即可参照案件原有条件进行现场实验，以证明该推断是否正确。

（5）帮助判断现场现象的形成因素。

对于侦查人员需要了解现场某种现象的形成原因或机制的问题，也可通过现场实验的方法去解决。如爆炸案件现场，侦查人员可以通过现场实验的方法了解爆炸所使用的炸药的种类、数量、引爆方式等。

第二节　现场实验的种类与规则

一、现场实验的种类

1. 按实验的内容分为感知可能性实验、行为可能性实验和自然力可能性实验

（1）感知可能性实验。

感知可能性实验，即验证在一定条件下，某些现象通过感觉器官在人脑中直接反映的可能性实验。这类实验主要包括：①视觉可能性实验。如在一定条件下能否看见某人或某物的特征、动作以及发生的过程等情况。②听觉可能性实验。如在一定条件下能否听见从现场方向传来的某种声音及其具体内容、异常响声等情况。③嗅觉可能性实验。如在一定条件下能否嗅到某种气味。④触觉可能性实验。如在一定条件下能否通过皮肤接触而感受到某些情况。

（2）行为可能性实验。

行为可能性实验，即验证在一定条件下实施某种行为的可能性实验。这类实验主要包括：①行为能力可能性实验。如是否可以搬移重物，是否具有某种特定技能等的实验。②行为过程可能性实验。如在一定条件下是否可能按照一定的顺序完成某种活动的实验。③行为结果可能性实验。如在一定条件下实施某种行为，是否可能留下某种痕迹的实验等。

（3）自然力可能性实验。

自然力可能性实验，即验证在一定条件下某些现象不经人为干预，其自然发展可能性的实验。这类实验主要包括：①自然条件实验。如起火现场存放的某种物质在一定条件下能否引起自燃，若能自燃，需要具备哪些自然条件。②自然损耗实验。如在既定的存放条件下，某些物质有无自然损耗的可能，以及自然损耗的速度等。

2. 按实验要解决的问题分为结果性实验、行为性实验和条件性实验

（1）结果性实验。

结果性实验，即为了判明某种结果在一定条件下能否发生的实验。这类实验主要包括：①在一定条件下，案件中的某种事物能否被感知。如验证在一定条件下能否看清犯罪嫌疑人的体貌特征等。②某种现象能否发生。如现场房门在锁闭的情况下，能否从外面将其开启而不留下任何痕迹等。

（2）行为性实验。

行为性实验，即为了查明某种行为在一定条件下能否完成的实验。这类实验主要包括：①某人在一定条件下能否实施某种行为或是否有能力完成某种行为。如能否越过某种障碍物，能否从某个窗口进入现场，能否在一定时间内骑自行车跑完某一段路程，等等。②判断犯罪嫌疑人的某种职业习惯和技能特点，即通过实验说明案件中的某一行为反映某种职业习惯和技能特点，由此推断犯罪嫌疑人可能从事某种职业并具备某种技能。

（3）条件性实验。

条件性实验，即为了查明某一结果发生必须具备哪些条件的实验。此类实验，先要通过对已知结果的分析研究，明确产生这种结果应该具备哪些条件，然后按照这些条件进行现场实验，以检验先前假设的条件是否成立，从而分析判断某结果产生的真

实条件。如验证现场的某种痕迹是由何种工具在什么条件下形成的实验。

二、现场实验的规则

为使现场实验的结果具有客观准确性，现场实验必须在遵守我国《刑事诉讼法》和《公安机关刑事案件现场勘验检查规则（2015）》相关规定的前提下进行。具体来说，现场实验必须严格遵守以下三类规则。

1. 依法实验

（1）现场实验应当经县级以上公安机关负责人批准；

（2）现场实验只能在侦查人员的主持下进行；

（3）必须邀请两名见证人到场见证；

（4）在现场实验过程中，严禁一切足以造成危险、侮辱人格或者有伤风化的行为；

（5）对现场实验的过程和结果，应当制作《侦查实验笔录》，参加现场实验的人员应当在《侦查实验笔录》上签名或者盖章。

2. 现场实验条件应与被验证事物的原来条件尽可能一致

被验证事物的原来条件随着时间的推移可能已发生变化或不复存在，并且，由于侦查人员并没有直接感知已经发生的案件和现场的形成过程，因而进行现场实验的各种条件都是在研究案件现场环境、痕迹、物品、证人证言，以及犯罪嫌疑人供述的基础上，进行模拟重演的。而现场实验的结果能否正确地反映案件的某些情况，能否在证实或否定犯罪中起证据作用，这同现场实验的条件是否符合或接近被验证事物的原来条件有直接的关系。现场实验的条件越接近被验证事物的原来条件，现场实验的结果就越可靠；反之，现场实验的结果可靠性就越小。所以，进行现场实验的条件应尽可能地与被验证事物的原来条件保持一致。这些条件主要包括以下四点：

（1）地点条件。

现场实验一般应在发案现场原地进行，尤其对于验证能否看得见某种现象或听见某种声音的实验。如果现场的物质环境发生变化，要尽量恢复原状。当然，也有些现场实验不宜在发案现场原地进行，如爆炸实验等。

（2）时间条件。

现场实验的时间条件应尽可能地与发案时间条件一致。这里的所说的时间条件一致，是指相对时间条件一致，即一年中的哪一季，一季中的哪一个月，一月中的哪一天，一天中的哪一时辰。因为即使在同一地点，因时间条件不一致，其气候、光线等条件也会存在差异，这些差异又必然影响现场实验结果。

（3）自然条件。

现场实验应选择与发案时相同或相近的自然条件。这方面的具体条件根据实验所要解决的问题不同而不同，比如有的实验要求风向、风速条件相同，有的则要求温度、湿度条件相同。但自然条件不能随人的主观意志而转移，有时很难遇到完全相同的自然条件，而侦查工作又不能长期等待。在这种情况下进行现场实验时，除要求自然条件尽可能一致外，还应当注意现场实验中某些自然条件不一致可能给实验结果带来的影响和可能存在的误差，并在现场实验记录中注明。

（4）工具、材料条件。

现场实验所用工具、材料等物质条件应与原条件保持一致，有条件的应使用原物，如果原物已被毁坏或被提取而不能使用时，应使用与原物同类的工具、材料。

3. 同一现场实验应反复多次进行

因为在现场实验过程中，可能会出现一些偶然因素影响实验结果及其应用，所以，对同一现场实验应反复多次进行，以防止实验结果的偶然性。现场实验中，根据需要，可以有意改变实验条件，观察实验结果的变化规律，探究原因和结果之间的内在联系，以保证实验结果的准确性和稳定性。

第三节 现场实验的步骤

一、现场实验的组织

一般情况下，现场实验由现场勘查指挥人员担任指挥，由侦查人员操作进行。必要时，在上述人员的主持下，可以根据不同情况的要求，邀请有关方面的专家参加现场实验。

现场实验是一项侦查措施，同时也是一项诉讼活动，为了保证现场实验结果具有法律效力，并产生相应的法律效果，应邀请两名见证人对现场实验过程及结果予以监督、证明。该见证人的要求与现场勘查见证人的要求相同，最好由现场勘查的见证人担任现场实验的见证人。

犯罪嫌疑人、被害人及证人是否参加现场实验，取决于现场实验的目的和要求。如果现场实验的目的在于审查他们的口供及陈述，则可以让他们参加；如果现场实验要验证的对象和他们有密切联系，亦可让他们参加。有些犯罪嫌疑人或被告人抱有侥幸心理，拒不交待罪行，如果实验结果当场证明其撒谎，往往可以促使其转变态度，供认罪行。

二、现场实验的准备工作

1. 明确实验目的

在开始实验前，应根据现场访问和实地勘验中得到的有关材料，对有关情况进行一次全面的研究，明确通过实验要解决什么问题。对从有关陈述中发现的问题，必要时可再次询问，以分析其是否由询问过程中的误听、误记或误解造成的。若有关人员坚持原来的说法，则应进一步弄清楚与疑点有关的情况，如有关人员感知某一现场现象时的时间、地点、光线明暗程度、气候条件及其感知能力等，以分析存在疑点的原因；对于现场痕迹、物品方面的问题，应进一步研究其与犯罪行为的关系，判断其是现场所原有，还是无关人员或犯罪嫌疑人所留，还是已经发生变化了的情况。某些情况下，还要请教有关方面的专家，查明存在的问题是否属于正常范围，能否作出合理的解释，以及现场实验中可能遇到的问题。只有这样，才能使现场实验的目的更加明确，避免盲目性。

2. 拟订实验方案

实验方案的内容主要包括以下几个方面：

（1）实验目的，即通过实验要验证什么问题。

（2）实验时间，必要时应具体到年、月、日、时、分。

（3）实验地点，即是在现场原地，还是选择其他地点进行。

（4）实验的具体操作步骤。

（5）实验的次数。

（6）实验中变换实验条件的安排。

3. 准备实验器材

准备实验器材是现场实验的物质保证。具体器材的种类、数量及要求，应根据实验的项目、目的和次数等确定。

三、现场实验的实施

现场实验中，各方人员要明确各自所担负的实验项目及职责，分头展开工作。但有些情况下，如果事先将实验的具体项目和内容告知实验人员，可能导致实验人员的心理状态发生改变，从而影响实施结果的准确性。因此，在布置任务时应针对不同情况，灵活处理。

现场实验指挥人员在整个实验活动中占据主导地位，负责全局工作的开展，不能限于某项具体的实验工作，而要把握实验的整体进程，协调各方人员的关系，及时处理实验中出现的问题。现场实验中，要布置好现场警戒，防止无关人员、车辆及其他因素干扰实验的进行，影响实验结果，并且要保守现场实验的有关秘密。

四、现场实验记录

客观全面地记录现场实验过程及结果，在诉讼中具有证据的意义。现场实验的记录方式有笔录、照相、录音、绘图、摄像等，以笔录形式为主。现场实验应单独制作笔录，不能和现场勘验笔录混为一谈。现场实验笔录内容包括前言、叙事、结束三部分。

1. 前言部分

前言部分主要记录现场实验的起止时间，进行现场实验的具体地点，参加人的姓名、单位、职务，现场实验的目的。

2. 叙事部分

叙事部分主要记录现场实验的过程和结论。要写明整个实验过程是如何组织领导的；进行了哪些实验；有哪些人员参加，他们在实验中各自担任什么角色；实验是如何操作的；实验结论如何等。如果实验不是使用原物，也要在笔录中反映出来，说明代替物的形状、质地、特点等。对实验的内容、顺序、次数，以及用了几种实验方案，每种方案改变了哪些基本条件、产生了什么结果等均应详细写明。总之，凡是能够影响到实验结果及其评价的一切实验情况，均应详细记载。

3. 结束部分

结束部分包括参加实验的侦查员、见证人、记录人签名或者盖章以及对有关问题的说明。

对现场实验过程中涉及的地点、环境、房屋结构、有关设施及相关情况，根据需要，可分别采取绘图、拍照、录音、录像、制模等方法将其记录、固定下来，以作为笔录的补充。

第四节 对现场实验结果的评断

对于现场实验的结果，无论是肯定性结果或是否定性结果，均应进行评断。对现场实验结果的评断应当从结果的可靠性和证据价值两个方面进行。

一、对现场实验结果可靠性的评断

现场实验结果的可靠性，实际上就是指现场实验结果作为依据或证据时其可信度的高低。对可靠性的评断一般从以下四方面进行。

一是要检查现场实验的实施条件是否达到了最佳要求。例如，现场实验的基本条件是否与被验证事物和现象发生时的条件相一致；现场实验中是否考虑了多种条件的可能等。二是要检查现场实验是否严格地按照相关规则进行。如是否同一现场实验反复进行；现场实验中是否有见证人见证等。三是要审查现场实验的步骤是否正确。四是要审查参加现场实验的人员是否具备应有的素质。例如，有无必要的知识水平和业务能力，心理和生理上有无会影响现场实验的缺陷等。

二、对现场实验结果证据价值的评断

经过可靠性评断，若现场实验结果能证明被验证事物或现象存在的可能性，则属于肯定性结果；若现场实验结果否定了被验证事物或现象存在的可能性，则属于否定性结果。

现场实验结果在证据价值上的意义，应当根据现场实验所解决的问题作出具体分析。一般而言，根据肯定性结果，通常只能作出推测性的结论；而根据否定性结果，则可以得出确定性的结论。比如现场实验结果表明嫌疑对象具有作案时间，但不能因此肯定该嫌疑对象就是犯罪人，只能说明该嫌疑对象的可疑度上升；反之，如现场实验结果表明某嫌疑对象不具备作案的时间条件，则至少可以肯定该嫌疑对象没有直接作案。需要注意的是，有的现场实验所解决的问题，只能为分析判断案情、确定侦查方向和范围提供依据，而不能作为证明犯罪嫌疑人是否犯罪的证据。所以，对现场实验结果的运用应谨慎。

第十一章 现场勘验检查工作记录

第一节 现场勘验检查工作记录的作用及基本要求

现场勘验检查工作记录是如实反映刑事案件现场客观状态和勘查人员执行勘查情况的法律文书。现场勘验检查中,应当根据我国《刑事诉讼法》《公安机关刑事案件现场勘验检查规则(2015)》的规定制作现场勘验检查工作记录,应客观、准确地固定现场痕迹,反映勘验检查主体的活动情况。现场勘验检查工作记录是法定的证据,它主要由现场勘验检查笔录(现场勘验笔录)、现场绘图(现场图)、现场照相(现场照片)三部分组成。有条件的,视案情还可以制作现场录像和现场录音。

现场勘验检查笔录,实际上就是实地勘验过程中形成的文字记录,它可以对现场状态、现场事物以及勘验检查情况进行客观、全面、系统、准确、规范的记录,能够作为核查现场或者恢复现场原状的依据。现场图能用一些简练的线条、图案、符号等将现场周围环境和现场内部痕迹物证及其相互之间的位置关系等逼真、准确地反映出来。现场照片(包括摄像)能逼真地反映现场的状态和现场客体物的形象、特点、位置及其相互关系,而且能迅速、客观、准确地将其固定和记录下来,给人一种直观、生动的感觉;如果是按比例拍摄的照片,则是进行比对检验的材料。这三者互相配合,互为补充,构成了对现场及其勘验检查情况的完整记录。三者之间,应以制作现场勘验检查笔录为主,但现场绘图和现场照相是不可缺少的辅助手段,有条件的地方,还可辅之以现场录像和录音。

现场勘验检查工作记录是随着勘验检查工作的不断深入而逐步形成的,它是对刑事案件现场客观、真实的写照。我国《刑事诉讼法》第133条规定:"勘验、检查的情况应当写成笔录,由参加勘验、检查的人和见证人签名或者盖章。"《公安机关刑事案件现场勘验检查规则(2015)》第42条第2款规定:"《现场勘验检查工作记录》包括现场勘验笔录、现场图、现场照片、现场录像和现场录音。"可见制作现场勘验检查工作记录是现场勘验检查工作的重要内容。

一、现场勘验检查工作记录的作用

制作现场勘验检查工作记录,既是我国《刑事诉讼法》的规定,又是现场勘验检查工作的重要内容,其在整个刑事诉讼活动中都具有十分重要的作用。

1. 现场勘验检查工作记录是分析研究案情的重要依据

现场勘验检查工作结束后,如果认为有犯罪行为存在,必须立案侦查,接着就要全面开展侦查活动。在部署侦查以前,需要对案情进行一系列的分析研究,并在此基础上制订侦查计划,以指导侦查工作。分析判断案情、制订侦查计划、采取侦查措施等的客观依据都是集中反映现场勘验检查成果的现场勘验检查工作记录。例如,研究事件与案件性质,作案时间、地点,犯罪嫌疑人出入现场的位置、侵入方式、作案工具等,分析犯罪嫌疑人个人情况,推断其作案手段、方法、动机、过程以及重建犯罪现场等,都是建立在现场勘验检查基础之上的。如果没有现场勘验检查工作记录,或者现场勘验检查工作记录不全、不符合要求,对刑事案件现场的再认识就会缺乏依据,也不可能把案件情况分析透彻。

2. 现场勘验检查工作记录是校正侦查方向、推进侦查工作的重要依据

刑事案件的侦查是一项极其复杂而艰巨的工作,在侦查实践中,出现各种各样的曲折是经常的事情。作为案件的侦查人员,随时都要翻阅现场勘验检查工作记录,反复琢磨案情,判断侦查方向是否正确,并结合侦查过程中发现的新情况和遇到的新问题,校正侦查方向,不断地采取新的、有力的措施,推动侦查工作向前发展。如果侦查工作遭遇较大的曲折,则需要回过头来重新研究现场情况。必要时,还要根据现场勘验检查工作记录来重建犯罪现场,以便重新对现场进行勘验检查。

3. 现场勘验检查工作记录是揭露和证实犯罪的有力证据

我国《刑事诉讼法》第50条所列举的八种证据,勘验检查笔录被列为其中之一。现场勘验检查工作记录之所以能起到证据作用,是由刑事案件现场的客观性所决定的。刑事案件现场客观地反映了犯罪嫌疑人的犯罪行为和作案过程,现场勘验检查工作记录正是这种客观反映(现场现象)的真实记载。这种记载包括了案件发生的时间、地点,犯罪嫌疑人在现场的活动过程和遗留在现场的痕迹、物品,以及由犯罪行为在现场造成的种种严重后果。而这一切记载均与犯罪嫌疑人和犯罪有直接联系,因此,它能起到揭露犯罪和证实犯罪嫌疑人的作用。同时,这种记载还能印证犯罪嫌疑人口供的真伪,这也是现场勘验检查工作记录的一个重要作用。由于现场勘验检查工作记录的内容是客观的,也是保密的,犯罪嫌疑人对犯罪过程的供述如果与现场客观情况一致,就能有力地证明所查获的犯罪嫌疑人是真正的犯罪人。

4. 现场勘验检查工作记录是刑事诉讼活动中不可缺少的法律文书

随着我国社会主义法治建设的逐步健全，一切必须依法办事。办理每一件刑事案件，都要求有一套完整的、符合要求的法律文书。如果侦查部门办理的案件的法律文书不完备或不合格，批捕、起诉部门以及审判机关都可以拒绝受理。因此，侦查部门在刑事案件的侦查活动中，不仅要从证据的角度做好现场勘验检查工作记录，而且要从遵守法律的角度完备法律文书。正因为现场勘验检查工作记录是重要的法律文书之一，所以其必须完整、规范，符合法律要求。这样不仅可以为审查案件、核对犯罪事实和证据以及处理犯罪嫌疑人提供方便，同时也可以为律师参与刑事诉讼活动查阅档案提供有利条件。

二、制作现场勘验检查工作记录的基本要求

现场勘验检查工作记录既然是一种法律文书，且具有一定的证据意义，那么对其的制作就有一定要求。制作现场勘验检查工作记录的基本要求可用八个字概括，即客观、全面、完整、规范。

1. 客观

所谓客观，就是要求勘查人员在制作现场勘验检查工作记录的时候，要对现场和现场勘验检查的情况进行客观的、实事求是的记载，不得将任何主观的分析、判断记入。

2. 全面

所谓全面，就是要求在制作现场勘验检查工作记录时，对现场一切与犯罪有关的客观情况和勘验检查过程、结果都要记录，使没有亲自参加现场勘验检查的人看到后也能一目了然。这就是说，现场勘验检查工作记录应对现场的全貌，痕迹、物品的分布与特征，勘验检查的组织与实施，勘验检查中发现的重要情况等都要有比较详尽的记载。特别是在勘验检查中发现的与犯罪有关的痕迹物证，对这些痕迹物证遗留的部位、形状、大小与特征，以及相互之间、与其他物品之间的距离关系和最后提取的情况，要进行准确、细致的记录。

3. 完整

所谓完整，就是要求现场勘验检查笔录、现场绘图、现场照相三个部分要齐全，相互吻合，缺一不可。重大案件现场应制作现场录音、录像，以作补充。要使查阅案卷的人在查阅了现场勘验检查工作记录之后，就能对现场及其勘验检查情况有一个清晰的认识，如果有必要，还能根据现场勘验检查工作记录恢复现场的基本面貌。

4. 规范

所谓规范，就是要求按照统一的现场勘验检查笔录样式进行制作。现场勘验检查笔录必须由现场勘验检查人员制作；使用的语言文字必须规范准确，计量单位必须符合国家有关标准，日期必须是公历；现场勘验检查笔录制成后应当在制作日期上加盖主勘单位公章等。

第二节 现场勘验检查笔录

现场勘验检查笔录，是指侦查人员在勘验检查案件现场的过程中，对现场情况和勘验检查情况所作的客观真实的文字记载。从某种意义上也可以说是用文字把现场及其痕迹、物品等固定下来，能够作为核查现场或者恢复现场原貌的依据，符合法定的证据要求。

一、现场勘验检查笔录的内容

现场勘验检查笔录的内容大体可分为三部分，即前言部分、叙事部分和结尾部分（具体可参见本节后的附件 D）。

1. 前言部分

（1）接报警所接收的案件基本情况。包括笔录文号；接报案件的时间；接报案件单位（个人）；接报内容，包括报案单位，案件发生和发现的时间、地点；报案人与被害人的姓名、性别、年龄、职业、住址，其所陈述的案件发生、发现、经过，人员伤亡和财产损失等情况；出警情况等。

（2）现场勘验检查开始时间、结束时间。根据此项可判断侦查部门或侦查人员的行动是否迅速、果断，有无失职、贻误战机等情况。

（3）现场保护情况。包括现场保护人员的姓名、职业、职务；现场保护人员到达现场的时间，采取了哪些措施；现场保护过程中发生了哪些情况，如有何变动、有何可疑人员等。

（4）参加现场勘验检查的指挥人员的姓名、单位、职务、职称。

（5）被邀请的见证人的姓名、性别、职业和住址。

（6）现场勘验检查当时的气候、风向、风级、光线、温度、湿度及照明情况。

（7）现场地点。即现场位于的市（区、自治州、盟）、县（市、区、旗）、乡（镇）、

现场勘查

村，或机关、科室、工厂、车间等详细、准确的地址。

2. 叙事部分

（1）现场所处的地理位置。

现场前后、左右相邻单位、地点、建筑、设施和现场地形地物，以及现场周围环境、道路情况。

（2）现场情况。

①门窗情况。主要记明门窗是关闭还是开启的，开启程度，锁或插销是否被破坏；门窗上的木板、玻璃是否有撬损，是否遗留有手印、足迹或撬压等痕迹；窗台及其内外墙壁上是否有攀登、踩踏痕迹；门窗内外地面上是否遗留有痕迹、物品以及这些痕迹、物品的数量和特征。②孔洞情况。现场若有孔洞，要记明其是否由作案形成，以及其形态是内大外小还是内小外大和大小。如果是新形成的，则要记明破坏工具痕迹的特征，是否遗留有相应的破坏工具等；如果是原有的，则需记明孔洞内外是否有被犯罪嫌疑人利用的痕迹（如灰尘、蜘蛛网是否被擦掉，地面及孔洞周围是否有攀爬痕迹等），以及痕迹的新旧程度和其他特征等。③其他通道情况。记明有些什么巷道、楼梯、小路通往现场中心部位，有何异常情况，是否遗留有与犯罪有关的痕迹、物品等。④室内陈设情况。桌、床、椅、箱、柜、凳、炉等物品摆放位置以及彼此距离。

（3）勘验检查情况。

①被侵害对象的详细情况。主要记明室内陈设有无被搬动、翻倒、破坏等情况；抽屉、衣柜衣物是否被翻动，以及损失财物的种类、数量与特征；尸体的位置、姿势、性别、年龄、衣着及其附着物，伤痕的部位、数量、大小与特征，血迹的分布、形状和数量等；凶器的种类、特征和遗留位置；与犯罪有关的各种痕迹、物品的分布状况及其种类、数量、形状、大小与特征，以及对这些痕迹、物品的处理、提取等情况。②现场的反常情况。如尸体上有开放性的创口但其周围没有血迹，痕迹物证的分布不符合事物发展的规律，等等。

3. 结尾部分

（1）提取痕迹、物品的名称、数量，以及提取部位、提取方法、提取人。

（2）扣押物品情况，包括扣押物品的名称、数量、特征，提取地点，物品持有人及签名等。

（3）说明现场勘验检查制图和照相数量，录像、录音的时间量等。

（4）写明笔录人、制图人、照相人、录像人、录音人等现场勘验检查记录人员。

（5）写明现场勘验检查人员（含现场勘查指挥人员、现场勘查人员、照相人、摄像人、制图人、笔录人等）的单位、职务，及现场见证人的性别、年龄、住址，并分别签名。

二、制作现场勘验检查笔录的步骤

勘验检查笔录是《刑事诉讼法》第 50 条规定的八种证据之一。现场勘验检查笔录要符合法定要求，具有证据特性。为此，现场勘验检查笔录的制作必须在勘查过程中完成，勘查结束时当场履行相关法律手续，否则，其便会失去客观性、相关性以及合法性，从而不具有证据效力。制作现场勘验检查笔录的步骤包括以下四个方面。

1. 了解情况

现场勘验检查人员在到达现场以后，现场勘验检查记录人员应当立即同其他参与现场勘验检查的人员一起，运用询问的方法，向报案人了解事件发生、发现的时间、地点以及经过等情况；向保护现场的人员了解采取了哪些保护措施，是否有人进入现场，若有人进入现场则要弄清缘由，进入现场后又到过哪些地方，接触或移动过哪些物品，以及现场是否发生过变动或遭受过破坏。在了解这些情况的基础上，制作好现场勘验检查笔录的前言部分。

2. 认真观察

观察是为现场勘验检查笔录的叙事部分做准备。在巡视现场时，现场勘验检查记录人员要同其他参与现场勘验检查的人员同步、仔细地观察现场环境、外貌以及内部情况。

现场环境是指现场周围的情况，即现场周围东西南北的交通道路、建筑物、障碍物和其他设施等。对于室外现场，要观察其周围的地形、地物、公路、铁路、水流等情况；对于室内现场，要观察其相邻的建筑物、固定设施、通道，以及其周围有无围墙，围墙有多高，有无缺口，有几处大门等情况。

现场外貌是指现场的外部形象。如果是室外现场，则应观察案件发生在树林、草地、丘陵、田野、沼泽、河道、铁路、公路、街道等何种地方；如果是室内现场，则应观察是平房还是楼房，是独门小院还是深宅大院，是集体宿舍还是公寓住宅等。

观察现场内部情况，即观察现场中心和进出口，犯罪嫌疑人翻动、撬压及其他破坏情况。随着现场勘验检查的逐步开展，还要认真观察现场痕迹、物品的位置、特征，尸体的姿势、伤痕，血迹的分布等。

通过以上观察，对现场环境、外貌以及内部情况做到心中有数，便于在实地勘验的同时制作现场勘验检查笔录，以保证现场勘验检查笔录的准确性和有序性。

3. 准确定位

在制作现场勘验检查笔录的第二部分即叙事部分时，首先要对各种现场现象准确定位。所谓准确定位，就是把现场和犯罪后果以及与犯罪有关的痕迹、物品的位置，以笔录的方式准确地固定下来。准确定位是做好现场勘验检查笔录的关键。现场勘验检查笔录的叙事部分中自始至终存在着位置的固定问题，如现场方位的固定，犯罪后果位置的固定，犯罪嫌疑人进出口部位的固定，痕迹、物品位置的固定等。准确定位的方法一般有以下三种。

（1）以固定标志定位。

需要在现场勘验检查笔录上定位的事物，如果其周围有固定标志（如建筑物、道路、河渠或其他固定设施），可以以阐明这些固定标志与定位事物的方位、距离关系，来反映该事物在周围环境中的位置。通常情况下，现场方位就是以此方法固定的。对于发生在城镇的案件，往往是先写明辖区、街道、门牌号码，然后再叙述现场在周围环境中的位置；对于发生在农村的案件，则先写明镇、乡、村名，然后再叙述现场在周围环境中的位置。

（2）以坐标定位。

对于室内现场的痕迹、物品、尸体等现象等位置的固定，常以墙基线为纵横坐标线，运用尺测的方法，测出某一现场现象在坐标上的位置，再记入现场勘验检查笔录。对于门窗、墙壁上的破坏部位以及痕迹等，先要表明其属于"东、南、西、北"哪一墙壁，然后以坐标定位的方法固定其位置。

（3）以相关物体定位。

现场某种痕迹出现在某个物体上，或某种物品遗留在某个物体上，对这种痕迹、物品的定位，首先要固定物体在现场的位置，然后再叙述痕迹、物品在物体的哪一个部位，以此固定痕迹、物品的位置。对于现场相邻物体，一般也是首先固定某一物体的位置，再叙述该物体与相邻物体的位置关系，从而固定相邻物体的位置。需要注意的是，以相邻物体定位一般不要使用"前、后、左、右"等容易产生歧义的词语，除非叙述的对象本身具有前、后、左、右（如尸体）之分，否则，会使人不能理解。对于尸体伤痕的定位，要以生理解剖学关于人体各部位的名称为依据。

4. 客观描述

在现场勘验检查笔录中，在对现场以及破坏部位、痕迹、物品、尸体等进行定位以后，紧接着是对这些现场现象进行描述。如现场外貌属何种形象，建筑物是什么结构，门窗是木质还是金属，手印是加层还是减层，脚印是立体还是平面，尸体是何种姿势和面貌、有何特征，伤痕属于死前还是死后形成、属于钝器还是锐器所致，血迹是何种形状、颜色等。现场勘验检查笔录对这种描述的用语,一是要反映真实形象,二是要符合规范。真实形象是要给人以实际事物的感觉,符合规范是要尽可能地使用专业术语,如痕迹、文检、法医、建筑等有关的专业术语。

三、制作现场勘验检查笔录的规则

(1)现场勘验检查笔录具体记录的顺序应当与勘查顺序一致,其内容要与提取的痕迹、物品相吻合,也要与绘图、照相、摄像的内容保持一致,同一客体在现场勘验检查笔录中使用的名称应前后一致。

(2)现场勘验检查笔录的内容必须具有客观性。制作现场勘验检查笔录的人员必须客观地记载现场状况,不得将个人的判断和推测记入,但可以记入反映诸如嗅觉(如"在现场闻到肉焦味")、听觉(如"压迫尸体胸部听到咯吱咯吱似骨折的响声")所确定的情况。

(3)现场勘验检查笔录用语必须准确。在现场勘验检查笔录中,不能使用"大概""左右""估计""旁边""不远"等不确定的语言来叙述现场痕迹、物品之间的距离和位置关系。对所述对象的具体特征,要根据情况确定是否进行详细描述。为了更能使人明确,在有的情况下可用勾画简图或表格的方式来表述。

(4)现场勘验检查笔录用语要符合标准。不使用非标准化的字、词、语句,不滥用方言土语,不生造词语,尽量避免生僻词语,度、量、衡单位应符合现行新的国际国内标准。

(5)在实地勘验过程中,凡进行了法医尸体检验、现场实验、人身搜查的,均应单独制作笔录,但在现场勘验检查笔录中应相应简略记载。

(6)凡属多次勘验检查的现场,应逐次制作补充现场勘验检查笔录;一案多现场的,应分别制作现场勘验检查笔录。

附件 D 现场勘验检查笔录（范文）

"5·10XX 银行盗窃金库案"现场勘验检查笔录

渭公（刑）X 勘 [20XX]XX 号

20XX 年 12 月 5 日 10 时 0 分

接到 XX 银行 XX 支行戴忠 X 报告：该行崇凝营业所金库昨晚被盗现金 11 万余元，请求勘查现场。

出警情况：接报告，我局即由李志 X 督导员带领刑侦科副科长皎正 X 和祖长 X、技术员杨西 X 和李天 X、侦查员王创 X 和王玉 X 于 10 时 50 分赶到现场。同时到达现场的有渭南地区公安处刑侦科科长和生 X、痕迹工程师贺宏 X、技术员王远 X 等人。

现场勘验检查于 20XX 年 12 月 5 日 11 时 0 分开始，至 20XX 年 12 月 5 日 17 时 30 分结束。

现场地点：XX 银行 XX 支行崇凝营业所

天气情况：温度 -4℃；相对湿度 25%；风向偏西风；阴

勘验检查前现场的条件：原始现场√ 变动现场□

现场保护：王 X　李 X

现场勘查依法邀请　崇凝营业所所长闵超 X　作为见证人

现场勘验检查利用的光线：自然光√灯光√

现场勘验检查指挥由和生 X、李志 X 担任。

勘验检查情况：现场位于崇凝街道中北排，XX 银行崇凝营业所坐北面南，西临巷道，东临医院。院子东西宽 23 米，南北长 3.2 米，靠街道有 7 间两层楼房，楼房北有一空院，靠北墙东侧有 4 间平房，平房西侧靠西北墙角有一厕所，院中靠西墙有一双扇大木门，门后距地面 1 米处安有钉锦，完好无异常。院内四周墙未发现攀登印痕。

楼房下层西头三间为营业室，南北长 7.8 米，东西宽 10.5 米。北墙中间有一双扇内开木门完好；南墙上有一营业大门，大门北 1.5 米有一东西铁栅，铁栅两头有一栅门均完好；靠铁栅有一东西柜台，柜台北侧中间对面放有三张桌子，桌面上放一把未锁的华山牌铁锁，桌子抽斗加锁完好。四周窗子关闭完好。

营业室东墙中间有一通东侧4间职工宿舍的过道，过道宽1.5米；过道北侧西头第一间面朝南，安有单扇木门，关闭完好。东侧3间面朝北院。过道南侧西头第一间为金库，北墙上距西墙1.5米处安一单扇内开木门，宽80厘米，高190厘米，门未关闭，暗锁未发现破坏痕迹。门框上部有一宽80厘米、高40厘米内开玻璃窗，窗外钉有窗纱，窗纱撕开25厘米缝隙，三枚图钉脱离窗框；窗子框右角处放门上钥匙一把，绑有细线绳，绳头掉窗框外15厘米，窗框灰尘未发现异常。门内窗框下沿装有报警装置。

室内东西宽3.2米，南北长5米，西南墙角南北方向支一双人床，被褥叠放整齐，被子上斜放女式呢子大衣一件。东南墙角西北放有一头沉桌子一张，加锁完好。西北角面东支有两只木箱，加锁完好。南墙中间安一铁齿木窗，关闭完好。靠东墙距北墙40厘米处有一宽85厘米，高200厘米的单扇内开铁皮门，门框门扇用三角铁、铁皮焊制；门坎西靠门坎中间部位有一长6厘米缝衣针，靠门坎北下角在20厘米×30厘米范围内的地面上散落有锁弹子六枚，不规则的铝封芯两小块，弹子簧两节，其中一节镶有一长0.3厘米圆锥形铁器断头（均提取），地面上散落有新鲜烟灰。北侧门框距地面1.0米处、1.3米处有两个钉锔孔，相对应的门扇上距边沿5厘米处焊有两个钉锔环，下部钉锔座右下方5厘米处有一右上左下由下向上撬压擦划印痕，擦痕起端宽0.2厘米，止端有一宽0.08厘米、长0.4厘米的压痕，印痕长0.5厘米（已拍照提取）。

向东推门进入室内，室内东西长3.2米，南北宽2.1米，水泥地面粗糙。门坎正中向东1.1米处有一鞋子后跟印痕、呈横道花纹，宽6.5厘米，有四条横道花纹；突起花纹宽0.3厘米，凹陷花纹宽0.4厘米（已拍照提取）。距离墙5厘米、距门坎1.5米处地面上有长1.2厘米的螺纹纸烟头；烟头北地面上有脚尖朝西鞋印一枚，横道花纹不清；西北墙角放一绑纸条。靠东、北墙面南放一长1.4米、宽65厘米、高95厘米板柜，未加锁；柜扇斜靠在南侧保险柜上，柜面上靠北墙由东向西堆放有硬币数捆；硬币南放一钱盒，内放有二元、五分破纸币两捆；硬币西侧靠北墙放有五角纸币10捆。柜上中间部斜放一抽斗，内放有五元、二元、一分、二角破纸币。柜中堆有捆好的硬币、国库券（五元、二元、一元、五角纸币共19捆）未见翻动。

柜南侧30厘米处靠东墙放65厘米×65厘米×125厘米的保险柜，两把钥匙分别插在锁孔中，处于开的位置；拉开柜门，上层中放有五角新纸币3捆，计1500元；二角纸币1捆，计200元。其余无异常发现。

现场勘查

现场勘验检查提取痕迹、物证登记表

序号	名称	提取部位	提取方法	数量	提取人
1	XX牌烟头	营业室距离墙5厘米、距门坎1.5米处地面上	原物	1	贺宏X、皎正X
2	锁弹子	靠门坎北下角在20厘米×30厘米范围内的地面上	原物	6	贺宏X、皎正X
3	铝封芯	靠门坎北下角在20厘米×30厘米范围内的地面上	原物	2	贺宏X、皎正X
4	弹子簧	靠门坎北下角在20厘米×30厘米范围内的地面上	原物	1	贺宏X、皎正X
5	6厘米的缝衣针	门坎西靠门坎中间部位	原物	1	贺宏X、皎正X
6	工具断头	靠门坎北下角在20厘米×30厘米范围内的地面上	原物	1	贺宏X、皎正X
7	华山牌铁锁	营业室柜台北侧中间桌面上	原物	1	贺宏X、皎正X
8	工具撬压痕	北侧门框下部钉锔座右下方5厘米处	拍照	1	王远X
9	足迹	门坎正中向东1.1米处	拍照	2	王远X

现场勘验检查制图 <u>4</u> 张；照相 <u>54</u> 张；录像 <u>0</u> 分钟；录音 <u>0</u> 分钟。

现场勘验检查记录人员：

笔录人 <u>张X</u>

制图人 <u>文X</u>

照相人 <u>王远X</u>

录像人 <u>无</u>

录音人 <u>无</u>

现场勘验检查人员：

单位 <u>XX市公安局</u> 职务 <u>刑侦科副科长</u> 本人签名 <u>皎正X</u>（手写）

单位 <u>XX市公安局</u> 职务 <u>痕迹工程师</u> 本人签名 <u>贺宏X</u>（手写）

单位 <u>XX市公安局</u> 职务 <u>技术员</u> 本人签名 <u>王远X</u>（手写）

现场勘验检查见证人：

性别 <u>女</u>，年龄 <u>42</u> 岁，住址 <u>XX市XX区XX小区12-2-1</u> 签名 <u>闵超X</u>（手写）

XX市公安局
20<u>XX</u>年<u>12</u>月<u>5</u>日

第三节　现场绘图

一、现场图的种类

根据侦查工作的需要，因图的内容、绘图方法和表现手法的不同，可把现场图分为若干种类。了解和掌握不同种类的现场图的特点和作用以及其表现能力的强弱，就能够在勘验检查现场时根据现场实际情况灵活加以选择，绘制出侦查、审判工作所需要的现场图。

1. 按现场图表现的对象和所包括的范围划分

按现场图表现的对象和所包括的范围划分，可将现场图分为现场方位图、现场全貌图和现场局部图。

（1）现场方位图。

现场方位图是用以表示现场地理位置和周围环境以及与现场有关的场所，遗留有痕迹和其他物证的地点，犯罪嫌疑人来去现场的道路和方向等的图形。现场方位图应画多大范围和应包括些什么内容，要根据现场的情况，在绘制之前对现场进行总体观察，以做到心中有数。如果一个案件有几个现场，还应弄清现场的位置和它们之间的关系。

现场方位图表现的范围一般都比较大，以概括现场具体位置和周围环境，表现现场区域范围。因此，现场方位图应采用俯视的方法进行绘制。如果现场范围特别大，欲采用平面的形式，可索取地图、行政区划图，市区、城镇、厂矿、机关、学校的地形图、区域图，以及农村社队建设规划图，加以添补修改，还可以扫描、复印和翻拍。

（2）现场全貌图。

现场全貌图主要用于反映现场全貌及现场内部情况。其内容是以发案地点为中心，把现场范围与案件有关系的物品，被侵害对象的形态、位置、各种痕迹和遗留物，以及它们相互之间的距离详尽地反映出来。如系室外现场，要反映现场内部的地形、地物和与犯罪有关的痕迹、物品及其分布情况等。

（3）现场局部图。

现场局部图是反映现场重点部位的痕迹、物品的分布位置、相互距离关系以及被侵害对象特点的图形。在许多情况下为了突出现场细小痕迹、物品的特征，还可以用特写的形式将重要痕迹、物品描绘于方位图、全貌图、局部图之中。

2. 按现场图所采用的投影原理及表现方法划分

按现场图所采用的投影原理及表现方法划分，可将现场图分为平面图、立体图、立面图、剖面图、速写图、综合图。

（1）平面图。

平面图采用正投影（正俯视）原理绘制，它一般只反映描绘对象一个面的情况。除了一般意义上的平面图外，还有展开图、等高线平面图等几种特殊的平面图。

（2）立体图。

反映物体三维空间（长、宽、高）的图就是立体图。立体图又可分为轴测图和透视图。轴测图采用轴测投影原理绘制，它可以同时反映描绘对象水平面、正立面和侧立面的情况，是一种较简单的立体图。透视图采用中心投影原理绘制，也可以同时反映描绘对象三个面的情况，画法较为复杂，具有形象、生动、逼真的特点。

（3）立面图。

现场立面图是绘图人利用平面图的形式，采用平视的方法描绘立体物正对绘图人的一面。这种绘图方法与平面图一样，线条简练明快，易于掌握，但又比平面图更生动、直观。通常在表现物体外形或立面上的痕迹物证时采用。

（4）剖面图。

剖面图就是利用剖切的方法制作的图形。它的作用是切除与案件无关的而又遮挡视线的某一部分建筑、地物、物体，从而暴露出现场内部各种关系以及现场同外界的关系。现场剖面图主要用于贯穿性现场，反映现场楼上楼下、室内室外、地面地下等的联系。

剖面图和立面图正好相反，立面图表现的是物体外貌，人眼观察到的物体和图上表现的一样，剖面图则是反映表面难以见到的物体，要通过剖析才能见到。

（5）速写图。

现场速写图是以简练、生动的线条，迅速勾画出现场物体形象的一种绘图形式。一般在以下三种情形下采用：①现场范围过大或所表现的客体物过小；②光线过暗、过于狭窄无法拍照；③现场用其他图难以表现或受时间限制需迅即完成。

（6）综合图。

综合图就是将前面所述的绘图形式，用两种或两种以上的表现方法综合在一起来表现现场情况。把现场状况从室内至室外，从平面至立体层层概括反映出来。综合图是对一些环境复杂、案情重大的案件的最有效的表现方法。综合图对技术水平要求较高，因此，应注意在掌握前面几种绘图方法的基础上学习综合图的绘制。

3. 按现场图是否按比例绘制划分

按现场图是否按比例绘制划分，可将现场图分为比例图、示意图、比例示意结合图。

（1）比例图。

比例图是严格按照一定倍数关系，缩小或放大描绘对象而绘制的。

（2）示意图。

示意图与描绘对象实体之间不是完全严格按照比例绘制，它只大概反映描绘对象。

（3）比例示意结合图。

比例示意结合图一般是现场中心部位较小范围按比例绘制，而现场外围较大范围按示意图的方式绘制。

二、现场绘图的基本知识与通用图例

（一）测绘现场的方法和工具

1. 测绘现场的方法

为了绘制出适用的现场图，可根据现场具体情况，结合案件性质和工作需要，灵活运用以下三种测绘现场的方法。

（1）尺测。

尺测就是用钢卷尺或皮尺对与犯罪有关的痕迹、物品的具体长、宽、高，进行实地测量，并按一定的倍数放大或缩小，准确地绘在图纸上，即比例图。这种方法适用于对室内现场和室外现场局部的测绘。

（2）目测。

目测主要是根据个人的视力条件，结合日常的经验，对现场进行测绘的方法。使用目测绘制示意图时，可参考一定的数据。

（3）步测。

主要是根据个人迈步的长短，结合日常走路习惯，锻炼成的一大步一米或两小步一米，并对现场进行测绘的方法。这样边巡视现场，边可量出绘制室外现场图所需的大概数据。

2. 测绘现场的工具

测绘在很多时候是绘制现场图的前提和基础。传统上现场勘查工作中的现场绘图

现场勘查

人员会利用卷尺、量角器等进行测量和计算转化；在精确度要求不高的情况下，也可结合现场实际状况进行目测、步测。当前，在现场勘查的实践中，一些专门性、便携化的测绘工具被应用于现场绘图，不仅大大减少了绘图测量的工作量，也提高了测绘及现场图绘制的精确性。目前，常用的现场绘图测绘工具主要有激光红外测距仪和红外线水平仪两种。

（1）激光红外测距仪。

测距仪作为一种精密的测量工具，已经被广泛地应用于包括现场勘查在内的各个领域。目前常用的测距仪是激光红外测距仪。激光红外测距仪使用调制的红外光进行精密测距，测程一般可达到1—5公里。

现场勘查中，不论是测距范围较小的室内现场，还是范围较大的室外现场，一般的激光红外测距仪都能满足需求。其中，手持激光红外测距仪（图11-1）的测量距离一般在200米内，精度在2毫米左右，是目前使用范围最广的激光红外测距仪，其在功能上除能测量距离外，一般还能计算被测量物体的体积。望远镜式激光红外测距仪（图11-2）的测量距离一般在600—3000米，这类红外测距仪测量距离比较远，但精度相对较低，一般在1米左右，主要应用于野外现场的长距离测量。

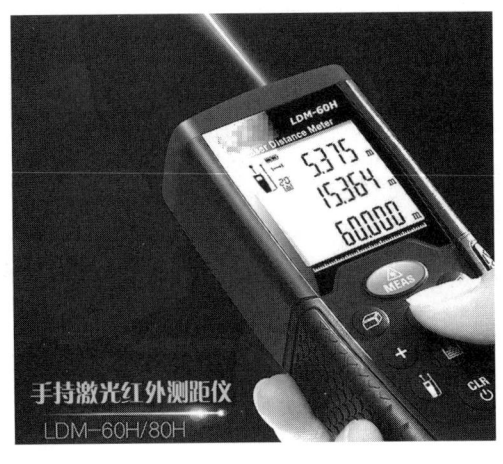 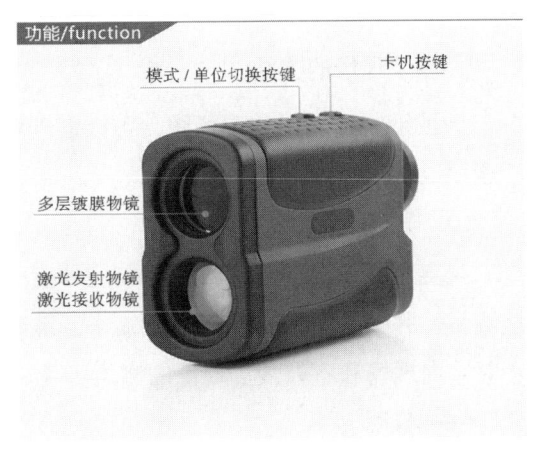

图11-1　手持激光红外测距仪　　　　图11-2　望远镜式激光红外测距仪

（2）红外线水平仪。

红外线水平仪作为测量工具，应用在道路工程、机械测量、建筑工程、工业平台、石油勘测、军工、船舶以及其他需要重力参考系下的倾角或者水平的情况。在使用的时候水平仪可检验检测物表面或平板是否水平，以及测知倾斜的方向与角度的大小。现场绘图中，我们可以利用红外线水平仪测知现场内某些平面的倾斜度，以便精确地绘制现场图，从而提升对现场现象的理解与把握。

（二）通用图例

下面提供一些通用图例供读者参考，详见图 11-3 至图 11-12。

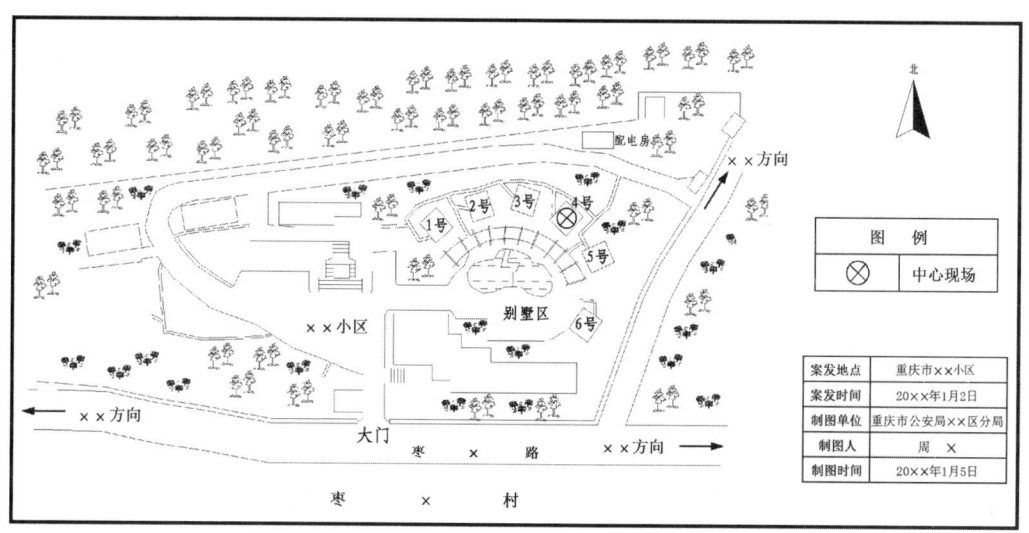

图 11-3 "20XX.1.2"重庆市 XX 小区抢劫强奸案现场方位示意图

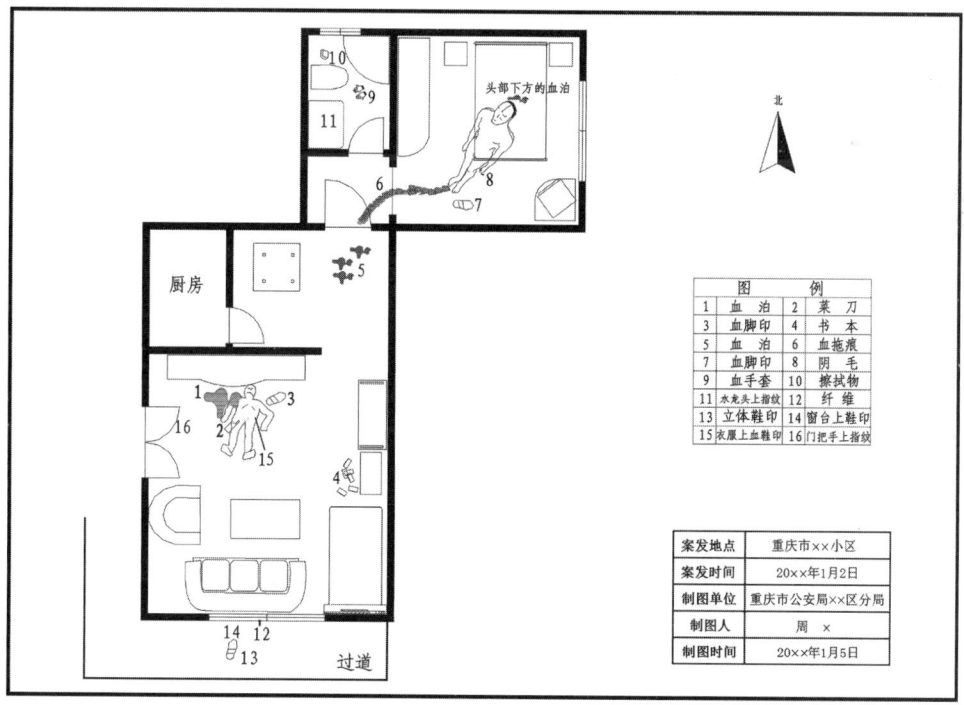

图 11-4 "20XX.1.2"重庆市 XX 小区抢劫强奸案现场平面示意图

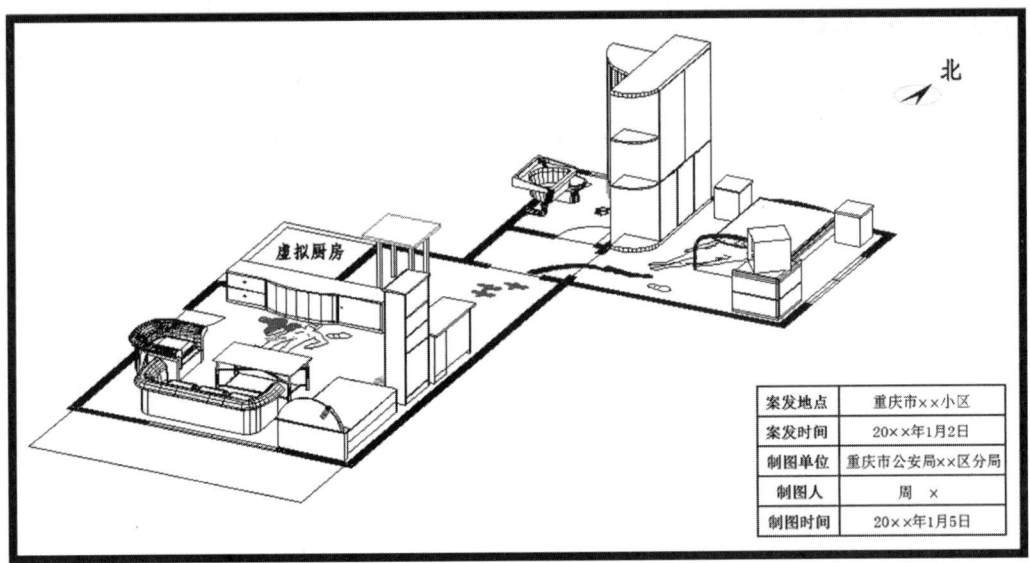

图 11-5 "20XX.1.2" 重庆市 XX 小区抢劫强奸案现场立体展开图

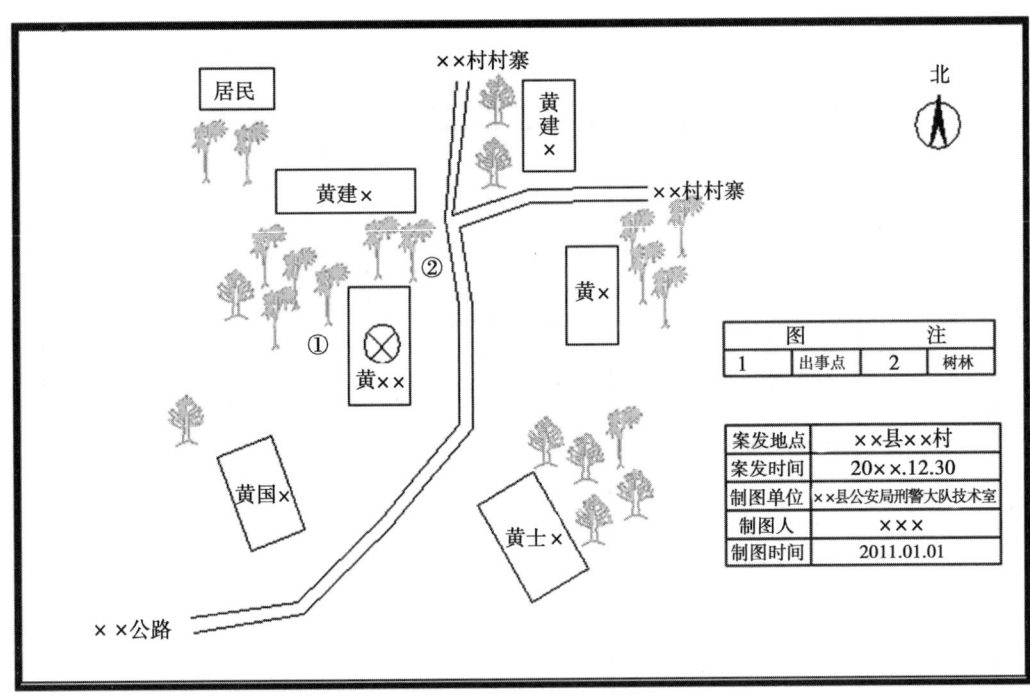

图 11-6 "20XX.12.30" XX 市 XX 县 XX 村四组黄 XX 故意伤害案现场方立图

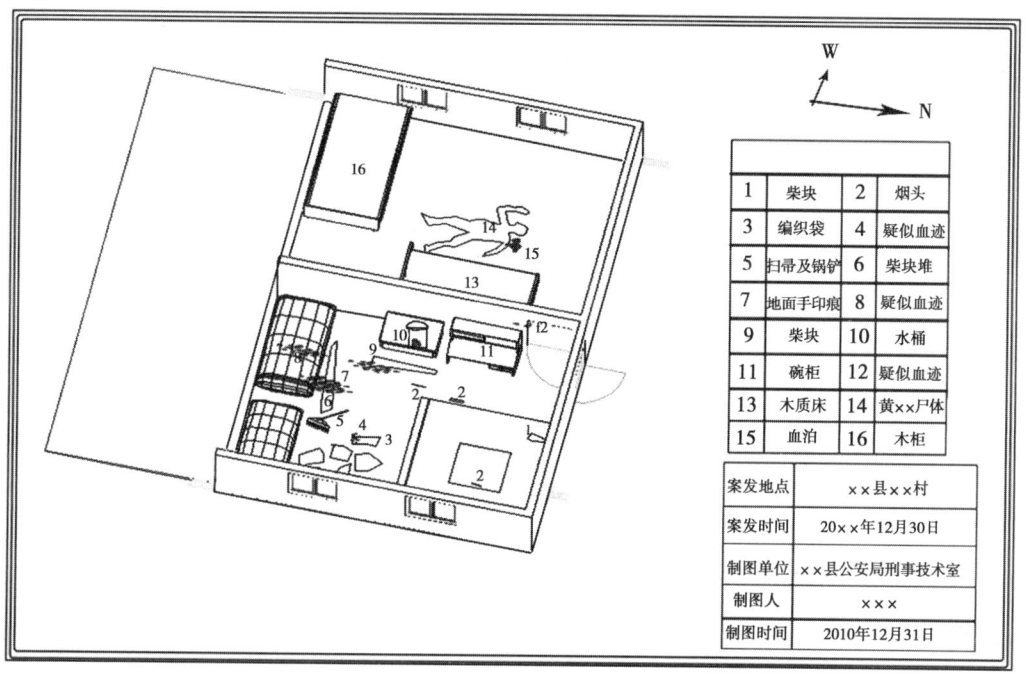

图 11-7 "20XX.12.30" XX 市 XX 县 XX 村四组黄 XX 故意伤害案中心现场立体图

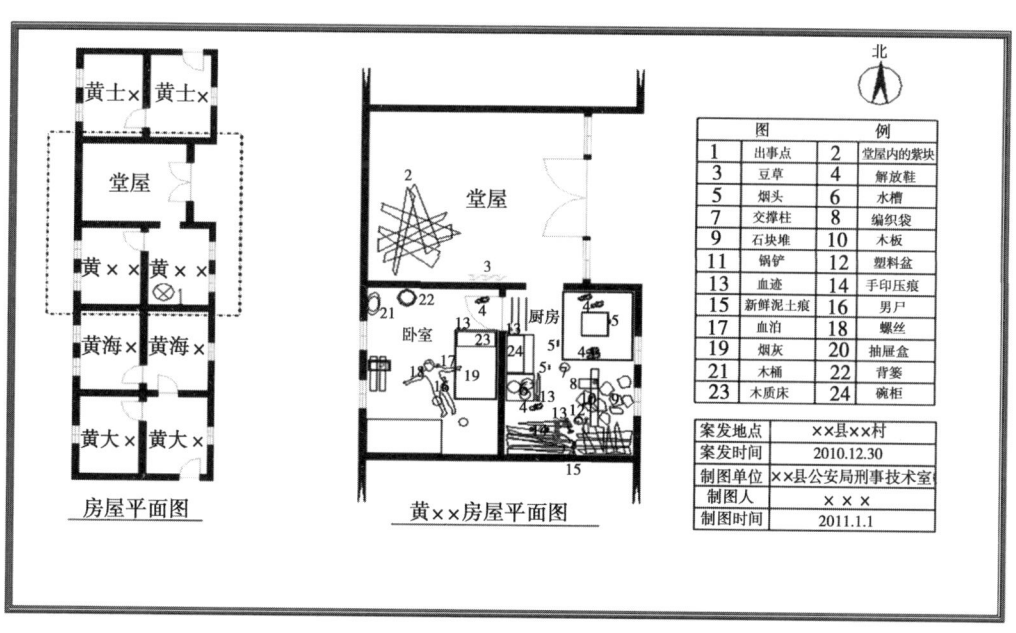

图 11-8 "20XX.12.30" XX 市 XX 县 XX 村四组黄 XX 故意伤害案现场平面图

现场勘查

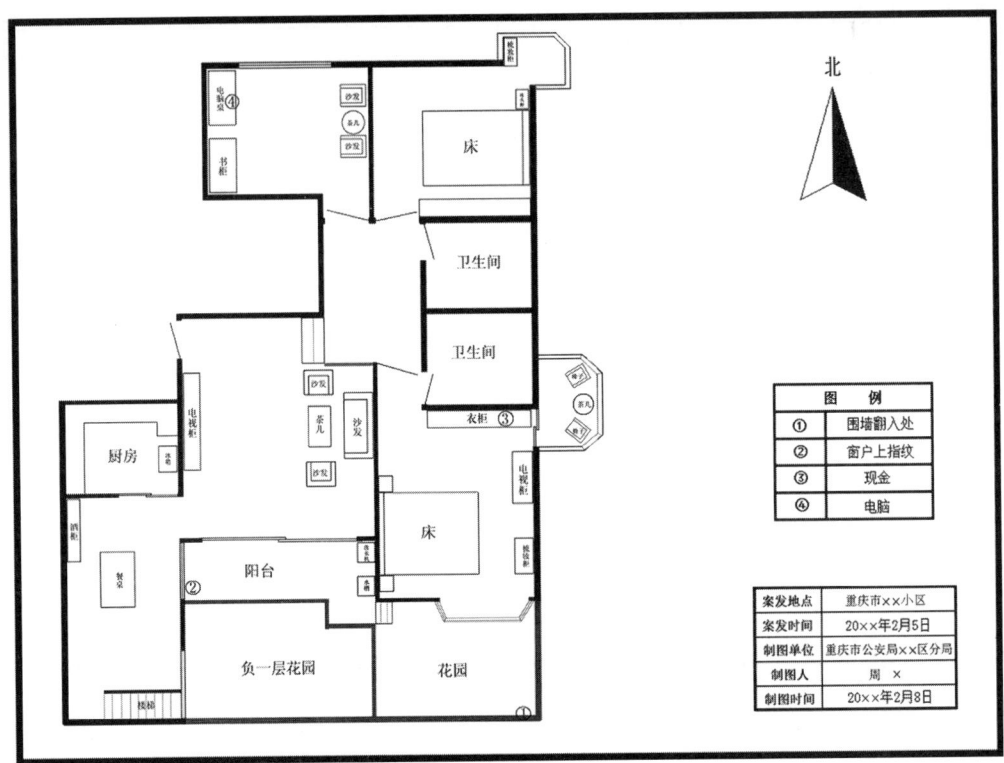

图 11-9 "20XX.2.5" 重庆市 XX 小区抢劫案现场平面示意图

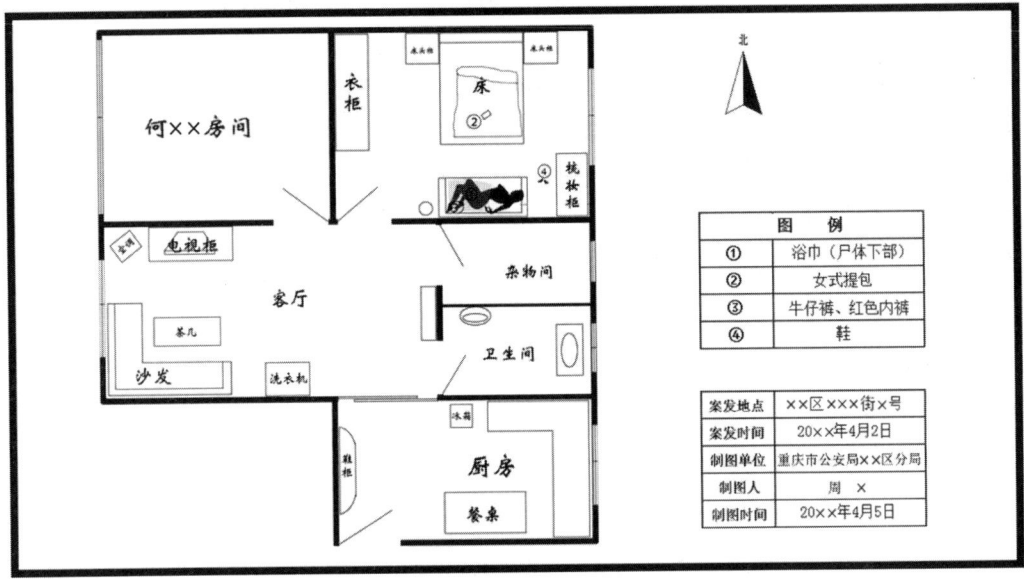

图 11-10 "20XX.4.2" 重庆市 XX 区 XXX 街 X 号唐 X 被杀案现场平面示意图

第十一章 现场勘验检查工作记录

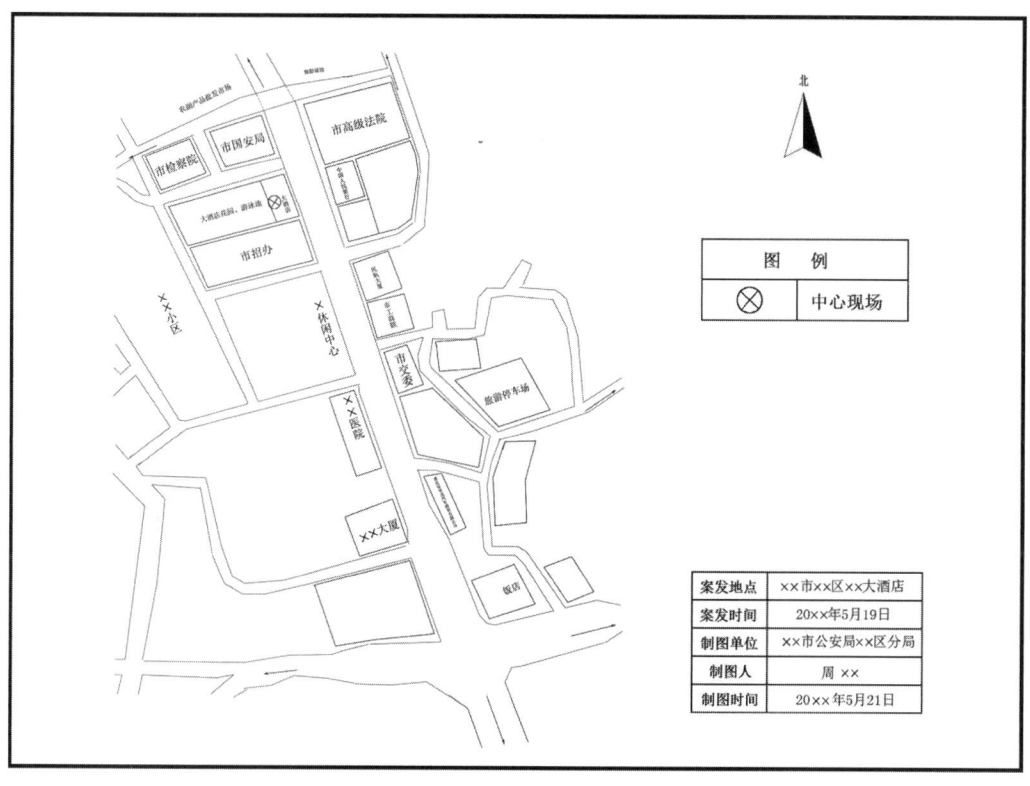

图 11-11 "20XX.5.19" XX 市 XX 区 XX 大酒店杀人案现场方位示意图

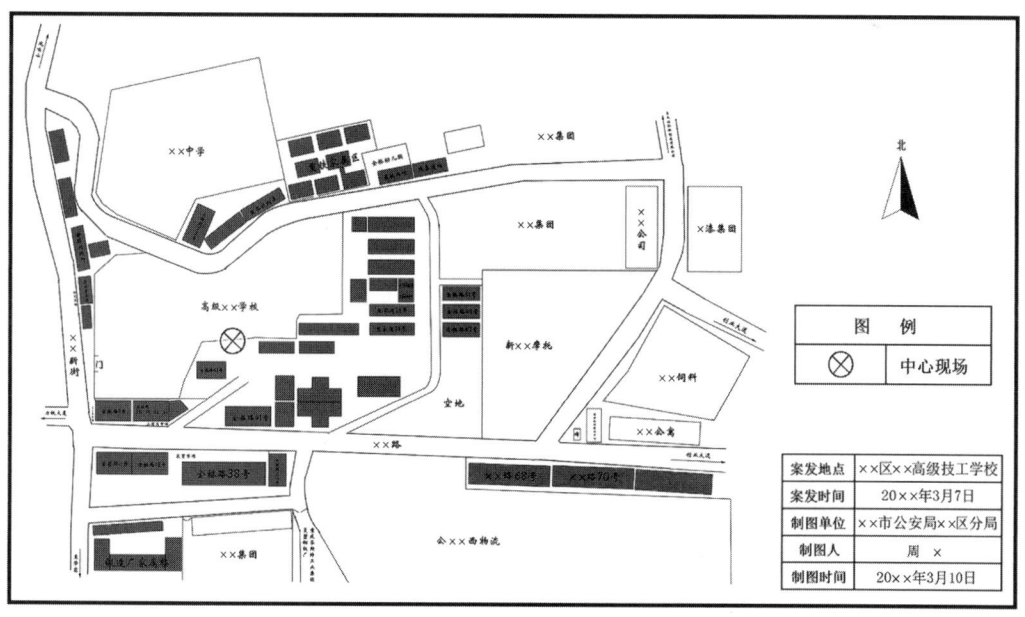

图 11-12 "20XX.3.7" XX 市 XX 区 XX 高级技工学校故意伤人案现场方位示意图

（三）现场绘图的原理

生活中常会发生这样的现象：光线照射物体，在墙面或地面上产生影子，当光线照射角度或距离改变时，影子的位置、形状也随之改变，或者光线不变，物体的位置、角度发生变化时影子也随之改变。人们从这些现象中认识到，光线、物体和影子之间存在一定的内在联系。绘图原理就是从这些现象中总结出来的一般规律。在绘图中，光线的线被称为投射线，落影平面被称为投影面，产生的影子被称为投影图。

投影一般划分为中心投影和平行投影两大类。由一点投射出的射线产生的投影叫中心投影，即透视投影。由平行投射线所产生的投影叫平行投影。平行投影又可分为正投影和斜投影，运用正投影原理可制作现场平面图。此外，借助正投影和斜投影还可画出一种简单的立体图，即轴测图，其运用的原理称为轴测投影原理。

1. 正投影原理

（1）点的正投影仍然是点。

（2）直线的正投影分三种情况：如果直线垂直于投影面，其投影积聚为一点；如果直线倾斜于投影面，其投影图仍为直线，但长度缩短；如果直线平行于投影面，其投影图反映实长。

（3）平面的正投影也分三种情况：如果平面垂直于投影面，其投影图积聚为一条直线；如果平面倾斜于投影面，其投影图变形，面积缩小；如果平面平行于投影面，其投影图反映实际形状和大小。

2. 轴测投影原理

（1）轴测投影的概念。

用一组平行投射线将物体的三个面（或者三个坐标轴）同时投射到一个投影面上的投影，即称为轴测投影。根据投射线、物体和投影面的关系可分为正轴测投影和斜轴测投影。前者是投射线与投影面垂直而物体与投影面斜交所产生的投影；后者则是物体的某一个面与投影面平行而投射线与投影面斜交所产生的投影。其涉及的主要名词解释如下：

轴测投影面——承受投影的面。实际上是一个假想面，相当于图纸。

坐标轴——在空间交于一点而相互垂直的三条直线，用以确定物体在空间中上下、左右和前后的位置，即被投影物的长、宽、高三条棱线。

轴测轴——三条坐标轴在投影面上的投影。

轴间角——两条轴测轴之间的夹角。

（2）轴测图的特点。

①只有一组投射线和一个投影面。一个轴测图同时反映物体的三个方面和三条坐标轴。

②由于舞台与投影面的倾斜角度不同，或投射线与投影面的倾斜角度不同，同一物体有无数个轴测投影图。这同正投影的物体每一面只有一个投影图是有区别的。

③由于投射线是平行的，物体上平行的直线经投影后仍然平行。

④任何轴测图，凡物体上与三条坐标轴平行的直线尺寸，在轴测图中均可沿轴的方向量取；与坐标轴不平行的直线，其投影可能变长或缩短，不能在图上直接量取尺寸，而要先定出该直线的两端点的位置，再画出该直线的轴测投影。

⑤一条直线与投影面倾斜，该直线的投影必然缩短，因此坐标轴与轴测投影倾斜时，其坐标轴上单位长度的投影缩短，它的投影长度与其实长之比，称为轴向变形系数（简称变形系数）。在实际作图中，如果按变形系数制作十分麻烦，一般只选用简化变形系数或不予考虑。

3. 透视投影原理

（1）透视的基本概念。

当我们走在笔直的公路上，看到两旁整齐的房屋、电杆、树木越近越高大，越远越矮小，这就是近大远小、近清楚远模糊的透视现象。如果把这种近大远小感觉的景物采用几何作图法，在平面上把它表达出来，即为透视图。透视图也是一种投影图。这种投影图是以画者眼睛为中心投射的，因此又称为中心投影。景物的实际透视投影关系如图11-13。

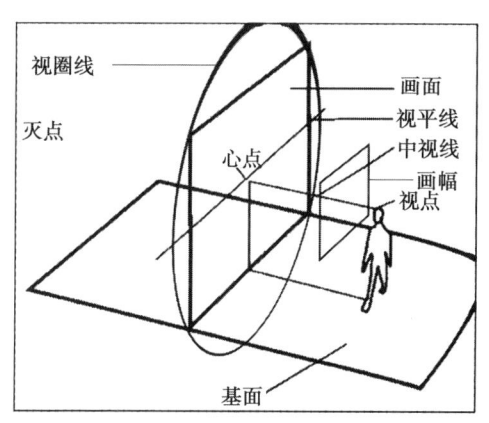 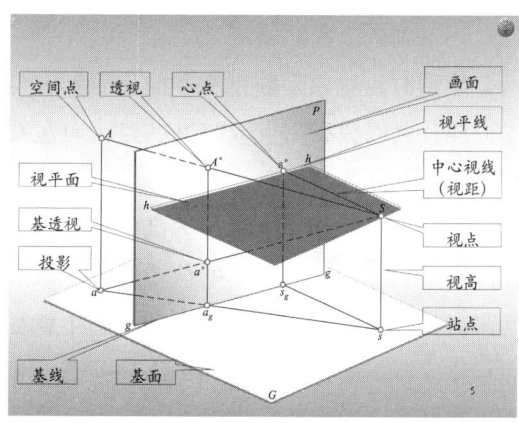

图 11-13　景物的实际透视投影关系

现将透视中的主要名词解释如下：

视点——画者眼睛所在的位置。

视域——眼睛看出去的空间范围，形如圆锥体。

中视线——视域圆锥体的中心轴，即视点到心点之间的连线。

画面——在作图时假设在空间的画图平面。

视圈线——视域圆锥曲面与画面的交接线。

画幅——在画面上60°视角的视圈线范围以内所选取的一块作画面积，它的边线起着取景框的作用。

心点——中视线与画面的交接点，中视线必须垂直于画面。

视平线——通过心点与眼睛平行的一条假想的直线。

视距——视点到心点的距离。

灭点——互相平行的直线，当它们不平行于画面时，投射成透视图要向远方集中于一点，此点称为灭点。

（2）透视图的分类。

透视图一般划分为平行透视图、成角透视图和倾斜透视图三种类型。分述如下：

平行透视图。即方形物体的一个面与画幅的水平外沿平行，与画幅水平外沿垂直的面近大远小，逐渐消失于视平线上眼睛正对的心点的透视现象。其特点是只有一个灭点（心点），只有一组线条发生透视变化。

成角透视图。即构成方形物体的可视角度的面与画幅水平外沿不平行而成一定角度，呈现的透视现象。其特点是有两个灭点，两组线条发生透视变化。

倾斜透视图。即方形体的三组平行线都一定程度地倾斜于画面，属在斜倾视或斜俯视时产生的透视现象。其特点是原来构成物体面的垂直直线都向统一方向集中倾斜，并有三个灭点。

（3）画者位置的确定。

绘图时，对象是静止不动的，而画者与对象的位置关系是可变动的。如同拍照取景一样，可以登高一点或蹲低一点，向左看或向右看，站前一些或靠后一些，这个过程就是画者位置的确定过程。

①高低的选择。画者位置高低的选择过程实际上就是视平线的确定过程。人眼在空间中上、下变动后停留的位置形成一条水平线，这条水平线无形中将空间分成上下两半。凡在人眼上方的物体，到了画中就在视平线下方，各不相犯。现场绘图时，可以根据实际需要来选择适当的纵向位置。相反，如果桌板底面有痕迹、物品，则应使视平线低于桌板底面。

②左右的选择。画者位置左右的选择过程实际上就是心点的确定过程。凡在人眼左边的物体，只能看到它的右侧面；凡在人眼右边的物体，只能看到它的左侧面；凡

在人眼正前方的物体,所能看到的只是一直立的线或面。在现场绘图中,也要根据有关痕迹、物品的不同情况来选择这种横向位置。

③远近的选择。画者位置远近的选择过程实际上就是视距的确定过程。视距的长度决定视圈线范围的大小。视距较长,画幅可放大,视距缩短,画幅必定随之缩小,因为画幅必须在视圈线之内。由于绘图往往是先知道画幅的形状与大小,并在画幅上定好了心点和视平线之后开始绘制过程的,这样就不能先定视距,要从画幅的大小与心点、视平线的位置出发,来计算视距的长度。然后根据视距测定物体的消失点,最终作出透视图来。

当画幅的形状与大小知道后,确定它的视距长度,可由心点到画幅最远角距离的二倍量得。若大于二倍更好,画出来的透视图更不容易出现失真现象。

三、现场绘图的基本步骤

1. 全面观测现场

在现场的观测中,对于明显的情况比较容易掌握,需要强调的是要特别注意对现场较隐蔽、较容易忽视的情况的观测。如平房顶部有无破损,楼房有无通向外面的垃圾道,室内天花板上有无通气口,现场附近的水池、茂密草木(可能留有痕迹、物品),等等。有关距离、位置的测定可选择前述测定方法进行。

2. 现场图种类的选择

一般来说,要全面反映现场情况,必须既要有方位图,又要有全貌图和局部图。而这三种图是平面图还是立体图、是比例图还是示意图,则根据需要灵活确定。平面图能准确反映有关客体的状态和位置,但直观效果差;立体图更形象直观,但表达准确性不足。比例图和示意图在表达力上有明显区别。一般来说,物体的整体情况、外观形象显得重要时,应画立体图;重要物体和空间位置关系应按比例来描绘。

3. 画面构思

现场图应该按照美观、简洁、层次分明、重点突出等要求来绘制。为此,必须注意所定比例适当,内容取舍正确,画面安排有序。就内容取舍而言,应着重保留与案件有关的、参照价值大的物体,去掉那些可能造成画面冗杂的无关物体。就画面安排而言,应考虑到人们的识读习惯,并将次要内容尽量压缩,以留出更大空间来安排实质内容。

4. 绘制草图

草图的绘制主要抓住以下三个要点:

（1）画面总体安排布局，速写现场及主要物体轮廓。

（2）记明有关数据。一般只记一个基数，同时记下物体长、宽、高比例。

（3）注意不要将方向搞混。

5. 加工、审核和定稿

草图经加工核对无误后，即可描上墨线。描墨时应注意保持画面整洁。描墨一般按下列顺序进行：

（1）先上后下，先左后右；

（2）先细后粗，先外后内；

（3）先曲后直，先图后字。

如果画错，不要急于修改，可等墨水干透后用刀片刮掉，也可用涂改液涂上。

四、现场勘查中手工绘图与计算机制图的结合

现场图是现场勘验记录的重要组成部分，借助于各类符号和文字说明，运用制图学的原理和方法，通过几何图形反映犯罪现场位置、周围环境、现场全貌、现场与犯罪有关的痕迹和物品的状态及其相互关系。现场绘图以其形象生动的特点为分析判断案情提供重要辅助，根据绘图工具的不同，现场绘图分为手工绘图和电脑绘图两种。手工绘图在过去的现场绘图中发挥了重要作用，但随着计算机等高科技工具的应用，这项技术在实际操作中被束之高阁。随后，手绘技术的落后、侦查人员对手绘技术的生疏等加剧了手工绘图的困境。但是手绘技术并非一无是处，计算机技术也并非十全十美，只有二者优势互补，分工明确，才能共同规范勘验技术，更好地促进侦查工作的开展。

1. 手工绘图在现场绘图中的优势

手绘技术在实践中面对新技术的冲击，使用频率有所下降，但其在有的现场勘查中仍会被优先使用。古往今来，手工绘图一直没有被时代的浪潮淘汰，在现场绘图行业中始终占有一席之地，靠的是其自身无法取代的优势。手工绘图的优势有以下三点。

第一，现场操作性强。手工绘图所需的工具较简便，如直尺、铅笔、画板等，且便于携带，受限制较少，不需要考虑使用条件，可在现场勘查中临场绘制，现场草图仍然需要手工绘制完成，及时描绘现场情况，辅助勘验工作。

第二，绘图基础性强。手工绘图的程序是大脑设计并指挥人用手画出来的；电脑绘图的程序是大脑设计或简易构思由电脑指挥绘图仪按坐标绘出来的。手工绘图是电脑绘图的基础，电脑绘图只是将绘图工具变成了一套更便于使用的系统。换言之，电脑绘图是将数字转变成图形的过程，成品固然同样是优质的，但缺乏了手工绘图中绘

图人的艺术手法和情感投入，从而显得缺乏艺术性且死板。不论绘图工具改变多少，规范要求和对绘图人整体思维的考察都是始终如一的，所以绘图人扎实的基本功对于计算机技术的应用同样不可或缺。

第三，适用范围广。由于电脑绘图和平板绘图等技术投资略高，野外作业速度也低于手绘草图的方法。另外，考虑到电脑、平板在恶劣条件下可靠性差、携带不方便等缺点，在爆炸、火灾等现场破坏性强的特殊案件中手工绘图更适用。这样可以直观绘制现场细节，充分还原现场破坏情况，快速完成绘制要求，辅助现场照相、现场录像等其他现场勘验手段重现现场。

2. 手工绘图相较于电脑绘图的劣势

当然，手工绘图也有其局限性。具体而言，手工绘图和电脑绘图相比有如下劣势。

第一，绘图功能欠缺。电脑绘图系统中储存有多种绘图所用图示，按照现场方位物件摆放等重要信息，即可选用合适图示填充绘图。并且电脑绘图系统在不断更新，现只需提供现场建筑、室内外物品、工具、痕迹物证、尸体以及其他与现场有关物体的具体位置和相对距离等具体数据，电脑绘图系统即可自动绘制方位图、平面图、立体图和透视图。电脑绘图中还可根据需要随意更改角度、方位、视角，任意缩放比例，进行多次绘制和修改。手工绘图虽有图示规范，但由于绘图人审美和绘图技术的限制，手工绘图具有很强主观性，需要绘图人仔细观察物品，细心绘制，尽量精确比例，还原现场。按照现场绘图要求，绘图需使用黑色碳素笔，绘图中对绘图人技术要求较高，无法随意修改。

第二，绘图速度慢。运用电脑绘图系统，绘制一张平面图或方位图平均只需20—30分钟，绘制完整的方位图、平面图和立体图至多需要2个小时，是手工绘图速度的几十倍，这大大提高了现场勘查的速度。手工绘图速度与绘图人经验成正比，但平均一张现场图的绘制均在几小时以上。

第三，绘图误差大。电脑绘图系统素材库建立了完整的适用于各种刑事案件的图示库，绘图人可任意选取、添加、修改，几乎满足所有绘制要求；且系统操作界面简单易懂，文字加图形的工具标示，符合绘图人的日常习惯，鼠标键盘结合操作灵活方便，比例精确，画面清晰，更利于绘图人熟练掌握与应用。手工绘图对绘画技术要求高，需要绘图人有一定的绘画基础和理论研究。因为个体理解差异，手工绘图的直观性存在区别，比例、外形、轮廓等元素都需要人工测量，难免出现大的误差，导致现场图效果参差不齐，无法保证每位绘图人都能画出符合要求的现场图，一定程度上影响了现场勘查的进度和效果。

第四，绘制成本高。电脑绘图在实际现场中临场操作条件受到一定限制，故现场草图部分仍需手工绘制完成，之后再使用电脑绘图系统补充完善现场图。在专业绘图软件应用熟练的前提下，工作难度大大降低，并且实行的电子化存储方式节约了绘制成本，不断模拟最终效果，随用随取的移动化方式同样节省了办公精力。手工绘图则是在完成现场草图的基础上，在后续工作中再进行正图绘制，但由于绘制需要逐一测量、描绘，尤其是现场立体图、现场透视图，其技术要求高，绘图工作量和难度大，需要大量的笔、纸、橡皮等绘图工具，一定程度上增加了绘制成本，影响分析案情的速度，使勘验工作效果大打折扣。

3. 优化手工绘图和电脑绘图组合，提高现场绘图的整体效能

技术的发展并不代表旧技术的完全摒弃，电脑的数字化限制了人类大脑的积极性，如使用电脑的建模、贴图等功能阻碍了人的主观能动性。电脑对现场绘图所展现的特殊作用无法否认，但是同样，手工绘图依然很重要。坚持的前提是有所创新，如果沿袭以往陈旧的规则，手工绘图注定会被高效便捷的电脑绘图完全取代。电脑绘图的优势明显，技术带来的创新在现场勘查中是一种革新力量，必须充分地加以利用。因此，在现场绘图的实践中，应注重发挥二者各自的优势，形成最优化的现场绘图组合。

我们认为，目前手工绘图在绘制现场草图和绘制特殊场景下的现场图时仍有其不可替代的价值。在绘制现场草图方面，勘验人员到达现场后需要快速、及时地固定现场状态，特别是现场证据。手工绘图具有全局性、灵活性特点，现场照相、现场录像尽管画质清晰，但一般都只能作为局部记录的方式。这时，相比于电脑绘图，具有丰富经验和高超绘画技巧的勘验人员的现场手工绘制草图则体现出在速度、大局观等方面的优势。手绘草图能为后期正图的绘制打下基础。另外，面对一些特殊场景的现场，电脑绘图就会面临因模式固定的绘制困境，如野外高原、河流、丘陵等地理环境，由于操作过于复杂，图示库不完备，电脑很难形象地绘制出立体现场图。但手工绘图可以弥补这一缺陷，其可以更为灵活、形象地绘制现场构造，重建现场，全面反映现场全貌，更好地辅助勘验工作。

当然，不同绘图技术和方法在绘制现场图方面各有优势和不足，在绘制现场图的过程中，应当根据现场环境的状况、现有的资料、办公条件以及案件要求选择合适的技术和方法，快捷、准确、规范地绘制现场图。

现有的电脑绘图方法有利用 Word、Excel、专业绘图软件等进行绘制，这些方法中的技术功能接近，可用于绘制现场全貌图、现场方位图、现场平面图、现场立体图、现场透视图等，绘制技术较之前有大大提高。但另一方面，利用 Excel 等表格软件绘制现场图的不足在于无法绘制比例图，只能绘制一般的现场示意图，无法满足精确反映现场大小，物品、痕迹等的尺寸的要求。在野外案件中绘制现场图时，尤其是立体图，专业绘图软件操作过于复杂烦琐，对于绘制野外现场图所需的功能和比例有所缺乏，完成难度较高，故专业绘图软件并不是绘制野外现场图的最佳方法。

总之，手工绘图可以充分发挥自身优势，在现场绘图中辅助电脑绘图，例如，绘制清晰草图，便于后期使用电脑绘制正图；与电脑绘图相互配合，发挥补充完善的作用。对于正图绘制工作量大、耗费时间长的情况，如果不是特殊现场，完全可以由专业绘图软件完成，手工绘图只需要完成前期工作。勘验的主要任务是利用最短的时间找到最多的线索，在存在更高效便捷技术的前提下，不必故步自封、一味坚持手工绘图等传统技艺，融会贯通是发展的必要条件。当目的确定时，选择合适的方法往往可以事半功倍。

第十二章　实地勘验后的处理

实地勘验后的处理是指对实地勘验带来和遗留的某些问题和情况作出的处理决定和进行的处置的总称，简称为勘后处理。勘后处理是实地勘验的一项必经程序，它与实地勘验前的巡视现场，确定勘验顺序、范围、重点以及具体的勘验过程组成一个完整的实地勘验。从性质上看，勘后处理属于一种总结性的工作；从具体内容上看，勘后处理属于一种扫尾性、处置性的工作，它主要是对实地勘验带来和遗留的某些问题和情况进行处理和解决。勘后处理一般由实地勘验（或现场勘查）的指挥人员负责进行，必要时，也应取得侦查人员、保卫人员和其他有关人员的配合和支持。

第一节　勘后处理的作用

一、体现实地勘验的完整性

实地勘验工作是一个系统工作，从完整的意义上讲，它应由实地勘验前的巡视现场，确定勘验顺序、范围、重点；具体的勘验过程；勘后处理三部分组成。第一部分是勘验前期工作，其目的主要在于使具体勘验能更顺利、更准确、更快捷地进行，为具体的勘验提供方向、目标和某些行动规则。第二部分是勘验的中心阶段，这一部分的工作重点在于寻找、发现与犯罪有关的痕迹、物品。第三部分则是勘验的结尾阶段，在前一阶段发现、获得的痕迹、物品和有关情况，需要在这一阶段进行采集、汇总、登记；对于勘验后遗留下来的诸如现场本身或其他物品，需要在这一阶段及时做出处理决定和进行处置。实地勘验的这三部分缺一不可。如果缺少勘验前期的工作，忽视了对现场的巡视和观察，则实地勘验终究会方向不明、重点不清。如果缺少勘后处理这一部分的工作，则实地勘验带来和遗留的问题就得不到及时的解决，实地勘验的整体效果就得不到保证。由此，从工作阶段上看，勘后处理是实地勘验工作中的一个部分，它体现了实地勘验工作的完整性；从工作内容上看，勘后处理保证了实地勘验发现的痕迹、物品能及时有效地得到提取和保存，能及时地解决实地勘验带来和遗留的问题，它是实地勘验工作取得较好成效的重要保证。

二、能及时有效地发现具体勘验中的错误和遗漏

由于很多客观原因及勘验人员的主观原因，具体勘验过程中往往会出现这样或那样的错误和遗漏。通过勘后处理，常常能及时地发现这些错误和遗漏，如通过勘后处理中的采集、汇总、登记等具体工作，就可及时地发现诸如是否有应该存在于现场的痕迹、物品却没有收集起来的情况；已收集的痕迹、物品在量上和质上是否达到了一定的要求；现场图和现场照片是否按照要求制作，其在种类和数量上是否完整；等等。

三、能有效地解决具体勘验后存在的某些问题

具体勘验工作完成后，往往会带来或遗留下一些问题，如现场本身，现场的尸体，已发现并已被提取或尚未被提取的各种痕迹、物品，以及在某些实地勘验中会遇到的犯罪嫌疑人等，这些问题解决与否和解决的好坏常常会影响实地勘验工作本身，也会影响整个现场勘查工作的质量和效果，有时甚至还会影响整个案件的侦查工作。这些问题有的比较简单，而有的则比较复杂，解决起来比较棘手。比如，某些现场的第一次勘验由于种种原因没有取得理想效果，尚需再次进行勘验而需要保存现场，但现场所在地点和环境又不允许其长久保存的，该如何解决。又如，需要提取的某一物品涉及国家重要机密，或是个人的重要生活用品，又该如何解决等。这些问题都要通过勘后处理，经过认真地分析、权衡和协调，最后由指挥人员作出判断，使其最终得到较好解决。

第二节　勘后处理的具体内容和方法

一、对现场本身的处理

经过实地勘验后的现场，由于具体情况、原因的不同及侦查工作的需要与否，在处理上一般会出现三种决定形式，即不保留现场、继续保留现场及部分继续保留现场。具体处理时，应根据实际情况加以正确的选择。

1. 不保留现场

对于经过实地勘验，认为已经完成了勘验的预期任务，在勘验中已发现、获得了认为应该获得的痕迹、物品；现场较为简单且从侦查工作的需要考虑，认为没有必要

再保留该现场的，就可作出不保留现场的决定。不保留现场的决定作出后，可用以下方式对现场进行处理：

（1）清扫现场。对于某些有大量血迹、毛发，或杂乱的物品残渣、碎屑的现场，可用清扫的方式进行处理。

（2）撤销警戒。对于某些在勘验时设置了警戒线或警戒范围的现场，在勘验结束作出不保留现场的决定后，就应立即撤销警戒，以使该地区的生产、生活秩序恢复正常。

（3）恢复原状。对于某些在勘验时环境、物品的变动较大的现场，在作出不保留现场的决定后，应该让侦查人员或是参加勘验的保卫人员协助现场所在单位或事主，对被变动的现场进行恢复。

2. 继续保留现场和部分继续保留现场

对于经过实地勘验，认为没有完成预期的任务，或是没有发现和获取应该存在于现场的某种痕迹、物品，或是因侦查工作需要而继续保留现场，以便再进行实地勘验的，就应作出继续保留现场或部分继续保留现场的决定。这种需要继续保留现场或部分继续保留现场的情况在实践中主要有以下四种：

（1）勘验人员主观上的原因，如工作不认真、不细致，导致应该被发现、收集的痕迹、物品没有被发现、收集，勘验工作没有完成预期的任务。

（2）某些现场范围较大，或是现场情况复杂，需要勘验的事物很多，客观上导致了一次勘验难以全部完成的结果，如某些爆炸案件现场，其面积可达数百或数千平方米，现场痕迹物品也数不胜数，相当复杂。

（3）某些现场经过勘验后，发现有部分特殊的现场现象不能得到合理的解释，或是勘验人员对现场及现场现象有怀疑，但一时又难以搞清楚的。

（4）由于侦查工作的需要，需保留现场的。特别是对于某些案情比较疑难，或是案情比较重大，或是影响较大的案件现场，在勘验后，应认真考虑是否需要保留现场，以免留下侦查工作出现僵局需要重新勘验现场，而现场已不复存在的遗憾。

对作出继续保留或部分继续保留决定的现场，应指派专人负责进行，要明确保护任务，落实保护措施，同时要将继续保留现场的决定通知现场所在地的单位领导和事主，以取得他们的配合和支持。对于需部分继续保留的现场尤应注意保护方式，要正确划分保留区和不保留区；对不需要保留部分恢复原状，撤销警戒或恢复生产、生活活动的，应注意不能由此而破坏、影响需要保留的部分。

对现场的勘后处理中还有一种特殊情况，即边勘验、边处理，其在处理的时间顺序和工作顺序上表现出特殊性。如果现场所在地段正好是交通干线，实地勘验中必要的警戒必然会引起车辆的大量堵塞，严重影响交通、生产秩序，对于这样的现场，应首先勘验交通干线这一部分，一旦这一部分勘验完毕，就应立即作出处理决定恢复交通，而其他部分的勘验则可随后进行。

二、对现场痕迹、物品的处理

对在实地勘验中发现并已提取的痕迹、物品，或认为是需要提取但尚未提取的痕迹、物品，也应在勘后处理中作出处理决定。对于已提取的痕迹、物品，要妥善保护、包装、运送，并指定专人保管，以免损坏、丢失；对于需要提取但尚未提取的痕迹、物品，要填写提取清单，由勘验人员和指挥人员签名，并向主管单位和事主出具收据。

在对现场痕迹、物品的处理中有以下三种特殊情况：

（1）需提取的物品是某种危险物品，如爆炸、放射、剧毒、易燃等物品，对上述物品的提取，一般应指派专门人员进行，以免造成不必要的伤害。在提取过程中，应小心谨慎，认真负责，以免出现严重的后果。

（2）需提取的物品涉及党和国家机密，如某些文件、会议记录、重要资料等，在提取这类物品前，应和主管部门或单位取得联系，并进行协商，在不违背法律、法规的前提下进行提取。一旦提取后，应注意严格保密，并指派专人负责保管。

（3）需提取的物品是企事业单位的重要生产用品或是公民个人重要的生活用品，提取后可能会对其生产、生活产生较大影响的，应与企事业单位的领导或是物品的主人取得联系，与他们进行协商，尽量在征得他们同意的前提下进行提取，以最大程度地保护企事业单位和公民个人的合法权益。

三、对命案现场尸体的处理

对于命案现场的尸体，在实地勘验中经过外表检验和解剖检验后，一般在处理上有两种结果，一是不需要保留尸体，二是需要保留尸体。

如果经尸体外表检验和解剖检验后，已查明了死因，且死者的亲属或所属单位无异议的，则可作出不保留尸体的决定，并通知死者亲属或所属单位领回进行处理。这种处理结果在实践中有以下三种情况：

（1）经过尸体外表检验，就已查明了死因，而没有必要继续保留尸体的。这种情况适合死者系外伤死亡，死因明确简单，不需做进一步检验的尸体。

（2）经过尸体解剖检验，查明了死因，且死者亲属和所属单位对死因也无异议的，也没有必要继续保留尸体。这种情形适合死因较为复杂，系内伤性死亡，但经过解剖检验后即可查明死因的尸体。

（3）虽经尸体外表检验或解剖检验，最后仍未解决死因问题，但已决定提取死者的某些脏器和组织，且通过对这些脏器和组织的检验足以解决死因问题，也可作出不保留尸体的决定，但这种处理方式特别要注意提取脏器和组织的质和量。质是指提取什么部位的脏器和组织；量是指提取脏器和组织的数量。要确定所提取脏器和组织的质和量必须足以判定死因，否则在尸体已被销毁的情况下，会对侦查工作产生不可逆转的不利影响。

如果经尸体外表检验或解剖检验后，仍不能查明死因或其他有关问题，或是侦查工作仍有需要的，则可作出继续保留尸体的决定。这种处理结果在实践中有以下四种情况。

一是经过尸体外表检验或解剖检验，尚不能确切地判明死因的，在这种情况下，尸体显然不能随便被销毁，而需要继续保留，以便再次进行检验，直到查清死因为止。

二是对于不知名尸体，由于在勘验阶段，不知晓死者的姓名和身份，一般不宜贸然销毁尸体，而应采取措施加以保存，以便以后查明事件或案件性质，也便于死者亲属或有关单位认领。对于不知名尸体的处理，具体又可分为三种情况：①尚未腐烂的不知名全尸。对于这种尸体可用冷冻的方法进行保存。②已经腐烂的不知名全尸。对这种尸体则要详细记录尸体的外部特征及衣服和随身物品的特征，特别是生理、病理特征和未腐败的特殊标记（如疤痣、陈旧性疤痕、文身、不知损伤等），并应将衣服和随身物品全部保存起来，以备辨认和检验。③碎尸。虽然尸块或尸体残肢已经找全，经过检验取下了有关的附着物品，并判明死因，但尚未查明死者姓名、身份，或是在勘验阶段，尸块或尸体残肢尚未找全，难以判明死因的，可以将已发现、提取的尸块或尸体暂时保存，以备尸块或尸体残肢找全时再进行检验。同时，对于已发现的犯罪嫌疑人分散藏匿尸块或尸体残肢所用的包装物、捆扎物等，也应作为重要物证加以妥善保管。对于已经发现的残骨等，在无法证明死者是否为正常死亡的前提下，应将残骨收集并保存起来，以备在发现更多残骨或其他痕迹、物品时进行检验和认定。

三是经过尸体外表检验或解剖检验，虽然已基本查明了死因，但死者家属或所属单位对死因有异议，且要求重新检验的，应将尸体暂时保存，以备再次检验。

四是由于侦查工作的需要而需保存尸体的。这种情况下无论死因查清与否，只要侦查工作有某种特殊需要而需保留尸体的，都应该将尸体保存起来。

尸体处理是一个敏感的问题，因此应在遵守有关法律、法规，符合侦查工作的实际需要的前提下，充分尊重民族习惯和各地的风俗人情，有理有节地进行处理，以免引起不必要的麻烦和某些不良后果。

四、对犯罪嫌疑人的处理

在实地勘验中，有时会发现犯罪嫌疑人，一旦出现这种情况，应及时迅速地加以处理，以免犯罪嫌疑人逃跑、自杀、继续作案。实践中具体的处理方法有以下三种：

（1）对于在实地勘验过程中已被发现并必被拘留的犯罪嫌疑人，处理方法是要依法对其进行人身搜查，以寻找、发现证据。同时要指派专人及时对其进行讯问，以迅速查清其犯罪动机、目的及犯罪过程，对其供出的罪证要及时采取有效措施加以获取，以防因行动迟缓而被其亲属或同案犯罪嫌疑人转移或销毁，从而给认定犯罪造成不可弥补的损失。

（2）对于被暂时看管的犯罪嫌疑人，也要有专人及时对其进行正面讯问，以甄别其嫌疑。通过讯问，如果嫌疑得到澄清，则可以解除对其的看管；如果嫌疑上升，且无法解释，则应办理拘留手续对其依法进行拘留。

（3）对于被监视的犯罪嫌疑人，亦应根据不同情况，分别作出不同的处理。如果经过调查、分析，犯罪嫌疑人的嫌疑程度下降，但又不能完全排除嫌疑的，则可以安排一般的保卫人员或治安积极分子进行暗中监控，以掌握其行踪、动向，进一步搜集新的信息，以最后排除或肯定嫌疑；如果经过调查、分析，犯罪嫌疑人现有的嫌疑点尚未澄清，又发现了其新的嫌疑点，则应由侦查人员或其他适当人员对其进行严密监控，密切注意其言行、动向，并进一步使用其他措施和方法开展调查，搜集信息和证据，以最终确定其嫌疑。

第三节　勘验失误的原因及防治

实地勘验效果的好坏，不但决定着整个现场勘查工作的质量，也决定着侦查工作的进程。总结实地勘验中的经验和失误，不断地提高实地勘验的质量，是勘后处理相当重要的任务，特别是找出勘验失误的原因，并用相应的措施进行防治，应该引起每一个勘验参加人员和指挥人员的重视。勘验失误的原因既有客观上的，也有主观上的。归纳起来，不同原因及其防治措施主要包括以下几个方面。

一、客观原因与防治措施

客观原因是指现场本身与勘验相关的客观条件。由于种种客观条件的影响，导致实地勘验容易出现失误，这些常见的客观条件有三种。

（1）现场环境复杂，地形多变，痕迹、物品多且分布广。这种现场，对于特定的勘验人力、物力而言，往往会使其显得力不从心。如某些现场面积达数千甚至数万平方米，而勘验人员只有三五个人，这使勘验工作变得极为艰难，出现失误的可能性也大大增加。

（2）勘验时的客观、自然条件差。如勘验的时间短（某些现场不允许长时间进行勘验），勘验时的光照条件差等，这些客观、自然条件亦会影响勘验的质量。也就是本该精工细作，但却因为时间紧迫等原因只能实行粗放作业，因此勘验失误不可避免。

（3）勘验所用的设备、仪器落后。实地勘验要用到许多设备、仪器，如勘验工作常用的照相设备、摄像设备，寻找、发现痕迹物证的放大镜、显微镜、探测仪等，如果这些设备、仪器的性能低劣，灵敏程度差，自身带故障运行，则定会使勘验工作出现失误。

对于上述容易造成勘验失误的客观原因，勘验人员应通过主观上的努力和客观上的改进加以解决。对于范围较大等现场的勘验，应尽可能多派勘验人员，也可适当延长勘验时间；同时勘验人员主观上亦必须认真负责，一丝不苟，不能走马观花，敷衍了事。对于勘验时自然条件差的，应尽量用人工条件进行补救，如光线差时可用人辅助光。对于在客观条件下不允许长时间进行勘验的，应尽可能地与有关部门协商，或是创造某些条件，尽可能地延长勘验时间，同时在保证勘验质量的前提下加快勘验进度。对于设备、仪器确实老化、落后的，应及时更换新的设备、仪器，对常用的勘验设备、仪器，应在平时经常检查和精心保养。

二、主观原因与防治措施

主观原因主要指勘验人员自身的原因。这种自身原因既包括人的各种能力，也包括人的思想修养、素质和责任心等。主观原因往往对勘验工作的顺利进行起着相当重要的作用，有时甚至会关系到勘验工作的成败。常见的影响勘验工作的主观原因主要有以下五种。

（1）观察能力的强弱。

实地勘验中，观察是一种重要的勘验方法。通过观察可以了解现场的范围大小，现场的地形地貌，现场痕迹、物品分布情况以及现场各种事物之间的位置关系等。一个善于观察的勘验人员，往往能通过观察这种简单的方法了解现场的构成和现场各种事物之间的关系，并能由此揣摩、推断出犯罪嫌疑人实施犯罪的过程、方法等情况，这样的勘验人员再加上技术手段的帮助，对现场的了解和掌握就会比较全面。而观察能力较差的勘验人员，有的是只能看见表面，看不见蕴含在表面下的内在实质和关系；有的是只见"西瓜"，不见"芝麻"，只能观察到大的物品、物体，而观察不到小的痕迹；有的是观察时抓不住重点和要点。这些由观察能力差造成的问题，往往会直接影响到对现场范围、勘验重点、勘验顺序的确定，也会影响到对现场痕迹、物品的发现和提取等一系列工作，从而形成勘验工作的失误。

（2）认识能力的高低。

认识是指人脑对客观世界的主观反映。认识能力和观察能力是联系紧密的两种能力，观察是基础，认识则是在观察基础之上的深加工。在实地勘验中，认识能力和观察能力同样重要，如果只能观察到现场的事物，而不对其在头脑思维中进行深层次的加工，则同样不能深刻地认识现场；如果是片面、狭隘地认识现场，同样也会使勘验工作出现失误。在实地勘验中，常常会出现两种情况：一种是主观唯心主义的认识方式。有的勘验人员一到现场，就先入为主地形成了某种看法（如事件的性质），这样易导致在实地勘验中勘验人员戴着有色眼镜进行工作，对于不合自己"口味"的东西则往往视而不见，从而造成痕迹、物品的遗漏。另一种是形而上学的认识方式。有的勘验人员在进行实地勘验时，只看到一个个孤立的事物，如手印、脚印、工具痕迹、血迹等，而忽略了它们相互之间的内在联系；只看到这些痕迹、物品的存在，而忽略了它们形成的原因；只看到痕迹、物品此刻静止的一面，而忽略了它们在此刻之前和之后变化的一面，从而陷入片面、狭隘、静止的认识误区之中，造成勘验工作的失误。

（3）注意力的集中程度。

所谓注意力，是指心理活动针对一定的对象所形成的指向和集中。这种指向和集中的程度越高，则注意力就越强，反之，注意力就越弱。在实地勘验中，注意力是全面了解现场，提高勘验工作效率不可缺少的条件。作为勘验人员，一旦进入现场开始实地勘验就应全神贯注，倾注全部的心血和精力，迅速进入"角色"。但是在实地勘验中，往往有许多因素会影响到勘验人员，分散他们的注意力。例如，现场痕迹、物品多且分布范围广，须勘验的事物数量较多，勘验人员往往容易注意力集中不起来，抓不住重点。又如，在实地勘验时，现场周围环境嘈杂，围观人员多，这也会分散勘验人员的注意力。再如，有的勘验人员一进入现场，就被现场的某些明显的痕迹、物品所吸引，从而忽略了对其他事物的注意。还如，由于某些勘验人员带病参加勘验或勘验时间过长，身体极度疲劳，这同样也会导致注意力下降。在实地勘验中，注意力一旦下降，现场的某些事物无法在勘验人员的大脑皮层上形成兴奋点，长此以往，就会出现"视而不见，见而不觉"的情况，从而造成勘验工作的失误。

（4）能力的大小。

能力是指人完成某种活动或工作的本领和才能。作为勘验人员，要想顺利地完成勘验工作，应具备下述三种能力：一是专业技术能力。从某种意义上讲，勘验工作更偏重于是一种技术性工作，对勘验人员的技能水平有较高的要求。如照相、摄像、绘制现场图，显现指纹、脚印，提取微量物证，检验解剖尸体等，勘验人员如果相应的技能水平高，则勘验工作的质量就会高；如果相应的技术水平低，则勘验工作肯定会出现失误。二是实践操作能力。有的刚从专业院校毕业参加勘验工作的新手，其虽然接受过正规的教育和学习，在专业技术能力上应该没有什么问题，但由于其缺少实践经验，面对纷繁复杂的犯罪现场，难免造成勘验工作的失误。这要求勘验人员应提升自身的实践操作能力，学会运用和发挥自己的专业技术。三是认识分析、解决问题的综合能力。实地勘验不是一种机械地收集痕迹、物品的工作，而是需要发挥人的主观能动性，辩证、灵活地进行的工作。比如，在勘验中发现痕迹、物品时，现场明显的痕迹、物品容易被发现，而某些微量物质和隐形痕迹都是人眼所无法直接观察到的，这时就需要勘验人员通过认真分析，从现场及现场其他痕迹、物品的分布状况和规律，去推断可能在什么地方或什么部位有微量物质或隐形痕迹，从而去发现这些微量物质和隐形痕迹，并将其提取。如果不具有这种能力，或者这种能力较差，则这些微量物质和隐形痕迹就无从发现。在犯罪嫌疑人作案手段日益高明、现场明显痕迹越来越少的今天，这种能力对勘验人员越来越重要。

（5）工作责任心的强弱。

实地勘验是一项比较复杂的工作，它要求勘验人员必须具有非常强的工作责任心，在勘验中必须认真、踏实，一丝不苟地完成各项任务。而有些勘验人员，由于政治思想觉悟不高，对实地勘验工作的重要性认识不足，工作责任心差，甚至毫无责任感，在实地勘验中抱着漫不经心、敷衍了事的态度，走马观花般的对现场实施勘验。这样的工作态度，失误自然不可避免。

容易引起勘验失误的主观原因是一种"后天"的原因，只要找到其根源，对症下药，应该是可以防治的。针对不同的主观原因，防治方法主要有四种：其一，要认真学习唯物辩证法，掌握马克思主义的认识论和方法论，提高观察事物、认识事物、分析事物的能力；其二，要理论联系实际，既要掌握书本理论知识，又要多多参加实践锻炼，让理论融合实践、指导实践，在实践中消化理论、运用理论；其三，要在平时刻苦钻研业务，努力掌握各种技能，精通侦查工作和勘验工作的各种方法、手段及步骤，这样临场才能得心应手，运用自如；其四，要加强自身的思想建设，树立正确的世界观和人生观，深刻理解勘验工作的重要性，不断提高对勘验工作的责任心。

第十三章 临场讨论

临场讨论，又叫临场会议，是指现场勘查人员在对现场进行勘验、检查和调查访问以后，在现场勘查指挥人员的主持下，根据勘验、检查和调查访问获得的材料，对发现的现场各种情况进行充分的讨论，并力求作出符合客观实际的分析判断的活动。这种讨论由于是在现场进行的，所以被称为临场讨论。临场讨论是现场勘查的终结形式。

第一节 临场讨论概述

一、临场讨论的意义

临场讨论是现场勘查的重要环节，其不仅对前期勘查工作进行了总结、反省，而且为后期侦查工作的开展奠定了基础，在现场勘查与后期的侦查之间发挥着重要的承上启下作用。

就现场勘查而言，无论是实地勘验还是现场访问，勘查人员都是分工进行，各司其职。就各自的职责而言，主要是针对案件的某一方面，去客观地发现、收集相关情况，在此过程中，感性认识多于理性认识。由此可见，临场讨论前，勘查人员对案情的认识多为分散的、无系统的，不可能反映案件的全部情况。而任何案件的侦查都是建立在对案情的全面掌握基础之上进行的推理、判断，以及采取相应的侦查措施揭露、证实犯罪，揭发犯罪嫌疑人的过程。为此，现场勘查结束以后，必然通过临场讨论这种形式，对勘查过程中所了解和掌握的各种情况进行汇总，在汇总的基础上，通过去粗取精、去伪存真、由此及彼、由表及里的分析研究，核实现场勘查所掌握的各种情况的真实可靠程度，并以此为据，深入认识问题的实质，认清案件的原貌。临场讨论的过程，实质上是对案情的由片面到全面、由现象到本质、由感性到理性的认识过程。

现场是侦查工作的起点和基础，对现场发生事件的性质的判定，对侦查计划的制定，无不依赖于现场勘查的结果。现场勘查不仅具有审查功能，而且具有侦查功能，这两个功能的有效发挥唯有通过临场讨论。在全面把握和认清各种现场现象与现场所发生事件的各种联系的基础之上，方能满足侦查认识活动的需要，最大程度地发挥现场勘查的两大功能。所以，就侦查而言，只有经过临场讨论，才能明确现场所发生事件的罪与非罪的性质；在判定为犯罪案件的情况下，才能进一步实现对具体的案件性质、侦查方向、侦查范围的认识，制订侦查计划和推动侦查工作的进一步开展。

总之，对任何现场进行勘查，如不进行临场讨论，都将不利于对现场和现场事件的认识，也不利于对侦查工作的推进。

临场讨论是一种认识活动，是一种由结果探求原因的逆向认识过程。现场现象是十分复杂的，有的与犯罪有关，有的则与犯罪无关；有的能真实地反映客观情况，有的则歪曲了客观事物的本来面目。因此，为了使临场讨论这种认识活动能客观地透过现象探索本质，通过结果探究原因，从已知寻求未知，在临场讨论中必须坚持用辩证唯物主义的思想方法来指导对现场情况的分析判断。在具体讨论中，必须一切从现场的实际情况出发，实事求是，辩证地认识现场现象，切忌主观臆断、孤立、静止、片面地看待问题，反对一切形而上学的观点。对于错综复杂的现场现象，要一个一个地进行分析、判断出现这种现象的原因，并在此基础上探求各种现场现象之间的内在联系，全面地进行研究，作出符合客观实际的推论和判断，形成对案情的完整认识。用辩证唯物主义的思想方法和认识方法指导临场讨论，是临场讨论富有成效的保障。

二、临场讨论的任务

任何临场讨论都应紧紧围绕以下四个方面进行，也可以说，以下四个方面的问题是否得以解决，是衡量临场讨论成败的标准。

（1）全面汇总现场勘查情况，反省勘查工作的得失，如果有疏漏，应及时研究决定补救措施；

（2）判明事件性质，确定是否立案侦查；

（3）分析判断案情，为制订侦查计划、采取侦查措施提供依据；

（4）研究勘查后对现场如何处理。

三、临场讨论的方法

临场讨论主要有汇集材料、鉴别材料的真伪、分析判断案情三种方法。这三种方法实际上也是临场讨论的三个步骤或基本程序。

1. 汇集材料

全面汇集现场访问、实地勘验及其他方面的材料是临场讨论的基础。汇集材料，由现场勘查指挥人员召集所有参与现场勘查的人员参加，由参与者具体汇报各自在现场勘查中所获得的材料。在汇报过程中，汇报人要实事求是、客观地反映情况，不允许加入个人的任何主观臆断；更不允许根据个人的判断，任意取舍勘查中所掌握的材料；也不允许根据个人的推测或个人经验，判断哪些材料重要而应汇报，哪些材料不重要而舍弃不报。基于个人原因而故意隐藏有关材料，更是错误的做法。另一个应注意的问题是，汇报人在汇报中应将个人对现场某些现象的主观认识、推测与勘查中所掌握的各种客观事实区分开来，以免听取汇报的人产生误解和混淆，导致分析判断发生错误。

2. 鉴别材料真伪

现场是认识犯罪的物质基础。分析判断案情的依据是现场勘查的结果，而且必须是真实的结果。但是，在具体的勘查过程中，勘查人员所面对的现场现象，有的是发案前现场固有的；有的是发案过程中形成的；有的是在发案以后，现场勘查实施前或勘查过程中，由于勘查行为的失误而形成的。现场现象的"无声"性和复杂性，客观上造成了勘查人员通过实地勘验收集到的材料五花八门，有的与案件有关，有的可能并不包含有关犯罪的信息，有的甚至可能是犯罪嫌疑人伪造的假象。现场访问中，也可能由于被访问人不同的心理状态，使得勘查人员所获得的有关情况真假混杂，有的甚至是虚假的谎言。基于此，必须通过临场讨论，对已汇集的各种材料，通过比对、综合研究、评断等方法，摒弃其中虚假的或与犯罪无关的材料，使案情的分析判断建立在真实可靠的、与犯罪有关的各种材料的基础之上。

3. 分析判断案情

汇集、鉴别材料，其重要的目的之一是分析判断案情，为制订侦查计划提供有力的支持。为此，在进行了前两个步骤后，应立即着手对案情的分析判断。分析判断案情的基本方法和步骤如下：

（1）对每一个具体的现场现象进行分析研究，判明其产生的条件、原因，以及其演变过程、与犯罪行为的关系。应注意一点，对现场现象与犯罪行为的关系进行分析判断时，应尽可能穷尽形成某一结果的各种原因，唯有此，才不会使我们的认识过于绝对化和片面化。

（2）将各种现场现象联系起来综合研究，以形成对案情的完整认识。在这一过程中，必须反复地运用归纳推理、演绎推理等逻辑思维方法，以取得综合研究的成果。

以上只是从一般意义上罗列了临场讨论的三种方法（或三个步骤），三者之间并非绝对独立而不存在联系，事实上，每一种方法的应用之中，都包含着其他方法的内容。汇集材料绝非简单的对材料进行归纳、汇总，这个过程蕴含着对材料的鉴别，对材料的鉴别中也同样包含对案情的分析判断。因此，在具体的临场讨论中，应将三种方法有序、综合地运用在对临场讨论应解决的各个问题的研究之中。

四、临场讨论应注意的问题

（1）从总体上讲，临场讨论应坚持科学的认识方法，以客观事实为依据，实事求是，具体问题具体分析。

（2）临场讨论应以案情为核心，带动其他方面的研究。在具体讨论中，以案情为核心，以犯罪构成和刑事诉讼法中有关证据的规定为标准，进行深入研究讨论。这不仅有利于案情的分析判断，也有利于全面反省、检讨勘查的得失。

（3）临场讨论中，对材料的来源应进行认真的审查，对其来源是否可靠、是否与犯罪有关等，应进行认真研究，为案情分析奠定坚实基础。

（4）运用联系的方法，全面获取有关信息。在临场讨论中，只有将现场的一般性与特殊性、全局与局部联系起来，综合分析，才能准确地把握每个现场现象，以及整个现场现象当中所包含的与犯罪有关的各种信息，以使我们对案情的认识更符合客观事实，使我们的侦查计划更具有针对性和可行性。

第二节　临场讨论中事件性质的判断

从审查立案的角度上讲，现场勘查是审查事件性质，并以此决定是否立案的重要手段和方法。就实践中的报案情况看，侦查机关所接受的报案并非都是刑事案件，其中既有真正的犯罪事件，也有由于人们对现场所发生事件的原因、性质，以及对法律的误解，而当作犯罪事件的非犯罪事件，总的看来是犯罪事件与非犯罪事件并存。而对现场所发生事件性质的判明，即罪与非罪的界定，是决定是否立案侦查的前提。因此，临场讨论在汇集、鉴别现场访问和实地勘验的所有材料后，首要的任务是根据这些材料对事件性质进行认真分析、研究，并得出结论。

临场讨论中，界定事件的罪与非罪，主要依据的是刑法的犯罪构成理论，以事件是否具备犯罪构成的四个要件为标准。凡具备犯罪构成的四个要件的，则是犯罪事件；凡不具备犯罪构成的四个要件的，则不是犯罪事件。以此为据，因自然原因、非人为因素导致的事件，如因雷击、自燃、自杀、失足溺水等形成的事件，由于不具备犯罪构成的四个要件，这些事件均不属于犯罪事件。而诸如因非法剥夺他人生命、占有他人财物等形成的事件，由于具备犯罪构成的四个要件，所以它们属于犯罪事件。在具体的审查过程中，依据犯罪构成理论审查确定某一事件的性质，如果已构成犯罪，需追究某些人的刑事责任,但不属于侦查部门管辖的,应移交有关部门处理,而不能不管。如火灾现场,如果已判明起火是由雷击、电路短路等自然因素造成的,当然可以作为非犯罪事件处理;如果已判明起火是由人为的故意放火烧毁公私财物造成的,则必须进行立案侦查;如果已判明起火由失火造成,必须追究某些人的刑事责任,但又不属于刑侦部门管辖的,则应主动移送有关部门处理。

在临场讨论中,以犯罪构成的四个要件为依据,以现场勘查所获取的各种材料为基础,进行事件性质的推断,从一般意义上讲,是可以得出基本准确的结论的。但是,由于受到勘查条件的限制、现场自身条件的影响,以及时间的制约,现场勘查阶段中对事件的不少事实情节的认识可能是不清楚的,对行为人情况的认识也是不充分的,因此,通过临场讨论得出的有关事件性质的结论难免与客观情况有出入,甚至出现某些差错。尽管如此,我们认为以犯罪构成的四个要件作为判断依据,可以为判明事件性质提供一个原则或尺度,使临场讨论更具有针对性和条理性。鉴于此,临场讨论中对事件性质的判定,最后应作推断性结论,而不能作绝对性结论。在分析判断事件性质时,对于犯罪嫌疑人是谁,一般可不作考虑,就侦查而言,其并不妨碍立案。

一般来说,根据现场勘查所掌握的各种材料,事件性质是比较容易确定的,解决是否立案的问题并不困难,如某些重大的人命事件、财物被抢的事件、其他犯罪特征特别明显的事件,只要经过初步审查,即可对其罪与非罪的界限予以界定,并决定是否立案侦查。但是,由于种种原因,或者材料不足,或者犯罪嫌疑人有意识地对现场进行了伪装、改变等,也的确给确定事件性质造成了困难。但我们相信只要认真勘查现场,全面获取各种材料,以犯罪构成理论为依据,仍然有可能判明事件性质。

分析判断事件性质的依据,主要有以下四个方面。

(1)以勘验、检查的情况为依据,分析判断事件性质。

任何事件的发生,必以一定的时间、地点(或场所)为依托。现场的一切状况既是事件发生的必然结果,又是人们逆向认识事件的依据。人们对现场的定性,对现场曾经发生过的事件的追忆、重现,均以事件发生后,留在现场的"遗迹"为据。因此,临场讨论中,只要认真分析现场勘验、检查所获得的各种材料,研究现场的状态和与事件有关的各种痕迹、物品,是不难对事件性质和是否立案侦查进行判断的。由于现场状况是"无声"的,而犯罪嫌疑人又可能为逃避侦查、打击而对现场状况进行伪装,因此,在临场讨论中,为准确地判断事件性质,我们还必须注意发现现场状况中所出现的各种反常现象。反常现象是我们发现假案、发现伪装的重要依据。对于现场现象中所出现的各种反常现象,应就反常现象出现的原因、反常现象所包含的各种与事件有关的信息进行追根溯源,力求得到合理的解释,为准确判断事件的性质提供有力的依据。

（2）以现场访问情况为依据，分析判断事件性质。

如果说现场状况是"无声"的，而通过现场访问所获得的各种情况则是"有声"的。通过现场访问，不仅能获取现场事件发生的过程、产生的结果等多方面的情况，而且能掌握行为人的相关情况。对这些情况的分析、研究，无疑是有利于判明事件性质的。现场访问作为侦查工作从始至终反复运用的重要侦查措施，通过其所掌握的情况始终是判明事件性质的重要依据。特别是在现场勘查阶段，通过对报案人、目击者、被害人、事主进行访问，不仅能比较全面地掌握事件发生、发展的过程和结果，而且能为查明现场的原始状态、变动情况及变动原因提供依据，这无疑有助于判明事件性质。通过现场访问，全面了解事主、被害人及其家属的政治、经济、品德、社会关系、交往状况、发案前后的言行等方面的情况，也往往能为判明事件性质指明方向。

（3）以现场实验的结果为依据，分析判断事件性质。

实地勘验中，如果通过一般勘查方法，对某一现场现象发生的原因、产生的结果等情况无法得知，则可以通过现场实验来获取答案。现场实验的结果是我们分析判断事件性质的重要依据。例如，为了确定某些物质在一定条件下能否自燃或爆炸而进行现场实验。若现场实验结果表明不能自燃或爆炸，但实际上已经发生了火灾或爆炸，即可说明是人为因素造成的，从而得出可能有某种犯罪事实存在的结论；若现场实验结果表明能发生自燃或爆炸，在有根据地排除了其他可能的人为因素后，就能得出非犯罪事件的结论。

（4）以检验、鉴定的结果为依据，分析判断事件性质。

对于确定死因和损伤的性质以及某些物质的属性等问题，主要通过法医检验和刑事鉴定等技术手段来解决，检验、鉴定的结论是分析判断事件性质的重要依据。

一般来说，经过对以上几个方面情况的分析研究，事件性质即可确定，但是由于某些事件情况十分复杂，如失踪事件，某些中毒死亡的人命事件，掺杂其他因素的盗窃、抢劫等事件，如果一时难以界定事件性质的，可以不必急于立案侦查。但不立案不等于放任不管，对这类事件仍然需积极调查，待掌握了充分的事实依据后，再决定是否立案侦查，这样做可减少或避免差错。

通过临场讨论，若存在结论为非犯罪而未立案侦查的事件，如果群众或有关单位对其提出异议，且他们的异议有一定的道理，应当对事件性质进行重新审查，防止漏立案件，放纵犯罪；对于确定为犯罪且已立案侦查的事件，如果侦查过程中发现确实是立错案的，应通过一定的报批手续，撤销案件，终止侦查。

第三节 案情分析

在多数情况下，案件的侦查过程是从已知到未知、从结果探求原因的过程；是揭露犯罪、揭发犯罪嫌疑人与证实犯罪的过程，即"从案到人"。这个过程从始至终贯穿着侦查人员的认识活动，即案情分析。侦查工作中的这种认识活动具有明显的逆向性，确定立案以后的案情分析，主要通过对犯罪结果的勘查研究，从认识上而不是从实际上恢复、重现犯罪实施过程的原状，从中判明案件性质和实施犯罪的有关情况，并据此制订侦查计划，指导侦查工作的开展。

一、对案件性质的分析判断

立案后，尽管已判明了事件性质，但从侦查的角度上讲，这只是解决了侦查的前提问题，真正对侦查有推进作用的，还在于对具体的案件性质的分析判断。

事件性质与案件性质之间，既存在联系，也存在区别，不能将二者混为一谈，更不能认为二者互不相干。事实上，事件性质是确定案件性质的基础和依据，而对案件性质的分析判断以犯罪事件为前提，案件性质着眼于侦查的需要，是对事件性质的具体化。当然，二者之间的区别是明显的，事件性质以刑法的犯罪构成和具体的罪名为划分依据，着眼点在于判明事件本身是否具有社会危害性和刑罚惩罚性；而刑事侦查中的案件性质是在事件性质特定范围内的具体化，如杀人犯罪侦查中的强奸杀人，其只能是在确定事件性质为杀人犯罪的前提下作出的结论。案件性质的着眼点和依据则与事件性质不同，案件性质的着眼点在于确定侦查方向和侦查范围，立足于有效地组织侦查，其依据主要是犯罪嫌疑人的动机、目的、行为方式、案件中固有的因果联系，等等。总之，分析判断案件性质，既不能脱离刑法的规定，也不能以刑法的规定代替案件性质，必须紧紧围绕侦查的需要进行分析判断。

一方面，由于具体的案件性质反映了侦查工作的方向和范围，而侦查工作的方向和范围的明确和正确与否，将直接关系到侦查的进程，因此，对案件性质的分析判断应认真、细致。另一方面，由于勘查阶段的各种因素的限制，为防止因判断失误而延误侦查，有关案件性质的结论最后应为可能性的结论，不能太绝对化，也不能肯定某一个而否定其余。

确定案件性质时考虑的因素主要包括：犯罪嫌疑人的动机、目的；犯罪嫌疑人与事主、被害人事前具有某种矛盾冲突；犯罪嫌疑人的行为方式；犯罪嫌疑人是什么样的人等。不同类型的案件，性质各异，同一类型的案件也应依据以上因素，划分为若干种具体性质。以杀人案件为例，就案件性质而言，有政治性杀人，私仇报复杀人，强奸杀人，奸情杀人，图财杀人，恋爱、婚姻纠纷杀人等。其中，图财杀人又可分为抢劫杀人、盗窃杀人等。这些具体的案件性质，都反映了犯罪嫌疑人的动机、目的，有的还反映了犯罪嫌疑人与被害人事前具有的某种矛盾冲突，如私仇报复杀人。下面再以其他几类主要案件为例：

①放火案件，有政治性放火、私仇报复放火、灭迹放火等。对放火案件的具体性质的判断，主要根据放火的动机、目的。此类具体的案件性质，有的反映了犯罪嫌疑人与事主之间事前的矛盾冲突，有的则反映了若干种罪行之间的先后联系。

②盗窃案件，首先是根据作案的动机、目的，把案件性质区分为政治性盗窃和经济性盗窃。并在此基础上，分析犯罪嫌疑人的所属。如果盗窃的是机关单位的财物，则要分析判断是内盗还是外盗，是内外勾结盗窃还是监守自盗。对此类案件具体性质的判断，又是以现场勘查所获的全部材料为据的。

③对抢劫、强奸案件的具体性质的判断，则主要依据犯罪嫌疑人的行为方式和侵害的客体。

从以上罗列的几类案件中我们可以看到，刑事侦查中对具体案件性质的分析判断，均为了一个共同目标，即揭示侦查方向和侦查范围。如盗窃案件的具体性质，其本身就说明了侦查犯罪嫌疑人的主要方向和范围。在分析判断案件性质的依据中，犯罪嫌疑人的动机、目的是很重要的，特别是某些没有固有矛盾冲突的案件，对其案件性质的分析判断则主要以此为据，进而依据已确定的案件性质判明侦查方向。抢劫、强奸、盗窃、盗窃杀人等案件侦查方向的确定就是最好的例证。

二、对案件情况的分析判断

在任何一起刑事案件中，必然具备时间、地点、犯罪主体、犯罪手段等要素，对这些要素等基本情况的认识，既是揭露犯罪、查明犯罪事实的需要，也是侦查工作的依据和出发点。

1. 对作案时间的分析判断

犯罪与其他事件一样，必然经历一个从开始到结束的过程，在时间上其应是一个包含事件发生全过程的时间段，而非某月某日或几点几分，即时间点的概念。因此，作案时间应当是指实际犯罪活动所经历的时间段，即从开始实施犯罪到犯罪行为结束所持续的这段时间。我们知道，任何犯罪行为的实施和完成，必以特定的作案时间和地点为前提和条件，犯罪嫌疑人无论怎样掩饰，都无法割断自己与作案时间、地点的联系，如某人在特定的时间在甲地作案，其就不可能同时出现在乙地。这种联系的产生来源于犯罪嫌疑人对时间、地点的主动选择。正因为如此，作案时间的确定，对于侦查工作极为重要。一个人的犯罪嫌疑是否成立，重要的依据之一就是其是否具备作案时间。同时，了解作案时间所包含的犯罪信息，也有助于侦查方向和侦查范围的确定。如通过了解犯罪嫌疑人为什么会选择在某一时间作案，有时可以判定其是否熟悉内情，这无疑有利于判定侦查方向和范围。当然，以是否具备作案时间作为排查嫌疑的依据，主要适用于亲自前往现场实施犯罪的犯罪嫌疑人。判明作案时间对于采取追缉、堵截等紧急措施，审查证人证言，甄别犯罪嫌疑人供述等，也具有十分重要的意义。分析判断作案时间的主要依据有以下六个方面：

（1）根据事主、被害人和其他知情人提供的情况进行分析判断。如事主、被害人陈述的与犯罪嫌疑人相遇的时间，其他知情人提供的发现疑人疑事的时间等，均可作为分析判断的依据。

（2）根据现场遗留的各种痕迹及其变化情况进行分析判断。如现场的手印是否新鲜；血迹的颜色变化及干湿程度；某些痕迹因自然环境、气候条件的影响所反映出来的情况，如油漆上的手印等，均可作为分析判断的依据。

（3）根据现场物品的状况进行分析判断。如室内照明工具的使用情况，床上被褥等的使用情况，被害人的衣着情况，现场物质环境所表现出的日常生活情况等，均可作为分析判断的依据。比如，床上被褥已铺开，但比较整齐，被害人已脱掉衣服，则说明侵害行为可能是在被害人准备就寝时实施的。

（4）根据现场具有时间标志的物品进行分析判断。如现场钟表停摆所记载的时间，日历停翻、日记停记所反映的时间，信件上的邮戳、报纸、车船票、电影票所反映的时间等，均可作为分析判断的依据。

（5）根据尸体现象及胃内容物等进行分析判断。人死之后，在特定的环境、自然因素条件下，各种尸体现象的出现以及胃内容物的消化、排空情况等，具有一定的规律，能反映特定的时间内容。因此，有尸体存在的案件中，可根据尸冷、尸斑、尸僵、腐败绿斑、腐败巨人观等尸体现象，以及尸体胃内容物的多少及其呈现的状态来推断死亡时间，进而分析判断出作案时间。在这方面，法医或医学专家的结论尤为重要。

（6）根据被害人的生活习惯进行分析判断。这方面主要依据被害人通常的上下班时间、起居时间等生活习惯进行分析判断。

2. 对犯罪地点的分析判断

对犯罪地点的分析判断，通常并不是为了确定案件发生的地点是否为犯罪的实施地，即主体现场，因为大多数案件的主体现场是非常明确的；而主要是为了研究犯罪地点与犯罪嫌疑人，以及犯罪地点与周围环境、作案时间、犯罪目标之间的联系，以确定侦查方向和范围。但当案件存在两个或两个以上的现场时，则应对已发现的现场是否为主体现场进行判断，这是由主体现场在揭露和证实犯罪中所处的地位和作用决定的。如果不是主体现场，则需依据关联现场的各种状况，寻找主体现场。如杀人案件中的发现尸体残肢的现场，通常都不是主体现场，这就必须首先判明现场的种类，并在此基础上，依据尸块的各种附着物、包装物等反映的有关主体现场的信息，去寻找主体现场。这类案件的现场情况，往往说明犯罪嫌疑人与犯罪地点存在着十分密切的联系，通过关联现场寻找到主体现场，不仅可以获得更多的重要痕迹或其他物证，而且可以通过主体现场与犯罪嫌疑人的特定联系来刻画犯罪嫌疑人，及时揭露犯罪嫌疑人。分析判断犯罪地点的依据和方法有以下三种：

（1）研究现场的反常情况。所谓反常情况，是指与事件的发生、发展等自然规律相反或相矛盾的情况。例如，尸体上存在开放性损伤，但尸体周围却不见血泊或血迹；尸体躺卧在稀泥中，但尸体鞋底却未沾上稀泥，且很干净；尸体躺卧的姿势与血流方向不符等。这些反常情况说明发现尸体的现场非主体现场。

（2）研究现场的犯罪痕迹。主要研究现场所出现的犯罪痕迹的形态、位置等是否与实施侵害行为应形成的痕迹的形态、位置具有一致性，若具有一致性，则该现场为主体现场，反之，则为关联现场。这类痕迹如搏斗痕迹、犯罪工具痕迹等。

（3）研究尸体上或者尸体附近的异常物质。异常物质，指尸体上或尸体附近存在的、有别于现场物质的其他物质，如不同于现场的泥土、粉尘、杂草、木屑、炉渣、花粉、水藻等。这类异常物质，既是判断已发现的现场是否为主体现场的可靠依据，也是寻找、发现主体现场的重要线索。

3. 对犯罪凶器和犯罪工具的分析判断

犯罪凶器和犯罪工具的区别在于用途。犯罪凶器，是指犯罪嫌疑人用以致人伤残、死亡的器物，如刀、枪、斧、棒等；犯罪工具则是指犯罪嫌疑人用来实施除杀人、伤害以外的犯罪活动的器物。对犯罪凶器和犯罪工具的分析判断，可以实现以物找人，进而发现犯罪嫌疑人。分析判断犯罪凶器和犯罪工具的依据和方法有以下三种：

（1）对于现场出现的凶器或工具，首先，应通过询问、核实、辨认等方法，查明其是否为犯罪嫌疑人所留；其次，仔细研究现场的痕迹、被害人的伤口与现场凶器或工具之间的关系。

（2）对于现场只留下了工具痕迹或凶器创伤，但未见工具或凶器的，应仔细研究工具痕迹或凶器创伤的形状、大小、宽窄、深度等特征，以判明它们为何种工具或凶器所致。

（3）法医和痕迹检验人员所作的结论是分析判断犯罪凶器和犯罪工具的重要依据。除此以外，还应虚心听取有经验的群众和专业人士对此发表的看法。

4. 对犯罪嫌疑人人数的分析判断

对犯罪嫌疑人人数的分析判断，主要依据现场痕迹，遗失物的体积、重量、数量，犯罪嫌疑人所使用的交通工具，事主、被害人及有关群众提供的情况等。比如，现场出现了大小不同的足迹或花纹不同的鞋印，在排除了是与犯罪无关的人留下的以后，就可以根据足迹的大小，鞋底花纹种类、特征，判断作案人数。根据遗失物的体积、重量、数量，结合一般人的承重和搬运能力，也可大致分析判断出作案人数。此外，如果事主、被害人同犯罪嫌疑人有直接接触，或有关群众曾目击了作案的过程或曾发现过疑人疑事，那么他们所提供的情况，也有利于迅速判明作案人数。

5. 对犯罪活动情况的分析判断

犯罪嫌疑人在实施犯罪行为过程中的各种行为，即为犯罪活动情况。其内容包括实施侵害行为前的预伏、等候，侵入现场的部位、逃离的方法、逃离的方向等。对犯罪活动情况的分析判断，不仅可以为进一步判明案件性质提供依据，而且有利于进一步确定侦查范围。对犯罪嫌疑人的犯罪活动情况的掌握，对于破案后鉴别犯罪嫌疑人供述的真伪极为重要。

对犯罪嫌疑人的犯罪活动情况进行分析判断，主要依据现场的痕迹、物品的位置和状况，以及事主、被害人、知情人提供的情况。如室内现场，若发现门锁被撬坏，门口留有犯罪嫌疑人的足迹，且足尖朝向室内，说明犯罪嫌疑人是由此门侵入现场的；若室内物品的位置发生了改变，翻动严重，说明犯罪嫌疑人在现场有搜寻财物的过程。室内现场原有物品、家具的陈设情况，有时也能为我们提供犯罪嫌疑人在现场的活动路线信息。如果现场有尸体，尸体周围同时出现凌乱重叠的犯罪嫌疑人与被害人的脚印，尸体周围家具位置发生改变，墙壁、家具上留有很多蹬擦痕迹等，这些情况表明现场曾发生过搏斗。杀人案件中，为了进一步判明犯罪嫌疑人实施杀人的过程，除研究以上情况外，还要进一步观察、分析、研究尸体的位置、伤痕、姿势、衣着、血迹的分布、血在尸体上的流向等。

对犯罪嫌疑人的犯罪活动情况的分析判断，只有将实地勘验所掌握的情况与现场访问所获得的情况综合起来进行对比研究，才能使我们对犯罪活动情况有一个更全面的了解。

6. 对犯罪嫌疑人特征的分析判断

侦查实践中，对犯罪嫌疑人特征的分析判断又叫作"对犯罪嫌疑人的刻画"或"给犯罪嫌疑人画像"，其内容主要包括对犯罪嫌疑人人身形象和其他个人特征的分析判断两个方面。

（1）对犯罪嫌疑人人身形象的分析判断。

犯罪嫌疑人人身形象，主要包括犯罪嫌疑人的性别、年龄、身高、体貌、衣着、疤痣，以及其后天形成的各种特征，如文身、伤残等。

对犯罪嫌疑人人身形象的分析判断，主要依据事主、被害人、目击者或其他知情人提供的情况，以及犯罪嫌疑人遗留在现场的各种痕迹和其他物证。以上两大类依据，能为我们提供较完整的有关犯罪嫌疑人人身形象的各种情况。分析、研究事主、被害人等的陈述，可以直接掌握犯罪嫌疑人的体貌、衣着等特征，这对采取追缉、堵截、通缉、通报等措施查找犯罪嫌疑人是十分有利的。犯罪嫌疑人遗留在现场的各种痕迹和其他物证，也是我们分析判断犯罪嫌疑人人身形象的重要信息源。如现场指纹为分析判断犯罪嫌疑人的年龄、身高、手指是否受伤、纹线的基本特征等提供依据；现场足迹为分析判断犯罪嫌疑人的身高、性别、走路的姿势、腿脚有无病残等提供依据；不同于被害人的血迹和其他搏斗痕迹，为分析判断犯罪嫌疑人是否受伤，是否可能黏附现场的血迹、泥土、灰尘，衣、裤是否被撕破等提供依据；现场犯罪嫌疑人遗留的衣服碎片、纽扣、毛发，为分析判断犯罪嫌疑人的衣着、发型、血型等提供依据。由此可见，对于现场遗留的一切与犯罪嫌疑人有关的痕迹、物品等，都应仔细搜寻、提取、检验，这对于了解犯罪嫌疑人的人身形象是十分重要的。

（2）对犯罪嫌疑人其他个人特征的分析判断。

犯罪嫌疑人其他个人特征，主要包括犯罪嫌疑人的社会职业、文化程度、口音与语言特点、生活习惯、反常表现、犯罪的思想基础等。

除反常表现、犯罪的思想基础以外，其他特征信息往往能通过实地勘验和现场访问获得。通过发现和收集用于分析研究犯罪嫌疑人个人特征的各种情况，来分析判断犯罪嫌疑人其他个人特征。比如，根据作案工具、工具痕迹，可以分析判断犯罪嫌疑人的职业；根据犯罪嫌疑人的犯罪手法、方法及其熟练程度，可以分析判断犯罪嫌疑人是初犯还是惯犯；根据书写的字迹，可以分析判断犯罪嫌疑人的文化程度；根据事主、被害人提供的情况，可以分析判断犯罪嫌疑人的口音和语言特点；根据现场遗留物，可以分析判断犯罪嫌疑人的籍贯地区及生活习惯等。

反常表现，是犯罪嫌疑人作案后所表现出的各种与常人或与其本人平时表现不相符的行为举止。反常表现作为犯罪嫌疑人的一种个人特征,也可以通过访问等方法获取相关情况,并对这些情况进行充分研究,以进一步完善对犯罪嫌疑人的刻画。事实上,犯罪嫌疑人作案后的各种反常表现是比较容易在群众中暴露的,只要认真调查,就可以获取相关情况。如故作镇静,对周围的事物表现得"漠不关心",特别是违反人们一般的好奇心理,对发生在身边的案件不闻不问;或者积极探听案件进展,表现得异常活跃等,这些都是值得关注和收集的情况。

犯罪的思想基础一般非一日形成,其有一个演变发展的过程。在此过程中,这种思想基础一般会有某些行为表现,如盗窃、抢劫犯可能在行为上表现为好逸恶劳、讲究吃穿等。当然,在实践中,有的犯罪嫌疑人也可能在自身罪行暴露之前表现得中规中矩,颇为"正派"。但无论如何,只要深入调查,就可以发现犯罪嫌疑人的疑点,为分析判断犯罪的思想基础提供依据。

对犯罪嫌疑人特征分析判断的准确、全面与否,直接关系到侦查方向和范围的确定。因此,对于现场勘查阶段所掌握的各种对分析判断犯罪嫌疑人特征有用的材料,都要注意分析,认真研究,充分利用,然后综合起来进行分析判断。

三、侦查方向和侦查范围的确定

确定侦查方向和侦查范围,不仅是分析判断案件性质和案件情况的重要目的之一,也是侦查的基础和出发点,还是临场讨论的核心内容之一。

侦查方向,即侦查工作所指向的某种目标,具体来讲,是指在具备什么条件的人当中寻找犯罪嫌疑人。侦查范围,是指犯罪嫌疑人藏身匿迹的范围,具体来讲,是指犯罪嫌疑人的居住范围或从事的行业范围。

建立在案情分析判断基础之上的侦查方向和侦查范围的确定,是侦查工作开展之前必须认真解决的关键性问题。侦查方向的准确与否,决定着能否正确破案;侦查范围的准确与否,决定着能否及时破案。侦查范围太大,往往事倍功半,贻误战机,延迟破案;侦查范围太小,则又可能使犯罪嫌疑人漏网,导致案件久侦不破。因此,在分析判断案情基础上,应力求准确地确定侦查方向和侦查范围。

1. 确定侦查方向的依据

侦查方向实际上是针对犯罪嫌疑人的,因此,凡是与犯罪嫌疑人有关的情况,尤其是犯罪动机、犯罪条件和犯罪嫌疑人的个人特点,以及犯罪嫌疑人的动向和行踪等方面的情况,均可作为确定侦查方向的依据。

(1)以犯罪动机确定侦查方向。

动机是驱使一个人实施某种行为的内心起因,有什么样的动机,往往就会有什样的行为。犯罪也是如此，没有犯罪动机的犯罪活动是不存在的。因此，犯罪动机与犯罪行为之间存在紧密的联系。反过来讲，犯罪行为的结果也为我们逆向地认识犯罪动机提供了依据。所以，在侦查实践中，常以具有某种犯罪动机的人作为侦查工作的目标。如杀人案件中，如果从犯罪行为的结果上判定案件性质为仇杀，那么犯罪嫌疑人的犯罪动机就是报复泄愤，据此，侦查方向就应是在与被害人具有仇怨关系的人当中查找犯罪嫌疑人。在侦查强奸、抢劫、盗窃、诈骗等案件中，也能以犯罪动机来确定侦查方向，并能成功推进侦查工作的进行。

（2）以犯罪条件和犯罪嫌疑人的个人特点确定侦查方向。

任何犯罪嫌疑人实施犯罪，必然具备诸如时间、空间、工具、技能等条件，这些条件是犯罪嫌疑人完成其犯罪行为所必需的。犯罪嫌疑人运用这些条件实施犯罪，必然会通过现场现象反映出来或为人所知，其个人特点也会在现场暴露。这两方面可以帮助侦查人员形成更完整的对有关犯罪嫌疑人"形象"的认识。同时，由于具体案件的不同，犯罪嫌疑人个人特点也因人而异，因此每个案件的犯罪嫌疑人"形象"具有鲜明的个案特点，这就决定了侦查人员可以根据具体案件中的犯罪条件、个人特点去查找犯罪嫌疑人。比如某一案件现场出现了某种特殊的爆炸装置，而该爆炸装置具有明显的职业特征，那么侦查工作的方向就应是从该行业具备该装置使用技能或有条件接触该装置的人当中寻找犯罪嫌疑人。当然在具体的侦查过程中，不能仅以此为据断定某人为犯罪嫌疑人，但"具备这种技能或有条件接触该装置"这一条件，却为侦查人员指出了查找犯罪嫌疑人的明确方向。

（3）以犯罪嫌疑人的动向和行踪确定侦查方向。

在侦查过程中，无论是在现场勘查阶段，还是在其他侦查阶段，一方面，一旦掌握了犯罪嫌疑人的动向和行踪，且有可能抓获犯罪嫌疑人的，往往都要采取追缉、堵截等措施缉拿犯罪嫌疑人，这一点在现场勘查阶段是必须要考虑的；另一方面，通过对案件的前期认识，判断为流窜作案，或者对在相近的时间内，某几个邻近地区连续发生同一类型的案件，根据有关情况，判明为同一个人或同一伙人流窜作案，并推断出其可能行踪的，可据此以跟踪追击或堵卡、通报等方式缉拿犯罪嫌疑人。无论采取何种方式，以上均具有明确的侦查方向，因而，我们认为，以犯罪嫌疑人的动向、行踪确定侦查方向是可行的。在侦查中，特别是在现场勘查阶段，如果查明了犯罪嫌疑人的逃跑方向、路线，或者其借助的交通工具特征显著，且逃跑时间不长，有可能抓获犯罪嫌疑人的，均可根据其行踪、动向，运用追缉、堵截、跟踪、追击等措施缉拿犯罪嫌疑人。缉拿犯罪嫌疑人的方向，就是侦查方向。

2. 确定侦查范围的依据

侦查范围，实质上是指犯罪嫌疑人的居住范围或从事的行业范围。因此，凡能帮助侦查人员分析判断犯罪嫌疑人的居住范围或从事的行业范围的情况,均可成为确定侦查范围的依据。据此,确定侦查范围的依据主要有以下四个方面。

(1)以作案时间为依据确定侦查范围。

犯罪嫌疑人对作案时间的选择,即所谓对"天时"的选择,往往与其对侵害对象的了解,对现场及现场周围环境的熟悉程度有直接的关系,而这种关系能通过现场的各种情况反映出来。犯罪嫌疑人对侵害对象、作案时间、犯罪地点的选择,综合反映出犯罪嫌疑人可能的居住范围或从事的行业范围。因此,研究作案时间与侵害对象,以及与现场周围环境等的关系,无疑有助于侦查人员确定侦查范围。如某个财物保管处所,平时都有严格的值班交接制度,某日,因某种很特殊的原因,偶然出现无人值班的短暂空隙,而盗窃就发生在此时,根据作案时间,我们能很自然地推测这可能是了解内情之人所为。立足于作案时间推断出是了解内情之人所为的结论,为侦查范围的确定提供了依据。在杀人、抢劫、强奸等案件中,犯罪嫌疑人对作案时间的选择,往往与其对被侵害对象的工作、生活等行为规律的了解联系在一起,这也是一种知情条件,可以为确定侦查范围提供依据。

有的案件的作案时间能直接反映出犯罪嫌疑人的居住范围或从事的行业范围。如某金库被盗案件,根据目击者的反映,犯罪嫌疑人曾拿着打秃的钢钎离开现场,15分钟后其又拿着钢钎回到现场继续打洞。根据这样一个情况,侦查人员通过现场实验的方法,很容易地确定了犯罪嫌疑人的居住范围,而此案的侦破结果也证实了此范围的选择是正确的。

(2)以犯罪嫌疑人和犯罪现场的关系确定侦查范围。

犯罪嫌疑人与犯罪现场的关系,主要表现为犯罪嫌疑人对现场熟悉与否,这一点很容易通过现场现象表现出来,如对侵入部位、侵害目标的选择等。根据现场现象所反映出的信息,我们可以推断犯罪嫌疑人是近处人还是远处人,是内部人员还是外部人员,而这种推断就是对侦查范围的确定。比如,在盗窃案件中,犯罪嫌疑人在现场无多余行为,准而不乱,目标准确;在杀人案件中犯罪嫌疑人选择的侵入路线隐蔽,杀人和藏尸的地点恰当等,这些都说明犯罪嫌疑人是熟悉现场环境的,也是了解被害人、事主的活动规律的。据此可推断,犯罪嫌疑人是近处人或内部人员,反之,则是远处人或外部人员。

(3)以犯罪嫌疑人的穿戴、语言、随身遗留物品确定侦查范围。

不同地区、不同职业的人,穿戴的方式和穿戴的物品,以及说话的内容、口音等具有明显的地区或行业特点。当然,对于犯罪嫌疑人遗留在现场的随身物品,我们可先推断出这些物品的产销、使用范围等,再据此分析出犯罪嫌疑人的居住范围或从事的行业范围。由此可见,以犯罪嫌疑人的穿戴、语言、随身遗留物品确定侦查范围是比较可行的。凡在现场勘查中，发现了犯罪嫌疑人遗留在现场的随身物品，犯罪嫌疑人的人身形象、个人特点有比较充分的暴露，均可以此为据，确定侦查范围。当然，这也适用于其他侦查阶段。

（4）以犯罪的手段、方法确定侦查范围。

犯罪嫌疑人实施犯罪行为的手段、方法都具有习惯性，这种习惯性要么是职业技能的反映，要么是犯罪技能的体现，但无论如何，犯罪的手段、方法是犯罪嫌疑人留给侦查人员的"名片"。根据犯罪的手段、方法，可以确定侦查范围。因此，当案件从犯罪手段、方法上反映出犯罪嫌疑人熟悉某种职业或长期从事某种职业的特征时，可据此确定查缉犯罪嫌疑人的职业范围、行业范围。当犯罪手段、方法反映出犯罪嫌疑人实施犯罪的熟练程度时，可据此判定犯罪嫌疑人是否为惯犯，从而确定侦查范围。

第十四章　现场分析与重建

第一节　现场分析概述

一、现场分析的含义

从狭义上讲,现场分析是刑事科学技术人员及刑事侦查人员运用刑事科学知识、自然科学知识等,尤其是物理学、生理学、心理学、逻辑学等知识,对需要查明其发生与发展过程及成因的案件或事件现场所进行的勘查、解析行为。

从广义的角度讲,现场分析能力是刑事科学技术人员及刑事侦查人员应具备的关键基本功,现场分析是侦查工作中使用率最高的一项重要手段。无论是成为优秀的技术员,还是成为优秀的侦查员,都必须具备出色的现场分析能力。无论是痕迹技术人员的工作,还是法医等专业人员的工作,都离不开对现场的分析。

现场分析与现场勘查是辩证的统一体。一方面,现场分析要依据现场勘查所获取的客观信息进行;另一方面,现场勘查要在现场分析的不断提升中推进。两者相互作用,不可分离。

现场分析不仅是一门博大精深的科学技能,同时也是被人类所普遍认同的自然知识。如从著作《狄公探案选》《洗冤集录》《福尔摩斯探案集》,到影视剧《大侦探波罗》,等等,这些著作与影视剧之所以能为古今中外的社会各阶层所接受、传述、追崇、痴迷,是因为它们所展现出来的科学性和逻辑性符合人们对宏观世界和具体生活的认知与理解。

侦查人员尤其应当高度重视对现场的分析以及对现场分析能力的精深研究。在实践中,现场分析不仅能极大地拓展破案的途径,也能体现一名侦查人员综合的业务素养。不懂得现场分析的侦查员,就不是一名合格的侦查员。现场分析是侦查工作中一个至关重要的环节,其不但体现于对案件现场的勘查、解析中,还贯穿于整个诉讼活动之中。

二、现场分析要基于现场的立体性

现场是案件或事件发生、发展过程中,时间、空间诸要素等客观存在及其内在联系性的组合。现场不仅仅是一个具体的客观物理存在，其还包括当时的相关因素，如天气、温度、湿度、日夜、当事人的个体特征、文化、性格、风俗、地域等。

对现场必须要有精细化的认识。以天气预报为例，"某城市局部地区有时有雨"，这里面包含着该城市不是所有地区都有雨、不是所有时段都下雨等信息，因此不论你所处哪个地区、不管是否下过雨，都会认为天气预报是准确的。这种现象在现场分析工作中是不允许的。因此，现场的本质特性是立体性，具体表现在如下两方面。

第一，现场的客观形式与组成是立体的。物体、气象、光照、环境等不仅都是现场的组成部分，同时又在一定条件下左右和影响着现场，影响着特定案件的发生与发展（见案例链接1）。

案例链接1

不同的环境结构、客体条件、气象条件等对一般火灾、爆炸起火、爆燃起火等涉火类案件的影响。比如，有一东一西相邻的两个货物仓库皆发生火灾，其中东侧仓库的焚烧程度更显严重，疑为起火点，但根据现场勘查的分析认为西侧仓库为起火点。不是起火点的东侧仓库焚烧程度却重于起火点的西侧仓库，原因有两方面：其一，东侧仓库内存放的物品较西侧仓库内存放的物品在可燃性上更好；其二，火灾发生时的风向为偏西风，而两个仓库的东、西两侧墙上皆有多扇窗户。

第二，人的个体特性组成也是立体的。案件中所涉及的人的性别、年龄、性格、文化程度、风俗习惯、个体经历、即时心理等因素都会对案件产生影响。

这里要特别注意对即时心理因素的认识。即时心理是个体心理中的特殊性变化，是人在受到某种或某些外界影响后的突变性反应。"冲动"就是即时心理的表现形式之一。即时心理引发的行为在一定情况下可能完全颠覆具体个体的一贯表现。即时心理的产生既有明显的因素，也有隐性的因素，是工作中较容易被忽视的一种重要心理现象（见案例链接2）。

案例链接2

在一起案件中，张三因不满李四给子女起的名字，认为是犯了自己的忌讳，不吉利，但平日里却对此毫无表现，依然友好如初，却在暗中进行投毒。由于忽视了此种即时心理因素，案件一度处于扑朔迷离之中。

三、现场分析的意义

现场分析是现场勘查必不可少的核心组成部分。离开现场分析的现场勘查只能是一系列程序式的机械行为，既缺乏生命力，又无法真正实现现场勘查的目的，在法律诉讼行为和过程中无法有效地盘活与激发证据的作用和意义。

通过现场分析，实现对案件或事件的定性，对犯罪过程的还原，对犯罪嫌疑人的刻画，从刑事科学技术的角度及时指明侦查工作的方向和范围。因此，现场分析是侦查工作的灵魂。

第二节 现场分析的任务、作用和重要特征

一、现场分析的任务

（1）重现犯罪过程。重现在案件发生、发展过程中涉案当事人的行为，即做了些什么，包括其中的细节。这也是现场分析最根本的任务。

（2）从心理、生理等方面进行刻画、揭示涉案当事人的个人特征。如涉案当事人的心理成熟程度、心理有无畸形、体能状态、体态、作案技能、职业技能等。

（3）为划定侦查方向、侦查范围提供重要依据。这是现场分析在侦查工作中的重要任务之一。正确的侦查方向可以提高侦查效率，合理的侦查范围可以节省侦查的人力、物力，达到事半功倍的效果（见案例链接3）。

案例链接3

一起发生在郊外农村的命案，侦查人员通过对在现场农田中发现的当事人的足迹形态研究，还原出凶手与被害人之间的行为轨迹与节点：突然打击、奔逃与追逐、抓住纠缠、挣脱逃跑、再次抓住纠缠、再次挣脱逃跑、追上杀人。

对现场双方的具体行为分析发现了矛盾点，既然已经突然实施了打击，为何不持续进行杀人的行为，而要两次纠缠呢？经分析，这组行为轨迹中之所以有两次纠缠，是因为凶手临场产生了恻隐之心。

专案组根据侦查人员对现场的分析意见，立即调整侦查的方向和范围，将侦查工作的重点放在了涉案人员的职业圈和熟悉的同行内。案件很快被侦破：凶手与被害人之间是同行和曾经的生意伙伴，凶手为图财，趁雨夜将被害人骗到郊外农村实施杀害，被害人呼救的喊声让其不忍继续下手，在其两次劝解致歉无效后，只得将被害人杀死，以防被害人说出自己。

二、现场分析的作用

（1）用证据锁定罪行。对于现场勘查中从案发现场提取的指纹、足迹、DNA、微量物证等，现场分析可以对它们的形成因素、具体特点等作出深入的解析，以巩固、增强它们的证据价值（见案例链接4）。

> **案例链接4**
>
> 一起入室盗窃案件的现场勘查中，侦查人员根据抽屉面上手印的遗留位置和地面上足迹的形态，分析出作案人是在抽屉处于开启状态下对抽屉进行的撬压，从而推断该现场是一个伪造的现场。

（2）辅佐审讯工作。这也是实践中侦查部门与刑事技术部门互相配合的重要形式之一。纯粹的刑事侦查工作和刑事技术工作是有科学分工的，所以，侦查与技术之间的配合应该是一种互补、互助式的契合性配合。以审讯工作为例，前期侦查的工作成效可以验证审讯结果的真实性，揭示审讯中的缺失与隐瞒，从细节上强化审讯的合法性。

（3）判定案件性质。判定案件的性质不仅仅是为了给相关案件定性，这只是刑事技术工作的一个方面，其更深入的作用是直接为案件的侦查工作锁定方向。在现场分析中，应把握一个重要的规律，即偶然性是建立在必然性基础之上的变通，它必然附带有必然性的痕迹与表达（见案例链接5）。

> **案例链接5**
>
> 在一起特大入室盗窃案件现场，尽管作案人系撬门入室，但在这之前，他曾有过企图攀爬钻过窄小气窗的行为。结合现场其他因素，技术人员分析该案的作案人具备两个条件：一是体型瘦小且行动灵活；二是习惯的作案方式为钻窗。侦查人员通过对钻窗类案件的查寻与并案侦查，第二天便破获了此案。

（4）拓展视野，全面提升现场勘查质量。这个作用又具体体现在以下两个方面：

第一，通过对被破坏现场或其他因素形成的所谓"无痕"现场进行临场技术确定，以达到拾遗补缺的作用。不同的案件会有不同的作案行为，临场技术确定就是对特定案件的作案行为进行刑事科学技术专业的显现。通过临场技术确定，作案人的临场行为被显现出来，如同放动画片，让侦查人员清晰地"看见"作案的轨迹，而这条轨迹所涉及的相关物品和区域是现场获取痕迹、物品的重点部位和区域。临场技术确定以精准打击的形式，最大程度地克服因现场遭到破坏而产生的不利因素。

第二，现场分析可以有效增强对现场细节的解读，达到事半功倍的效果。固然，见微知著可在一定条件下实现对宏观事物的认识，但对细节的解读却往往是容易被忽略的重要环节（见案例链接6）。

> **案例链接6**
>
> 侦查一起抢劫杀人案，搜查中在一间曾为单身宿舍房间的床底下发现了被害人的尸体。因现场被打扫过，一时间还无法确定此处是否为第一现场。经技术人员对死者嘴角及颈部等处的血迹附着形态与尸僵的关系观察分析，排除了被害人曾被搬运过的迹象，只是就地塞入床底下而已。因此确定此处就是杀人的第一现场。
>
> 此案中对第一现场的确定，为案件侦破工作中犯罪嫌疑人的锁定提供了及时有力的依据。

三、现场分析思维的重要特征

1. 立体性

现场分析思维的"目光"要有时间、空间上的联系性，避免平面、孤立地看问题。比如，从"一滴血点"联想到其形成原理，从其干燥程度情况联想到其遗留的时间，等等。

2. 能动性

现场分析思维要有创造性和挑战性，充分运用自身智慧，并善借他人之长来弥补自己的局限，使思维在知识架构和运用架构上符合实际需求。

3. 过滤性

现场分析思维活动必须是不断的去伪存真、去粗存精的过程。这里的"伪"和"粗"，不仅存在于现场的客观事物之中，也存在于现场的信息之中，还存在于侦查人员临场的具体工作方法、技能之中。

4. 联系性

以水为例，它可以随着时间的延长而变为干涸的斑痕，可以随着温度的下降而变成冰块，可以随着环境的改变而变得肮脏。同样，人的心境在一定条件下也会发生相应的变化。现场的原始性是相对的，而非绝对的。在思维上要注意时间、空间上的联系性，如不能以白天对现场的观察所得来取代深夜间对现场的观察所得。

5. **层次递进性**

层次递进性是指思维能由一及二，甚至到更高更广的认识层面。现场分析的特点要求侦查人员从接到报案开始，就要进入角色，充分调动自己的眼、耳、鼻、嘴、手等感官去能动地收集一切有关信息。对现场的分析是从接到报案时开始的，而不是在到达现场后才开始的（见案例链接7）。

案例链接7

一个中年妇女打电话报称，其在工厂工作的丈夫平日里都是下午6点回到家的，而今天已经6点半了还没有回来，担心他出什么事情。

一个正常上班工作的成年人，下班后未能按时回家，可能是有事，可能是加班，可能是交通拥堵，可能是……有多种可能性。但该妇女却"及时"刻意地向派出所报案，担心其丈夫出事了，这透露出在其家庭中或在其丈夫身上存在着不正常的因素。果然，其丈夫因家中的琐事久思不通，当天选择了自杀。

在对现场的分析上，侦查人员拥有独特的优势。在视角上，勘查工作涉及现场的各个部位和角落，侦查人员在观察上具有全面性。在认知上，现场的范围包括案件或事件的预备、发生、发展、结果等过程所涉及的场所，侦查人员在认识上具有连贯性。侦查工作的程序决定了侦查人员在对现场形态及痕迹物证的发现和观察上更具相对原始性。当然，侦查工作也存在一定的局限性，比如，在对案件相关侦查信息的知晓方面有一定的滞后性，需要侦查人员在临场工作过程中能动地去了解和弥补。

第三节 现场分析中的信息点原理及其应用

一、信息点及信息点原理的含义

信息点，即现场包含的一切客观存在，包括现场宏观状况和微观细节，具体有环境、气象、访问信息、人员个性、生活习惯、风俗、即时心理等一切有助于揭示案件或事件真实情况的客观存在。这些客观存在表现形式上相对独立，但却在相关的案件或事件中有着密不可分的内在联系。在现场勘查过程中，侦查人员对每一个相对独立的信息点的发现、解读，是对现场分析由量到质的不断积累的过程。

信息点原理，即以信息点作为表现形式和主要基础资源，通过科学的归纳和提炼来实现对现场解读与重建的现场分析方法。在不同的客观条件下，信息点的种类、数量及其表现形式都有所不同。比如，从现场血迹的遗留部位、形态、数量、浓淡等，可以分析出作案的工具、动作、发展过程及顺序等信息；从现场足迹的遗留情况，可以分析出犯罪嫌疑人的人数、进出路线、对现场客观环境的熟悉程度等信息。

二、现场分析中对于信息点的检验

对现场所获取的信息点进行检验，是解读信息点的重要方面，它关系到所获取的信息点能否发挥正确的作用。当客体的个体特质性不能反映主体的个体特质性时，该信息点不能直接作为现场分析的支撑性依据（见案例链接8）。

> **案例链接 8**
>
> 在一起盗窃案件现场，作案人在翻动室内物品时将衣柜的柜门拉了下来，这是因为作案人具有较大的力量？并非如此，通过细致的观察发现，柜门有一层薄薄的装饰贴面，原本固定柜门的钉子仅仅是钉在了柜子上用于装饰的贴面层之中，没有太大的固定力。
>
> 所以，上述柜门处的信息点不能作为衡量作案人力量大小的依据。

三、现场分析中容易出现的主要问题

（1）缺乏对现场分析重要性的认识，不知其来之不易。

即便是完美的现场分析，侦查人员如果不明白它的形成来源及科学依据，则是难以将其有效融入具体的侦查工作之中的。因为，这样所缺失的是对现场局部现象的透视性以及现场局部与整体之间关联性的认识。

（2）在现场分析工作上，对大案、要案或者有疑难的案件重视，对常规案件相对淡漠。

这种现象形成的根本原因是理念上缺乏科学性、工作中缺乏规范性和法治性，因而造成以主观上的随意选择来对待客观存在。应当谨记，每一个现场都是经验积累的源泉，都是刑事技术专业能力形成及提高的"磨刀石"。

（3）对信息点的解析性差，分析的误差率高，判断结论的说服力弱。

（4）不能客观地看待对个别信息点的解析，甚至以偏概全的理解对整体现场的分析。

工作实践中，有些现场分析无法构成真正意义上现场分析，这些所谓的"现场分析"不仅是残缺和肤浅的，甚至是有害无益的。它影响着侦查工作的具体实施，还可能因前期行为的不完整而对后期的诉讼等行为造成环节上的缺失。实践证实，即使结论正确，但形成过程不科学、不严谨，该结论也不能成为诉讼的证据。

第四节　以信息点为基础的现场分析步骤

一、寻找和发现信息点

信息点的寻找和发现往往不是一次勘查能完成的，在复勘现场中也可能发现新的信息点。这也是建立重大案件现场复勘制度的科学依据之一。信息点也有主、次之别，信息点的主和次在一定条件下是可以发生转换的（见案例链接9）。

案例链接 9

一起发生于室内的凶杀案件现场，根据案情发现，对处于外围现场阳台上足迹的勘查，可以揭示案发过程的真假，以获事半功倍之效。因此，此案中外围现场阳台上的足迹成了主要的信息点。

二、确定和确认信息点

确定和确认是两层不同的含义，其中，确定是指对客观存在的信息点的认可，而确认是指该对信息点在相关案件中所处的环节、地位等因素的确认。实践中，细致的勘查工作对信息点的利用也必须是有选择的，正如"细而能详，详而能所悟，则快；细而拾杂，杂而乱所思，则滞"。

三、解析信息点

信息点就好比是开采出来的矿石，而解析则是对矿石的提炼，解析信息点是现场分析步骤中的关键。对每一个信息点在解析上的深度，直接影响着后续对整体现场进行分析的质量。在对相对独立的信息点解析的过程中，既要充分利用前期已经解析好的信息点内容，同时又要注意发现其所影射的其他信息点（见案例链接10）。

> **案例链接 10**
>
> 对血迹的解析，一要解读出血迹的形成原理，二要解读出产生血迹的原因。一起抢劫案件中，侦查人员通过对现场血迹形态在延续性上的分析，及时得出了犯罪嫌疑人左手严重受伤的结论，为案件的排查甄别提供了重要的条件。

四、综合信息点

综合信息点，就是将各个信息点所反映的信息有机地结合起来，从而达到对整个案情的揭示。综合信息点不是简单的现场所获信息的汇集，而是通过对各个信息点相互间内在关联性的分析来实现上述目的（见案例链接11）。

综合信息点是对案件现场的重新梳理和审视，因为随着现场信息量的不断增加，侦查人员对案件现场的认识也在不断地扩增、修正。

> **案例链接 11**
>
> 在一起命案现场，作案人先是入室盗窃，而后吃掉食物，后与下班回家的被害人相遇，并将其杀害。整个作案顺序为：翻物、吃喝、杀人。
>
> 在另一起命案现场，作案人直接杀害了被害人，然后对现场进行了翻动，最后又将现场发现的食物吃掉。整个作案顺序为：杀人、翻物、吃喝。
>
> 前者是以盗窃财物为目的，杀人是临场案情发展的结果；而后者是以杀人为目的，其他临场行为属于附带和随机的。

现场分析是一个思维过程。现场有丰富的信息，有可见信息，有不可见信息；有真实信息，有虚假信息；有原始信息，有变动信息。人的感官在现场勘查中发挥重大作用，但基于现场信息的复杂性，感官所感知的信息与现场本质仍可能存在很大的差距。因此，在现场分析中，"看见不等于发现"。这里所讲的"看见"，是指人们通过视觉、听觉、触觉、嗅觉、味觉等感官对信息点在物理意义上的捕获；这里所讲的"发现"，则是指在对信息点捕获基础上对其所包含的信息进行实质性的解读（见案例链接12）。

> **案例链接 12**
>
> 比如，看见一个透明玻璃杯中装有液面高度为6厘米的无色透明液体。通过科学的检验后，确定杯中所盛装的是清水。因为，同样的条件下，杯中盛装的可能是清水、白酒、白醋、葡萄糖液……再如，一个烟灰缸里装满了烟蒂，这只是人们看到的一个客观存在的现象，通过对香烟的品牌与种类、是否使用烟嘴、抽烟习惯等特点与痕迹的研究，可以发现许多进一步的信息。如几个人抽的香烟？几次抽的香烟？几天时间抽的香烟？

所以，这里所讲的"看见"与"发现"，是对事物由量到质的不同层面的认知。在实践中不能以"看见"替代"发现"，从而防止工作中的先入为主。

第五节　提高现场分析能力的途径

一、侦查人员成长的规律性

正如一般意义上的人的成长一样，侦查人员的成长也有其规律性。在这个规律性的成长过程中，侦查人员的分析能力也随之得到提升。我们认为，这个规律性的成长过程可归结为五个阶段。

第一，基础技能学习阶段。这个阶段是在理论和实践上对现场勘查各项应用技能、规则、程序进行的有序学习与掌握。这个阶段至关重要，因为基本功扎实与否，决定着侦查人员业务能力的高低及其发展的可持续性。如同建筑学中的地基，它不仅伴随着相关建筑的"一生"，而且，从一开始就决定着相关建筑可筑造的高度。这个阶段的作用甚至可以影响侦查人员的一生，因为，对相关基础技能的学习掌握过程，同时也是对侦查学专业认识、理解、接受的过程。

第二，重点业务技能学习阶段，即对不同类型案件现场勘查特点、重点的学习掌握阶段。在这个阶段的学习过程中，要认识到不同类型案件现场之间的异同，比如，同样有人员死亡的现场，故意杀人、伤害致死、自杀死亡、意外死亡、猝死等在现场状态和勘查程序、重点上的异同。同时也要注意勘查工作中业务知识和技能应用上的变通性。

第三，灵活变通运用阶段。此阶段是对所掌握的各种现场勘查知识、技能在工作实践中灵活、变通运用，并积累经验的过程。变通是关键，它检验着侦查人员对勘查知识、技能在临场运用中的应变意识和能力，要求侦查人员必须实现对勘查知识和技能的活学活用。

这个阶段也是学习和掌握的难点，是侦查人员在刑事科学技术业务能力上的分水岭。就如同对武术技能的学习，在练习阶段往往都是相对标准的模式：出拳的方法、踢腿的姿势、倒地的技巧等，而到了具体的实战当中，则要根据双方的态势、地形、对手特点等，灵活地去运用在练习阶段所学习和掌握的各种武术技能，从而战胜对手。

第四，拓展性充实阶段。此阶段是对各种专业知识如痕迹学、法医学、物证学、心理学、人类学等知识进行拓展性学习、充实，并逐步养成应用的自觉性的过程。

勘查和侦查工作的能力组成有三大部分：①专业能力；②生活阅历；③对前两者相融和提炼的能力及能动性。侦查人员在日常的工作和生活中要做一个有好奇心的人，用行为去观察、发现，以弥补和减少由于年龄、专业分工等因素造成的知识缺陷。能培养我们学习、观察能力的最大学校就是我们所生活的社会，因为现场的一切现象，都存在或变相存在于社会百态之中。

第五，形成分析能力阶段。此阶段是逐步形成现场分析意识，通过直接、间接途径获取相关经验，并开始自觉地运用现场分析，从而实现在刑事科学技术专业上质的飞跃。形成现场分析的能力，是侦查人员成熟的重要标志。现场分析能力标准在不同历史阶段会有所变化，这要求侦查人员应该终身学习、不断提升，只有这样，才能成为一名真正合格的侦查人员。

二、侦查人员提升现场分析能力的途径

（1）热爱刑事科学技术事业。

这是首要的条件和前提。热爱，是人类对客观事物的认可、理解、执着追求，同时，其也意味着已做好付出的心理准备。热爱是一种促使人们在心理上和行为上产生相应动力的源泉。

（2）不断提高现场分析中层次递进性的能力。

现场分析中的层次递进性是指现场分析由局部的点到整体的面，由较低层面进入更高层面的分析梯次。在现场分析中，既要分析当前信息点，也要发现当前信息点所包含内容与其他信息点所包含内容的关联性，以及当前信息点当中所影射的新的信息点（见案例链接13）。

> **案例链接 13**
>
> 在勘查一起发生在居民住宅的命案时，侦查人员听到卫生间内抽水马桶在漏水。这本是一个不起眼的现象，但侦查人员敏锐地想到，如果家中的抽水马桶漏水，住户一定会及时修理，因为它涉及水费，除非有其他的原因。经现场访问得知，被害人及其家人在每次使用过抽水马桶后都会用简单的技巧制止漏水。
>
> 这个信息点提示侦查人员，作案人使用过抽水马桶，他不知道、也不会去在意漏水现象。以此，侦查人员不仅成功地从抽水马桶上提取到了痕迹，同时针对作案人使用抽水马桶的情节，完善了对现场的分析及对作案人的刻画。

（3）高度注重破案后相关信息的反馈。

案件破获后，侦查人员应对犯罪嫌疑人的讯问笔录、罪证、现场指认等情况进行及时而能动地收集、研究、总结。这不仅可以有效地提高侦查人员的现场分析能力，同时也可验证犯罪嫌疑人供述的真实性、完整性。对犯罪嫌疑人供述中出现的差异点，切勿简单地以"对"或"错"待之，要善于从犯罪心理学和临场心理学角度深入研究和分析，这是提升侦查人员自身素质与办案质量的重要节点。

（4）从直接或间接的途径学习和积累相关知识。

在生活和工作中要有好奇心，对知识与技能进行多渠道的学习、收集、消化。在业务工作中，要注重积累典型案例，并着重吸取其经验和教训。

（5）改变只有大案、要案才能锻炼人的错误观念，遵循客观发展规律。

所谓大案、要案，一般指影响程度较大的案件，但每一起案件都有其特点，每一类现场都有其规律，对影响较小的案件也不能忽视。荀子在《劝学篇》中说："不积跬步，无以至千里；不积小流，无以成江海。"侦查人员对业务知识与技能的掌握和提高是通过量的不断积累而达到质的飞跃的。

（6）以科学的态度运用信息点理论，避免陷入主观臆断、惯性思维的泥坑。

忽视案件现场信息点之间的联系性也是现场勘查、分析工作比较容易出现的问题之一。糖融入水中形成一杯糖水，反之，糖是糖，水是水，糖和水是两个完全不同类的物质。而糖水的形成，既不单纯是水的功能使然，也不单纯是糖的功能使然，而是由两者相结合后所产生的全新物质形态。

第六节　现场重建

现场分析是实现现场重建的方法和必由之路，现场重建是现场分析的结果和目的，两者的共同之处在于思维上的立体性。现场重建在现场分析的过程中实现，现场分析在对现场重建的筑累中推进。

如果将现场重建比喻为组装一辆完整的汽车，那么现场分析就是为组成这辆汽车所制造出的一个个零部件。如果在组装汽车的过程中遇到各种各样的问题，就意味着在对零部件加工过程中存在着缺陷或瑕疵。

一、现场重建的形式

（1）立体化的形象式重建。这是一种机械性的案件发生、发展、结果等的回复式演绎。比如，先做了什么、再做了什么等，它侧重表象上的展示。

（2）立体化的抽象式重建。这是一种填充式的案件发生、发展、结果等的回复式演绎。它解释了案件现场行为、过程的形成缘由及心理依据。比如，对人的意识形态、个性、风俗、个体特点等方面的重建便是如此。

二、现场重建的方法

（1）临场演绎法。

临场演绎法是指以案件侦查人员为主，必要时可聘请具有专门技能的人员参加，对现场的情境进行可能性与行为性上的再现。这种方法的最大优点在于其临场感强，而且有时会有"温故而知新"的收获。

在对一起灭门大案的临场演绎中，技术人员按性别等条件做了分工，通过多次的重复和推敲，最终结合现场的环境、案发时的光照程度、现场物品的摆放变化等因素揭示了犯罪嫌疑人在交待中的重大漏洞和不实之处，确保了审讯工作的进行及后期系列诉讼活动的开展。在临场演绎工作中，特别要强调的是注意保密工作。

（2）电子演绎法。

电子演绎法是指利用电脑和相关的软件程序，对现场的情境进行再现，如3D动画等。这种方法的优点在于节省人力、物力，有较好的安全性、保密性，缺点在于缺少临场实感与环节可行性的论证。

（3）综合演绎法。

综合演绎法即将临场演绎法与电子演绎法有机结合起来的现场重建方法和手段。

现场重建的方法没有好坏之分，应当根据不同案件、不同环境、不同条件、不同目的灵活地选择与应用。

需要强调的是，现场重建并非都需要对案件整体过程与情节进行演绎式再现，也可以对案件中某一个或几个环节与重要节点进行重建。这不仅可以节省人力、物力，也能有效地提高工作效率。

三、确保现场重建质量的因素

技术人员和侦查人员对现场的分析和理解程度是实现现场重建以及确保现场重建质量的关键因素。

在现场重建的过程中，反复的演绎可以加深技术人员和侦查人员对案件实质的认识，同时，也能揭示出对案情理解的不足与漏洞。但是，这一切都建立在侦查人员和技术人员在前期工作中对案件、现场的认识基础之上。

| 下编 |

具体类型案件现场勘查方法

第十五章 杀人案件的现场勘查

杀人案件现场是指犯罪行为人非法剥夺他人生命的场所及遗留有与杀人犯罪相关的痕迹、物品的其他场所。杀人犯罪具有严重的社会危害性，犯罪性质十分恶劣，刑罚处罚也较重。犯罪嫌疑人也深知杀人犯罪的法律后果，因此为逃避侦查打击，其一般都会进行事前精心策划和准备，择机下手行凶，事后清理现场、毁证灭迹等。因此，杀人案件现场往往有很多重要的杀人犯罪痕迹、物品被破坏，且真假现象共存。另外，随着犯罪嫌疑人反侦查能力的不断提高，杀人案件现场的痕迹、物品越来越少。这些都增大了现场勘查的难度。但是，即使是谋划得十分周密的杀人犯罪行为，其也会遇到被害人的顽强抵抗，现场多会留下搏斗抵抗痕迹、血迹、毛发、被害人的尸体或尸块等。同时某些痕迹、物品是犯罪嫌疑人无法或难以消除或掩盖的，如血迹、毛发等痕迹、物品并非一经清洗、擦拭，就可处理得干干净净。这些又给现场勘查带来一些突破口。所以在杀人案件现场勘查中，只要勘查人员认真勘验，抓住有利条件，去寻找、发现被掩盖、被变化的痕迹、物品，总可以找到证实杀人犯罪的蛛丝马迹。

第一节 杀人案件现场勘查的任务

杀人案件侦查通常从现场勘查开始，现场勘查查明的情况如何，会直接影响到后续侦查工作能否顺利推进。因此，勘查人员应及时开展现场勘查，全面地收集与杀人案件有关的各种信息和证据材料，尽可能地查明以下情况。

一、查明死亡事件性质

在现实生活中，造成死亡的原因复杂多样，有自杀、他杀、意外死亡、病死、老死等。其中，只有他杀中的非法他杀事件属于犯罪事件，需要作为杀人案件开展侦查，而其他原因导致的死亡事件属于非犯罪事件，不需要作为杀人案件开展侦查。所谓查明死亡事件性质，就是要查明死亡事件是犯罪事件还是非犯罪事件。在一般情况下，判断死亡事件性质并非难事，只要结合有关的证人证言和现场情况就可判明。但也有一些死亡事件性质的判断十分困难，如自杀、意外事故、他杀可引起某些相似的死亡现象，这使勘查人员无法从死亡现象上分辨死亡事件性质。还有，某些犯罪嫌疑人在杀人后，对杀人现场进行伪装和改变，如把勒死伪装成吊死，把推人落水致死伪装成死者失足落水致死等，这也使得现场真假难辨、是非难分。正是因为死亡事件情况复杂，任何死亡事件勘查结果都有两种可能性，或者是犯罪事件，或者是非犯罪事件。非犯罪事件意味着不存在杀人案件，而犯罪事件则需要开展侦查。因此，一方面，只要死亡事件性质没有确定，勘查人员就绝不能放弃查明死亡事件性质这一任务，这说明查明死亡事件性质是勘查人员的应有职责。另一方面，在查明死亡事件属于犯罪事件后，死亡事件便作为杀人案件立案并展开后续侦查。由此可见，对于被确定为杀人案件的死亡事件而言，查明死亡事件性质更应是杀人案件现场勘查的第一任务。所以，从某种意义上讲，任何杀人案件现场勘查首先需要查明的就是死亡事件性质问题。

二、查明杀人案件的性质

查明死亡事件性质属于犯罪事件，即构成杀人案件后，应当进一步查明杀人案件的性质。只有对案件的具体性质定性准确，才能正确地划定侦查范围、确定侦查方向，为案件的侦破提供重要依据。实践中，确定杀人案件的性质通常以对犯罪嫌疑人犯罪动机的认识为依据。具体来讲，主要考虑两个方面的依据：一是内在依据，就是犯罪嫌疑人头脑中的犯罪动机，这种动机是抽象的；二是物化依据，就是杀人现场的各种痕迹、物品，这些痕迹、物品实际上是对犯罪嫌疑人犯罪动机的物化。勘查人员能直接接触到的主要是这种物化依据，并对物化依据进行分析、认定，从物化依据到内在依据，最后认定犯罪嫌疑人的犯罪动机，确定杀人案件的性质。

通常根据犯罪嫌疑人的犯罪动机，将杀人案件的性质划分为以下类型：

（1）政治性杀人，也称政治谋杀，即危害国家安全的杀人。这种杀人是有政治因素的，其杀人的动机是反社会、反国家。

（2）图财杀人，也称侵财杀人，是由财起意而引发的杀人。具体包括抢劫杀人、盗窃杀人、谋财害命三种情形。

（3）情感纠纷杀人，也称情杀，是因恋爱、婚姻和家庭关系矛盾等而引发的杀人。具体包括婚变杀人、婚恋杀人、奸情杀人、淫乱杀人等情形。

（4）私仇报复杀人，也称仇杀，是因恩怨矛盾或利益冲突而引发的杀人。

（5）强奸杀人，又称奸杀，是指因违背妇女意志的性行为而引发的杀人。

（6）流氓杀人，因流氓集团内部、违法犯罪帮伙之间的斗殴、行凶或因惹是生非、逞凶霸道而引发的杀人。

（7）迷信杀人，这类杀人主要是因封建迷信而引发的。

（8）厌弃型杀人，主要是指以减轻负担、推卸责任为目的，厌弃、虐待而致人死亡。

（9）变态杀人，也称心理变态杀人，主要是由于犯罪嫌疑人因某种因素刺激出现心理变态而引发的杀人，这种案件的犯罪嫌疑人往往被称为"杀人狂"。

（10）激情杀人，也称随机杀人、突发性杀人、偶发性杀人，是指案前犯罪嫌疑人与被害人之间素无利害、矛盾关系，只因一言一事之争触发杀机，或因临时起意，图谋不轨，顿生杀念而杀人。

此外，还有为取得犯罪工具、转移侦查视线，或毁证灭迹，或嫁祸于人，或杀人取乐等引发的杀人，甚至还有无明显犯罪动机的杀人等。当然，有的杀人案件中的犯罪动机并不一定是单一的，而是非常复杂的，这种复杂犯罪动机引发的杀人称为"多种混合型杀人"。正是由于杀人的动机十分复杂，才导致案件往往扑朔迷离，因此，现场勘查时，要从现场及现场情况入手，捕捉各种能够反映杀人动机的信息，遵循物化依据的脉络，反推出犯罪嫌疑人杀人动机的产生与发展过程，确定杀人案件的性质，为侦查工作指明方向。

三、查明死者情况

杀人案件现场一般都有被害人的尸体或尸块存在。对于死者身份不明确的杀人案件，现场勘查的首要任务就是从尸体或尸块入手，通过实地勘验和现场访问，获取死者的基本特征，再据此查明死者的身份情况，及时为初期的侦查工作提供线索，然后再调查死者的其他情况。具体来讲，主要查明死者以下三个方面的情况。

1. 基本情况

死者的基本情况主要包括以下几个方面：

（1）性别、年龄、职业；

（2）生理特征，如身高、体态、五官、疤痕及文身等；

（3）病理特征；

（4）伤痕特征，如外伤程度、是否有性行为迹象等；

（5）死亡情况，包括死亡原因、死亡时间等；

（6）衣着打扮及特征；

（7）随身携带物及其特征等。

2. 身份情况

身份情况主要包括死者的姓名、文化程度、生前的住址、工作单位、家庭情况、社会关系、经济情况等。

3. 其他情况

其他情况主要包括死者生前的行踪、言行表现和思想情况等。

查明死者情况,主要目的在于能通过死者的有关情况,循着死者和犯罪嫌疑人之间的某种因果联系的脉络,去发现、找到犯罪嫌疑人。

对于死者身份明确的杀人案件,则主要围绕死者的社会关系,即其与同事、邻里、亲友、同行之间的金钱、感情、业务竞争关系,找寻足以引起犯罪嫌疑人实施杀人的内在动机,以判明杀人案件的性质,进一步缩小侦查范围。

四、查明杀人过程

杀人过程是指犯罪嫌疑人自进入现场至实施完杀人行为后逃离现场的整个过程。杀人过程能够反映犯罪嫌疑人的犯罪动机和犯罪时的心理活动过程,是现场分析的重要内容,是认定犯罪嫌疑人实施杀人犯罪的重要证据。现场勘查中,要根据收集到的各种现场情况,对犯罪嫌疑人的杀人过程一步一步地进行分析、论证。杀人过程主要包括:犯罪嫌疑人进出现场的道路及部位,进出现场的方式,在现场的活动过程,有过哪些行为,触动过什么物品,留下了哪些痕迹、物品,采用何种方式接近被害人,使用什么凶器杀人,杀人的方式是什么;被害人在什么状态下被杀,其有无反抗过程;犯罪嫌疑人杀人后如何处理尸体,对现场有无清扫、冲洗、伪装等活动。

五、查明杀人案件的其他情况

杀人案件现场勘查中除了要完成上述四项主要任务以外,还要努力创造条件查明以下情况。

1. 查明主体现场

在大多数杀人案件现场勘查中,发现尸体或尸块的现场就是主体现场,且实施杀人的地点比较明确。但也有一些发现尸体或尸块的现场虽然是主体现场,但却不能马上识别,这时需要通过现场勘查,揭示现场的伪装,抓住现场各种现象的本质,正确地作出判断;还有一些发现尸体或尸块的现场并不是主体现场,而仅仅是一些关联现场,甚至有的连关联现场也没有发现,如虽然没有发现尸体、尸块,但有其他明显的事实迹象表明已发生了杀人案件的情况。在这些杀人案件现场勘查中,查明主体现场就成为一个重要的任务。这时,应以已发现的关联现场情况或调查访问情况为依据,顺藤摸瓜、顺迹追踪,找到、查明实施杀人的地点,即主体现场。

2. 查明犯罪嫌疑人的有关情况

杀人案件现场勘查中,要利用现场痕迹、物品及其他现场信息,查明犯罪嫌疑人的有关情况。一般来讲，主要查明犯罪嫌疑人的以下情况：

（1）犯罪嫌疑人的人数，即是一人作案，还是多人作案。

（2）犯罪嫌疑人的体貌特征，包括身高、体态及其他外貌特征。

（3）犯罪嫌疑人的基本情况，包括姓名、性别、年龄、住址、工作单位、职业、文化程度、思想状况、经济状况、爱好、技能、知情条件等。

（4）犯罪嫌疑人与被害人的关系。

第二节　杀人案件现场勘查的重点

一、杀人案件实地勘验的重点

（一）尸体检验

在杀人现场，检验被害人的尸体或尸块无疑是极为重要的。对死亡的原因、时间，致死的凶器、方式，以及死亡的过程等问题的分析和认定，都有赖于尸体检验的结果。因此，实地勘验中，对尸体或尸块必须进行认真、仔细的检验。

1. 尸体位置、姿势等检验

要注意检验尸体所处的位置与现场痕迹、物品及周围环境的关系；尸体的姿势是抱头状、卷曲状，还是自然伸展状；尸体头脚的方向，四肢的伸展情况，面部的表情；尸体是否有被捆绑、包裹、遮盖等属于被害人自己无法完成的情况等，借以分析死者死亡时的情景。

2. 尸体衣着打扮及随身物品检验

要从外到内检验尸体衣着的式样、材料、裁剪方式、颜色、品牌、新旧程度等，并分析其能否反映死者的生活区域、职业特点、民族特色及生活水平；要注意观察尸体衣着是否合适、是否凌乱、是否被撕破、有无补丁、纽扣是否解开或脱落、拉链是否完好；要注意查找死者的衣袋或包裹内有无现金、名片、通信工具、通信本、证件、票据、字条、信件、香烟、打火机等随身物品，并认真观察其特征，以发现特殊信息及其价值。

3. 尸表检验

首先，检验尸体的性别、身长、年龄、体态、面貌特征、皮肤颜色、发育状况、四肢特征及病理特征等。其次，检验尸体现象，即检验尸冷、尸僵、尸斑（如有无尸斑，尸斑出现的部位、颜色、形状、大小）、瞳孔大小、尸体是否腐败及腐败程度如何等，这些尸体现象的出现是有一定规律的，可以帮助判明死亡时间、是否有移尸等问题。最后，检验尸体伤痕及创口。从头部开始，先正面检查尸体的外部伤痕，然后翻转进行背面检查。应重点检验尸表是否有伤痕及伤痕的位置、方向、形状、深浅、大小、数量、受伤的程度；有无致命伤及致命伤数量；是否有能够反映犯罪嫌疑人特定心理的伤口；创口是生前伤还是死后伤；创缘是否整齐、平滑，创腔内有无异物；有无抵抗伤；有无电流斑、针孔、咬痕；头发里是否隐藏有可疑物或创口等。

4. 解剖检验

很多杀人案件仅凭尸表检验是很难查明死因的，因此，为正确判明死因，必要时应由法医负责对尸体进行解剖检验。要检验尸体的头部、胸部、腹部、动脉及静脉等主要部位和脏器是否有异常，有无出血、损伤、病态变化或其他异常现象，检验胃内容物消化情况。女性尸体还要检查其子宫内有无胎儿、阴道是否充血、处女膜是否破裂出血、阴道内有无精液或其他异物等。必要时，可提取某些器官、组织或体液作为检材，以作进一步的理化检验。

5. 尸体附着物检验

要注意在尸体嘴巴、耳朵、鼻孔、头发、腋窝、指甲、创口、衣服及随身携带物品等部位查找有无泥沙、煤灰、草屑、鸟粪、草籽、花粉、药物、油污、血液、精液、毛发、人体组织、衣物纤维等附着物，尤其要查明这些附着物是否为现场所有，以此推断是否有移尸发生及杀人现场所应具备的条件、特点等。

（二）痕迹、物品勘验

杀人案件现场往往有很多痕迹、物品，包括血迹、杀人凶器及其他痕迹物证。这些痕迹、物品对于准确分析案情、重建现场、发现侦查线索，以及寻找、认定犯罪嫌疑人有着极其重要的作用。

1. 血迹勘验

血迹是杀人现场常见的一种重要痕迹，大多数杀人案件的杀人现场都留有大量被害人的血迹。有时被害人与犯罪嫌疑人进行搏斗，犯罪嫌疑人在搏斗中受伤，其血迹也会遗留于现场。无论是被害人的血迹，还是犯罪嫌疑人的血迹，其对于侦查工作而言，都是极重要的线索和证据。通过血迹勘验，不仅可以化验出血者的血型、性别、有无血液疾病，而且可以确定死者的身份和认定犯罪嫌疑人，还会有助于现场重建，以再现发案时的现场情况。另外，血迹本身即为一种现场证据。随着生物技术的进一步发展，血迹的勘验将会越来越简便，血迹将越来越具有证据价值。

对现场的血迹，应首先拍照并记录其形状、颜色、大小、位置、飞溅方向和估计的降落高度等，观察其与尸体及其他痕迹、物品的距离、相对位置、分布状况等，再加以提取、化验。

（1）血迹的寻找和发现。

杀人案件现场的血迹一般比较容易被发现，但也有许多因素会导致血迹变得不易被寻找和发现，使现场血迹的寻找和发现工作难度增大，如犯罪嫌疑人杀人后用水冲、土埋、粉刷等方法对现场血迹进行清扫处理；或是某一血迹本身血量较少，颜色较淡；或是血迹依附在深色的物体上；或是血迹存在于某些不为人注意的地方；或是血迹已经陈旧淡化等。因此，实地勘验时，寻找和发现血迹要遵循一定的规律。

①以尸体为中心寻找和发现血迹。注意被害人受打击时所处的具体位置、犯罪嫌疑人所处的现场位置、尸体在现场的位置、打击的部位，在中心现场的墙壁、家具及地面上去寻找和发现血迹。如果尸体所在现场是移尸现场，要注意发现并根据现场的细微血滴、尸体附着物及其他痕迹物证，找到实施杀人的主体现场。

②从中心现场向边缘和外围延展寻找和发现血迹。实地勘验时，除了观察现场家具等陈设物品、墙面四周外，要注意沿着犯罪嫌疑人及受伤者在现场的活动路线去寻找和发现血迹，还要注意在一定高度的物体上是否有血迹，如吊灯、挂历、玻璃等。

③从现场人身或陈设物品的隐秘处和光线暗淡处寻找和发现血迹。现场最初的血液是液态的、流动的，很容易遗留在墙角、墙缝、地缝、衣物缝隙、家具等陈设物品或杀人凶器等物品的缝隙，以及尸体或人身的头发、指甲缝等较为隐秘的地方，而这些地方的血液即使是经过犯罪嫌疑人的清洗，也不易被清洗干净。另外，现场光线较暗或承受血迹的物体颜色较深时，少量血迹很难用肉眼发现，也容易被犯罪嫌疑人忽视，这些血迹一般情况下可调整视角进行观察，必要时运用仪器和相应的物理、化学方法进行寻找和发现。

④从犯罪嫌疑人处理或清洗物品处寻找和发现血迹。犯罪嫌疑人在杀人后，只要有条件，其一般都会采取各种各样的方法处理现场、清理血迹。对于室内现场，犯罪嫌疑人往往会在处理中心现场的同时，到洗手池、卫生间等处清洗物品和身上的血迹，实地勘验时，要注意在室内洗手池、卫生间及其附近的下水道、水盆、拖把、肥皂等物品上寻找和发现血迹。对于室外现场，寻找和发现血迹往往是很困难的，因为风吹日晒或地面条件较差等都可能会使血迹在短时间内改变颜色或完全消失。但是，犯罪嫌疑人有时会将擦拭手上、凶器上及身上血迹的纸张、衣服、布片等抛弃在其逃离路线上的一些隐蔽部位，实地勘验时，要注意在现场附近的石缝、垃圾堆、草丛、沟壑、

水坑等处发现可能沾有血迹的纸张、衣服、布片等,这有助于寻找和发现血迹。

(2)血迹的提取。

血迹是侦查中的重要线索和依据,也是诉讼中的重要证据,一旦发现血迹,应及时予以提取。提取现场血迹,应尽可能提取带血的原物。只有在不便提取原物时,才直接提取物品上的血迹。对于潮湿血迹,可用干净纱布、脱脂棉等擦拭,再将其晾干后,放入纸袋于室温下保存(冷藏保存更好);对于干涸血迹,可用干净的小刀刮下,再用干净的纸张包好,放入纸袋内保存。提取血迹时,切记勿将血迹放入密闭的容器或在温度较高的环境下保存,因为这样会加速血迹的腐败速度,甚至会使之失去检验条件。尤其是提取潮湿血迹时(如沾血的纱布、血衣等),不能不经晾干就直接放入塑料袋、玻璃瓶内封存或放到高温环境中。

(3)血迹颜色勘验。

新鲜的血液呈鲜红色,但随着时间的推移,其颜色逐渐由鲜红色变为暗红色、褐色或灰色等,直到颜色消失。血液的这种颜色变化,一是受温度、湿度条件的影响,即温度越高、湿度越大,颜色变暗速度越快;二是受时间条件的影响,时间越长,血液的颜色越暗。勘验现场血迹时,要综合各种影响因素,正确推断血迹遗留的时间,为分析作案时间提供依据。

(4)血迹形态勘验。

由于出血者所处的位置、当时的姿势、受伤部位、受外力大小的不同,会在现场形成状态各异的血迹。杀人案件现场比较常见的血迹形态有:

①血泊,即具有一定面积的成片血迹。血泊的大小可用来推测出血量及出血的部位。如果死者是开放性损伤所致的死亡,若现场血迹很少甚至没有,则发现尸体的现场可能是移尸现场,而非杀人的主体现场。

②滴落血迹,也称血滴,即从一定高度向下滴落而形成的点状血迹。血滴的形状与受伤者行走的速度、方向、出血部位的高度及血滴承受客体表面的性质有很大的关系。一般情况下,人在行走过程中滴落的点状血迹的"毛刺"常指向行走的方向,因此,实地勘验中,滴落的点状血迹常用来分析受伤者的活动范围和方向。

③喷溅血迹,即出血时成喷射状态而形成的血迹,该类血迹密集且成辐射状。该类血迹多见于现场较高处的墙壁、家具、蚊帐等物品上,一般呈惊叹号状,其尖端常反映血液的运行方向。喷溅血迹往往只存在于原始现场,可用来分析杀人的具体地点及被害人与犯罪嫌疑人双方的位置关系。

④流柱血迹,也称血柱,即沿着一定的物体表面流淌而形成的线状、条状血迹。实地勘验时,要注意观察该血迹的分布状况与流向是否符合死者所处的位置及姿势。

⑤擦拭血迹,即出血或带血部位在某些物体上擦拭或是擦划过某些物体表面而形

成的带有明显擦划状的血迹。其特点是面积较大，浓淡不一，有平行线条状擦纹。犯罪嫌疑人破坏现场时故意擦抹，犯罪嫌疑人拖拉尸体或被害人走动、爬行时，都可能形成擦拭血迹。

⑥浸染血迹，即血液渗入某些物体内部而形成的血迹，常见的如纺织品上的血迹。

⑦接触血迹，也称带血印痕，是指带血的人体或带血的物体与其他物体接触后形成的血迹。接触血迹往往能反映留痕物表面的特定形态，如血手印、血足印等，往往具有同一认定价值。

2. 杀人凶器勘验

犯罪嫌疑人杀人所用的凶器也是杀人现场的勘验重点之一。常见的杀人凶器有刀、枪、棍棒、石块、绳子等，但很多意想不到的物品也可作为杀人凶器来使用。对杀人凶器的勘验，首先根据尸体伤痕情况分析杀人凶器的类型，然后再搜寻、勘验嫌疑凶器。发现嫌疑凶器以后，应先做好拍照、记录等固定工作，然后将其提取。如果在中心现场发现嫌疑凶器，应将嫌疑凶器与被害人身上的伤痕进行仔细比对，看该凶器能否形成尸体上的创口，特征是否相符，以此来判断其是否为杀人凶器；勘验嫌疑凶器的数量、在现场的位置、与死者的距离、特征和用途，以及其上面有无血迹、手印等痕迹和油漆、油污等微量物质，即使表面上看不到本应该沾有的血迹，也不要轻易放弃，要对该凶器的沟槽处、结合部位进行详细勘验，必要时可以拆卸检验；勘验嫌疑凶器的来源，即该凶器是现场原有、犯罪嫌疑人就地取材，还是犯罪嫌疑人自行携带有备而来。如果没有发现嫌疑凶器，应结合现场情况，根据被害人身上的伤痕特征，分析、推理出杀人凶器可能的种类，分析犯罪嫌疑人可能会把杀人凶器藏于或丢于何处，在现场外围、犯罪嫌疑人逃跑路线沿途的水井、涵洞、草丛、树林、粪坑、垃圾堆等部位去寻找。

3. 其他痕迹物证的勘验

除了血迹、杀人凶器外，杀人现场还可能遗留有手印、脚印、工具痕迹、枪弹痕迹、撬压痕迹、搏斗痕迹、拖拉尸体痕迹等，也可能遗留有衣帽鞋袜、手套、纸张、烟头、证件、绳索、车船票、日记本等一般物证，还可能遗留有唾液、毛发、汗液、精斑、皮屑、骨头碎渣等微量生物物证，这些也需要勘查人员能够及时加以发现、提取和检验，以全面收集与犯罪有关的信息。在一些特殊的杀人现场，部分特定的痕迹物证需要在勘验时加以重视。例如，强奸杀人现场，应对被害人身体、床铺、沙发以及野外现场的可疑部位进行仔细的检查，注意发现、收集精液、精斑、毛发等物证。放火杀人（或杀人后放火灭迹）现场，应特别注意寻找、发现能帮助确定火灾是否为人为引起的痕迹物证，如引火物、助燃物等。碎尸杀人现场（包括尸块现场），应努力寻找、发现包裹碎尸的包裹物、捆扎物，以便侦查中能"从物到人"发现犯罪嫌疑人。无尸体杀人现场，应注意现场及其附近有无碎尸痕迹、拖拉痕迹和交通工具痕迹，以帮助判明犯罪嫌疑人是如何将尸体搬离现场的。

（三）现场状态勘验

现场状态，是指由现场和现场的痕迹、物品，以及现场周围的环境共同构成的一种态势。这种现场状态实际是对犯罪嫌疑人实施的犯罪活动的一种物化反映，也是对犯罪活动过程一种抽象的定格。通过对现场状态的观察和认识，可以帮助勘验人员、侦查人员更充分地认识现场；认识现场痕迹、物品之间的分布关系，能更正确地分析出犯罪嫌疑人为什么选择在这一地点实施犯罪，其是怎样进入和离开现场、在现场内是如何活动的等问题。

对于现场状态，除了要观察现场内部痕迹、物品的分布关系外，更重要的在于把现场作为一个"点"，并把这个点放在周围的环境中去分析。这种分析的意义在于使侦查人员对现场的认识能有一个"大局观"，能利用现场与周围环境的外在和内在联系，找到某些重要的线索或得出某些重要的结论。这种"大局观"对于某些有多个现场而首先发现了其中某个现场，尚未寻找到其他现场的案件来讲显得尤为重要。

对于室内现场，一般都是发现尸体的地方即为主体现场，因此，勘验现场状态主要围绕以下六个方面开展：一是观察该现场所处的位置。如在楼房的第几层、第几间，与周围房间的关系，外走廊、通道的分布和走向。二是观察该现场的整体格局，即房室的结构。如门、窗的位置、朝向。三是通过勘验，确认进出口。如门窗的开启状态、有无破坏痕迹，锁舌、门框上有无拨划痕迹，屋顶、墙壁是否完好等。四是通过勘验现场痕迹、物品的分布及其关系，判断犯罪嫌疑人在现场的活动过程。五是通过勘验，分析有无与该现场相关的关联现场，关联现场可能会在哪些地方。六是通过勘验，分析有无移尸、抛尸情形。

对于室外现场，首先，要勘验现场所在的地理位置及周围的交通状况，即观察现场处于一个什么样的位置，与周围环境有什么样的联系，如有哪些道路通向现场，这些道路又通向何方，某一道路是否为通向现场的必经之路等。现场周围与什么地段相毗邻，具有什么样的地理环境。其次，要将勘验的重点放在确定现场是否为移尸现场的问题上。如果出现死者的死亡是开放性损伤导致的，但尸体现场无血迹或血迹很少，与伤势程度不相符合；现场有碎尸块，而该现场并不具备碎尸条件且现场无碎尸痕迹；现场的足迹明显，但无死者进入现场的足迹；尸体的尸僵、尸斑特征与发现尸体现场的尸体原始姿势不相符合等情况，则该现场多属移尸现场。再次，如果室外现场属于移尸现场或抛尸现场，要在对现场痕迹、物品进行勘验检查的基础上，进一步寻找、发现杀人主体现场或其他关联现场。

（四）相关电子资料储存场所勘验

近年来，各类杀人案件越来越多地存在各种与犯罪有关的电子资料。随着犯罪嫌疑人反侦查能力的不断提高，及时发现、占有、分析这些电子资料能够为侦查提供重要线索和依据，这已经成为当前和今后侦破杀人案件的一个重要突破口。为此，在杀人案件实地勘验中，要进一步拓展对犯罪空间的认识，在重视对传统实地勘验的同时，还要重视对与杀人案件相关的各种电子资料储存场所（有人称之为虚拟空间）的勘验。具体来讲，主要包括以下四个方面。

（1）现场计算机存储介质的勘验。

对于现场出现的被害人的计算机、打印机、录音电话、移动硬盘等可能载有与犯罪有关电磁信息的物品，不能轻易舍弃，要运用科学手段对其进行认真勘验，以从中发现与犯罪有关的信息或线索。

（2）相关计算机网络空间的勘验。

对于犯罪嫌疑人、被害人平时有上网聊天、打网络游戏、使用网上银行和电子邮件等习惯的，要收集有关账号、密码、网名、曾经去过的网吧等资料，对可能存在与案件相关信息的网络硬盘、邮箱、网络聊天记录等计算机网络空间及时进行勘验，以筛选出有价值的电子资料。

（3）相关监控设施的勘验。

对于杀人案件现场及其附近有监控设施的现场，要注意结合对被害人案前活动规律、犯罪嫌疑人在现场的活动过程及来去路线的分析判断，寻找发现监控设施所在，提取发案前后一段时间的监控录像资料，进而对有关监控录像资料进行勘验，以发现有价值的视频资料。

（4）通信工具及相关设施的勘验。

经初步分析，犯罪过程中可能存在手机、座机等通信工具的使用情形时，要注意从有关通信工具中提取相关通信数据，恢复、勘验通信工具中的电子资料，从中发现可疑线索。对于被害人的通信工具被盗抢的，要注意勘验其通信情况。对于犯罪嫌疑人在杀人作案过程中可能使用通信工具作案的，要及时对现场附近通信基站相关时段的电子通信资料实施数据打包、数据碰撞等勘验工作，以帮助发现侦查线索。

（五）现场勘查信息的处理

随着侦查信息化建设的不断推进，侦查机关在日常侦查工作中收集了大量的侦查信息资源，这些侦查信息资源可以被广泛地运用于侦查工作的各个阶段，为侦查工作提供线索。现场勘查阶段当然也不例外。及时录入现场勘查信息以进一步丰富侦查信息资源，将现场勘查信息与侦查机关已经收集的信息资源进行查询、比对、碰撞、关联，这应当成为当前现场勘查后期工作中的两大固有内容，也属于现场勘查的应有之义。特别是在杀人案件的现场勘查中，要及时将所获取的各类痕迹物证特征、人身特征、生物物证、通信数据等现场勘查信息分门别类地录入相应的侦查信息系统，充分利用侦查机关已经建立的现场勘查信息系统、系列杀人案件信息系统、失踪人员信息系统、DNA信息系统、违法犯罪人员信息系统、指纹自动识别信息系统、未破案件信息系统等专业信息库及包括多种社会信息系统在内的各种信息资源，广泛开展查询、比对、碰撞、关联，尽可能挖掘更多的侦查线索，促进现场勘查成果使用的最大化。

二、杀人案件现场访问的重点

对杀人案件现场在实地勘验的同时，必须在一定范围内及时地开展现场访问，收集各种人员的情况反映和报告，与实地勘验所得情况互为补充、互为联系，为分析判断案件情况和发现侦查线索提供更全面、更准确的依据。

杀人案件现场访问的对象主要有：一是被害人及其亲属，二是案件发现人、报案人和现场保护人，三是目击者、周围群众及其他知情人。对于不同的访问对象，有不同的访问内容。一般情况下，案件的发现人、报案人、现场保护人、目击者、周围群众及其他知情人与案件本身没有利害关系，访问时可以就案件的有关问题直接向他们了解。对于被害人及其亲属，他们往往了解很多重要信息，是现场访问的重点，但有时由于他们与案件有着各种各样的关系，可能对访问持有不同的心态，因此访问时一定要讲究策略。

杀人案件的现场访问对有关对象进行全面访问时，重点要查明以下五个方面的问题。

1. 现场发现和保护情况

通过访问现场发现人、报案人，了解现场当时的状况如何，是在什么情况下发现的；发现时尸体位于何处，姿势如何；发现后是否有告诉他人，若有，是何时、何地、以何种方式告诉的；发现前后是否有人进入过现场，进入后做了哪些事情，有无触摸、翻动过现场的任何物品，据此来分析案件发生的时间、现场有无受到过变动、是否为原始现场。通过访问现场保护人，了解现场保护前的现场状况，采取了哪些保护措施，在保护过程中是否有人进入过现场，是否接触过现场的物品，特别应了解有无因抢救被害人而造成对现场的破坏和变动。

2. 案件发生详细情况

可以通过访问现场目击者、周围群众及其他知情人，了解他们是否看到或听到犯罪嫌疑人作案的有关情况。了解作案的具体时间和经过，包括犯罪嫌疑人用何种方法进入现场、用何种手段杀人及杀人的前后经过、使用了何种工具或凶器、如何逃离现场等。

3. 疑人疑事情况

要了解案件发生前后的某些疑人疑事（反常现象），如在何时看到可疑人员出入过现场或出现在现场附近，或在何时看到过可疑情况、听到过可疑声音，或是否有人在案发后清洗衣物或粉刷房间，或是否有人在案发后通宵亮灯切割、敲打或蒸煮等。要向被害人及其亲属、邻居、朋友等了解他们怀疑是何人作案，怀疑的依据是什么。对于有可疑人员出现的，要向被害人或其他知情人查明可疑人员的体貌特征、衣着特征、突出特征、逃离路线和方向、携带的物品或工具、是否受伤等情况。

4. 被害人情况

通过访问被害人亲属、邻居、同事、朋友，了解被害人的基本情况，包括其姓名、性别、年龄、生理特征、衣着及随身物品、职业、住址；了解被害人生前的性格、爱好、生活习惯、工作表现及有无违法犯罪经历等情况；了解被害人的政治态度、经济收入、社会关系、恩怨矛盾、婚姻家庭关系等情况，特别是了解其与家庭成员或他人之间有无矛盾冲突、经济纠纷，有无私仇或奸情关系，以及产生利害冲突的起因、时间及经过；了解被害人生前的言行活动情况，包括有无自杀的倾向和表现、有无反常举动等。

5. 物品变动、损失情况

通过访问被害人及其亲属、邻居、同事、朋友，查明现场物品变动、损失情况，这对杀人案件的正确定性、侦查方向的确立和侦查范围的划定有重要意义。具体来讲，一是要查清现场有哪些物品损失或短少，查明损失物品的种类、数量、价值、特征、存放处所、保管等情况，该物品是否属特定物品（如账册、日记、借条等）。二是要查明现场有无犯罪嫌疑人作案时遗留的物品，如螺丝刀、手套、衣物、烟头等。三是要查清现场有哪些变动，哪些物品发生了位移、翻动、损坏，变动是否凌乱等。

第三节　几种常见杀人案件的勘查重点

一、枪杀案件现场的勘查

（一）勘验射击痕迹

射击痕迹是指弹头射中目标而形成的痕迹。枪杀案件现场的射击痕迹主要分为在被害人身上形成的射击痕迹和在其他物体上形成的射击痕迹。

在被害人身上形成的射击痕迹是枪杀案件现场最主要的一种射击痕迹，这种射击痕迹可分为射入口、射出口（贯通创）、创道及附加痕迹。当枪支在小于1.5米（包括1.5米）的近距离射中被害人身体时，射入口往往呈圆形或星芒状裂口，有组织缺损，不能合拢，并且在射入口周围有受弹头擦撞、火焰灼烧而形成的冲撞轮及擦拭轮，其间常常还有火药残渣、烟垢、枪油、金属末等附加痕迹；而射出口常为正圆形或椭圆形，一般小于射入口，创缘外翻，能合拢，通常有血肉外流现象，没有擦拭轮、火药成分等。当射击距离大于1.5米（不包括1.5米）时，射入口和射出口的形状基本与近距离射击相同，不同之处在于射出口大于射入口，且附加痕迹消失。因此，勘验枪杀案件现场被害人身上形成的射击痕迹时，主要应勘验射入口和射出口的位置、形状，创口的面积，有无火药残留、擦拭轮、烧灼痕迹等。霰弹枪射击的，还要测量各弹丸在皮肤上的分布面积。对于有射出口，还要寻找弹孔、弹着点等，勘验弹孔及弹着点的位置、距离地面的高度、方向、角度，以分析犯罪嫌疑人射击时的位置、距离、方向，帮助找到弹壳、弹头等。尤其在远距离射击，现场没有枪支、弹壳的情况下，这些勘验就更有必要。

在其他物体上形成的射击痕迹，由于物体的材料性质不同而显现出不同的形态，如在纺织品上的射击痕迹一般呈撕裂状或星芒状；在金属物体（较薄）上的射击痕迹呈卷边锯齿状；在木质物体上的射击痕迹则常常呈毛刺状，勘验时应结合现场的具体情况进行寻找、检验。

（二）勘验射击物证

在枪杀案件现场，射击物证主要有枪支、弹头、弹壳及射击残留物等。勘验时，应重点去寻找、发现、提取这些物证。

（1）枪支。

一般而言，在枪杀案件现场不易发现枪支，因为犯罪嫌疑人在杀人后一般都把枪支带走，但也有把枪支隐藏或丢弃于现场及现场附近的某些隐秘处的，所以勘验时，应仔细地进行寻找。

（2）弹头。

弹头与射击痕迹密切相关，如果在人体或其他物体上形成盲管创，弹头就在创道内；如果形成贯通创，则应根据射击弹道原理，循着射入口和射出口的路径、方向、角度，结合弹孔及弹着点的位置、距离地面的高度、方向、角度等推断弹道轨迹，在弹着点附近找寻弹头；如果弹头遇物反弹、飞跳，也应根据反弹、飞跳的规律和特点循迹进行寻找。

（3）弹壳。

弹壳应在分析、判明射击位置的基础上进行寻找，一般会抛在枪支发射位置5米范围以内。遇到射击地点是特殊地形，比如斜坡时，则应适当地扩大寻找范围。发现枪支、弹头、弹壳等射击物证后，应妥善地加以提取和包装（检验枪支时，一定要先检验枪膛内是否有子弹），并及时送专门人员检验。

（4）射击残留物。

射击残留物主要是来自子弹底火的含有锑、钡、铅等金属元素的微粒物质。一个人开过枪或射击时曾在枪支周围，其手上及衣物上都可能留下射击残留物，但不同情形下，遗留部位有所不同。如果一个人开过枪，射击残留物应当只存在于其开枪的那只手的背部，而不会出现在该手的手掌上，更不会出现在另一只手上。如果射击残留物仅出现在一个人的手掌上，则说明在射击时该人的手在枪支的周围或试图挡避枪支。勘验时，主要查明现场尸体或物品上是否有射击残留物，如果有，要检验射击残留物的数量、分布在哪些具体部位，查明这些情况有助于分析死者是否开过枪、开枪的方式及姿势、开枪时死者与枪支的位置关系等。同时，对射击残留物进行化学成分分析，还可以帮助判明枪支及子弹类型等。当然，在发现枪杀案件嫌疑人时，也有必要对其进行射击残留物检验，以帮助判明其是否开过枪。

（三）访问现场周围群众

访问现场周围群众，主要在于了解案件发生时的情况，如有无听到枪声、呼救声、枪声的大小、方向等；在案发前后有无发现可疑的人或事，被害人是谁，被害人生前的表现及思想状况如何。

（四）分析、重建射击情况

勘验枪杀案件现场，应当尽可能地从下三个方面分析、重建射击情况。

（1）枪支数量及种类。如果在现场没有找到枪支，则要分析是属于制式枪支、自制枪支、霰弹枪、猎枪中的一种还是多种。

（2）开枪次数及子弹类型。特别是子弹与枪支是否相符，弹头是否经过加工改造等。

（3）射击弹道轨迹。包括射击位置、射击距离、射击方向、射入口、射出口、弹着点等。

二、锐器、钝器致死现场的勘查

锐器是指具有一定的锋利刃面或尖端的物体，如匕首、刀、剑。钝器是指没有锋利刃面，但具有一定质量的物体，如棍棒、砖头、石块。锐器和钝器是犯罪嫌疑人比较常用的杀人工具。

（一）检验尸体伤痕

勘查锐器或钝器致死现场，应重点开展伤痕检验。检查伤痕时，要特别注意伤痕的数量、部位、大小、形状、深浅。对于锐器伤，要着重检验伤痕的形状、创壁情况、创道深浅、创底形状。对于钝器伤，则要着重检验伤痕的大小、面积、形状，皮肉是否碎裂，骨质是否受到损伤，伤痕内有无某些物质残渣（如砖屑、木刺等）。

（二）寻找嫌疑杀人工具

在对死者伤痕检验的基础上，应重点对致死工具进行分析和认定。如果在现场发现某种嫌疑工具，应将其与伤痕特征进行对比，看是否吻合，以认定其是否为杀人的工具。如果在现场没有发现嫌疑工具，且分析认为犯罪嫌疑人已将工具带走的，也应根据伤痕特征对杀人工具作出分析，以便在日后的侦查中去寻找、发现。如果在勘验中没有发现嫌疑工具，但分析认为犯罪嫌疑人极大可能将其隐藏或丢弃于现场附近某些处所，应及时组织力量，对现场四周展开搜索，以发现嫌疑工具。

三、毒杀现场的勘查

用毒物杀人是一种常见的杀人方法。在现实生活中，可以用于杀人的毒物种类有很多，犯罪嫌疑人的投毒方式也是千变万化的，所以毒杀现场往往比较复杂。勘验中，重点应抓住以下四个方面问题。

（一）检验中毒尸体

中毒致死的尸体，在尸体现象上会有各种各样的反映。应重点检验尸体本身，根据尸体现象分析毒物的种类、剂量及有关中毒情况，查明死亡原因。

（1）尸体姿势观察。应观察尸体的面部表情，如表情是安详还是紧张、痛苦；瞳孔是扩大还是缩小；身体是平直还是卷曲；手脚是否有痉挛现象等。

（2）尸体外表检验。首先，观察尸体外表的皮肤颜色。不同的毒物会在皮肤上出现不同的颜色反映，如氰化物、一氧化碳中毒，颜面呈樱红色；阿托品、河豚中毒，颜面呈潮红色；亚硝酸盐、苯胺中毒，颜面呈紫色。其次，检验尸体外表有无可疑伤痕。如嘴边、口腔有无毒物烧灼的伤痕，手臂、臀部及其他部位有无注射针眼，阴部黏膜有无异常等。

（3）尸体解剖。对中毒致死的尸体一般都要进行解剖检验，以确认死亡的直接原因。解剖应在尸体外表检验的基础上，有重点、有针对性地进行。如果怀疑是由于消化道吸收毒物致死的，应重点检验胃、肠等器官；如果怀疑是由于呼吸道吸入毒物致死的，应重点检验肺、气管等部位；如果怀疑是由于注射毒物致死的，则应重点检验血液、注射部位肌肉，必要时，还应对死者的心脏、大脑进行检验。

（二）提取生物检材

（1）尸体的某些脏器、组织。

提取时，应根据现场具体情况，有选择、有重点提取各种器官、皮块、肌肉、血液等。如果系口服中毒，应提取胃及胃内容物；如果系经注射或皮肤、黏膜吸收中毒，除提取注射、吸收部位的皮肤、肌肉以外，还要提取血液、肝、肾等组织；如果系呼吸道吸入性中毒，则应提取肺部组织及血液，中毒后几天或更长时间死亡的，以提取肠内容物，肝、肾组织核心为宜。不同毒物存在于人体的部位不尽相同，如有机磷等毒物易渗透细胞膜而分布于人体的全身；有机氯等易溶于脂肪的毒物则可大量地积存于脂肪中；毒物砷、汞可与蛋白质结合而蓄积于肝、肾等组织；一氧化碳、氰化物可与血红蛋白结合而存在于血液。因此，一旦怀疑是由于某种毒物中毒死亡的，则应根据不同毒物分布、积沉规律，有针对性地加以提取。

（2）死者的呕吐物、排泄物、分泌物。

（三）搜寻、提取毒物相关物证

一般只有通过理化检验，才能确定毒杀现场是否存在毒物，以及毒物的种类、性质、成分。因此，勘验这类现场时，要注意在现场搜寻可疑毒物和可能黏附有毒物的物品等相关物证，并加以提取及时送检。与毒物相关的物证主要包括以下四类：

（1）可疑毒物。毒杀案件中犯罪嫌疑人常常伺机将毒物放入被害人的食品或药品中，因此，死者临死前用剩的食品或药品，或食品、药品的残渣中往往存在可疑毒物。另外，还要注意搜寻地面上或物体缝隙中的粉末状物质。如果怀疑是吸入有毒气体而中毒致死的，还应注意在一些角落或孔洞中采集空气样品送检。

（2）可疑包（盛）装物。毒物常用塑料瓶、玻璃瓶、碗杯、盏、碟等器皿盛装，或用纸张、纸袋、布块、毛巾等包装，这些物品上一般都或多或少沾有毒物，有的物品上甚至还有毒物使用说明书等。但犯罪嫌疑人作案后一般都会将这些物品处理掉，因此这些物品很少出现在现场。因此，要特别注意在现场外围及犯罪嫌疑人来去路线途经的一些场所，如垃圾堆、垃圾桶、下水道、废纸篓、树草丛等处，搜寻各种可疑的毒物包（盛）装物。

（3）可疑施毒工具。如注射器、针头、棉球、棉签、手套等。

（4）其他可疑之物。如带有某些可疑涸渍的床单、被褥等。

毒杀现场需提取的检材一般较多，提取时应注意分别提取、分别包装，特别是相近的物品不能混淆，在检材的包装物外应有明确的标志，写明检材名称、部位、采集日期、采集方法等。检材中不能添加防腐剂，以免其与检材发生化学反应，影响检材的性质。

（四）现场访问

对毒杀现场勘查中，应重点对死者亲属、现场周围群众进行访问。

1. 死者亲属

大多数中毒者都是死在自己的家中，其亲属对其中毒过程和死亡过程一般有所了解。访问死者亲属，主要查清以下问题：

（1）死者的中毒过程，包括什么时候、经何种途径服用或吸收了毒物，其间有何种症状，中毒时间有多久，是否经过救治等。

（2）死者的死亡过程，包括何时毒性开始发作，何时死亡，死亡过程中有无痉挛、呕吐、昏迷等情况。

（3）死者平时的健康状况、服用药品情况、饮食情况。

（4）最后一次进食的时间、地点等。

（5）死者及其亲属曾与何人有仇怨矛盾或其他利害关系。

2. 现场周围群众

应重点向周围群众了解以下情况：

（1）死者平时的思想状况、心理状态，如有无自杀的倾向和言论。

（2）死者的社会关系，是否与人有仇怨矛盾或其他利害关系。

（3）在死者中毒死亡的前后时间内，有无出现过疑人疑事。

四、溺死现场的勘查

溺死，俗称淹死，是指水或其他液体进入人的呼吸器官、血液内所引起的窒息死亡。溺死在现实生活中比较多见，既有犯罪嫌疑人推人入水引起的溺死，也有自杀、意外事件等引起的溺死。对于水中尸体，勘验的首要任务就是识别该尸体是生前入水还是死后入水。因此，要准确认定溺死事件的性质，在勘查时应抓住以下重点。

（一）检验尸体

溺死尸体有特殊的尸体现象，其中生前入水溺死的尸体有以下尸体现象：

（1）口、鼻部有蕈状泡沫。这种泡沫从口鼻处排出，呈白色蘑菇状，一般可保持3—5天，这是一种典型的生前入水溺死症状。尸检中，如发现死者口鼻有这样的泡沫，一般可判断为生前入水溺死。但有时应注意与其他类似情况相区别，如因一氧化碳中毒、肺水肿死亡的人也会在口鼻部产生白色泡沫。

（2）尸斑呈淡红色。水中尸体难以形成像陆上尸体所具有的明显的尸斑，即使形成尸斑，颜色也较浅，呈淡红色。

（3）皮肤呈鸡皮样变。体表皮肤发生收缩，出现毛发直立、毛囊隆起现象，就像鸡皮一样。这也是判断是否为生前入水溺死的依据之一。

（4）手中握有异物，如水草、泥土等物。

（5）肺部有硅藻物质。

（6）尸体上的其他伤痕。除了上述生前入水溺死所特有的尸体现象外，在检验中还应注意尸体上的其他伤痕，如尸体上有无其他致命伤，有无抵抗性伤痕，有无中毒症状，这往往是帮助判断是自杀还是他杀的有力依据。发现伤痕后，应检验其有无生活反应，以与死后产生的伤痕相区别。

（二）勘查入水点

溺死事件中，仅凭尸体检验往往难以确定死亡性质，而死者入水点的寻找和勘验就显得非常重要。

（1）寻找入水点。在水井、湖泊等水不流动的地方，一般发现尸体的地点就是入水点。而在江、河等水流较快的地方，发现尸体的地点则可能与入水点不一致，此时，应根据水流方向、速度，结合尸体的腐败程度、气温等综合分析出可能的入水点。有时也可根据尸体上的某些物质，如指甲缝中的泥沙、鞋底花纹中的泥土等来判断入水点。

（2）勘验入水点。首先，观察该处的环境，包括该处的位置及周围交通情况。其次，注意发现特殊痕迹，如岸上是否有植物踩踏痕迹、滴落血迹、搏斗痕迹、交通工具痕迹、拖拉痕迹、坐卧痕迹、擦划痕迹等，浅水处是否有抓抠痕迹、水下足迹等。

最后，注意搜集岸边遗留物品，如报纸、衣物等。

（三）现场访问

在溺死现场勘查中，现场访问是一项十分重要的工作，其往往对判明死者是自杀还是他杀或意外事故，具有重要价值。该类现场访问应围绕着以下三类人员进行。

1. 死者亲属

通过访问死者亲属，了解死者生前的以下有关情况：

（1）死者有无自杀的表现和因素，有无流露过自杀的意向。

（2）死者生前与谁有仇怨矛盾，有无被杀的可能，可能是谁杀的。

（3）死者临死前的行踪去向和接触人员。

2. 死者生前居住地周围的群众

通过访问死者生前居住地周围的群众，主要了解以下情况：

（1）死者平时的表现如何，有无自杀的倾向，是否有过言行表露出自杀的意向。

（2）死者的家庭关系如何，有无奸夫或奸妇。

（3）死者与谁有仇怨矛盾。

（4）溺死事件发生前后，当地有无发生过疑人疑事。

3. 发现尸体所在地的群众

通过访问发现尸体所在地的群众，主要了解以下情况：

（1）何时、何地、何人发现的尸体。

（2）当时尸体的状况如何，如尸体的姿势、腐败情况、衣着情况等。

（3）在打捞尸体过程中，有无在尸体上形成新的伤痕。

（4）近期当地有无人员失踪或死亡。

五、缢死现场的勘查

缢死，俗称吊死，是指以条索状物套住颈部，以自身的重力拉紧索套、压迫颈部引起的窒息死亡。在侦查实践中，自缢死亡的现场较为多见，有少数他缢死亡或用其他方式杀人后伪装成自缢的现场。缢死现场勘查的重点有以下五个方面。

（一）尸表验检

（1）衣着检验。

自缢而死的，其衣着一般情况下较为整洁，有的甚至在自缢前化妆、换上新衣物；他缢则可能会因搏斗或挣扎而致衣着翻卷、撕裂、纽扣缺损或沾有血迹等。

(2) 尸僵、尸斑检验。

悬空自缢而死的，脚尖一般会自然下垂，尸斑常位于躯干及下肢。他杀后伪装成自缢的，如果尸斑、尸僵形成后再吊起，则尸斑因不同的停放体位则可能分布于腹、背部，脚尖不会呈自然下垂状。

(3) 索沟检验。

索沟是缢绳压迫死者的颈部所形成的痕迹，一般呈马蹄形，下深上浅，逐渐提空。勘验时，应注意索沟的形状、位置、方向、宽度、深度、颜色、数量等特征，与现场的绳索是否相符，索沟处的皮肤组织有无出血、水泡等生活反应，以判断是自缢还是他杀后伪装成自缢。

(4) 其他伤痕检验。

尸体上有其他伤痕，一般应考虑他缢。当然，要首先排除自缢时因垂死挣扎碰挂附近物体形成的相应伤痕，以及自缢前尝试其他自杀手法而形成的自伤。

(二) 检验缢死方式

由于悬吊点不同和缢死者身体与地面是否接触，缢死可分为典型缢死和非典型缢死。勘验缢死现场时，要通过检验加以判明。

典型缢死的特点是绳索勒于颈前部，位于甲状软骨和舌骨之间，左右对称，斜向后上方，绕过两耳的下后侧到头枕部直至上方的支撑点，或者是在头后部结扣再延伸到上方的支撑点。无论是哪一种，脚和身体都不能接触地面（包括某些能承重的物体表面，如桌面），全身的重量都悬于绳索上。典型缢死，由于动、静脉血管都被挤压、堵住，死者面部往往没有或很少充血，面色常显得苍白。

非典型缢死是指死者身体部分悬挂在绳索上，结扣在颈前部或颈侧部，脚和身体的某一部分接触到地面或其他物体上，身体重量没有全部加在缢绳上的缢死方式。非典型缢死，由于血流阻塞不充分，死者面部常会发生充血现象，可呈青紫肿胀状，眼结膜可见缢血斑点。

(三) 缢绳勘验

勘验缢绳时，应先固定绳结的形状，不得已剪断时，应在无绳结的地方剪断，并用细绳将两断头连接复原。除了查明其股数、材质、硬度、粗细、宽窄外，还要注意观察、记录缢绳绳结的打法，因为绳结的打法常可以反映打结人的习惯手法。

(四) 缢死场所勘验

(1) 对悬吊点的勘验。

悬吊点是指缢死时缢绳与支撑物体的接触点。一般缢死现场支撑物多为房梁、床架、门框架、树枝等。勘验悬吊点时，应注意缢绳环绕部位所形成的痕迹，包括痕迹的方向、匝数、凹陷的深浅程度，还应注意寻找、发现悬吊点及其附近某些部位上有无摩擦痕迹、手印、灰尘减层或加层痕迹和缢绳纤维等。

（2）对垫脚物的勘验。

垫脚物是典型性缢死的一个重要工具。勘验时，应注意现场有无桌椅板凳等垫脚物；垫脚物距死者的距离，其上有无足迹、手印等痕迹，该痕迹是否为死者所留；垫脚物的高度，死者能否借助其完成自缢行为等。

（3）对悬吊点附近地面的勘验。

应仔细勘验有无搏斗、挣扎、拖拉痕迹，如地面是否有明显的凌乱脚印，是否有拖擦现象，是否有家具物品翻倒、破碎现象等。还应注意勘验是否有死者在缢死时流到地面的大小便、鼻涕、口痰、血液、精液等物质。勘验时，对悬吊点附近地面上的脚印应特别小心，在排除是死者自己的脚印后，应认真加以提取。

（4）对缢死场所其他部分的勘验。

主要是勘验现场封闭状态如何，有无入侵迹象，以及现场的物品是否有变动，财物有无短少等。

（五）现场访问

缢死现场的访问，对于判明缢死的性质具有重要意义。缢死现场主要访问死者的亲属、邻居及朋友，重点查清以下问题：

（1）死者生前的现实表现、经济状况、道德品质、邻里关系。

（2）死者生前与谁有仇怨矛盾，缢死前有无发现矛盾激化现象。

（3）死者生前有无自杀的意识流露，有无遗言和遗书。

（4）有无其他反常和可疑情况。

六、高坠致死现场的勘查

高坠致死是指由于地心引力的作用，人体从高处向地面方向坠落，与地面或其他物体发生剧烈撞击，从而造成人体主要器官遭到严重毁损或大出血而引起的死亡。在现实生活中，高坠死亡既有自杀行为所致，也有意外事故所致，亦有故意犯罪所致。现场真假现象常常掺合在一起，容易使人对其性质产生错误的判断。所以勘验这类现场，要抓住高坠致死的特点和规律，注意发现和寻找细微情节和反常现象，以正确判定事件性质。具体来讲，高坠致死现场的勘查应抓住以下三个方面重点。

（一）检验尸体

检验尸体的目的主要在于确定死者的死亡是否因高坠引起。首先要确定死者身体哪一部分与地面发生撞击，检验其表面有无相应的撞击伤，体内有无肌肉撕裂、骨质断裂或粉碎等现象，以及死者身上有无非坠落原因而形成的伤痕。然后再根据死者伤痕的特点（体表、体内及骨质的损伤程度），检验、分析死者坠落的高度，以寻找、判明高坠地点和处所。

（二）勘验坠落路径

任一坠落路径都包括始坠点、落地点和坠落线三个部分。现场勘查时要尽量找到坠落路径的每一个构成部分，加以勘验。

1. 始坠点

始坠点是死者坠落前最后所处的位置和地点，一般多位于楼顶、阳台、山顶、崖边、桥面等地。始坠点是死者死前最后所接触的地点，勘验遗留于这一地点的某些痕迹、物品，对于判断死者坠落前的活动情况十分重要。始坠点勘验的重点包括以下三点：

（1）始坠点所在位置；有无意外失足的可能，可能性有多大。

（2）始坠点及其周围有无脚印、踩踏痕迹、印压痕迹或其他痕迹，以及这些痕迹是由一人形成还是由多人形成。

（3）有无搏斗痕迹，有无血迹、毛发等。

2. 落地点

落地点是死者高坠最后与地面或某种物体发生碰撞的地点，一般就是高坠现场的尸体所在地。落地点勘验的重点有以下两点：

（1）落地点与始坠点的位置是否对应、吻合，如有偏离时，应结合风向、风速以及坠落过程中有无受其他物体挡隔、反弹等情况进行分析。

（2）尸体所在地的地面（或某一物体表面）有无相应的痕迹，如撞击痕迹、血迹，其周围地面有无相应的痕迹、物品。

3. 坠落线

坠落线是死者从始坠点到落地点所经过的空中路线。坠落线勘验的重点有以下两点：

（1）坠落线是否符合物体自由落体、抛物运动规律，有无偏离等情况。

（2）坠落线上有没有障碍物，如树枝、遮雨棚、电线、晾衣绳等。如果有，则应对其详细进行检查，注意死者与这些障碍物发生擦挂、碰撞而形成的擦挂痕迹、血迹、衣物碎片，或是这些障碍物因擦挂、碰撞而发生的断裂、破碎等现象。

(三)现场访问

高坠致死现场仅凭实地勘验往往难以认定事件性质,所以,应重视高坠致死现场的现场访问工作。

(1)访问死者亲属。了解死者生前的有关情况,特别应了解死者生前有无自杀的原因和表现,有无仇怨矛盾,死前的行踪去向和同行者。

(2)访问死者的同事、朋友、邻居。了解死者生前的思想、作风表现,与谁有仇怨矛盾、经济纠纷、感情瓜葛,死者在死前有无反常言行。

(3)访问现场周围群众。了解事件发生时其听到或者看到了哪些情况,如听到呼救声、打斗声、吵骂声,或者有人同死者结伴同行。

(4)访问有关群众,了解有无疑人疑事。

七、碎尸现场的勘查

碎尸一般都为明显的他杀。杀人碎尸,一般涉及杀人、碎尸及抛尸三个阶段,碎尸而不抛尸的很少碰到,相应地,这类案件大多可能同时存在杀人现场、碎尸现场、抛尸现场等几种现场可供勘查。有的案件犯罪嫌疑人抛尸多处的,就要寻找所有抛尸现场加以勘验。实践中,杀人碎尸案件比较隐蔽,往往因抛尸现场被发现而暴露,碎尸现场的勘查往往是以抛尸现场的勘查为前提的。因此,对碎尸现场的勘查主要应抓住以下两个方面的重点。

(一)勘验抛尸现场

抛尸现场是犯罪嫌疑人抛弃、隐藏尸块的场所,一般位于较隐蔽的水井、涵洞、公共厕所、下水道、垃圾箱或江河湖泊、荒山野岭。

1. 勘验抛尸现场所在的地理位置和周围环境

应注意勘验抛尸所处的具体位置如何,是否隐蔽,是否容易发现,有哪些道路可以相通,以找出犯罪嫌疑人选此作为抛尸现场的原因和内在的地理因素。如果抛尸现场的知情人少而特定,则更具有侦查价值。

2. 尸块的搜寻及检验

犯罪嫌疑人杀人碎尸后多将尸块抛于多处,每个抛尸现场有一块或多块尸块。因此,每发现一个抛尸现场,要以此为出发点,搜寻其他尸块和现场,做到边发现、边勘验,边勘验、边发现。检验尸块,分以下两步进行:

(1)尸块表面检验。首先,检查尸块皮肤的颜色、细腻程度,毛发的粗细、长短、疏密、颜色,尤其要注意尸块上有无明显的生理、病理特征,如痣、伤疤、文身等，有无伤痕。其次，详细检查尸块的断面是否整齐，选择碎尸的部位是否符合解剖学原理，以及共有几种工具作用的痕迹，以分析碎尸人的碎尸技能及所用碎尸工具的数量、锋利程度等。再次，详细勘验尸块上有无草籽、鸟粪、毛发、体液等附着物，以分析杀人碎尸或存放尸块的地点。最后，提取血型及做DNA鉴定，以确定死亡人数和死者身份。

（2）尸块包裹物及捆扎物勘验。主要应查明包裹物及捆扎物的种类、名称、新旧、质地、大小、长短，以及其生产、销售、使用范围，以分析死者、犯罪嫌疑人的职业、活动区域、特殊技能、习惯等重要信息。

3. 抛尸现场痕迹、物品的勘验

抛尸现场常留有车辆痕迹、拖拉痕迹、滴落血迹等，要注意根据这些痕迹、物品的指向寻找杀人的主体现场，同时，要注意勘验现场有无足迹、火柴、打火机、塑料片、布片等痕迹、物品。

（二）勘验杀人碎尸现场

碎尸案件中，杀人碎尸的现场比较隐蔽，但是在勘查抛尸现场的基础上，随着侦查工作的开展，杀人碎尸现场会逐渐显露出来。但这类现场一般都被犯罪嫌疑人采取打扫、清洗、粉刷等方法进行过处理，不易在现场发现明显的痕迹、物品。但无论如何，碎尸现场必定有血迹或碎骨渣存在。因此，勘验时应重点注意一些隐蔽的、细小的、不为人注意的部位和地方。尤其要注意地板缝、地毯、水泥地面的裂缝中，或土质地面的泥土、毛巾、抹布、拖布上，或菜板、水池、马桶、水盆上有无血迹、碎骨渣等；可能用来碎尸的尖刀、菜刀、斧头、锯子、铁锤等工具上有无血迹残余，刃部是否翻卷或缺损。还要注意现场的某些反常迹象，查找有无与抛尸现场尸块包裹物、捆扎物特征吻合的物品。

第十六章　爆炸案件的现场勘查

第一节　爆炸现场的形成及特点

一、爆炸和爆炸现场

所谓爆炸，就是发生爆炸的物质在极短时间内释放大量气体和热量，使物质剧烈、迅速地发生物理变化或化学变化，产生巨大能量，引起周围介质的运动或破坏。所以可以说爆炸是爆炸物质在一定条件下发生突变的一种形式。爆炸在极短的时间内即可完成，爆炸过程中所产生的气体和热量在极短的时间之内高度集中，具有极大的压力和密度，因而产生巨大的能量，使周围介质受到冲击、压缩、推移、破碎、抛掷和震动等破坏，同时产生强烈的声响、光焰、烟雾、燃烧等现象。这种爆炸引起的客观环境及物体的变化，是形成爆炸现场的直接原因。

所谓爆炸现场，是指由于人为或自然的原因引起物质发生爆炸，造成建筑物、构筑物和其他公私财物毁损、人畜伤亡而形成的现场。

勘验爆炸现场，侦查人员应当具备有关爆炸的一般常识。具备这些常识，不仅有助于有效地勘验这类案件现场，而且还有助于在紧急情况下排除险情。从侦查实践中看，经常遇到如下三种爆炸现场。

1. 爆炸事故现场

此类现场主要是由于有关责任人违反法律规定、安全技术操作规范所致，其中又可分为责任事故现场和肇事事故现场。但有些爆炸事故现场是由于自然灾害造成的，如雷击、地震等也可能引起物质爆炸。

2. 爆炸自杀现场

爆炸自杀现场，即有的人基于某种原因（如婚姻纠纷、家庭纠纷、久病不愈、悲观厌世等），利用爆炸方式来自杀的现场。应当指出的是，有的犯罪嫌疑人利用爆炸进行行凶报复或破坏时，其自身未能逃离现场而被炸死，这不属于爆炸自杀。此外，有的人由于对现实不满，在一些重要场所、公共闹市区、公共电汽车、旅客列车等场所，以爆炸自杀的方式制造社会影响，这类情况也不属于爆炸自杀。

3. 爆炸案件现场

爆炸案件现场，即犯罪嫌疑人利用爆炸方式，蓄意进行行凶报复、危害公共安全或进行爆炸破坏的现场。实践中，也有犯罪嫌疑人在实施盗窃、行凶、强奸等犯罪活动以后，利用爆炸的方式来毁证灭迹，妄图逃脱法律惩罚的情况。

二、爆炸的分类

按照形成爆炸的物质，爆炸可分为物理爆炸、核爆炸和化学爆炸三种。

1. 物理爆炸

凡物质形态变化而性质不变的爆炸均为物理爆炸。物理爆炸多表现为气体爆炸和粉尘爆炸。其中需要说明的是，物理性气体爆炸没有燃烧、发光等现象，而可燃气体因燃烧而发生的爆炸则为化学爆炸。实践中常见的物理爆炸有以下几种：

（1）水蒸气爆炸。如水暖蒸汽锅炉爆炸、茶炉爆炸等，其爆炸一般是由锅炉中温度过高，水迅速汽化，导致气压过大而引起的。

（2）煤气爆炸。如煤气管爆炸、煤气罐爆炸等，其爆炸是由煤气管、煤气罐遇高温，气体膨胀，导致煤气管、煤气罐所受压力过大而引起的。

（3）氧气爆炸。如氧气瓶爆炸，往往系在氧气瓶的制造、运输、使用、储存过程中发生。其爆炸主要是由氧气受热或受撞击引起的，也有因氧气中混入有机物、油脂或其他可燃气体引起的。

（4）氢气爆炸。如氢气瓶爆炸，主要是氢气与空气混合后受热或受撞击而引起的爆炸。

（5）沼气爆炸。沼气即甲烷，由有机物腐烂而生成。沼气一般存在于煤矿井内、污水道、专门的沼气池内。如果空气中沼气含量在5%—16%，有火源接触，就会引起爆炸。

（6）易燃粉尘爆炸。如淀粉、煤粉、面粉，在加工、粉碎、筛料过程中，由于粉尘与空气混合达一定浓度，在一定温度下，遇强摩擦、冲击或与火源接触而引起爆炸。

2. 核爆炸

核爆炸是由于原子核的分裂、聚变或热核反应引起的爆炸，如原子弹爆炸、氢弹爆炸。核爆炸主要适用于军事方面，目前还不可能用于刑事犯罪。

3. 化学爆炸

凡是物质形态和性质均发生变化的爆炸，都称为化学爆炸。炸药爆炸是化学爆炸中最常见的一种。炸药爆炸是犯罪嫌疑人实施爆炸最常用的一种方法，在侦查实践中也最为常见，因此，本章着重研究炸药爆炸现场的形成、特点以及勘查的重点和方法。

三、炸药爆炸的条件及分类

炸药爆炸是指炸药在外界条件的影响下（撞击、明火、通电、震动等），在瞬间释放大量的热量和气体，产生光、烟、震动、声响、燃烧等现象的爆炸。

炸药发生爆炸，通常情况下须具备三个基本条件，即炸药、起爆装置、发火能源（起爆能源）。实践中，可从不同的角度对炸药进行分类。

1. 根据物理状态，可将炸药分为气体炸药、液体炸药、固体炸药

（1）气体炸药，即可以发生爆炸的气态物质，如矿井中的瓦斯气。

（2）液体炸药，呈溶质性的液态炸药，如三甘醇二硝酸酯、丙二醇二硝酸酯、硝化甘油等。

（3）固体炸药，属于结晶状态的炸药，如黑索金（RDX）、梯恩梯（TNT）、硝铵、黑火药等。

此外，还有固体与液体混合型的胶质炸药，亦称多相炸药。

2. 根据用途，可将炸药分为起爆药、抛射药、破坏药

（1）起爆药。起爆药的特点是对外界作用非常敏感，稍有震动、摩擦、火花，即可引爆。起爆药主要用于制作火帽、雷管等起爆装置，用来引爆激发。常见的起爆药有雷汞、二硝基重氮酚（DDNP）、叠氮化铅、三硝基间苯二酚铅等。

（2）抛射药。抛射药亦被称为火药，其特点是燃烧速度特别快。由于在密闭容器中，抛射药迅速燃烧，将燃烧产生的热量和气体转化为一种推动力，故此药主要用作推进剂。抛射药分为有烟火药（黑火药）和无烟火药（硝化棉及硝化甘油）两种。

（3）破坏药。破坏药又被称为猛爆药，其特点是威力猛、破坏力强。此类破坏药性质较稳定，通常要用起爆药引爆才能爆炸。

3. 根据威力和破坏程度，可将炸药分为高级炸药、中级炸药、低级炸药（主要是对破坏药进行分类）

（1）高级炸药，常见的有特屈儿（CE）、黑索金、太安（PETN）等。

（2）中级炸药，常见的有梯恩梯、胶质炸药等。

（3）低级炸药，常见的有 C 型可塑性炸药、硝铵炸药等。

四、炸药爆炸的特征、常见炸药及其性能

1. 炸药爆炸的特征

凡炸药爆炸,必具备以下三个基本特征:

(1)化学反应速度快。爆炸过程可在百万分之几秒内完成,爆炸之后,炸药的外表形态和性质均发生了改变。

(2)生成大量高压气体。炸药在爆炸瞬间,由固态或液态急速转变为气态,并使原来的体积成百倍、千倍地增加,形成高压气体。

(3)产生大量的热。炸药受到外界作用之后,急速发生化学反应,同时释放出巨大的热能,并转变为巨大的机械能。例如,1千克集中型的硝铵炸药,在3/100000秒钟内即可完成爆炸过程,其功率可达30万马力(1马力=745.7瓦),能产生900升气体、10万个大气压、近400万焦耳的热量,爆炸中心温度可达2000—3000摄氏度。

2. 常见炸药及其性能

爆炸案件中常见的炸药及其性能如下:

(1)雷汞。又称雷酸汞,化学分子式为$Hg(ONC)_2$,是一种菱形针状晶体,虽有白色与灰色两种,但性质相同。雷汞在常温下比较安全,但受到轻微的冲击、摩擦或遇到火花就能引起爆炸。

(2)叠氮化铅。叠氮化铅的化学分子式为$Pb(N_3)_2$,为白色细小的结晶体,它分为安全的斜方形结晶体和不安全的单斜结晶体,后者特别灵敏。叠氮化铅的诱导期非常短,受到明火、冲击等刺激时就能立即爆炸。

(3)二硝基重氮酚。二硝基重氮酚为鲜黄粉末状结晶体,其起爆性能较其他起爆药要强,所以常用作雷管填药。

(4)梯恩梯。化学名2,4,6-三硝基甲苯,为浅黄色或黄褐色粉末结晶,如果长期受光作用,其颜色会变暗,但不影响其性能。在生产过程中被压成鳞片状或块状,出厂包装通常为长方块状,有400克、200克、75克三种规格,一般用8号雷管起爆。梯恩梯在空气中点燃时,其只能燃烧,并冒出黑烟,而不爆炸。

(5)黑索金。化学名环三次甲基三硝胺,俗称硝宁,化学分子式为$C_3H_6N_3(NO_2)_3$。黑索金为白色粉状结晶,不溶于水,易溶于丙酮、环乙烷及浓硝酸,化学稳定性大,一般碱性化合物、酸性化合物对它都不起作用,如与苛性钠或稀硫酸共同煮沸,能产生水解作用,一般用此方法进行销毁。

黑索金的热稳定性仅次于梯恩梯,优于特屈儿,在50℃下长期储存不分解,在132℃下也相当稳定,它对阳光的作用也是稳定的,但比较容易被起爆。

(6)特屈儿。化学名2,4,6-三硝基苯甲硝胺,化学分子式为$C_6H_2(NO_2)_3NCH_3NO_2$,

为淡黄色粉末结晶，无臭，有咸味，不溶于水和有机试剂，遇火能迅速燃烧并引起爆炸。

（7）太安。化学名季戊四醇四硝酸酯，化学分子式为 $C(CH_2ONO_2)_4$，为白色晶体，几乎不溶于水，遇火不易燃烧，少量太安燃烧时也不易转为爆炸。太安的爆炸威力大，而且对撞击和摩擦很敏感，因此，在加工过程中也进行钝化处理。太安主要用作雷管中的加强药和导爆索的药芯。

（8）硝铵。又称硝酸铵，化学分子式为 NH_4NO_3，为浅黄色或灰色结晶体。硝铵吸水性较强，在空气中很快会潮解，若含水分则结成硬块；着火点较高，火星不易使其点燃而致爆炸，易腐蚀铜、铁等金属。出厂规格通常有 100 克、150 克、200 克三种，为圆柱形包装，直径为 3.1—3.5 厘米。以硝铵为主，混合其他炸药，形成硝铵类炸药。硝铵类炸药运用范围较广，且容易得到，在爆炸案件中出现率较高。

五、常用的起爆装置和发火能源

为安全有效地控制炸药爆炸，人们设计了多种起爆装置和发火能源（有点火起爆性能），而这些起爆装置和发火能源也被犯罪嫌疑人用于犯罪，起爆装置和发火能源往往通过起爆器材联系在一起。起爆器材是激发炸药不可缺少的起爆材料，一般情况下，没有起爆材料的激发作用，炸药就不可能发生爆炸。因此，犯罪嫌疑人只要利用炸药进行爆炸破坏，就离不开起爆器材。常见的起爆器材有如下五种。

1. 点火具

点火具是用来点燃导火索的材料。有用电能点火的，如电雷管，其可用直流电源、交流电源进行引爆；有用火焰点火的，如火雷管；而火焰点火是指火柴、打火机、香烟等明火点燃导火索。雷管用于起爆炸药和导爆索，根据激发雷管的方式不同，雷管可分为火雷管和电雷管两种。

（1）火雷管。

火雷管是用导火索的明火直接起爆，因此，必须和导火索配合使用。火雷管的管壳材料多为铜、铝、塑料、牛皮纸等，亦有用铁皮的。火雷管内装加强帽、绸垫、起爆药和高级炸药。火雷管若有裂口、压损，则不能插入导火索；若内壁沾有起爆药粉或管体生锈等现象，则不能使用，以防发生危险。

（2）电雷管。

电雷管的管壳材料和装药部分与火雷管相同，不同点是电雷管内部装有镍铬或康铜的桥丝引火元件，外部连有脚线，以将电能转变为热能，雷管通电后瞬间发生爆炸。因此，电雷管需用电能引爆。电雷管由于发火时间不同，可分为瞬发电雷管和延期电雷管，延期电雷管的延期时间又分为 4 秒、6 秒、8 秒、10 秒、12 秒等，使用时间可加以选择。

无论是火雷管还是电雷管，遇冲击、摩擦、加热和火花时，均可能发生爆炸，受潮后容易失效。

2. 导火索

导火索由芯线、芯药（黑火药）、三层棉线和二层防潮纸组成，外层缠有白色棉纱线，其直径为5—5.5毫米，出厂包装为每卷50米，导火索用于起爆雷管和黑火药。导火索常用拉火管、火柴等点燃，燃速一般为1厘米／秒，出厂指标为60厘米／（60—75）秒。

3. 导爆索

导爆索是主要用于同时起爆数个药包或药块的起爆器材，其外形很像导火索，但它的性质和作用都与导火索截然不同，它由芯线、芯药（黑索金或太安）及数层棉线和纸包组成，最外层涂有防潮剂。导爆索的外表面涂成红色，以区别于导火索。导爆索难以点燃，只能用雷管使其起爆，爆速不小于6500米／秒。导爆索受到摩擦、撞击、枪弹贯穿和燃烧时都易引起爆炸。

4. 拉火管

拉火管是一种点火具，用以点燃导火索，拉火管是由硬板、细铅丝或细麻绳组成的，管内装有氯酸钾和三氯化锑混合药，稍受摩擦即能发火。

5. 发火组件

发火组件是一种控制发火的装置，按照发火原理，其可分为以下三类：

（1）机械发火组件。由击发机、火帽、雷管和保险组成，其工作过程是通过击发机击针撞击火帽而引爆雷管。

（2）电发火组件。由可开闭的两个电极片、电池、电雷管组成，一接通电源即可引爆电雷管。

（3）化学发火组件。由硫酸、化学发火物、雷管组成，其工作过程是通过装在软胶管内的硫酸经挤压与化学发火物接触，引爆火雷管。

六、爆炸案件现场常见的爆炸物

（1）投掷爆炸物。把炸药装入玻璃瓶、铁盒等容器内或缠以包装物，配以雷管和导火索，点燃后投掷出去，即行爆炸。

（2）炸药包。炸药包的结构类似于投掷爆炸物，使用时将之放于固定目标中，然后点火引爆，常用于破坏某固定目标。

（3）定时爆炸物。利用钟表定时器作为电发火引信，当钟表的指针转动到某一点时沟通电路，引爆电雷管，从而引爆爆炸物。

（4）压发爆炸物。爆炸物外包装安有一个通过弹簧控制的活动盖板，当活动盖板受外力压迫，弹簧压缩沟通电路，因而引爆电雷管，并带动整个爆炸物的爆炸。

（5）反拆卸爆炸物。反拆卸爆炸物的结构和工作原理与压发爆炸物相同，犯罪嫌疑人通常将之伪装成邮包等送到被害人手中，一旦打开包装，弹簧电极片舒张与另一电极片接触沟通电路，引起爆炸。

（6）小型燃发爆炸物。一般把对火焰敏感度较高的炸药装在一打火机内，将沾有引火药的灯芯用作传火线，打火点燃后，火焰由灯芯引入炸药，引起爆炸。

七、爆炸案件现场的特点

与其他案件现场相比较，爆炸案件现场有如下特点。

1. 现场范围大、遭受破坏严重

由于炸药爆炸反应速度快，并在瞬间释放大量的热量和产生高压气体，形成强烈的冲击波，对周围介质造成极大的破坏。所以，现场范围大、遭受破坏严重是爆炸案件现场的显著特点之一。

现场范围大。首先，是指其平面范围大。现场中心的物体不仅会被破坏，而且会被空气冲击波抛到几十米甚至几百米之外，现场外围的物体也会受到空气冲击波不同程度的震动破坏。其次，爆炸案件现场的立体性较其他类现场强。炸药爆炸的产物是呈球形向四周扩散的，所以不仅现场平面遭到破坏，而且会在地面上形成炸坑，使房屋、桥梁等建筑物倒塌，将痕迹、物品掩埋。炸点的介质也会被抛到现场四周，有的落入河中，有的挂在树梢，有的嵌进天花板、墙壁等。

现场遭受破坏严重有三层含义。一是指由于爆炸物自身的威力，使得现场整个形态发生改变。如建筑物倒塌，现场内物体被炸碎并发生位移，现场内的人员、牲畜被炸死或炸伤，爆炸中心的物质可能因高温、高压的作用而消失等。二是指犯罪嫌疑人在进入现场安放、引爆炸药和实施其他犯罪行为时，留在现场的痕迹、物品，随着爆炸而遭受破坏或消失。三是伴随着炸声，爆炸现场即刻暴露，周围群众会进入现场急救人命、扫除险情，这样势必造成对现场的破坏，爆炸后现场的原始状态被改变，既改变了爆炸后现场物品的分布情况，又改变了犯罪嫌疑人遗留于现场的痕迹、物品，且爆炸现场一般是露天的，也容易受自然因素的影响。

2. 爆炸现象暴露性强，有爆炸残留物存在

尽管爆炸现场遭受了严重的破坏，但不管犯罪嫌疑人多么狡猾，采取何种爆炸方式，爆炸现象都无法掩盖，其会被现场周围的人感知。爆炸残留物在现场呈规律性分布，这也是不以人的意志为转移的，任何因素的破坏都难以改变。所以，爆炸案件现

场有爆炸现象暴露性强,有爆炸残留物存在的特点,这对于勘查及侦查都十分有利。

(1)爆炸现象。

这里说的爆炸现象主要包括以下五个方面:

①光亮。炸药爆炸时均要产生光亮,光亮的强弱与炸药爆炸的速度和反应有关,爆炸速度快、反应强烈,发出的光亮则强;反之,发出的光亮则弱。

②火焰。燃烧是炸药的一种反应形式,燃烧过程中要发出火焰,且不同炸药的火焰颜色也不同。

③响声。炸药爆炸伴有强烈的响声,不同种类、不同重量的炸药,爆炸时的响声的大小程度是不相同的。

④烟雾。炸药爆炸产生大量的气体产物,即烟雾,炸药的种类不同,烟雾的颜色也不同。

⑤气味。由于不同炸药的化学成分不同,爆炸时会产生各种不同的气味,详见表16-1。

表16-1 常见炸药爆炸后的烟痕颜色和气味比较

炸药名称	药色	烟痕颜色	气味
梯恩梯	浅黄色或黄褐色	炭黑色	苦
苦味酸	黄色	黑色	苦
硝铵炸药	灰白色	灰色	涩
黑索金	白色	灰黑色	酸
黑火药	灰白色	灰白色	硫化氢味

(2)爆炸残留物。

爆炸残留物是指炸药爆炸后残留于现场的炸药原形、分解产物,以及残留于现场的导火索、炸药包壳、捆绑物和引爆装置碎片等。

①炸药原形。炸药爆炸虽然是一种高速、强烈的化学反应,但由于受到炸药本身的化学、物理性能,以及起爆能源、装药密度、装药包壳、装药直径、炸药温度、作用介质性质等不可避免的客观条件影响,总有一小部分炸药不参加化学反应,而以炸药原形的形式残留于现场。

②分解产物。根据物质不灭定律,炸药爆炸后,作为物质,其不会消失,只是改变了自身的存在形式,转化成了其他物质。所以炸药的分解产物也分布于现场。

③其他。炸药包壳、导火索、导爆索、雷管、点火具及其他装置,因处于爆炸中心,所以一般遭受的破坏最严重,但其残骸仍会残留于现场,这是判断炸药种类、起

爆装置以及其他情况的重要依据。

爆炸案件现场的爆炸现象暴露性强，有爆炸残留物存在的特点，说明尽管爆炸现场遭受了面目全非式的改变，但勘查工作仍是有其物质基础的。同时，这也表明爆炸现象与爆炸残留物是勘查工作的重点。

第二节　爆炸现场勘查的任务及方法

一、勘查爆炸现场的任务

1. 确定爆炸性质

对于爆炸现场，首先要确定其爆炸性质是事故爆炸还是犯罪嫌疑人有意实施爆炸，还是其他因素造成的爆炸，这需要作出正确的判断。这些爆炸在实践中常表现为气体爆炸和炸药爆炸。从统计的情况看，气体爆炸多为事故爆炸，而炸药爆炸则多为犯罪事件。由于两者的性质不同，爆炸产生的能量对其周围介质作用的机理与方式就不同。气体爆炸和炸药爆炸在现场有不同的特征反映，这种不同主要体现在以下四个方面。

（1）爆炸的构成要素不同。

炸药爆炸一般由炸药（含包壳）、起爆装置及发火能源三要素构成，爆炸的发生不受地点、环境的影响和限制，在地下、地面、空中、水里均可；而气体爆炸需要有爆炸性气体存在，同时要有造成高压气体的密闭容器，或使易爆气体与空气混合达到爆炸浓度的固定空间，以及火源、高温等要素。因而，气体爆炸比炸药爆炸更受环境条件的限制。

（2）炸点不同。

炸药体积小，爆炸速度很快，生成的气体量很多，能量高度集中，破坏力很大，一般爆炸后有明显的炸点产生。而气体爆炸在爆炸前气体所占的体积一般较大，爆炸能量分散，因而爆炸时主要冲破容器或设备的薄弱部位，没有明显的炸点。

（3）抛出物不同。

炸药爆炸由于击碎力强，抛出物体积小、数量多，一般包装物都被炸成小碎片，抛出物上有烟痕或熔化痕迹。气体爆炸由于击碎力弱，抛出物体积大，一般呈撕裂状，有烟痕和烧痕，但一般由于爆炸时温度低，不能使金属出现熔化痕迹，有的气体爆炸甚至没有抛出物。

（4）烟痕不同。

炸药爆炸都是化学反应，爆炸时伴有发光、燃烧等现象并留下烟痕，烟痕多分布在炸点周围的介质上，燃烧现象也只存在于炸点附近的可燃物上。广义的气体爆炸有气体物理爆炸和气体化学爆炸两种，气体物理爆炸如锅炉爆炸、暖气片爆炸等，没有发光、燃烧现象；气体化学爆炸虽有发光、燃烧和烟痕现象，但烟痕不集中，通常分布于可燃气体存在的空间。

2. 确定事件性质

对炸药爆炸事件性质进行确定比较简单。如果现场不是存放炸药的场所，则一般是犯罪事件；如果现场是存放炸药的场所，则要考虑意外事故的可能性，查明有无导致自爆的因素。对于气体爆炸现场，要甄别爆炸原因是不可避免的自然因素，还是有关责任人员的玩忽职守，或者是犯罪嫌疑人的蓄意破坏。采用爆炸方式自杀与采用其他方式自杀，两者的性质有所不同。如果行为人采用爆炸方式自杀，由于行为人的主观原因，没有造成他人的伤亡或公私财物的毁损的，则不予立案；反之则应确定为犯罪事件，因为行为人即使没有追求危害结果的发生，但还是放任了这种危害结果的发生。对于此种情况，即使因行为人的死亡不能对其追究刑事责任，但从侦查角度讲，也要通过现场勘查，查明案件情况，确定事件性质，给政府、社会和人民一个实事求是的交待。

3. 查明构成爆炸的各要素

（1）炸药的种类与数量。即现场是何种炸药发生爆炸，是单质炸药还是混合炸药，以及其数量多少。

（2）引爆方法。犯罪嫌疑人在现场是否用了火柴、打火机、拉火管、导火索、雷管、导爆索、定时装置等。

（3）引爆的原因。

（4）炸药的外层包装。

（5）爆炸残留物。现场有无爆炸残留物存在，这些残留物与爆炸现场有什么联系，说明了什么问题，上面又有些什么样的痕迹和附着物，其形成原因是什么。

4. 查明爆炸的直接损失

被毁损物品的种类、数量、价值，以及毁坏程度；现场有无人员伤亡、伤亡情况如何，致伤、致死的原因是什么。

5. 判明犯罪嫌疑人实施爆炸犯罪必须具备的条件

犯罪嫌疑人实施爆炸犯罪必须具备两个基本条件，即懂得爆炸知识和有条件获取炸药及起爆装置。

6. 判明犯罪嫌疑人的情况

通过现场勘查，收集证据，明确犯罪嫌疑人的犯罪条件及人身形象。

二、勘查爆炸现场的方法

爆炸现场的特点及勘查爆炸现场的任务，决定了勘查这类现场的方法。

（一）勘查的一般步骤

由于爆炸现场范围大、遭受破坏严重，因此，在勘查时，应划定较大的勘查范围，以爆炸中心为重点，主要采取由中心向外围，分段、分片、分层的勘查顺序。对处于公共场合的爆炸现场，为了保全痕迹物证，也可采取由外围向中心的勘查顺序。

爆炸现场一般可以划分为三个区域。第一，爆炸点，也称爆炸中心，其范围包括爆炸破坏作用的压缩区、抛掷区和破坏区。第二，现场中心，指人畜死亡和重伤的范围以及房屋倒塌、毁坏和有大量密集散落物的区域。第三，爆炸作用区，指房屋建筑只受到轻微的破坏，遗留有少量散落物或少量死伤人畜的肌体组织的区域。如果现场地处乡村野外，勘查的范围还可再适当扩大一些，力求找到犯罪嫌疑人进出现场的路线，并注意寻找犯罪嫌疑人徘徊、观望、逗留、坐卧等地点。

（二）勘查的具体方法

勘查爆炸现场除了使用现场观察、推断验证、技术检验、现场搜索等现场勘查的一般方法外，还可使用一些特殊的勘查方法。

1. 排爆除险

勘查爆炸现场有一定的危险性，所以要求在具体的勘查工作开始之前，注意排爆除险，排爆除险中需注意的问题如下：

（1）注意现场可能留有未爆炸的爆炸物，有的是犯罪嫌疑人故意设置，有的是犯罪嫌疑人意志以外的原因而未爆炸。

（2）注意现场可能存在的有毒气体。炸药爆炸以后，会产生大量的有毒气体，如果现场通风不良则不易消散，尤其在地下室、防空洞等场所发生的爆炸案，有毒气体消散得很慢。因此，进入通风不良的爆炸现场，必须先通风或穿戴防毒面具。

（3）注意可能倒塌的墙壁、房顶或建筑物的构件，注意正在燃烧或将要燃烧的物品，以免伤人。

（4）注意未切断电源的电线和电器设备，以防触电。

2. 现场取样

现场取样是指用照相、制图等方法将现场情况固定之后，在现场观察、现场测量的基础之上，对现场的有关痕迹、物品进行提取，为实验室分析提供检材。现场取样时，应注意提取系列样品、典型样品和空白样品，以保证对炸药种类、炸药量等分析的准确性。

（1）系列样品，是指以炸点为中心，沿着一定的方向，以一定的距离为间隔，确定一系列的点进行提取所得的爆炸尘土样品。作为系列样品，采取的间隔距离分别为：炸点到其周围 5 米范围以内，每 0.5 米提取一次；5 米以外，每 1 米提取一次，一般取到 20 米范围左右即可。每点每份样品取量的多少，则根据介质的颗粒大小而定，一般为 0.5 千克。

（2）典型样品，是指在爆炸残留物遗留的高峰区进行提取所得的爆炸尘土样品。

（3）空白样品，是指在现场外围没有受到爆炸影响的部位进行提取所得的爆炸尘土样品。提取空白样品的目的在于确定现场承受痕迹物证的物质本身是否含有炸药及其分解产物以及含量多少，并和系列样品、典型样品进行比较，以准确判断炸药的种类及数量。

现场取样必须在现场未受人为或较大自然力破坏之前进行。而在变动现场，则要在没有发生变化的部位进行。对提取的检材样品，要妥善包装，标明其数量和采集的部位，对现场肉眼可见的炸药原形作重点提取，特别要注意在炸药的外包装上发现炸药原形。

3. 爆炸实验

爆炸实验是指在爆炸案件现场勘查过程中或之后，为了证实对有关案情的初步分析判断是否正确，而仿照发案时现场情况进行的实验。

进行这种现场实验，是证实炸药的种类、数量、引爆方式、炸药包壳、炸点位置及爆炸瞬间现场人员站位情况的有效手段。它既能证实现场勘查中已判明的问题，又能发现现场勘查中还未发现的问题；既能澄清错误认识，又能肯定正确认识，使勘查人员达到认识上的一致性。

进行爆炸实验有两个先决条件。其一，爆炸实验只有在实地勘验的基础上，在对爆炸残留物等痕迹物证的检验有了初步结果，对现场的基本情况有了较可靠的分析之后才能进行。其二，实施爆炸实验时，必须尽可能地仿照已初步推断的发案当时的现场情况，以保证实验结果的科学性。

4. 实验室分析

随着爆炸的发生，炸药除极少量原形之外，大多数经分解而生成了新的物质。炸药包壳、起爆装置及点火具等因位于爆炸中心而被毁坏，改变了自身形态和性质，所以对现场提取的痕迹物证及检材样品，应进行物理、化学分析，用先进的仪器设备对爆炸物品作出判断，为侦查破案提供科学依据。

第三节　爆炸案件现场勘查的重点

一、爆炸点

爆炸点又称炸点，是爆炸物爆炸瞬间所处的部位。炸药爆炸，除悬空爆炸以外，都有明显的炸点。由于炸药爆炸产生的能量高度集中，瞬间出现极高的压力中心，使接触炸药的介质在爆炸后形成破坏集中的部位，即炸点。炸点的形状、大小、深浅、烟痕等是炸药的种类、数量、装药形状等在现场的外在表现。所以，炸点是勘查重点之一。

1. 确定炸点位置

首先，从现场整体看，现场破坏最重的部位（包括人体和其他物体），一般是炸点；其次，炸药爆炸形成的炸坑、缺口、孔洞等能较明显地表示炸点的位置；再次，可根据遗留物、抛出物散落的方向、位置判断炸点，因为抛出物是从炸点向四周辐射的；最后，可根据现场地面、墙壁等物体的毁坏状态来推断炸点。在爆炸案件现场，只要全面观察、认真分析以上情况，就不难对炸点作出准确的判断。

2. 观察炸点形状

炸点常有如下五种形状：

（1）炸坑。炸药位于地面或埋入地下一定深度发生爆炸，由于土壤的坚硬程度不同，会形成球形或锥形炸点，俗称炸坑。

（2）穿孔炸点。若装药形状呈长柱体，以加强爆炸物的纵向力量，则会形成穿孔炸点，孔的直径略大于装药直径。

（3）截断炸点。爆炸物位于一整体物上发生爆炸，并将此整体物分离而形成截断炸点。截断炸点放置爆炸物一侧的炸口较小，而对应侧的炸口较大。

（4）塌陷炸点。爆炸物位于地沟盖板、楼房地板或房顶等部位发生爆炸，形成塌陷炸点。

（5）人体炸点。爆炸物位于人体某一部位发生爆炸，造成该部位组织缺损，形成人体炸点。

3. 测量炸点大小

炸点大小是推断炸药量的主要依据，测量时要力求准确。测量炸坑，应将炸坑内及其周围的回填物清除，以保证测量的准确。对截断炸点断口的测量，要注意断口上、中、下三个部位的宽度及其折断的方向、弯曲度，以便分析爆炸物在现场的位置。测量塌陷炸点时，应注意塌陷物的厚度、材料质量及结构，并结合现场其他情况，分析其是否为真正的炸点，有些部位坚固性较差，且在爆炸产物作用范围之内，其虽然不是炸点，也可能形成塌陷。

4. 保全炸点痕迹

炸药爆炸时会产生一定的气味，但由于空气流动，气味很快会消失。但炸点部位的气味因爆炸产物的微粒或气体混在沙土中，会保持较长的时间，勘验应将含有爆炸气味的尘土用密闭容器进行提取，以备检验或爆炸实验时作比对使用。爆炸现场的烟痕有时不明显，但在炸点及其周围的物质上较易发现，对之应加以提取，并妥善包装。

二、爆炸残留物

如上文所述，爆炸残留物是指炸药爆炸后残留于现场的炸药原形、分解产物，以及炸药包壳、引信、导火索、雷管等。这些残留物是分析属何种炸药爆炸和引爆装置的重要依据。

1. 发现、提取炸药原形及分解产物

在爆炸产物膨胀并向外抛散的同时，未发生反应的少量炸药原形及分解产物也被抛离爆炸中心而飞向炸点外围，并随着空气冲击波波阵面后的负压区的出现，在空气冲击波逐渐减弱的重力作用下，降落在地面和其他物体表面。残留下来的炸药原形及分解产物呈极小的微粒，与现场的粉状尘土混合在一起，一般不能用肉眼发现。只有通过现场取样，搜集现场含有炸药原形及分解产物的尘土，经提纯、集中，才能检验出残留的炸药成分，确定炸药种类。

如何进行现场取样？爆炸残留物在现场的分布与炸药的破坏范围有关，有一定的规律可循。炸药爆炸产生的高温、高压气体作用于周围的介质，形成强烈的爆炸波、地震波和空气冲击波，使爆炸点及其周围的物体受到破坏。这种破坏由于物体距炸点的远近而不同，物体距炸点越近，受到的破坏越重，反之越轻；如果物体超过一定距离，则不受影响。通常可把炸药的作用范围分为四个区域：

（1）压缩区。此区为爆炸气体产物直接作用的范围，约为爆炸物装药直径的7—14倍。此区内介质受到强烈的破坏，表现为形成炸坑、介质物体被粉碎。

（2）抛掷区。此区为爆炸气体产物和空气冲击波共同作用的范围，约为爆炸物装药直径的20倍。此区介质所受的破坏略次于压缩区，外部表现为坚硬的介质物体被炸碎并被抛散，有燃烧迹象。

（3）破坏区。此区为空气冲击波作用的范围，在爆炸物装药直径20倍以外。此区的介质物体被击破发生形变,但不发生抛掷。

(4)震动区。此区为空气冲击波作用的范围,但此时冲击波已大大减弱,只能使介质物体发生震动,而不发生形变或位移。

在压缩区内,爆炸残留物较少,甚至没有;在抛掷区内,爆炸残留物开始出现,并逐渐增多;在抛掷区和破坏区的交界处,爆炸残留物最多,属于爆炸残留物密集区;自此向外围又逐渐减少,直至消失。同时,爆炸残留物的分布又与介质有关,受炸点介质硬度大小的影响,介质硬度越大,残留物则越少;反之则越多。因此,在提取爆炸尘土时,应根据每一爆炸现场的具体情况,决定提取的重点部位。

2. 发现、提取炸药包壳、捆绑物残骸

(1)炸药包壳。

炸药包壳包括各种材料和形状的容器、包裹物和捆绑物等。由于它们紧贴炸药,爆炸后常常被炸成碎片。炸药包壳因材料、装药量、炸药放置方式的不同,爆炸后在现场的分布及形态也不相同。

金属材料包壳在爆炸区大多数能留于现场,可在炸点及其周围发现。由于材料的强度、弹性、塑性等不同,碎片形态也不相同。铸铁包壳因其塑性小,其碎片很少有扭曲等变形,断口整齐,无毛刺;铸铜包壳强度高,有一定可锻性,爆炸后其碎片断口锋利,有毛刺,有扭曲、撕裂等变形;铁皮罐头筒等材料由于塑性好,爆炸后有扭曲、撕裂等变形,且断口锋利,较之原来厚度有明显变薄。

纺织品包壳,包括棉、麻、合成纤维等材料织品的包壳,爆炸后其碎片分布于炸点附近或炸坑内,其边缘呈毛绒状,面积较小。塑料薄膜制品包壳,由于其热塑性大,爆炸后其碎片边缘很不整齐,呈丝状破损。纸包壳,炸药原装的纸包装,由于其紧贴炸药,炸药又处于最佳密度,所以爆炸后很难找到其碎片;如果犯罪嫌疑人在原装的纸包装外又裹上牛皮纸等,由于包裹不紧,爆炸后可能有纸片残留。木材包壳,木材本身虽是可燃物,但其纤维强度较高,所以爆炸后多有束状纤维或木渣残留于炸坑内及其附近。

(2)捆绑物。

爆炸物的捆绑物多为条带状绳索,由于其紧贴炸药包,爆炸时被粉碎,一般难在现场发现。但如果绳索末端较长,未贴紧炸药包或爆炸不完全,则可在炸点外围发现其残骸。这类残留物多呈小碎片或碎段,断口呈整齐的毛绒状。有的犯罪嫌疑人用导火索或导爆索捆绑爆炸物,其残留碎段药芯线完整,以此来区别引火用导火索或引爆用导爆索。

对炸药包壳、捆绑物等残留物的发现、提取方法主要是:①依据嵌入痕迹进行挖找；②用磁铁吸附铁质碎片；③用过筛方法寻找塑料、铜、铅及其他材料；④范围大的现场要分片、分段进行查找；⑤所有碎片搜集应遵守定向、定位、定距离的原则。

3. 发现、提取爆炸装置残骸

雷管、导爆索在爆炸中被粉碎，现场很难发现其残骸。用导火索引燃起爆的现场，常可发现炸碎的导火索，它分布于爆炸物安放导火索的一侧。爆炸后，导火索外皮破碎，接触炸药一端被炸碎，不能保持原来长度，外观呈黑色。其外层牛皮纸保留有明显的外包线压痕，药芯线烧毁。此外，作为起爆能源的电池外壳锌皮、碳棒、填充料，以及作为定时装置的钟表残骸等会留于现场，且有软化、撕裂、烧毁等迹象，应注意搜集。

另外，在发现和提取爆炸残留物时，还应注意以下三点：

（1）现场是否留有没有爆炸的爆炸物，发现时要果断采取措施，及时排除险情。

（2）在现场发现可疑物品时，要小心谨慎地进行检查，不要轻易拆卸或触动，以防爆炸，造成不必要的人员伤亡。

（3）要注意发现现场有无被压砸的伤亡人员和被掩埋的尸体、尸块以及其他遗留物。

三、抛出物

抛出物是指爆炸时从炸点抛出的物质。这里所说的抛出物主要有三种，一是炸点物质；二是炸药的包装物、捆绑物；三是炸点周围的物质，如尘土、水泥块、纸张碎片、人体组织等。抛出物是研究爆炸瞬间现场物品分布情况、人员站位情况及炸点位置、炸药量多少等的重要依据。对抛出物的勘验包括静态记录和动态勘验两种方法。

1. 静态记录

以炸点为原点，以南北、东西自然方向为纵横坐标，建立直角坐标系，直观地表现现场抛出物的分布状态及其相互关系。

2. 动态勘验

抛出物的破碎程度及其被抛散的距离，取决于炸药的种类、数量，以及抛出物本身的性质。通常情况下抛出物有如下分布规律：第一，抛得最远的物体离炸点最近；第二，三个重量不同的物体，中等重量的往往被抛得最远；第三，位于炸点同侧的物体被抛到炸点的同侧；第四，一整体物被抛到现场的不同方向，则表明爆炸物是位于该物体上发生爆炸的；第五，如果抛出物上有烟痕、熔化、燃烧、冲击等痕迹，则说明此抛出物在爆炸瞬间接近爆炸物。

有的犯罪嫌疑人为了加强爆炸物的杀伤力，在炸药中掺入铁钉、螺帽、弹头、碎铁片等，爆炸后，这类物品被抛向现场周围，或嵌入其他物体，应注意对其进行发现和提取。

对抛出物的勘验要注意以下三点：

（1）在现场搜寻抛出物，要遵循抛出物的分布规律，或者从炸点开始，向四周推进，或者分片、分段进行，以免遗漏。

（2）在对抛出物的搜寻过程中，既要搜寻肉眼可见的宏观抛出物，又要注意搜寻形态较小、肉眼不可见的微观抛出物，以全面地收集证实犯罪的证据。

（3）在分析现场抛出物的基础上，结合有关人员对现场爆炸前状态的介绍，应尽可能地将现场恢复到爆炸瞬间的状态，以确定炸点，并可根据现场客体的相互位置关系，进而推断谁离爆炸点最近、谁持有爆炸物、谁可能是犯罪嫌疑人等。

四、对人体爆炸伤的检验

爆炸产物直接或间接作用于人体，对人体造成的各种损伤，称为人体爆炸伤。在爆炸案件现场勘查过程中，人体爆炸伤的法医学检验对判断炸伤与爆炸的关系、炸药量、炸点位置，以及弄清案情，特别是确立爆炸伤亡人员中有无爆炸犯罪嫌疑人或爆炸事件的制造者，具有独特的作用。

人体爆炸伤因燃烧气体、弹片、包裹物和其他抛出物的作用而形成，不同的人体爆炸伤，其形状、大小、轻重可能不同。

1. 爆碎伤

贴近或紧靠爆炸源的人体，受爆炸产物的直接作用所形成的爆碎伤，其特征是人的肢体、器官、躯干等被炸粉碎后抛出，肌体组织缺损，拼凑不能复原；人体和衣服破碎严重，有明显的穿孔现象。根据爆碎伤情况，可以分析判断伤亡人员与炸点的关系、爆炸时人的姿势以及有无引爆动作等。

2. 爆裂伤

爆炸物膨胀产生的超压直接作用于人体形成爆裂伤，其特征是组织撕裂，创面上常留有爆炸装置残留物和隔离物碎片，创伤和分离的肢体组织无缺损，拼凑能复原。这种伤能明显表现出爆炸力作用的方向、角度、高度和距离。

3. 烧灼伤

火药或炸药爆炸产物直接作用于附近的人体，由于距离关系又达不到爆碎程度时，在朝向炸点的一侧形成烧灼伤，其特征是人体皮肤出现红肿或大小不一的点片状出血区，有的可见带状水泡，甚至出现坏死。程度不同的烧灼伤是爆炸发生后人体出现的较稳定特征。烧灼伤多见于面部、手部、脚部等裸露部位，头发、眉毛、睫毛、胡子常会被烧焦。根据烧灼伤的部位、面积、程度和具体特征，可以判明爆炸物的种类，伤亡人员与炸点距离、相对方向，以及是生前烧伤还是死后烧伤。

4. 冲击伤

炸药爆炸生成的冲击波冲击人体形成冲击伤，其主要特征是尸体完整，衣着被撕裂、剥光，人体损伤外轻内重，体表仅发生片状、条状、波浪状挫伤，而内脏却有多处损伤；朝炸点的一侧冲击伤重，有时形成大面积的皮内出血；伤亡人员衣着撕裂情况严重，但穿孔现象不明显。

5. 爆炸碎片击伤

爆炸装置有金属外壳和坚硬填充物，或爆炸源附近有坚硬物体时，往往致距炸点较近的人被击伤，有的穿透后形成贯通伤，有的滞留在体内出现盲管伤；对距炸点较远的人体容易造成钝器伤、刺创伤。被碎片击中致死、致伤的人员，多数都是被害人。

6. 对不知名尸体的个体识别检验

在爆炸案件现场经常有些不知姓名、身份的尸体，对此，法医除认真检验上述几种伤外，还要按检验不知名尸体的要求进行个体识别检验，以便弄清死者的姓名，甄别死者的身份。

除对上述几种爆炸伤进行检验外，还应对爆炸间接伤进行认真检验，如摔伤、挤压伤、坠落伤等。另外，凡是使用瞬发、短延期电雷管起爆，而在现场又未发现遥控、定时等装置的，一般说明犯罪嫌疑人在引爆炸药后未来得及逃离现场，因此，现场伤势最严重者可能就是犯罪嫌疑人。对重点嫌疑尸体，应要求法医对其进行详细检验。

五、现场访问的重点

一般应访问报案人、发现人、事主、死者家属、知情人和现场周围群众，访问时应重点查明的问题有以下三个方面。

1. 爆炸现象

侦查人员应问明何人、何时、何地、何种情况下看到、听到、嗅到何种爆炸现象，以及其情形如何。主要的爆炸现象包括以下几种：

（1）光亮。爆炸时和爆炸前有没有光亮出现，光亮的形态、强弱、颜色如何。

（2）火焰。如有火焰，则问明是先爆炸后起火还是先有火后爆炸，并要弄清火焰颜色。

（3）声响。要注意查清爆炸响声的大小、轻重、远近以及听到者与现场的距离等。

（4）烟雾。要查明烟雾的颜色、浓度，以及烟雾的形态变化和烟雾的高度等情况。

(5)气味。注意了解嗅到何种气味、气味的浓度、刺激性强弱等。

2. 现场状况

通过访问事主和有关人员,了解爆炸现场中心部位原来放置着什么物品,有没有爆炸危险物品存在,爆炸后哪些物品受到破坏和变动,变动的原因和程度如何,爆炸前现场有哪些人员,其相互位置距离关系如何,现场保护情况如何。对于发生在汽车、火车等交通工具上的爆炸现场,要查清炸点周围人员的位置关系,爆炸前是否发现可疑迹象,以及可疑人员的体貌特征。

3. 可疑情况

查明发案当地炸药的使用、销售、运输、管理等情况,哪些人有条件取得炸药,哪些人具有爆炸相关知识。对于目标特定的爆炸案件,还应访问被害人及其家属,围绕因果联系发现犯罪嫌疑人。

六、爆炸现场的炸药量计算

在爆炸案件的侦破过程中,有时需要对犯罪嫌疑人实施爆炸所用的炸药量进行计算,以证实案件和现场破坏的真实程度,亦为侦查破案提供证据。由于爆炸本身是一个高温、高压、高速的化学反应过程,加之炸药的种类很多,炸药爆炸过程中又受多种因素的影响,所以只能根据爆炸现场破坏的情况,参照爆破工程设计时炸药用量有关理论和公式进行计算,计算出的炸药量的准确程度与刑事技术人员的现场勘查经验有关。目前的计算方法主要有两种,一种是按爆炸作用痕迹计算,另一种是根据空气冲击波超压与对比距离计算。后一种计算方法很复杂,因此,此处仅介绍前一种,即按爆炸作用痕迹计算的方法,亦称"压缩坑法"。

压缩坑法的计算原理是一定量的炸药爆炸,在地面形成一定大小的炸坑;反之,可据炸坑的大小、介质以及其主要因素来反推炸药量。其计算公式为:

$$Q = \frac{4}{3} \pi \left(\frac{R}{K}\right)^3 d$$

该计算公式中:Q 表示炸药量(克);R 表示炸坑半径(厘米);K 表示爆炸作用系数(一般取 1.5—3);d 表示炸药密度(克/厘米^3),常取 1,也可参阅表 16-2。K 值的选定,与爆炸作用的介质有关,坚硬介质可选 1.5—2,可塑性介质可选 2.5—3,炸药埋入地下则 K 值增大一倍,可取 3—6;如果爆炸现场无炸坑,R 可按爆炸产物抛掷痕迹或爆炸产物极限作用痕迹估算,此时 K 值可分别取 7—10 和 10—12。

表 16-2 常见炸药和炸药密度表

炸药名称	爆热（千卡/千克）	炸药密度（克/厘米^3）
梯恩梯	1010	1.5
黑索金	1290	1.5
太安	1360	1.65
特屈儿	1090	1.55
雷汞	410	3.77
硝化甘油	1480	1.6
硝铵	344	0.95—1.1
铵梯（80∶20）	990	1.3
铵梯（40∶60）	1000	1.55

此外，还可以现场被破坏的玻璃等物品为传感器，根据其超压值来计算炸药量。如果现场遗留有较完整的盛装炸药的容器，则可将容器复原，根据其容积来推算炸药量。对于同一现场，应尽量采用不同方法来分别计算，然后再综合计算，并通过爆炸实验检验计算结果，力求结果的准确。

第十七章　放火案件的现场勘查

放火案件现场，是指犯罪嫌疑人故意实施焚烧公私财物、危害公共安全行为的场所，放火危害后果发生的场所，以及遗留有与放火犯罪行为有关的痕迹、物品的场所。这类现场由于燃烧过程中所涉及的物理、化学破坏比较严重，加上救人、灭火等人为因素的影响，痕迹、物品破坏严重，很难保持原状，导致勘查难度较大。因此，勘查这类现场要求勘查人员不仅要有相关的专业理论素养，还要有耐心、细致的工作作风。只有这样，才能全面认识这类现场的复杂现象，准确查明起火原因、起火点，找到引燃物、助燃物等重要物证，为侦查破案提供有效侦查线索和证据。

第一节　放火案件现场勘查的任务

一、采取紧急措施

由于放火案件现场的特殊性，勘查人员到达现场后不能贸然进行勘查，必须在了解先期处置情况的基础上，确定是否需要采取必要的紧急措施，这是这类现场勘查任务能否顺利完成的前提。一般来讲，这类现场需要采取的紧急措施主要有以下三种。

（1）排查各类危险源。

现场及现场附近的主要危险源有水、电、气等，勘查人员到达现场后必须及时查明这些危险源所处的位置、当前的状况，如有必要，必须立即关闭。这样才能确保灭火工作的安全进行，防止意外事故的发生，减少现场破坏的扩大，从而保证现场勘查的顺利进行。

（2）迅速判明燃烧现象。

特别是到达正在燃烧的现场时，勘查人员要注意观察起火的范围、火势最旺的部位，感知烟雾及火焰的颜色、气味，判断风级和风向等，为正确采取紧急措施、迅速组织勘查奠定基础。

（3）组织开展救援。

对于正在燃烧的现场，要迅速组织群众扑灭火险；如果火场中有人员，应迅速疏散或采取急救措施；如果火场中有重要物件，在保证安全的前提下，要组织人员及时抢救。在开展救援过程中，要注意尽可能地保护现场痕迹、物品，收集有关情况。

二、确定火灾性质

确定火灾性质，实际上就是查明起火原因。这是勘查此类现场应首先解决的问题，因为它不仅决定着是否立案侦查，而且一旦案件立案后也决定着侦查的方向和范围。确定火灾性质属于放火时，还要进一步分析、推断案件的具体性质。

（一）常见的起火原因

在现实生活中，起火的原因多种多样，分类方法也各有不同。从案件侦查的角度看，我们一般将起火原因分为以下四类。

1. 失火

失火主要是指因人们在日常生产、生活中的疏忽而引发的火灾。这类火灾颇为多见，但只有因失火造成重大危害的才构成犯罪。在现实生活中，造成失火的原因很多，归纳起来主要有以下三种：

（1）生活中用火不慎引起的。如火炉、蜡烛、打火机、烟囱等发出的火花、火焰引起的火灾；吸烟、小孩玩火不慎引起的火灾；死灰复燃引起的火灾等。

（2）使用电器设备引起的。如电线、电动机、电气开关、电暖器、电炉子、电褥子、电熨斗等电器设备，因短路、超负荷、接触不良、老化失修、长时间使用等引燃可燃物引起的火灾。

（3）生产作业中不慎引起的。如在焊割、冶炼等生产过程中，以及易燃易爆物品生产、储存、运输过程中，因违反安全操作规范引起的火灾。

2. 放火

放火是一种故意犯罪。在实践中，根据犯罪嫌疑人不同的放火动机和目的，可将放火案件分为以下三类：

（1）泄愤放火，这是指因纠纷、债务、奸情等矛盾激化或因变态心理等报复社会和个人而放火。

（2）为掩盖其他罪行放火，如实施杀人、贪污、盗窃、强奸等犯罪行为后，为焚尸灭迹、转移侦查视线而放火。

（3）其他目的的放火，如为诈骗保险金而放火。

3. 自燃

自燃是指物质在空气中发生氧化作用，随着热量逐渐积聚，温度达到自燃点而引起的燃烧，如油脂及浸渍油脂的棉纱、碎布、锯屑等物质因摩擦发热而自燃。自燃现场必须具备自燃需要的温度、湿度、通风和可自燃物等客观条件；起火点位于可自燃物上且多在自燃物内部；起火点部位往往形成一个颜色由内向外逐渐明显变浅的炭化区；起火前往往先见烟雾，并能闻到逐渐强烈的燃烧气味。

4. 意外火灾

意外火灾是指由于不能抗拒或不能预见的原因而引起的火灾，如雷电、地震、火山喷发、海啸等自然现象引起的火灾。实践中比较多见的是由雷电引起的意外火灾。这类现场一般雷击部位明确，如树木、旗杆、烟囱、天线等，并且在雷击部位有明显的雷击痕迹。

（二）查明火灾性质的方法

在现实生活中，由于起火原因多种多样，而且火灾现场破坏比较严重，对火灾的正确定性往往难度较大。因此，查明火灾性质，需要综合运用多种方法。首先，要立足现场，详细勘验现场的各种燃烧现象及有关的尸体、痕迹、物品，寻找起火点和引燃物，注意对判明性质有重要意义的特殊现象，如现场能否嗅到非现场固有的可燃物的特殊气味，现场能否发现未烧尽的引火物，现场环境是否存在破坏、侵入迹象，现场的财物保管处所是否被破坏，现场有无财物被盗、账目或单据被烧毁，现场尸体有无他杀迹象，现场内是否存在两个以上的起火点，现场周围是否存在火源或堆放有易燃易爆危险物品等。要将实地勘验与现场访问结合起来，对现场的性质作出正确的推定。必要时，可以邀请消防人员协助或聘请专家鉴定，进行现场实验。

（三）放火现场的主要特点

要准确判断火灾现场是否由放火所致，必须综合研究现场勘查情况，分析其是否具备放火现场的基本特点。

（1）起火点位置异常。

放火现场的起火点一般位于不具备发生自燃、失火条件的燃烧物的表面或四周，或位于无火源的被褥、衣物、箱柜或重要账册表面和中间，位置比较异常。而自燃现场的起火点则一般位于堆积物的内部和中间。

（2）起火点的数量可能有多个。

有的犯罪嫌疑人为了使火势迅速形成或扩大火势范围，往往同时在数处放火，因此有多处起火点，这是区别放火与失火、自燃等火灾的重要特点之一。

（3）起火点不太明显。

放火现场起火点的可燃物燃烧均匀，炭化区域小，而自燃现场和失火现场往往在其起火点上有一个明显的炭化区域。

（4）火焰与烟雾同时可见。

放火现场由于燃烧迅速，起火快且蔓延极快，火焰迅速升腾，因此，火与烟同时可见，并可闻到物质因燃烧而产生的烟味。

（5）有引火物、助燃物残骸或气味。

任何一个火灾的形成，都离不开可燃物、助燃物、火源三个必备条件。放火行为是一种故意行为，为达到放火的目的，引起火灾，行为人必然准备引火物、助燃物等。因此，在放火现场仔细勘查起火点，往往能发现未燃尽的引火物、助燃物，以及相关包装物等，如汽油、酒精等残余或特殊气味。其他火灾现场一般不存在引火物、助燃物等的残骸。

（6）现场痕迹有明显反常现象。

如火场内尸体有他杀、他伤迹象；门窗无故被破坏或打开；电气设备被变动或故意错误使用；现场物品丢失；门被反锁等。

三、查明犯罪后果

放火案件现场一般都有财物毁损，有时还有人员伤亡，这都是放火案件现场的犯罪后果的表现。对于放火案件现场的财物毁损情况，应通过访问事主、被害人和有关知情人，查明被毁损财物的种类、数量、价值，以及其是否为特别贵重的物品或某种特别的物品，如账单、会议记录等。另外，还需要查明的是与被毁损财物相关的持有、保管、保险等情况，以及发案前有关人员对相关财物的处置情况等。查明以上情况，不仅能帮助侦查人员判明案件的性质及其严重的程度，而且有利于侦查方向和范围的确定。如果放火案件现场有人员伤亡，应通过法医学手段迅速查明受伤的情况和死亡的原因。对于火场中的尸体，应判明尸体伤情的具体情况，包括是生前伤还是死后烧伤，以及有无烧伤以外的其他伤痕、是否存在致命伤等。除此之外，还可围绕案件和现场本身，通过调查查清被害人的经济状况、交往情况及现实表现等，以便进一步确定事件性质、判明后果和发现侦查线索。

四、查明犯罪活动情况

应在现场访问和实地勘验中，重点查明犯罪嫌疑人放火的时间，使用的方法，采取何种手段进入现场，以及其在现场接触物品的种类、部位，留下何种痕迹，放火后以何方式、从何方向逃离现场等，即犯罪活动情况。查明犯罪活动情况有利于发现侦查线索和排查犯罪嫌疑人，也有利于为诉讼中的定罪量刑提供事实依据和相关证据。

五、查明犯罪嫌疑人情况

查明犯罪嫌疑人的情况，主要包括犯罪嫌疑人实施犯罪的主客观条件及有关个人特征，即是否具有放火的动机、目的；是否拥有某种引火物、助燃物；对现场的熟悉程度；时间条件；体貌特征（年龄、身高）条件；技能条件；某些现场遗留物等。现场勘查中，应通过访问目击证人、被害人、事主以及仔细的勘验，研究现场的各种痕迹、遗留物等对以上方面进行综合判定。

六、搜寻、收集有关的痕迹物证

放火案件现场的痕迹物证主要有犯罪嫌疑人实施放火犯罪行为所形成的痕迹物证和可燃物在燃烧后形成的痕迹物证两种。前者包括犯罪嫌疑人的足迹、工具痕迹、助燃物、引火物等，后者包括火烧、烟熏痕迹等。这些痕迹物证不仅能反映火灾发生的原因和经过，也是侦查人员开展侦查工作的重要条件和依据，同时又是用来印证犯罪嫌疑人口供的重要证据。

第二节　放火案件现场访问的重点

由于放火案件现场实地勘验难度大，因此，现场访问在此类现场的现场勘查中具有非常突出的地位和作用。通过全面查找案件的发现人、报案人、现场保护人员、现场救火救援人员、目击者、当事人、熟悉现场内部情况的人及其他人员，及时开展现场访问，可以验证现场情况，帮助发现痕迹、物品，弥补实地勘验的不足。尤其是对破坏特别严重或经过二次燃烧的现场，要查明起火部位、起火原因等，更离不开现场访问。具体来讲，放火案件现场访问主要围绕以下三个方面的重点展开。

一、围绕起火点的燃烧现象进行访问

在实地勘验中，寻找起火点具有一定的难度，但找到起火点又是迅速解决起火原因的重要保证。因此，放火案件现场访问的任务首先是查找起火点，通过询问事主和发现人，要求他们指出最初的起火部位，或最初发现浓烟和喷射火焰的部位，从而为实地勘验中迅速查找到起火部位，判定起火原因提供依据。对起火点的判断，又往往与燃烧现象密切相关。同时，要判明起火物质的种类、成分和起火具体原因、起火时间，也必须以掌握燃烧现象为前提。因此，在查找起火点的过程中，应当以燃烧现象为访问的重点内容。

燃烧现象主要包括烟雾、火焰等。不同可燃物因其构成成分和燃烧条件不同，在

燃烧时所产生的烟雾、火焰的大小、气味、颜色、高度等各不相同。

（1）烟雾。烟雾是人们能够看到的主要燃烧现象之一，是指可燃物燃烧时产生的混有未完全燃烧的微小颗粒的气体，主要包含水蒸气、二氧化碳、一氧化碳、二氧化硫、氢气、氧气等。不同的可燃物燃烧时所产生的烟雾的大小、气味、颜色不同。常见可燃物燃烧时生成烟雾的特征如表17-1所示。

表17-1　常见可燃物燃烧时生成烟雾的特征

可燃物质	烟雾的特征	
	颜　色	气　味
木材	灰黑色	树脂臭，稍有酸味
石油产品及焦油	黑色	石油臭，稍有酸味
低氮硝化纤维素及其他硝基化合物	棕黄色	刺激臭，酸味
棉麻及其制品	褐色	特殊臭，稍有酸味
橡胶及其制品	棕黑色	硫臭，酸味
磷	白色	大蒜臭
镁	白色	金属味
硫	—	硫臭，酸味
钾	浓白色	碱味

（2）火焰。火焰的产生主要是可燃物在加热时被分解，蒸发出的气体燃烧而形成。一般情况下，可燃气体、液体及大多数可燃固体在燃烧时都会产生火焰。但有些可燃固体在燃烧过程中不分解，加热时也不产生气体，在燃烧时不产生火焰或火焰很小，如无烟煤炭、木炭等。火焰显光与否以及光亮的程度，取决于可燃物中氧和碳的含量。火焰的亮度与含氧量成反比关系，一般可燃物含氧量高于50%时，火焰不显光，低于50%时，火焰显光；碳含量高于60%以上时，火焰显光，并伴有大量的烟熏痕迹。火焰的颜色与可燃物的成分密切相关，不同可燃物燃烧时，火焰的颜色不同，如一氧化碳、硫、氢气燃烧时火焰呈浅蓝色，磷、钠燃烧时火焰呈黄色。可见，火焰现象也是判断可燃物种类、成分、数量的一个重要依据。

在现场访问中，要重点查明起火点的部位；是先见烟雾后见火光，还是二者同时出现；烟雾的颜色、气味如何；有无声响；有无其他可疑气味，若有，何时闻到，是何气味，气味来源于何处；火势蔓延过程中烟雾、火焰的颜色、亮度、高度、气味的变化过程等。

二、围绕起火时间进行访问

放火时间是放火案件侦查中排查犯罪嫌疑人的一个重要依据。放火时间往往以起火时间为推断依据。但是由于引火物种类不同和具体放火手段不同，起火时间与放火时间往往不一致。因此，只有通过访问事主、单位职工及现场周围群众，掌握起火时间的有关情况，才有助于准确地推断起火时间。

任何可燃物在燃烧时，都必然经历燃烧的初始阶段、发展阶段和最猛烈阶段。不同的燃烧阶段，燃烧所表现的形态是不一样的。固体可燃物燃烧后的 10—15 分钟是初始阶段，这一阶段火焰面积不大，烟雾和气体的流动速度比较缓慢，火焰本身放出的热能不多，火焰发展缓慢；在发展阶段，燃烧强度增大，温度上升，燃烧空间内部逐渐被热烟充满，使得大量的可燃物被加热，导致气体对流加强，燃烧面积开始迅速扩大，燃烧速度增长；在最猛烈阶段，由于燃烧面积的扩大和燃烧速度的迅速增长，现场温度急剧上升，出现燃烧幅度最大、辐射热量最强，燃烧物质分解出大量的燃烧产物，温度与气体对流达到最大限度等现象，从而导致可燃物迅速烧尽，不可燃物和建筑物结构的机械强度受到破坏以至倒塌。

在进行访问时，应重点询问火场周围人们的生活规律、上下班时间、关闭大门的时间及常规的值班巡逻制度，起火前现场人员的活动情况，以及发现起火的时间、部位、燃烧现象等方面的情况。然后结合燃烧阶段的规律，结合当时的气候条件、环境中的助燃条件等，综合推断起火时间。

三、围绕起火前后情况进行访问

由于放火行为一般都是在某种动机的驱使下实施的一种有预谋的行为，因而犯罪嫌疑人在放火前后的表现往往会暴露在群众当中。因此，围绕起火前后的情况进行访问，将有助于全面查明案件情况，准确判断案件性质，正确划定侦查方向和范围。在具体的访问中，主要查明以下情况。

1. 疑人疑事

疑人疑事主要包括起火前后现场附近有无可疑人员前来窥探，这些人的相貌特征及活动状况；起火时是否有人衣着不合适或在出乎意料的短时间内到达现场；起火前现场的贵重物品是否被转移或更换；火灾是否发生在盘货或核账之前、购买保险之后、冲突矛盾发生之后等一些特殊时间；发生火灾后是否有人销毁有关的证据；有无类似案件发生等。

2. 起火前现场陈设情况

起火前现场陈设情况主要包括建筑物的用途；起火前门窗的开闭状态；现场存放

物品的价值、来源、种类、数量、性能、具体位置；是否具备起火的条件，有无易燃易爆物品；有哪些用电、用火、用热设备及其维修、保养和使用情况，尤其是起火部位有无易燃物、电源、火源、热源等。

3. 被烧毁财物情况

查明被烧毁财物情况，应重点了解有无贵重的物品和重要的资料被毁损或丢失，如文件、账册、借条、保险单等，这些被毁损物品、资料的持有、保管、保险情况如何。特别是涉及财务部门的，要注意查明账册的缺少、丢失、烧毁情况。

4. 被害人或当事人的基本情况

被害人或当事人的基本情况包括其人际关系、生活状态、工作情况、经济状况、案发前后的言行等。特别要注意是否存在一些特殊情况，例如，死者是否具备自杀的因素，如患有严重疾病、遭受重大挫折等；死者是否年老体弱、是否是其所在家庭的"包袱"等。

第三节　放火案件实地勘验的重点

一、巡视现场

巡视现场的目的是从总体上掌握现场的情况，了解现场的全貌，以便及时采取紧急措施，确定勘验范围、顺序和重点。勘查人员一旦到达现场，无论火情是否得到控制，均应立即布置或加强对现场的封锁，观察现场及现场周围的各种情况。

1. 观察现场环境

观察现场所在的具体位置以及其与周围环境之间的关系，特别是现场与周围建筑物及有关线路、管道的关系。如现场的地形地貌如何，附近有无烟囱，该烟囱的高度、与现场的距离是多少，并结合当时的风向、风力，分析有无引起火灾的可能。现场周围地面及地下有无易燃气体、液体等管道经过，该管道在现场附近有无阀门，有无泄漏的可能；现场周围有无电线经过，是否有短路、漏电的可能。

2. 观察现场建筑物燃烧情况

观察起火现场的建筑物是楼房还是平房，各主要建筑物之间的相互关系与结构、走向、高度、材质、用途等。确定起火的大致范围，观察火场中燃烧后的各种状况及燃烧破坏最严重的部位，初步确定起火点，查看该处是否隐蔽，以分析、研究犯罪嫌疑人是否熟悉现场情况，放火点的选择是否正确。从整体上观察墙壁及设备上的烟熏、火烧痕迹的位置、形状，不同位置的燃烧终止线，物品倒塌的部位、方向等情况。对于正在燃烧的现场，还要注意观察、记录燃烧现象。

3. 观察现场灭火情况

观察现场灭火情况，重点在于发现是否有故意破坏现场痕迹、物品，或行为反常、趁火打劫、故意制造混乱的人，为发现犯罪嫌疑人提供线索。对于现场是否存在与放火有关而又精神失常的人，如纵火狂等，应注意观察现场人员的衣着打扮、面部表情等。

二、勘验现场进出口

犯罪嫌疑人进入现场实施放火行为，多数情况下需要经过一定的门窗、通道，即进出口。对进出口的详细勘验，既有助于对火灾性质的正确界定，又可以发现犯罪嫌疑人实施犯罪所遗留的痕迹、物品。

1. **勘验门、窗**

（1）勘验破坏痕迹。

门、窗未被烧毁的，应检查门框、门边、门锁、窗框周围有无撬压、强行扭曲等破坏痕迹。门、窗已被烧毁的，只要其边框的炭化层未脱落，仍可完全辨认出犯罪嫌疑人破门而入的各种痕迹，这时就应重点勘验其边框上有无撬压、非燃烧所造成的局部缺损痕迹。如果门、窗的边框均已被烧毁，应注意寻找门鼻、合页、锁具，勘验它们是否被撬压、扭曲。

（2）勘验开合状态。

室内燃烧，门呈关闭状态时，门背面燃烧痕迹明显，破坏相对严重；门呈敞开状态时，门正、背两面燃烧破坏程度可能相近。即使已被烧毁，还可以根据合页的状况来推断其开合状态。合页呈闭合状态，说明在燃烧时其是关闭的；呈开启状态，则说明在燃烧时是其开启的。当然，由于门的开合状态是一种非常容易改变的现场状况，要准确判定燃烧时其开合状态以及是否与犯罪有关，还必须充分考虑灭火中的各种因素对开合状态带来的改变和门上是否存在人为的破坏痕迹等情况。对窗的开合状态的检验推测，也可以参照上述的方法。如果起火时，窗户呈开启状态，则应查明起火前是否有人打开窗户；否则，则应考虑是犯罪嫌疑人事先打开的窗户，以此作为其进入现场的通道或助燃手段。

2. 勘验门、窗的玻璃

犯罪嫌疑人通过门、窗进入现场，通常会打碎或拆卸门、窗的玻璃。勘验时，要注意观察玻璃上面的烟熏痕迹、裂纹情况、散落的位置等，分析该玻璃是起火前被打碎还是受热炸碎。一般情况下，起火前被打碎的玻璃，玻璃碎片多散落于门、窗的内侧且碎片的尖角锋利、边缘整齐；贴地的一面或重叠的玻璃碎片之间无烟熏痕迹且多呈透明状态；各碎片拼接后，烟熏痕迹不均匀、不连续；会以受力点为中心形成向四周伸展的放射状裂纹。而受热炸碎的玻璃，玻璃碎片可能散落于门、窗的两侧且碎片的边缘不齐；贴地的一面或重叠的玻璃碎片之间也可能有烟熏痕迹；各碎片拼接后，烟熏痕迹均匀、连续；裂纹则从边角开始呈树枝状或龟背纹状。

3. 勘验围墙、院门

勘验围墙、院门上有无手印、工具破坏痕迹、蹬踩或擦划痕迹，以及围墙、院门附近有无可疑足迹、交通工具痕迹、引火残留物、散落的助燃剂的印痕等。

三、确定起火点

起火点既是确定起火原因、判定案件性质的主要依据，也是痕迹物证相对集中的部位，同时又是收集犯罪嫌疑人作案使用的引火物、助燃物等犯罪证据的关键场所。因此，确定起火点在放火案件现场实地勘验中至关重要。现场的烟熏、燃烧、炭化和倒塌迹象是确定起火点的主要依据。当然，还要结合现场访问所获得的情况、着火时的风向等因素进行分析。实地勘验中，确定起火点的依据主要有以下四个方面。

1. 根据引火物等的位置确定起火点

如果现场燃烧并不是很严重，往往会留有犯罪嫌疑人使用的引火物或引火物的残骸、灰烬等物品。一般来说，在排除被人移动的情况下，这些物品所在的位置就是起火点。

2. 根据燃烧过程中形成的痕迹确定起火点

（1）根据立面上的火烧、烟熏痕迹确定起火点。

火势沿物体立面燃烧时，向上燃烧的速度较快，常在立面上形成由起火点开始向上"V"形燃烧痕迹，而向下燃烧的速度非常缓慢，因此，火烧、烟熏痕迹的最低点（"V"形燃烧痕迹的最低点）往往就是起火点的位置。勘验中，分析墙壁等垂直物体上的燃烧痕迹是确定起火点的重要依据。对于室内现场，如果门、窗等开口处外侧的上部有明显的烟熏痕迹，说明起火点大致在室内较低位置；反之，起火点可能在顶棚附近，火势迅速烧透房顶，烟气上冲，致使开口处外侧上部的烟熏痕迹不是很明显。

（2）根据平面燃烧中的炭化程度确定起火点。

一般情况下，靠近起火点的物体由于受热时间长、受热温度高，其炭化程度较重，远离起火点的物体的炭化程度则较轻。同样，物体朝向起火点方向的一侧炭化程度较重，背向起火点的一侧炭化程度则较轻。

（3）根据局部燃烧痕迹确定起火点。

放火现场可以用于确定起火点的某些局部燃烧痕迹，通常有：①木质门窗、陈设物品、立柱等，其面向起火点的一面烧得重，背向起火点的一面烧得轻，但包围横梁的火往往在偏离起火点一侧的边缘上燃烧。②现场中心的木质物体（如木桌、木椅等）或堆放物被严重烧毁时，倒塌方向常指明起火点的方向或火势蔓延的方向，物体上的物质在脱落时也抛向起火点。③距离起火点越近，燃烧木质物表面裂纹越浅越细；反之，裂纹越深越粗。④现场金属等物品的熔化、变色、变形程度越厉害，越靠近起火点；反之，越远离起火点。⑤根据燃烧堆积物的层次也可确定起火点。最先燃烧的物体残骸或灰烬往往位于堆积物的最下层，最后燃烧的物体残骸或灰烬往往位于堆积物的最上层。在实践中，可以根据这一规律来确定起火点的大致位置。例如，堆积物的最下层是屋顶的瓦片，最上层是木桌的残骸，则起火点很可能位于屋顶部位。

3. 根据被烧死的尸体的姿势确定起火点

出于逃生的本能，在着火时，人总是要尽量远离起火点的。因此，死者逃生方向一般是背离起火点的，在现场可根据被烧死的尸体的姿势来推断起火点。

4. 根据现场可能引起火灾的火源确定起火点

如果现场有正在通电的电褥子、电炉子、电熨斗，或正燃烧的火炉、毁断的电线等，要首先检查这些物品，分析其是否可能引起火灾。例如，由于短路毁断的电线，其端点呈椭圆形。

四、勘验现场物品变动情况

根据现场物品变动情况，不仅可以分析火灾的性质，还可以进一步分析犯罪嫌疑人放火的动机、目的，以最终确定案件的性质。

1. 了解发案前的现场状态

了解发案前的现场状态，是勘验现场物品变动情况的前提。勘查时，应邀请事主、财物保管人员、死者的亲友等有关知情人，到现场复述发案前现场的状况，对财物存放的数量、位置和其他存放物品的位置进行确定，并说明现场的用火、用电、用气情况。必要时应找到建筑物的设计图纸，弄清现场有关设备的安装情况以及电线的布置情况。

2. 勘验物品变动情况

在放火现场，物品的变动情况主要包括以下四个方面。

（1）现场物品有被破坏痕迹。如未完全燃烧的桌、箱、柜、合页及锁上有工具撬压痕迹。

（2）现场物品有位移及翻动痕迹。如桌面或地面上有抽屉的灰烬，账目堆于桌前或地面上烧毁，保险柜门呈打开状态，被褥堆于床前地面上烧毁等。

（3）现场物品有缺失。贵重财物或重要文件丢失，如存放有大量现金的抽屉里却找不到现金的灰烬。

（4）现场内存在原本不属于现场的物品。

在勘验上述变动情况时，还要注意从整体上查看现场是否紊乱，桌面上是否有茶、烟、糖、水果等待客迹象，餐桌上是否有酒、菜尚未收拾等。

五、检验现场的尸体

如果在现场发现尸体，尸体检验将是实地勘验的又一个重点。通过检验现场的尸体，不仅可以确定火灾性质、起火点的位置，还可以推断放火的动机。放火现场的尸体一般由两种情况造成，一种是被烧死，另一种是死后焚尸，在检验中要注意区分。

1. 观察尸体姿势

发现尸体后，应特别注意观察尸体的姿势。死后焚尸的尸体多自然伸展，无逃生迹象，而被烧死的尸体多在出口附近或有逃生的迹象和自我保护的动作，如手呈抱头状等。

2. 尸表检验

（1）检验死者身上的烧伤痕迹分布。被烧死的尸体，由于死前在火场有挣扎的过程，因而全身都可能被烧伤；而死后焚尸或处于酒醉、昏迷状态而被烧死的尸体，由于缺乏挣扎的过程，故尸体接触地面部位的皮肤、衣服未充分燃烧或未燃烧，烧灼程度轻或无烧伤。

（2）检验有无生活反应。被烧死的尸体的创口有生活反应，有强闭眼征候；死后焚尸的尸体，其烧伤的创口无生活反应。

（3）检验尸体上是否存在与死亡有关的各种迹象。死后焚尸的尸体，体表多有外来暴力致死迹象，如机械性损伤、电流斑、捆绑痕迹等。对于尸体上的各种暴力伤痕，应搞清其为何种伤痕、在哪个部位、伤势的情况等。

（4）检验尸体上的衣物残片或灰烬。如果死者体表有锐器伤，尸体经大火燃烧后，皮肤和骨骼会出现爆裂，但这些爆裂又难以同打击伤相区别。而尸表的衣物或灰烬上则能反映出相应的、清晰的锐器刺破口，这对于死因的认定和凶器的推断能起到关键作用。在观察、拍照之前不应轻易地搬动尸体或人为将其拂掉。同时，在不知名尸体案件中，衣物残片或灰烬有助于分析衣物、包裹物种类，以进一步确定死者身份和犯罪手法等。

3. 检验尸体与地面接触部位

尸体与地面接触部位如果未烧到或烧得很轻，该处皮肤的伤痕能较好地反映致伤物的形态。如果犯罪嫌疑人浇注助燃物以达到焚尸的目的，那么该部位下压的被褥、衣物残片等常沾有油污，对其应作相应的技术检验，以分析是何种助燃物。如果该部位有炭粉、尘土、鸟粪等附着物，而这些附着物又非现场所有，则应分析发现尸体现场是否为移尸现场，并进一步推断曾经存放尸体的现场或杀人的主体现场。

4. 解剖检验

必要时，应通过尸体解剖来查清死亡的真正原因。通过解剖可以发现被烧死的尸体的口腔、呼吸道内，特别是支气管和肺泡内有烟尘、烟末进入，并伴有咽、喉、气管、支气管黏膜充血、水肿、灼伤、脱落现象，甚至胃、十二指肠内都有炭末等。而死后焚尸的尸体，虽可能在其口腔、鼻腔内发现烟尘，但其气管、支气管内不可能有烟末、烟尘附着，且黏膜呈白色，无充血、水肿。解剖中的这种特征，是判断死者是被烧死还是死后焚尸的一个重要标志。

5. 辨别死者身份

对于现场出现的尸体，必须确认死者的身份。但是，由于尸体在燃烧过程中受破坏严重，在检验过程中发现死者的指纹，以及皮肤上的疤痕、胎记或文身及可以用于辨别身份的物品或文件的可能性不大，因而辨别难度较大。所以，在尸体检验中，有条件时要特别注意收集死者的牙齿、提取死者的生理组织等进行检验，以帮助辨别死者身份。还可利用失踪人员信息系统、DNA 信息系统、医疗档案信息系统等侦查信息资源，将尸检获取的有关信息与各类侦查信息资源进行比对和关联。

六、发现和收集痕迹、物品

放火案件现场破坏严重，发现、收集痕迹、物品难度较大，但这并不表示在放火案件现场没有发现、收集痕迹、物品的可能。相反，只要注意对起火点及其周围进行仔细的勘验，就可以发现一些关键痕迹、物品。

（一）放火案件现场常见的痕迹、物品

1. 引火物

在实践中，犯罪嫌疑人常用的引火方式主要有以下几种：用打火机、火柴、蜡烛

等明火直接点燃可燃物；点燃助燃物（如柴草、棉花等）后再引燃可燃物；用蚊香、导火索等延时点火；用现场原有物品放火，如把通电的电炉放在衣物、被子下，或将亮着的灯泡夹在纸张等可燃物之间。从以上引火方式可以看出，犯罪嫌疑人多利用现场原有物品放火，但也会自带火柴、打火机等引火物。虽然这些引火物有可能已变成灰烬，但有时也能找到这些引火物燃烧后的产物或残余，并通过技术检验鉴别其种类。

2. 助燃物

犯罪嫌疑人放火使用的助燃物主要有煤油、汽油、柴油等石油产品，以及酒精等易燃液体。这些助燃物常遗留在起火点附近的家具、地板、积水坑、地毯、布料、各种器皿及碎片等处。

3. 工具痕迹

工具痕迹主要集中于现场出入口的门窗上，有时也可能在未完全燃烧的现场中心的箱、柜等物体上搜寻到工具痕迹。

4. 足迹

足迹主要集中于起火点、出入口附近，以及犯罪嫌疑人来去路线上。

5. 其他痕迹、物品

其他痕迹、物品包括遗留在现场的可能黏附于犯罪嫌疑人身上的玻璃碎屑、油漆、粉尘等，尸体上的衣物残片或灰烬及黏附的尘土、鸟粪等附着物，散落的各种文件资料等。

（二）发现和收集痕迹、物品的方法

1. 遵循分层勘验的原则

由于现场燃烧残留物的堆积有一定的层次性，即先燃烧的残留物在下面，后燃烧的残留物在上面，在勘验过程中，必须遵循分层勘验的原则，对现场燃烧残留物一层层由表及里地进行清理，并逐层拍照、绘图、提取、制作笔录。

2. 以发现和收集起火点附近的痕迹、物品为重点

起火点附近多集中有犯罪嫌疑人放火的痕迹、物品，如足迹、引火物、助燃物等，要重点收集、提取这些部位的痕迹、物品。起火点在室外的，应提取该部位的泥土，以检验其中是否存在易燃物及易燃物种类的成分。起火点在室内的，应注意在起火点附近的家具、地板、地毯、积水坑、布料中提取检材，还要注意收集相关的容器及碎片等，并及时送检。

3. 注意事项

（1）现场需要清理时，不得使用推土机等机械设备，防止破坏现场堆积物的层次性和有价值的痕迹、物品。

（2）既要搜寻犯罪嫌疑人放火时遗留的痕迹、物品，又要搜寻现场原有物品的残余，如金银首饰、手表、纸币的灰烬等。

（3）提取现场浸渍易燃液体的布片、棉絮等物时，最好将其放于干净的玻璃瓶中，并盖严瓶盖，不能用纸张、塑料袋或塑料容器包装，以免挥发、污染或发生化学反应。

七、现场外围搜索与勘验

放火行为往往是一种有预谋的行为，放火前的躲藏、等候、观察、休息，以及放火后的迅速逃离等行为，会使现场的外围发生相应的改变，并可能留下相应的痕迹和物品。因此，当放火现场的中心部位勘查完毕或勘查成效不大时，应密切关注对现场外围的搜索与勘验。现场外围搜索，应当结合对现场环境及犯罪嫌疑人来去路线的分析，重点搜索犯罪嫌疑人来去路线及两侧的水域、涵洞、树丛等隐蔽处所，注意发现犯罪嫌疑人利用的交通工具的停放、行驶痕迹，提取犯罪嫌疑人的足迹、坐卧痕迹，以及其弃于现场外围的放火工具或随身物品，如吃剩的食品、抛弃的烟头及包装物等。

第十八章　投毒案件的现场勘查

第一节　投毒案件现场勘查的任务

投毒案件是指故意投放毒物，致使人、畜伤亡或公私财物遭受重大损失的犯罪案件。该类犯罪是一种严重侵犯公民人身权利和危害公共安全的犯罪，《中华人民共和国刑法》（以下简称《刑法》）第114条和第115条中把投放危险物质（包含投毒）规定为危害公共安全罪。

投毒案件的发案率虽然不高，但由于投毒手段隐蔽，犯罪较易得逞，而且经常会造成重大的人身伤亡和公私财物的损失。因此，刑事侦查部门对于投毒案件，特别是对重大、特大的投毒案件，应抓紧侦破，依法惩办投毒犯罪嫌疑人。在投毒案件中，犯罪嫌疑人一般都具有使用毒物的知识和获取毒物的条件，投毒手段诡秘多样，犯罪实施前有一定的预谋准备，并且犯罪嫌疑人与被害人之间大多存在着某种矛盾冲突。因此，投毒案件现场一般能较客观地反映犯罪嫌疑人在现场的活动情况，总会或多或少地遗留犯罪的蛛丝马迹，对于投毒案件现场勘查，除了要求"快"，还要求"全面、仔细"。要明确需要通过勘查解决的投毒时间、投毒方式、投毒部位及投毒环节等问题，然后有目的地开展勘查。该类犯罪现场勘查的任务主要有以下四项。

一、采取紧急措施

投毒案件现场不同于其他案件现场，投毒案件现场往往有大量的人员伤亡或畜禽死亡；受害人中毒后一般都有呕吐、腹痛、昏迷等症状，有的还因不同毒物的不同毒理作用，显示出特殊症状；投毒案件现场多遗留有残余毒物可供检验；大部分投毒案件由于抢救中毒人员等原因，其现场会遭到不同程度的破坏。由于投毒案件现场的特殊性，所以在实地勘验前，必须根据现场的紧急情况，采取相应的紧急措施。如对已中毒但尚未死亡的被害人和犯罪嫌疑人，应立即采取措施予以抢救；对毒源要立即封锁，对污染区域要及时划定，并采取相应措施加以控制；对控制范围内的毒源和污染区域要及时勘验，提取必要的样本后应立即消除毒物。

二、查明事件性质

投毒案件情况比较复杂，往往在发案的时候分不清是投毒暗害，还是服毒自杀，抑或误食中毒，究竟是何种性质，必须慎重分析，认真确定，这是能否立案侦查的前提条件。如果死者系服毒自杀，那么其一般具有服毒自杀的思想基础，如由于久病不治、家庭邻里长期不和睦、失恋、离异、高考落榜，以及遭受歧视、虐待、污辱、打击陷害等而服毒自杀。这种现场多留有亲笔遗书和剩余毒物或盛毒器皿，且死者衣着整洁，有自伤、自残的迹象，同时服毒自杀者有自己取得毒物的条件。而对于投毒暗害，则不存在服毒自杀、误食中毒或发生其他中毒事故的可能性，在现场勘查和现场访问中多能发现投毒暗害的种种材料和迹象。

查明事件性质，必须仔细地勘查现场，深入地访问群众，只有在掌握大量事实材料的基础上，经过分析研究，才能准确地作出判断。

三、查明投毒案件的基本情况

在确定事件性质为投毒案件以后，应抓紧查明犯罪嫌疑人所投放的毒物是何种毒物、剂量多少、毒物是怎样投放和进入被害人身体的，这是投毒案件现场勘查需要查明的基本情况。为此，必须及时、细致地勘验现场，化验、检查残留物、呕吐物、排泄物等，认真调查有关人员，全面了解现场情况。

四、发现、提取痕迹物证

勘查投毒现场的主要任务之一是发现、提取化验所需的检材和犯罪嫌疑人遗留在现场的各种痕迹物证；访问事主和有关人员，详细了解发案的经过和现场情况。在进行现场勘查时，应注意发现、提取以下痕迹物证：

（1）常规痕迹，如手印、足迹、纤维等痕迹物证。虽然投毒案件现场多数都会遭到破坏，但犯罪嫌疑人实施投毒的行为与抢救中毒者的行为是不同的，所以在变动的现场中，同样可以找到犯罪嫌疑人留下的常规痕迹。

（2）投毒案件特有的痕迹物证，如毒物、毒物包装物、毒物盛装物、毒物残渣、投毒工具、投毒"载体"物、呕吐物、抢救中的洗胃液，以及死者的胃内容、胃组织、肝组织等。提取可能被投放了毒品的物品及载体时，要尽可能的全面，不允许有遗漏。提取呕吐物时，要根据中毒人员的人数，将不同中毒人员的呕吐物区分开来，并分别提取。

第二节　投毒案件现场勘查的重点

一、现场中心部位

投毒案件现场的中心部位主要是指被害人、牲畜和家禽等中毒死伤的地点，也包括犯罪嫌疑人投放毒物的地点。一般来讲，投毒地点和中毒地点是一致的，但有的案件却并不一致。例如，犯罪嫌疑人趁人不备，将毒物投放到被害人所购的食物或饮品中，被害人将食物或饮品带到另外的地方食用后中毒并死亡；犯罪嫌疑人将毒物投放到水源的上游，被害人在水源下游饮用了含有毒物的水后中毒。在这些情况中，投毒地点与中毒地点就不是一致的。当然对于两者是否一致，一般还可根据中毒者中毒的严重程度和中毒的时间，以及毒物本身的性质等加以综合分析，并作出判断。

一般来说，现场的中心部位是毒物检材和犯罪痕迹物证相对集中、丰富的地方，因此对于投毒案件现场中心部位的勘验应当做到认真、细致、全面，对各种线索、证据的收集务必做到全面、客观、不丢不漏。基于此，要重点从以下三个方面着手进行勘验。

1. 对被害人、牲畜和家禽等的尸体及其周围的物品进行勘验

对于被害人、牲畜和家禽等已经中毒死亡，有尸体存在的现场而言，应当对死亡的尸体及其周围的物品进行勘验。

（1）应对尸体进行认真的检验，检验包括尸体外表检验、解剖检验和必要的理化检验，其中应重点注意以下六个方面。

①尸体的位置和姿势。应查明尸体是在室内还是室外，是在床上还是地上，其姿势是平直、卷曲还是呈痉挛状态。

②死者的衣着状况及随身物品。应检验死者的衣着是否完整，以判断其是在什么状况下中毒的；注意衣服的前襟、袖口等部位是否有可疑的斑渍和液汁；衣袋、裤袋内有无可疑的药物、毒物、纸张等。

③死者的口鼻有无可疑液体流出，有无特殊的颜色和气味；口腔及嘴唇有无被腐蚀、烧灼的现象。

④死者的皮肤、口唇和尸斑的颜色及瞳孔的特征。一般来说，因一氧化碳、氰化物中毒的死者，尸斑呈鲜红色；因有机磷中毒的死者，两眼瞳孔会同等缩小。

⑤注意观察尸体各部位的尸表现象、气味、附着物等。同时，注意观察尸体周身

皮肤有无注射毒物的针孔、肛门、直肠以及女性尸体阴道有无异常和异物。

⑥解剖检验时，应注意观察和检验各脏器的状态，如颜色、气味、有无异物、有无出血点，以及有无被腐蚀、灼烧迹象等。同时，应提取某些脏器、人体组织、胃内容物、血液和尿液作进一步的理化检验，以判析中毒原因、毒物种类、毒物用量等。

（2）对尸体周围的遗留药瓶、注射器应进行特别提取。另外，对现场某些可疑的汁液、结晶颗粒、粉末等药物、药渣，应注意观察和检验，必要时应进行提取。

2. 对被害人、牲畜和家禽的食物、饮用水等以及盛装它们的器皿进行勘验

被害人以及中毒的牲畜、家禽吃剩的食物和饮用水等应当成为实地勘验的重点，而这些食物和饮用水很有可能就是引起被侵害对象中毒的直接原因，所以做好对食物和饮用水等的检材和样本的提取、检验，确定其是否含有中毒物质是现场勘查的重要步骤。

在注意寻找发现吃剩的食物等物质时，对于这些物质的碗、杯、瓶、罐等盛装器皿，应当都采取科学的方法进行提取，以寻找和发现其上面残留的毒物。

对于为了将毒物投放至被害人易食用的食物或器皿中，犯罪嫌疑人不得不接触的有关物品，如碗橱、水瓶、锅盖等，也应作为勘查人员勘验的重点，应在这些物品上注意寻找和发现毒物以及与犯罪嫌疑人有关的痕迹物证。

3. 发现和提取受害人、中毒的牲畜和家禽的呕吐物、排泄物、分泌物

呕吐物、排泄物、分泌物中经常含有毒物，它们常常是分析、检验毒物种类的重要检材。勘验时，要注意对这些物质可能存在的位置进行重点寻找和勘验。对于这些物质，不但要在一些其容易出现的地方，如卫生间、厨房、痰盂等进行发现和提取，还要在床铺、沙发、垃圾堆等一些比较隐蔽的地方进行发现和提取。对于经医院洗胃抢救的受害人，有条件的应当提取胃液。

二、厨房、食堂、饲料加工场所和饮水源区

对于一时难以查明犯罪嫌疑人投毒地点的现场，经分析认为犯罪嫌疑人极有可能在厨房、食堂、饲料加工场所以及饮水源区处投放毒物的，应组织力量对这些地方进行细致勘验。

另外值得注意的是，随着诉讼文明和司法的进步，诉讼中的证据要求也不断严格，所以在现场勘查中，如果发现投毒现场的饭菜以及其他食物中有明显的毒物，或者现场直接遗留了毒物残渣，除了对这些饭菜等食物和毒物残渣进行提取外，也同样应当将现场勘查的目光放到制造这些食物的厨房、食堂和饲料加工场所，同时还应当对现场周围的水源进行必要的水样提取，以实现证据之间的相互印证和补强，提高现

场提取的证据的可靠性和证明力。

1. 厨房和食堂

对厨房和食堂应重点检查剩余的饭菜，以及盛放饭菜的锅、碗、瓢、盆，以求发现和提取残留的毒物，同时注意将其与投毒现场中心的毒物检材进行比对。另外，应对饭菜加工使用的食品原材料进行发现和提取，如大米、面粉等粮食用品，水果、蔬菜等菜类制品，食盐、味精、白糖、醋、酱油和食用油等食用调料，都应注意从其中提取样本和检材，以查看有无毒物的存在。

2. 饲料加工场所

对于牲畜、家禽类中毒死亡的现场，饲料加工场所也应当成为现场勘查的一个重点。该类现场的勘查主要集中于寻找剩余的饲料，检查其中有无毒物的存在。同时应当注意查看在生产饲料的原材料和添加剂中是否含有毒物。对包装、盛放饲料的编织袋、器皿等也应当注意检验，以求发现是否有毒物的残留。

3. 饮水源区

对于投毒案件，除了向食物中投放毒物外，向被害人或者牲畜、家禽的饮用水中投放毒物也是一种常见的作案手段。因此，在投毒案件的现场勘查中，饮水源区也应当是重点勘查的部分。对于饮水源区的勘查，如果是静止的水井、水塘或其他某些沟渠，应当围绕这些水源所在的地点进行重点勘验。在勘验时，首先应当提取水样以供检验，然后以这些饮水源区为中心，对其周围地段进行认真的搜寻，以求发现可疑的足迹、车辆痕迹，以及纸张、烟蒂甚至毒物残留等物品，最终确定投毒点。但如果是流动的溪流、江河、水库以及较大的湖泊，则应当根据水流的速度、方向、流量，在人员、牲畜和家禽等的饮用水上游寻找和发现犯罪嫌疑人投毒的地点。

三、现场周围地区

勘查中，除了对毒源所在的现场、犯罪嫌疑人实施投毒的现场，以及人员、牲畜和家禽等中毒伤亡的现场进行重点勘验外，还应当对这些现场的周围地区进行搜索、检查，以发现相关的痕迹、物品。

对于毒源所在的现场，应注意对其周围地区进行检查和检测。检查的重点在于寻找、发现该地区可疑的足迹、车辆印痕和其他痕迹、物品，收集犯罪证据。检测的重点在于查明、确定毒物的污染区域和范围，以便及时采取有效措施，控制毒物的扩散和传播，直到最后消除毒物。

对于犯罪嫌疑人实施投毒的现场，在对其周围地区进行勘验过程中，应当注意寻找、发现犯罪嫌疑人投放毒物时可能留下的足印、步法痕迹、车辆痕迹，以及丢弃或隐藏在某些部位的残余毒物，毒物的包装物和其他的作案工具和工具痕迹。对某些可疑的器皿、碎纸片、破布等也应进行观察和检验，必要时予以提取。

对于人员、牲畜和家禽等中毒伤亡的现场，应根据其具体地点的不同，有重点地对其周围地区进行勘验。应结合走访和现场环境，对进出口和来去路线等外围现场进行重点勘验。犯罪嫌疑人一般对如何进入现场、如何不留痕迹物证等的考虑较为周到，但对外围现场的防范容易疏忽，但现场勘查往往能在这些地方发现有价值的线索。如果人员、牲畜和家禽等中毒伤亡的现场是在室内，就应当通过对房屋的门、窗、走廊、通道，房屋周围的来去道路以及树林、院墙、草坪、农田等地方和部位进行勘验，以发现相应的足印、攀爬痕迹、破坏痕迹，以及犯罪嫌疑人丢弃的烟蒂、火柴梗、纸张、塑料袋等痕迹、物品。如果人员、牲畜和家禽等中毒伤亡的现场是在室外，则应当对其周围的道路、草丛、树林、田坝、池塘、河流等地方进行勘验，以求发现相应的痕迹和物品。

四、对有关人员的访问

在对投毒案件现场进行实地勘验的同时，侦查人员应及时组织力量，开展现场访问工作。这是侦查工作的重中之重，是确定侦查方向和划定侦查范围的前提和基础，更是案件侦查线索的主要来源。因此，现场访问工作一定要做到全面、认真、细致、周密，尽量不要放过任何蛛丝马迹。现场访问的对象主要是中毒未死的被害人、中毒人员的亲属以及现场周围的人员。现场访问的内容主要包括以下六个方面：

（1）确定中毒发生的时间、地点及发现中毒的时间和地点。

（2）了解中毒人员的情况。首先，了解中毒当时的状态，如中毒人员是如何中毒的，有何异常反映，具体状况如何等；其次，了解中毒人员从中毒到死亡的过程，如死前中毒症状或死前有无遗言，是否提到过某人或某事等；最后，要了解中毒人员死亡时的具体状况，如死亡时皮肤的颜色或身体的状态等。

（3）调查中毒人员生前的情况。如婚姻、恋爱情况，恩怨矛盾情况，以及有无厌世、自杀的倾向等。

（4）了解当地是否因某种原因在近期使用过某种毒物。这是从毒物取得的角度来确定犯罪嫌疑人，访问中应落实到具体的时间、具体的人和具体的毒物种类上。如为了杀虫在一定范围内喷洒农药，或为了灭鼠而在一定范围内投放灭鼠药等。应注意有无误食、误服或意外中毒的可能。

（5）了解是否有可疑人员进入过现场；若有，了解其进出现场的时间、路径，以及此人的体貌特征等。

（6）查明近期在案件发生的地区有无出现过反常现象。首先了解近期有无出现过某种毒物的短少，若有短少的，应立即查清短少的数量、原因和去向；然后了解在案件发生前是否出现过某些人中毒的情况，若有，则应查明当时的具体情况，从中发现有价值的线索，进行并案侦查。还要注意最近是否出现过附近家禽离奇死亡的情况，因为这很可能就是犯罪嫌疑人在作案前的准备工作，因此一定要对该种情况提高警惕，以从中寻找线索和证据。

第十九章 抢劫案件的现场勘查

第一节 勘查抢劫案件现场的任务

抢劫案件是指以非法占有为目的，使用暴力、胁迫或其他方法，强行劫取公私财物的案件。所谓暴力，是指犯罪嫌疑人对被害人身体实施的暴力侵袭或其他强制力，如殴打、捆绑、禁闭、伤害等，目的是排除被害人的反抗以劫取财物。所谓胁迫，是指以立即实施暴力侵害相威胁，对被害人实行精神强制，使被害人产生恐惧而不敢反抗，被迫当场交出财物或者任财物被劫走的手段。所谓其他方法，是指犯罪嫌疑人使用的暴力或胁迫之外的使被害人不知反抗或不能反抗的方法。应当注意，这里的其他方法，不是指任意的某种方法，而是以抢劫财物为目的，施加于被害人人身，从而使之不知反抗或不能反抗的方法。从司法实践来看，犯罪嫌疑人使用的"其他方法"有很多，如用酒灌醉、用药物麻醉、使用催眠术、用电击或用石灰迷眼等。需要指出的是，被害人处于不知或不能反抗的状态，必须是犯罪嫌疑人实施了"其他方法"造成的。如果是被害人由于自己的原因，处于不能或不知反抗的状态，犯罪嫌疑人没有对被害人的身体施加某种影响，而是乘机将其财物拿走，则只能构成盗窃罪。

抢劫案件根据不同的分类标准，可分为不同的种类。根据犯罪人数的不同，抢劫案件可分为单人抢劫、团伙抢劫；根据作案地点的不同，抢劫案件可分为入室抢劫、拦路抢劫、旅行抢劫和在公共交通工具上抢劫。无论哪类抢劫案件，都会存在抢劫现场，因此侦查工作开展过程中必然会存在现场勘查。抢劫案件现场的勘查任务主要有以下三点。

一、查明事件性质

对于被害人或群众报称发生了抢劫案的，首先应查明其性质，即是否真正发生了抢劫案件。在侦查实践中，常常会有由于判断有误而错报被劫，或基于某种动机、目的而谎报被抢等情况。因此，对报称被抢劫的事件，要根据现场反映出来的各种情况，迅速进行分析判断和甄别，以查明是否真正发生了抢劫案件。实践中，对谎报抢劫案件可采用如下方法予以揭露。

（1）审查报案人动机。勘查人员应根据报案人陈述的具体情况，结合其思想品质、一贯表现、经济状况，以及经济、社会交往关系，进行认真分析，探明其是否有报假案的动机，然后继续追查。谎报抢劫案件，一般是为了满足物质或精神上的某种需求，所以对报案人有无谎报抢劫案件的动机进行审查，是弄清案件真假的一个重要方法。

（2）审查事主的陈述。抢劫案件如果确未发生，事主陈述的所谓抢劫犯罪的情节只能是其编造的，那么其陈述中会出现前后矛盾和一系列逻辑错误的情况。侦查人员应认真分析事主陈述的内容，以发现矛盾、不合理、反常之处，揭露其谎言。

（3）认真勘验事主指称的抢劫现场。在谎报抢劫案件中，其现场通常有两种情况，一是谎报者仅仅指称某一处所是发案现场，但未对这一地点进行任何布置；二是谎报者根据其编造的案件情节需要，对其指称的发案现场进行了一番布置。在勘验现场时，应从以下两个方面入手进行甄别。第一，审视现场环境，判断在事主所报称的发案时间里该地有无发生抢劫的可能。第二，认真勘验现场，审查痕迹、物品的形成与分布有无违反常规以及现场的各种现象是否合理；审查现场遗留物及形成现场痕迹的工具的出处（是否为事主所有），这些工具出现在何处，等等。

（4）审查现场现象与事主陈述是否一致。假案的现场是伪造的，它不可能与谎报者所设想的案件情节完全吻合，尤其是一些细小的、容易被人疏忽的情节，因此，伪造的现场与事主陈述之间必然存在矛盾之处，勘查人员应注意发现。

（5）对"受伤者"进行伤痕、伤势检查。有的谎报者，为了增加侦查机关对所报案件的信任度，往往施以"苦肉计"，即将自己打伤、砸伤、刺伤、划伤等，因此，应对有谎报抢劫案件嫌疑的"受伤者"进行伤痕、伤势检查，判断其伤口是试探伤、捆绑伤，还是擦伤等，以及这些伤自己能否形成。而且，就一般的情况而言，谎报抢劫案件的受伤者的伤势均不严重，伤口出血少，且不在人体要害部位。

（6）审查被劫财物的真实去向。如果怀疑系谎报抢劫案件，可通过现场搜索、秘密调查、暗中控制等方法，发现所谓被抢财物的去向，以证实是否有抢劫案件发生。

（7）审查事主在发案前后的行为、情绪、言语、经济等情况是否反常，有无可疑之处。

二、发现、收集痕迹物证

抢劫案件现场勘查的过程，也是发现和收集抢劫案件相关证据的过程。把抢劫案件的犯罪嫌疑人因其所实施的抢劫行为而在现场留下的各种证据，尽可能毫无遗漏地收集起来，是此类案件现场勘查的一项重要任务。在实施勘查时，不仅要注意发现、收集能够证明抢劫犯罪事实存在的证据，也要注意发现、收集能够据以确认犯罪嫌疑人、揭露与证实犯罪的有关证据；不仅要注意对犯罪嫌疑人有罪证据的收集，也要注意对无罪证据的收集；犯罪嫌疑人遗留的物品、痕迹要收集，被害人遗留的痕迹、物品也要收集。如抢劫案件发生过程中现场因犯罪活动而遗留的暴力凶器、烟头、血迹、在搏斗中扯掉的纽扣、布片以及其他随身物品等。所有这些痕迹、物品，都可以成为揭露犯罪和确认犯罪嫌疑人的重要证据。但这些痕迹、物品，有的容易被发现，有的不容易被发现，在现场勘查时必须仔细搜寻。当然，发现、收集犯罪证据还包括通过现场访问获取被害人或事主的证词以及其他证人证言。对于已发现、收集的痕迹、物品等证据，应加以妥善保管，以免失去其证据效力。

三、了解、掌握犯罪嫌疑人的有关情况及作案过程

在现场勘查中，我们可以通过对以下情况的分析来了解、掌握犯罪嫌疑人的有关情况及作案过程。

1. 对作案前有无预谋过程的分析

犯罪嫌疑人在作案前有无预谋过程，是判断犯罪嫌疑人是否熟悉现场环境，了解被害人有关情况的关键。犯罪嫌疑人在作案前有无预谋过程主要从以下几个方面分析：事先有无窥测、踩点和了解内部情况过程；是否反复观察，选择进出路线、破坏部位，准备凶器；是否选择时间、地点；是否准备潜逃的交通工具、运赃工具、隐匿赃物的处所等。如果事前有上述活动，则说明有预谋过程，反之，则说明没有预谋过程。不同抢劫案件，对犯罪嫌疑人在作案前是否有预谋过程的判断依据是不同的。对于入室抢劫案件，主要是根据实施勘验和现场访问获得的有关情况，判断犯罪嫌疑人在案发前有无窥测、踩点的过程。对于拦路抢劫案件，重点是根据被害人提供的有关情况，判断犯罪嫌疑人实施抢劫是否针对特定的对象；是否携带犯罪工具预伏在被害人必经的途中，或尾随被害人至偏僻处实施抢劫；犯罪嫌疑人对被害人的活动规律，如取存款时间、行踪方向以及途经的路线是否掌握准确。对上述情况的分析，为我们判明犯罪嫌疑人在作案前有无预谋过程提供了重要的依据。如果犯罪嫌疑人在实施抢劫过程中目标不明确，则说明犯罪嫌疑人在作案前没有预谋过程。

2. 对犯罪嫌疑人是本地人还是外地人的分析

判断犯罪嫌疑人是本地人还是外地人，是确定侦查范围的关键。如果犯罪嫌疑人

熟悉现场环境，具有本地口音、本地装束打扮，所说"黑话"反映本地区特点，对被害人周围人员的活动规律了解得很清楚，对抢劫的时间和目标选择得准确，说明犯罪嫌疑人很可能是本地人。如果犯罪嫌疑人对周围环境不熟悉，抢劫的对象无特定性，抢劫的财物多而杂，现场遗留有反映外地特征的物品，有的还使用交通工具到达作案地点，说明犯罪嫌疑人很可能是外地人。犯罪嫌疑人的居住地区范围确定以后，再组织侦查力量，开展侦查工作，这样可避免出现侦查工作的盲目性。另外，对于抢劫单位财物的情况，还应注意分析是否有内部人员参与或提供情报。

3. 对犯罪嫌疑人与被害人关系的分析

抢劫案件中，对犯罪嫌疑人与被害人关系的分析，有助于我们确定侦查方向和侦查范围。根据犯罪嫌疑人实施抢劫的时间，接触被害人的方式，抢劫的目标以及犯罪嫌疑人在现场的活动情况，分析判断犯罪嫌疑人是否了解或熟悉被害人的情况。如果犯罪嫌疑人对被害人的情况了解或熟悉，那么其在实施抢劫的过程中就可能表现为：以非暴力方式进入室内作案；抢劫时机选择恰当；抢劫目标明确；熟悉被害人财物的存放情况或知道被害人保管有贵重财物和现金等，有的犯罪嫌疑人甚至向被害人索要某种财物。而且犯罪嫌疑人在作案时常常采用蒙面、改变声调，或闭口不语、夜间行抢时不开灯等方式实施抢劫。如果犯罪嫌疑人对被害人的情况不了解或不熟悉，虽然作案前犯罪嫌疑人有过踩点、窥测活动，但在实施犯罪的过程中仍然表现出对财物的存放情况不熟悉、抢劫目标不明确、在现场翻寻财物的迹象，且对自己体貌特征的暴露并不回避，或向被害人索要财物时没有具体的目标物等。

4. 对犯罪嫌疑人特征的分析

对犯罪嫌疑人个人特征的分析，主要根据被害人提供的情况和现场遗留的痕迹、物品。前者是指当被害人和犯罪嫌疑人有正面接触时，其看到的犯罪嫌疑人的性别、年龄、身高、体貌、发型、衣着等情况；后者是指现场遗留的脚印、手印、衣扣等痕迹、物品，通过对这些痕迹、物品的技术鉴定，能准确地分析判断犯罪嫌疑人的个人特征以及衣着情况。在分析判断时，如果出现被害人提供的情况和现场遗留的痕迹、物品有矛盾，为了防止主观片面，应考虑被抢劫时的环境条件，如光线条件，以及被害人当时的精神状态，以判断是否因光线暗等环境影响或因被害人精神紧张、情绪恐慌而使其未看清楚犯罪嫌疑人或产生错觉。如果出现这种情况，可以进行现场实验，同时结合现场其他情况进行分析，不可轻易作出肯定或否定的结论。

5. 对抢劫手段和方法的分析

分析抢劫的手段和方法，可以判断犯罪嫌疑人与现场环境和被害人的关系，还可以判断犯罪嫌疑人是惯犯还是偶犯，以及其职业特点。

分析犯罪嫌疑人抢劫的手段和方法，主要是根据现场的有关痕迹、物品、现场现象以及被害人提供的情况。如果是入室抢劫，应根据现场的痕迹、物品和现场情况，判断犯罪嫌疑人进入现场使用的是暴力强行侵入方式，还是非暴力方式，有无与被害人同吃、同住、同睡的情况。如果是室外抢劫，根据现场情况，分析犯罪嫌疑人是跟踪尾随被害人到抢劫地点，还是设置圈套诱骗被害人到抢劫地点；是暴力挟持被害人到抢劫地点，还是事先预伏在被害人必经的较偏僻场所，对被害人采取突然袭击的方式接近被害人，继而抢走财物。犯罪嫌疑人在实施抢劫的过程中，一般会根据其自身的条件和被害人的情况采取不同的手段和方法。例如，有的犯罪嫌疑人以其本来面目接触被害人，有的犯罪嫌疑人则以蒙面、化装的方式实施抢劫。再如，有的犯罪嫌疑人使用枪支、匕首、棍棒、绳索、胶带纸等工具，对被害人实施殴打、伤害等暴行，劫取被害人的财物；有的犯罪嫌疑人对被害人采取以暴力相威胁的方法迫使其交出财物；也有的犯罪嫌疑人采用药物麻醉的方法，使被害人在丧失抵抗能力的情况下抢劫其财物。如果犯罪嫌疑人在实施抢劫过程中使用了犯罪工具或凶器，应根据现场遗留的犯罪工具、凶器或由犯罪工具、凶器形成的痕迹以及被害人提供的情况，分析犯罪工具、凶器的特征、种类、使用的范围、职业特点，从而判断犯罪嫌疑人的职业以及其可能具有的专业技能。犯罪嫌疑人如果使用药物麻醉的方法来实施抢劫，应根据药物的种类、数量、对药物的选择、获取该类药物的条件、使用该类药物应具备的相关知识等，分析犯罪嫌疑人的职业范围。

在分析犯罪嫌疑人抢劫的手段和方法时，还应分析其使用这些手段和方法的熟练程度，是否带有习惯性和职业特点，这为我们判断犯罪嫌疑人是惯犯还是偶犯提供了依据。如果犯罪嫌疑人抢劫手段和方法带有习惯性，抢劫时神态镇定，则说明其是惯犯；如果犯罪嫌疑人抢劫时神色紧张，动作笨拙，遇到被害人反抗不能沉着对付，甚至惊慌、逃跑，则说明其是偶犯。另外，如果抢劫的手段带有职业特点，则说明有可能是从事某方面职业的人作案。分析研究这些特点有利于在摸底排查时确定嫌疑对象。对于在同一地区或邻近地区先后发生的若干起抢劫案件，如果出现相同的抢劫目标，相同的作案手段和方法，现场出现相同或相似的痕迹，这就为我们判断是同一人或同一伙人作案提供了依据，且有助于通过并案侦查，提高侦查效率。

第二节　拦路抢劫现场的勘查

一、对抢劫现场勘查的重点

（1）现场足迹。拦路抢劫案件中，需要勘查人员首先认真寻找犯罪嫌疑人的足迹即现场足迹；然后依照现场足迹寻找犯罪嫌疑人来去现场的路线；最后在进入现场的路线上寻找预先潜伏、逗留、徘徊的地点，在逃离现场的路线上寻找停留、分赃、隐蔽赃物的地点，以便发现更多的痕迹、物品。

（2）犯罪遗留物及其上附着的痕迹。在抢劫地点和周围寻找犯罪嫌疑人遗留的各种物品，如纽扣、烟头、信纸片、凶器、棍棒、手电筒、弹壳等，同时注意提取这些遗留物上的附着痕迹，如手印等。

（3）犯罪嫌疑人的人体组织和分泌物。在抢劫地点一般会有被害人与犯罪嫌疑人搏斗或被害人被强奸的情况，应当注意在该处发现提取血迹、精斑。另外，在抢劫地点也会有犯罪嫌疑人身上的脱落物和抛弃物，应注意从这些物品上发现手印和保存嗅源。

（4）交通工具及其相关的痕迹。犯罪嫌疑人如果使用交通工具，可在存放、隐蔽或遗弃交通工具处，寻找自行车、三轮车、架子车及机动车辆等，将车的把手、反光镜、方向盘和易留下手印、脚印的部位，作为勘验的重点。若是在车辆被抢，车主被杀害的情况下，则要着重勘验车辆的轮胎花纹痕迹及相关的轮胎数据，依据其轮胎花纹的结构、宽度、轮距、轴距等数据，判断被抢车辆的车型和行驶方向。

二、对抢劫现场的实地勘验

（1）了解被抢劫和受伤害的情况。向被害人或事主了解被抢劫的时间、地点，被抢劫的物品、名称及数量等；若被害人是女性，还要了解其在被抢劫后是否又遭强奸。

（2）了解犯罪嫌疑人和作案工具情况。了解犯罪嫌疑人的数量、体貌特征、口音、作案的手段及过程，以及与此前发生的抢劫案件的作案工具是否相同。

（3）检查现场的保护情况。若拦路抢劫案件发生在交通要道，要检查是否是在不影响其他车辆行驶的情况下实施的现场保护。

（4）选择勘验方法。对拦路抢劫现场的勘验，要针对不同的痕迹物证，选择物理或化学等不同的方法来发现和提取。只要是与犯罪有关的物品和痕迹物证，均应提取，因气候变化不能及时提取的，要采取有效的保护措施。

（5）扩大搜索的范围。对拦路抢劫现场进行勘验的同时，扩大搜索的范围，尤其对现场周围的水库、树林等部位，应进行详细的搜索，以发现犯罪嫌疑人抛弃的物品，例如，实施抢劫时使用的工具及工具的包装物等。

三、对被害人及有关人员进行询问

在拦路抢劫现场勘查过程中应对被害人及有关人员进行询问，询问的重点包括以下几个方面：

（1）案件发生、发现的情况。拦路抢劫案件的发案时间、地点，何人发现案件现场，案件现场发现人、事主和其他人是否进入现场及在现场的活动情况等。

（2）犯罪嫌疑人的情况。犯罪嫌疑人的人数、性别、年龄、体貌特征、口音、抢劫的过程、谈话内容，以及是否化妆等，以便查明是否真正发生了抢劫案件。

（3）来去路线。犯罪嫌疑人如何进入现场，案后向何处逃窜等。

（4）犯罪工具和犯罪手段情况。犯罪嫌疑人在作案时，是否持有凶器及凶器的种类，有无交通工具，采用何种手段抢劫财物，采用何种方式将财物运离现场等。

（5）犯罪嫌疑人在现场的活动情况。犯罪嫌疑人在现场接触和翻动了哪些物品，并将哪些物品带走。犯罪嫌疑人自身携带的物品和作案用的凶器是否遗留在现场等。

（6）被抢劫物品情况。犯罪嫌疑人抢劫物品的名称、数量、特征及被抢前存放地点，对贵重物品是公开点名索要，还是盲目搜寻。

（7）犯罪嫌疑人的伤残情况。犯罪嫌疑人在抢劫过程中，受害人是否与其进行了搏斗，其是否受伤，受伤的部位及程度。另外，犯罪嫌疑人是否受伤出血，有无血迹反映及血迹可能遗留的部位等。

（8）犯罪嫌疑人的其他犯罪情况。犯罪嫌疑人在抢劫过程中或抢劫后有无其他犯罪行为，如其在抢劫女性被害人后，有无实施强奸行为。

四、抢劫出租车案件的勘查重点

近年来,随着出租业的兴旺发达,一些犯罪嫌疑人将作案目标锁定在了出租汽车及其司机等群体上,因此,如何对抢劫出租车案件进行现场勘查,已成为侦查人员面临的一个新的课题。对于抢劫出租车案件的现场勘查,其勘查重点有以下五个方面。

(1)对出租车进行勘查。抢劫出租车案件中,实际上大多数都是抢劫司机的钱财而并非劫车,因此,案发后出租车还在现场。由于出租车内即为作案场所,不可避免地留有相关的痕迹物证,所以应对出租车进行勘验检查,如出租车的座椅、靠背、车顶等有无工具打击、擦划痕迹,以及车内有无犯罪嫌疑人的遗留物品、门手上有无犯罪嫌疑人的手印等。

(2)对受伤司机进行检查。如果犯罪嫌疑人实施了暴力袭击,则应检查出租车司机是否受伤、受伤部位、受伤程度等。

(3)对犯罪嫌疑人预伏地点进行勘查。抢劫出租车案件中,犯罪嫌疑人必定会在公路边一定的位置等待出租车出现,继而借口搭乘。因此,对犯罪嫌疑人预伏的地点应进行勘查,以发现犯罪嫌疑人留下的脚印,以及丢弃的烟头、瓜壳果皮、纸屑等,而且还可据此推断犯罪嫌疑人的某些情况,如犯罪嫌疑人与预伏地点之间的关系,犯罪嫌疑人为何选择此地为作案地点等。

(4)对犯罪嫌疑人逃离路线进行访问勘验。犯罪嫌疑人劫得司机钱财后,即要下车并逃逸。一般来说,犯罪嫌疑人对下车地点是有选择的。如果在农村,则选择偏僻路段;如果在城市,则选择僻静街巷或复杂路段。但不论犯罪嫌疑人选择在什么地点下车,其必须对下车地点的街区、道路情况十分熟悉,因此在逃离过程中其可能碰上熟人或相识之人,通过现场访问能获取其有关情况。犯罪嫌疑人还可能在逃离路线上留下脚印、赃物等,通过对逃离路线的勘验,可以获得有价值的线索和材料。

(5)对被抢司机及有关人员进行调查访问。由于司机与犯罪嫌疑人有一段时间的接触,甚至还会攀谈,因此,司机对犯罪嫌疑人人数、性别、体貌特征、衣着打扮、说话口音、身高体态等都能够清楚地陈述出来。作案过程中,也可能有目击者等其他知情人,因此在预伏地点、下车地点、逃离沿途及出租车行经地点等对有关人员进行调查访问,能够获取更多的侦查破案的线索和材料。

第三节　入室抢劫现场的勘查

一、对现场中心的勘验

犯罪嫌疑人在室内实施抢劫时，一般会使用暴力手段胁迫事主，而有些事主不畏强暴同犯罪嫌疑人进行搏斗，因此，在搏斗过程中会在地面上遗留犯罪嫌疑人的足迹或血迹；犯罪嫌疑人如果要抢劫贵重物品，定会对放置贵重物品的保险柜、金库等客体进行破坏，那么被破坏客体上会遗留犯罪嫌疑人的手印、手套印痕、工具痕迹及纺织物纤维、金属碎屑等微量物证；犯罪嫌疑人在逃离现场时，由于种种原因，可能会将作案工具遗留在现场，如照明工具、酒瓶、刀具、切割机、物品包装物等，这些犯罪工具是被犯罪嫌疑人接触过的。因此，以上这些部位和物品、痕迹应是入室抢劫现场中心勘验的重点。

在对入室抢劫现场中心的勘验过程中，我们需要注意以下三个方面的问题。第一，对受害人伤亡情况的勘验。确定受害人是否死亡，若未死亡应及时送医院抢救。第二，确定勘验的范围。划分勘验范围，即主体现场和关联现场，现场的中心部位和现场的外围部位。在勘验条件具备时，应对不同现场和部位同时进行勘验。第三，对发生在银行的抢劫案件现场，应首先了解其监控系统和枪支的保管、使用情况，在对地面进行勘验之后，应及时聘请专业人员对监控系统进行勘验，对银行录像带要进行收集、登记，统一管理。另外，也应对其防偷盗报警系统进行测试，必要时，可聘请有关专业人员或委托相关技术部门，对该系统的功能做检测。需要注意的是，当对银行实施抢劫使用的手段不同时，对现场勘验的重点和方法也不同。

1. 用气割枪切割银行金库门和保险柜的现场勘验

无论是现场的进出口，还是可能被犯罪嫌疑人触摸过的物体，均应注意对足迹、手印和其他痕迹、物品，采取光学方法、物理方法和化学方法，并遵循相关程序进行发现、固定和提取。若银行金库门和保险柜是被利用气割枪切割开的，要注意对切割痕迹的勘验和物证的提取，并对案情作出相应的推论。

（1）根据现场遗留的痕迹、物品确定气瓶的种类。

首先要注意发现中心现场和现场外围地面上有无气瓶瓶底部的印压痕迹，橡胶软管在地面拖拉形成的擦蹭痕迹，以及物体被气割后形成的割痕，并通过割痕反映出的气割质量等确定是便携式气瓶，还是常用的气瓶，以此判断气瓶的种类。

（2）根据气瓶判断犯罪嫌疑人的人数。

如果发现现场有犯罪嫌疑人遗留的氧气瓶和乙炔气瓶或石油气瓶，应注意在瓶体各部位查找手印，并记录下来。根据瓶的重量，结合足迹和手印等痕迹的数量来初步判断作案的人数，刻画犯罪嫌疑人的条件。

（3）根据割炬的不同种类判断作案的时间。

如果割炬被遗留在现场，应根据割炬孔径的大小，判断切割的速度和时间。薄的钢板用大孔径的割炬，会提高正常的切割速度，从而减少切割时间。

（4）对手套、衬垫物及护目镜的勘验。

切割过程中会产生很高的温度，放出大量的热量和喷溅出熔渣，一般情况下需要戴手套来完成切割。犯罪嫌疑人在切割金库门或保险柜时，所切割的钢板都是在垂直方向的，这样熔渣更容易溅到手上，能将手表面灼伤，为了防止灼伤，犯罪嫌疑人通常会戴手套或就地取材进行防护。例如，在江苏盐城和河南汝阳县发生的杀人抢劫银行案件的现场未发现手套，却有枕巾等衬垫物。这说明犯罪嫌疑人的气割经验不足，操作得少，在切割过程中由于温度过高或被喷溅的熔渣灼伤，无法正常进行操作，只能就地寻找衬垫物进行切割。如果现场有手套，说明犯罪嫌疑人准备得比较充分。要注意提取并化验手套上的微量物证（如细小的金属颗粒及纤维），同时检验手套上的油渍，从而判断手套所处的工作环境，以确定侦查的范围。

（5）根据割缝痕迹判断犯罪嫌疑人的技能。

分析割缝质量的高低，推断犯罪嫌疑人是否具有气割技能。如果割缝平整光滑且美观，说明是具有气割技能的人所为；如果割缝不光滑、挂渣且参差不齐，说明是不具有切割技术的人所为。此外，应结合切口表面粗糙度、平面度、上缘熔化程度等内容对割缝的质量进行评断，确定犯罪嫌疑人的气割技能水平，划定犯罪嫌疑人的范围。

（6）根据割缝痕迹判断作案的时间及所用气瓶的数量。

测量出割缝的长度，结合气割所用的割炬、技术人员的经验，可以初步判断气割的时间长短，从而为断定作案时间提供有利的依据。在估计出气割所需的大概时间后，可以据此分析所用的气瓶数量。特别是将其用来分析利用便携式氧气瓶进行抢劫有更重要的意义，如果犯罪嫌疑人采用便携式氧气瓶将金库门切割后，又切割了多个保险柜，则可以计算出犯罪嫌疑人带入现场的氧气瓶的最少数量。

（7）对割缝周围辅助作案工具及其遗留痕迹的勘验。

犯罪嫌疑人切割金库门和保险柜，有的部位切割不透，或间隔存在着不透割缝的情况，表明其气割技术不是很熟练。此时犯罪嫌疑人只能用辅助工具将切割后的金属板撬压或敲击掉，常用的辅助工具有撬杠、铁锤或就地取材的其他工具。应对这些辅助工具及其遗留痕迹做详细的勘验，并注意保护、发现、提取辅助工具上的指纹。

（8）微量物证的提取。

犯罪嫌疑人将金库门切割后，从割开的洞中钻过，或将保险柜切割后，将手从割开之处伸入并取出财物，那么其衣服和手不可避免地要与割缝挂渣接触。由于挂渣锋利，定会挂掉其衣服上的纤维和手上的表皮软组织，因此应该注意发现、提取，并将它们作为微量物证分析检验。

切割时快速气流吹动形成的割渣和气割气体未完全燃烧形成的碳，这些微量物证会不可避免地黏附在犯罪嫌疑人的衣物和身体上。在发现犯罪嫌疑人后，一定应注意提取其衣物和身体上的微量物证进行检验，确定其衣物上的割渣的成分与防盗门、保险柜材质的成分是否同一。这些微量物证对于认定犯罪嫌疑人具有重要的意义。

（9）氧熔剂气割和振动气割。

在勘验用气割抢劫银行案件的现场中，氧熔剂气割和振动气割这两种方法在实践中虽还未遇到过，但是应该了解其基本知识。

此外，利用气割机切割金库门进行抢劫，由于氧气瓶和乙炔气瓶的体积较大，输气管较长，即使是使用便携式的，在切割时明火也较易被发现。因此，犯罪嫌疑人一般均选在银行下班后或夜间进行抢劫。

2. 利用爆炸装置炸开银行营业室防弹玻璃的现场勘验

（1）若银行营业室的防弹玻璃是犯罪嫌疑人利用爆炸装置炸开的，除应着重对进出口重点部位的手印、足迹进行勘验外，还应按爆炸现场勘验的方法和程序对现场进行处理。需要注意的是，用爆炸方式抢劫银行，一般情况下，犯罪嫌疑人在作案前，会对银行的内部防范设施和安保人员的情况进行"踩点"，对银行内部人员的作息进行较长时间观察，对现场的外围情况也会做实地观察，其往往会选择银行正常营业且现金在金库外流转的时间作案。对于犯罪嫌疑人而言，为了避免被银行安装的监控录像机摄取到真实影像，其一般会进行不同程度的伪装，尤其是面部伪装；为了破坏营业室的防弹玻璃，其会选择用炸药爆炸的方式，再用其他工具撬、砸残留的玻璃；为了制伏安保人员和营业员，其一般都带有制式或非制式的手枪、火药枪进行暴力胁迫抢劫；为了尽快地逃离现场，其往往在作案前就确定好逃离现场的路线；为了掩人耳目，其一般采用就近租房，或将汽车停留在较隐蔽处，或有人骑三轮、自行车，将抢到的钱款先脱手转移等手段。因此，在中心现场勘验时应注意发现、提取面罩、爆炸残留物和未爆炸的炸药装置、弹壳、铁砂、钢珠等痕迹、物品。

（2）注意勘验作案工具的外包装。犯罪嫌疑人对作案工具也会进行伪装。如果是携带枪支，尤其是直接携带长枪进入银行，易被现场周围的人发现，犯罪嫌疑人一般会使用其他商品的外包装来包装枪支，以对枪支进行伪装，当然也会对棍棒、刀斧锤、爆炸装置等作案工具进行伪装，而这些作案工具外包装往往会被遗弃在现场。有些外包装上有剪切痕迹，且剪切方式是相同的，根据这些特征，可以串并案件。在侦破某市发生的系列持枪抢劫银行案件的现场勘验中，发现了大量外包装和伪装用的面罩，外包装有报纸、烟花筒、鞋盒、门锁锁盒、衬衫盒等。根据这些外包装原有物品销售途径和范围及外包装上剪切痕迹等，可以推测犯罪嫌疑人的居住环境，从而指明侦查方向，缩小侦查范围。同时，案件在侦破过程中或侦破后，在犯罪嫌疑人家中提取到现场遗留外包装的分离物，利用外包装上的痕迹特征作物体的整体分离痕迹的检验鉴定，可确认现场提取的分离物是从犯罪嫌疑人家中同类外包装上分离的，两者原为同一整体。

二、对进出口的勘验

犯罪嫌疑人在入室实施抢劫前，往往将房屋的门窗、院墙、房顶及四周墙壁等作为进出口。因此，无论犯罪嫌疑人采取何种暴力手段或隐蔽手段，均应将进出口作为勘验的重点，并注意发现挖洞、撬锁、破坏物品形成的工具痕迹以及遗留在相关客体上的手印和足迹。

犯罪嫌疑人在进入现场之前，往往不注意隐蔽，也不注意由于自身活动而遗留的痕迹、物品。在进入现场之后，犯罪嫌疑人虽然对上述情况有了注意，但由于抢劫的性质或受某些活动和周围环境的限制，致使其将手上或脚上穿戴的物品去掉，以及身体其他部位直接与被抢客体接触，继而在接触部位上遗留相关痕迹。例如，犯罪嫌疑人攀越围墙时，由于攀登的需要，即便是借助蹬踩物，其手也要抓墙顶部表面，在这一活动过程中，其手和足的印痕往往会遗留在围墙的表面，有时为了不遗留手印，其会选择戴手套攀登，这时，其注意力是放在如何尽快攀越围墙上，在其全力做引体向上动作时，手和手套会发生局部分离，此时手的指、掌就有可能在墙顶部遗留印痕。因此，我们要将围墙较隐蔽的遗留有攀登痕迹的部位作为重点进行勘验。

门窗等部位往往是犯罪嫌疑人进入现场和逃离现场的必经之路，应作为勘验的重点。尤其是入室抢劫杀人案，能否准确确定进出现场的具体部位，对于查明犯罪行为活动过程，刻画犯罪嫌疑人的人身条件和判断其是否具有某种技能，有着尤为重要的意义。因此，在案发现场，不能仅靠目测门窗栏杆间隙和玻璃框架间隙宽窄的方式，简单地判断特定的门窗为出入口，更不能凭主观想象确定犯罪嫌疑人采用了何种方式进出现场。只有在通过实地勘验和现场实验后，才能把握现场进出口的所在部位，发现犯罪嫌疑人遗留的痕迹、物品，才能对犯罪嫌疑人的活动过程作出客观的判断。

三、对现场周围环境的勘验

应依照现场遗留的足迹或被害人提供的犯罪嫌疑人逃跑的路线，在现场外围寻找犯罪嫌疑人进入现场前预先潜伏地点以及其逃跑路线上的足迹、交通工具和运输交通工具痕迹等，并将这些部位、痕迹和物品作为勘验的重点。注意发现犯罪嫌疑人遗留的烟头、纸片、分泌物、纺织品及专用的蒙面物品。若犯罪嫌疑人利用交通工具离开现场，外围现场的勘验范围要确定得大一些，着重把附近的湖泊、池塘，沿路的水库、河流等作为外围现场勘验的重点。

四、对被害人进行询问

由于抢劫案件被害人与犯罪嫌疑人有过一段时间接触，因此可通过询问被害人，了解案件的有关情况、犯罪嫌疑人人身形象及其他有关情况，应当特别注意弄清以下四个方面的问题：首先，案件发生的具体时间和具体地点。其次，犯罪嫌疑人作案的手段和方法，包括作案使用的凶器，用何种方式进行威胁；被害人是否被捆绑或堵嘴，捆绑物、堵嘴物是何物；被害人是在什么情况下交出的财物（如是在受胁迫情况下交出财物，还是被强行搜走财物）；犯罪嫌疑人是否采用蒙面、化装等方法掩盖自己的真实面目等。再次，犯罪嫌疑人的人数、人身形象和其他个人特征（尤其注意犯罪嫌疑人的口音、语言方面的特征）；被抢劫财物的种类、数量及特征；犯罪嫌疑人的来去方向。最后，如果被害人是女性，要特别注意问清楚，除了被抢劫外，犯罪嫌疑人对其是否还实施了其他的犯罪行为，如对被害人实施了强奸。在对被害人进行详细询问的同时，对抢劫案件的现场应进行细致、全面的实地勘验，以及在现场附近开展调查访问，以发现更多的侦查线索和破案证据。

侦查实践中，对抢劫案件的被害人在进行询问时应当注意的问题是：有的被害人系财物保管人员，其可能用谎报被抢劫的方法来掩盖自己的贪污、挪用公款等犯罪行为。因此，在询问被害人时，应注意其陈述的有关情况是否合情合理，并将其陈述内容与现场的客观情况进行认真的对照，以分析其陈述是否存有矛盾。如果被害人的身上有损伤存在，可以通过法医检验，判明损伤性质。

五、对其他有关人员进行询问

在询问被害人的同时，也应认真地对其家庭成员、同事、邻居、朋友以及现场附近的群众等进行询问。在询问中，要耐心地启发他们回忆与案件有关的疑人疑事。如在案发前看见什么人从出事地点走出、停留、窥视、张望；什么人随身携带与被抢劫物品相似的物品；什么人与案件中反映出的犯罪嫌疑人的体貌特征相似；什么人对被抢劫物品有特殊需求等。在询问中要注意问明可疑人的真实姓名、绰号、家庭住址、活动区域和体貌特征等。

询问至少要由两名侦查人员负责，对被害人和其他有关人员的询问应当分别进行，询问必须讲究策略，防止被询问人制造假象迷惑侦查人员。

第二十章　强奸案件的现场勘查

强奸案件现场，是指犯罪嫌疑人以暴力、胁迫或其他手段，违背妇女意志而强行与妇女发生性行为，或与未满 14 岁幼女发生性行为的场所，以及遗留有与强奸犯罪行为相关的痕迹、物品的场所。根据犯罪嫌疑人是在室外拦截、挟持被害人实施强奸，还是侵入被害人的住所实施强奸，可以把强奸犯罪分为拦路强奸犯罪和入室强奸犯罪两类，相应的，强奸案件现场也有拦路强奸现场和入室强奸现场两种。

第一节　强奸案件现场勘查的任务

一、查明事件性质

强奸犯罪中的被害人多数为年轻妇女，且这种犯罪涉及被害人的隐私，常常会给被害人的身心带来极大伤害，也会给其心理蒙上巨大的阴影。因此，在侦查实践中，被害人报称被强奸，绝大多数都是真实的。但是，也有少数人出于各种目的，如为了诬陷他人，或为了掩盖其与他人的不正当男女关系，或恋人之间因某种矛盾而谎告对方强奸等，而伪造现场，谎报假案。因此，通过现场勘查，分析、查明事件的性质，乃是勘查这类现场的首要任务。由于强奸案件本身的特点，在查明事件性质时，往往会有一定的困难，特别是遇到以下几种情况时，尤应特别注意。

（1）由于时间较久，或是受自然因素的影响，现场发生的变化较大，或是现场痕迹、物品遭受严重破坏甚至完全消失的，在这种情况下，被害人报称被强奸的，不应以无现场为由而否定其被强奸事实，应派出侦查人员赶赴现场进行勘查，全力寻找某些可能存在的残余的或细小的痕迹、物品，以帮助查明事件的性质。

（2）被害人控告恋人、朋友等熟人强奸的，不应贸然予以肯定或否定，而应根据实地勘验所得情况与被害人的陈述，结合对群众调查访问所得情况，进行比对和分析，判断有无矛盾之处和漏洞，以此查明事件的性质。

（3）即使存在某些被害人的陈述与现场情况不完全相符的情况，也不应断然否定强奸事实，而应考虑是否由于被害人精神受到了强烈的刺激而使其记忆力、描述能力降低，从而造成其陈述与现场情况不完全相符。

（4）有的被害人本身有道德品质方面的问题，在其报称被强奸时，并不能以其道德品质问题来否定强奸事实。因为在强奸案件中，道德品质是判断事件性质的依据之一，但不是唯一的依据。应以实事求是的工作态度，结合各种情况对事件性质作出判断。

（5）对于有明确的犯罪嫌疑人或有群众举报，但被害人没有报案或不承认被强奸的，应对被害人做细致的思想工作，打消其顾虑，鼓励其勇敢地站出来揭发犯罪。同时可根据犯罪嫌疑人的供述和群众的指证，认真勘验现场，以发现有关线索和证据，确定事件性质。

总之，对于事件性质的分析，侦查人员不能偏听偏信，更不能先入为主，主观臆断，而应把现场情况、被害人陈述及有关群众的反映综合起来，互相印证，以求尽可能客观地、正确地查明事件性质。

二、查明强奸犯罪的过程

查明强奸犯罪的过程，主要是指查明以下情况：

（1）犯罪时间。犯罪嫌疑人进入现场的时间、开始实施犯罪的时间、离开现场的时间。

（2）犯罪的地点。犯罪嫌疑人预伏守候的地点、尾随跟踪的地段、实施强奸行为的地点，以及逃离现场的路线和方向。

（3）犯罪方式。犯罪嫌疑人是否采用暴力和胁迫、是否使用某种凶器或某种工具。

（4）是否有其他的犯罪行为，如抢劫、伤害等。

三、查明犯罪嫌疑人的情况

查明犯罪嫌疑人的情况，主要是指查明以下情况：

（1）犯罪嫌疑人的人数。犯罪嫌疑人是一人还是两人以上；如果是两人以上，有几人实施了强奸行为。

（2）犯罪嫌疑人的人身特征。犯罪嫌疑人的身高、体态、大致年龄、外貌特征，特别是身体某些较为隐蔽的特征，以及衣着打扮、口音和语言特征、动作特征。

（3）犯罪条件。例如，犯罪动机条件、对被害人行踪的知情条件、前科条件等。

第二节　强奸案件现场的勘验

勘验强奸案件现场，要抓住案发不久、犯罪痕迹比较明显、证据未遭破坏、群众记忆犹新、犯罪嫌疑人未及远逃、赃物尚未脱手等有利时机，在接到报案后，迅速赶赴现场，在勘验时，凡是与犯罪有关的人和事，都要一一调查；凡是能够认定和证实犯罪的现场信息，都要收集；凡是与犯罪案件有关的事实，都要全面分析。在勘验过程中，不仅要注意发现明显、清晰、完整的痕迹、物品，还要注意发现隐蔽、模糊、不完整的痕迹、物品。

一、强奸案件现场勘查的重点

强奸案件现场，由于被害人的反抗、挣扎，加之犯罪嫌疑人作案时的紧张状态，会留存较多的痕迹、物品。除了常见的指纹、足迹、工具痕迹外，还包括以下痕迹、物品。

（一）犯罪嫌疑人遗留的物品

在强奸案件现场，犯罪嫌疑人通常可能遗留的物品主要有帽子、鞋子、纽扣、碎衣片、手帕、钢笔、手套、口罩、腰带、钥匙、小刀、拉断的表带等。对这些遗留物品要进行仔细研究，找出其独具的特征，从而作为摸底排查的条件，大大缩小侦查范围，迅速发现侦查线索，并经过必要的技术鉴定，甚至可以直接认定犯罪嫌疑人。例如，对现场遗留的凶器，从其种类上，可以进行摸底排查，把持有此类凶器的人列入侦查范围；从其独有特征上，可以组织有关群众进行辩论，以发现凶器的所有者。对从犯罪嫌疑人身上扯下的碎衣片，应作为摸底排查的条件，以发现具有与该碎衣片相似衣服的人，并通过整体分离的技术鉴定，认定犯罪嫌疑人。对于犯罪嫌疑人的遗留物，还可通过警犬进行气味鉴定。

（二）犯罪嫌疑人与被害人互换的痕迹、物品

犯罪嫌疑人在作案过程中，不仅会遇到被害人的反抗、挣扎，而且还有脱衣裤、与被害人强行接吻、性交等行为，这必然会引起犯罪嫌疑人与被害人身上的痕迹、物品相互换位。例如，强行接吻时，犯罪嫌疑人的唾液会留在被害人的脸上；被害人将犯罪嫌疑人咬伤时，被害人的牙齿痕迹会留在犯罪嫌疑人身上。又如，犯罪嫌疑人强行与被害人性交时，犯罪嫌疑人的阴毛和精液就会黏附到被害人的身上，而被害人的阴毛和血液或分泌物也有可能黏附到犯罪嫌疑人身上或内裤上。

犯罪嫌疑人留在被害人身上的物证主要有两种，即精斑、毛发。检验精斑可以认定血型以及有无精子等情况。还可以通过DNA（遗传信息图谱）检验，对犯罪嫌疑人作人身认定。检验毛发不仅可以确定犯罪嫌疑人的血型，而且可以进行线粒体DNA检验认定人身。在没有确定犯罪嫌疑人的初始侦查阶段，还可以通过测定毛发中微量元素的含量，分析犯罪嫌疑人的健康状况；通过毛发的形态、颜色和组织结构等方面的

特点，估计犯罪嫌疑人的年龄；通过毛发上的各种附着物及微量元素含量，推断犯罪嫌疑人的职业、生活习惯等，为确定侦查方向，缩小侦查范围提供依据。

被害人留在犯罪嫌疑人身上的多是咬痕、抓痕。如有的被害人把犯罪嫌疑人的舌头咬伤，或把犯罪嫌疑人的胳膊、手咬伤，从而留下被害人的牙齿痕迹，既可依据伤痕查出重点犯罪嫌疑人，又可根据牙齿痕迹认定犯罪嫌疑人。

（三）微量物质

犯罪现场的泥土微粒、灰尘微粒、油脂、漆类、纤维以及其他粉末性物质和化学物质，有的可能是犯罪嫌疑人遗留在现场的；同时，犯罪嫌疑人又可能将现场原有微量物质带走。对于前者，要注意发现、提取和利用；对于后者，要注意分析、判断犯罪嫌疑人带离的方式及可能存在的方式。微量物质对于查找和认定犯罪嫌疑人具有积极的线索价值和证据价值。

（四）赃物

在强奸案件中，有的犯罪嫌疑人不仅对被害人实施强奸，还同时抢劫财物；而有的犯罪嫌疑人是在实施抢劫的作案过程中，又对被害人实施强奸。无论是哪种情形，只要犯罪嫌疑人抢走被害人的手机、手表、钱包、项链、耳环、戒指等小型贵重物品，就应注意查清被抢物品的种类、型号，特别是其个性特征，以便调查控制。

二、典型强奸案件的现场勘查

根据犯罪嫌疑人作案地点的不同，强奸案件现场可分为拦路强奸现场和入室强奸现场两类。

（一）拦路强奸现场的勘查

拦路强奸案件现场的特点是地点多、范围大、情况比较复杂。这类案件的现场通常不止一个，存在潜伏、尾随、拦截、强奸、逃跑等现场。拦路强奸案件勘验的重点是：以实施强奸犯罪的地点为中心，围绕犯罪嫌疑人的潜伏、尾随、拦截和逃跑等犯罪活动的地点，寻找、发现、提取各种有关物证。

1. 发现、确定强奸的具体地点

在拦路强奸案件中，有些被害人能比较准确地指明被强奸的地点，但也有一些被害人不能准确地指明被强奸地点，这往往是由以下因素所致：被强奸地点地形复杂，难以辨认；对被害人而言，被强奸地点是一个陌生地点，其对周围环境不熟悉、不了解；被强奸时光线较暗，难以看清当时周围的环境和地形；被强奸时由于被害人心理极度的紧张和恐惧，事后无法回忆起地点。由于上述种种因素，被害人不能正确说出

被强奸的具体地点，这无疑给勘查工作带来了困难。因此，对于拦路强奸案件，应采取各种措施去发现和确定强奸的具体地点，具体可采用以下方法：

（1）由被害人指认。在被害人对于被强奸地点印象较深，能回忆起当地的地形地貌时，就可由侦查人员带领被害人一起前往案件发生地点，由被害人指认被强奸地点。

（2）根据被害人的回忆，进行寻找确定。对于被害人不能正确地指认被强奸地点，但能回忆起被强奸地点的某些地形地物特征的，可先让被害人尽量回忆，然后根据其回忆所提供的地形地物特征，进行寻找、比对和确定。

（3）对某些地区进行搜索寻找，发现强奸地点。对于某些被害人仅能提供大致的地区范围，而无法确定准确地点的，可采用搜索寻找的方法，即对某一地区范围，根据强奸案件的规律、特点以及所遗留痕迹、物品进行搜索寻找，以发现犯罪嫌疑人实施强奸所留下的痕迹、物品，从而确定强奸地点。

（4）对可疑场所进行搜查、检验，确定强奸现场。对于某些容易发生强奸犯罪的地点，如城乡结合部、城市街道的偏僻场所等进行搜查，以发现有关的痕迹、物品，确定强奸地点。对于犯罪嫌疑人利用机动车劫持、诱骗被害人上车实施强奸的，则应根据被害人提供的车辆类型、牌号、外形、颜色、新旧程度等情况在一定的范围内对相类似的车辆进行搜查、检验，以确定实施强奸犯罪的车辆，从而确定强奸地点。

2. 认真勘验，发现有关痕迹、物品

确认强奸地点后，应认真进行勘验，以发现有关的痕迹、物品。其中对于实施强奸的主体现场，应重点注意勘验、发现以下痕迹、物品：

（1）地面上的印压痕迹。强奸过程中的搏斗和被害人的反抗都会在地面留下相应的印压痕迹，如泥土被压实、草成片倒伏、水泥地面灰尘被沾走等。

（2）犯罪嫌疑人的足迹。

（3）犯罪嫌疑人留下的精液或精斑、毛发、唾液。

（4）犯罪嫌疑人实施犯罪所用的凶器，如刀、棍、棒等。

（5）犯罪嫌疑人留下的其他痕迹、物品，如捆绑被害人所用的绳索、布带、电线；用于堵嘴的布团、手帕、袜子、纸团、毛巾；用于擦拭的餐巾纸、报纸、衣物等。

对于犯罪嫌疑人跟踪、等候被害人所形成的外围现场，则应注意寻找、发现以下痕迹、物品：

（1）犯罪嫌疑人预伏、守候所留下的坐卧痕迹、脚印及某些物体上的手印。

（2）犯罪嫌疑人遗留的烟头、烟盒、火柴、食物残渣、尿液、粪便、唾沫等。

（3）交通工具痕迹。

寻找、发现上述痕迹、物品是拦路强奸案件现场勘查的一个重要任务，在侦查工作中能否发现、找到犯罪嫌疑人，以及最后能否认定犯罪嫌疑人和犯罪事实，都主要取决于这些痕迹、物品。

（二）入室强奸现场的勘查

入室强奸案件与拦路强奸案件在犯罪活动的主要方面是相同的，因此这两类案件的现场也表现出一些相同或相似之处，如犯罪所留下的痕迹、物品及犯罪的对象等。但由于这两类案件现场所处的具体环境、某些特征和特点不同，所以勘查方法也有一些差异。实地勘验入室强奸现场，应重点抓住以下几个方面的问题。

1. 对入室强奸现场环境的勘验

就入室强奸现场的勘验而言，对现场环境的注意和重视是非常必要的。入室强奸现场环境的勘验重点包括：现场所在房屋的结构，即其是平房还是楼房，是单门独户还是单元式或院落式住房，是民居还是集体宿舍、办公室、车间或库房；现场所在房屋四周与什么建筑相毗连；有哪些通向现场所在房屋的道路或通道；现场所在房屋的四周墙壁、窗台、雨棚、花台及各种暖气、天然气、自来水管道上有无攀爬翻越痕迹，有无手印、脚印；现场周围环境中有无犯罪嫌疑人丢弃或遗留的攀爬工具、烟头、火柴及作案工具等物品。

2. 对入室强奸现场中心的勘验

对于入室强奸现场的中心部分，应注意重点勘验以下部位和现象。

（1）现场进出口。入室犯罪，必有进口和出口。大多数入室强奸现场，犯罪嫌疑人都是通过一定的暴力方法进入室内的，如撬门、撞门，用铁片、塑料片插锁开门或是打碎玻璃、揭掉瓦片、壁上打洞等，这就难免会在这些部位留下相应的痕迹，勘验时应认真地寻找、观察进出口，并发现可能留下的痕迹。

（2）具体实施强奸的部位，即犯罪嫌疑人具体实施强奸行为的部位。在入室强奸案件中，这些部位多表现为床、沙发、地板等，勘验中，应注意床及床上被子、毯子、枕头、枕巾等物的状态，注意这些物品上面有无阴毛、精液、精斑、血迹及其他痕迹；对于沙发和地板，应注意其褶皱和缝隙处，以从中发现某些痕迹；应注意中心现场的有关物体，以发现犯罪嫌疑人因使用、触摸、移动物体时留下的手印。在中心现场还应注意发现、搜集犯罪嫌疑人实施犯罪所用的捆绑物、堵嘴物和有关工具，如绳索、手巾、毛巾、布团等。

（3）对于入室强奸的中心现场，在勘验时还应注意发现犯罪嫌疑人在实施强奸犯罪的同时，是否还兼有其他的犯罪行为，如抢劫等。勘验中，应注意发现现场是否有物品短缺，柜门、箱盖被破坏的情况。如果有，应对因破坏而留下的工具痕迹进行认真的勘验、提取，为日后认定犯罪工具做准备。

第三节 强奸案件的现场访问

现场访问是现场勘查的重要组成部分。强奸案件的突出特点之一,就是被害人与犯罪嫌疑人有一段或长或短时间的正面接触,被害人对犯罪嫌疑人的外貌特征和某些个体特征,以及强奸犯罪的整个过程比较清楚。因此,对被害人及有关人员进行现场访问是一项十分重要的工作。侦查人员接到报案后,首先要及时访问被害人,通过访问被害人,为勘查强奸现场、分析案情、划定侦查范围、确定侦查方向、采取相应措施、开展侦查活动提供依据。

一、对被害人的访问

根据强奸案件的特点,被害人对犯罪嫌疑人一般有较为深刻的印象,有的被害人事后能准确地辨认犯罪嫌疑人,因此对被害人的访问就成为分析刻画犯罪嫌疑人、确定侦查方向和范围的重要环节。对被害人访问的内容,要紧紧围绕犯罪嫌疑人实施强奸犯罪所必备的基本条件,问明作案过程的细节、犯罪嫌疑人的体貌特征和生理特征,以及犯罪嫌疑人如何出入室内、案发前是否有可疑迹象、是否有怀疑的对象、怀疑的根据是什么等。要充分认识到强奸案件中访问被害人的难度,对被害人加强教育,消除其顾虑,启发被害人将对犯罪嫌疑人的仇恨转化到协助侦查部门破案上来,促使其尽量详细地回忆与陈述受害经过。由于涉及被害人的隐私,访问时要注意方式方法,如果被害人是未成年人,访问时须请其父母、老师或其他监护人参加。访问的主要内容包括以下几个方面:

(1)被强奸的时间、地点。

(2)被强奸时的天气情况,现场周围人员的活动情况,出事前是否发现有可疑人员尾随、守候等迹象。

(3)犯罪嫌疑人是如何进入现场的,采用何种方式和工具作案。

(4)犯罪嫌疑人有何特征;是一人作案还是多人作案;犯罪嫌疑人外貌特征,如身高、年龄、肤色、体态、身体上的斑、痣、疤痕,以及身上有无某种特殊气味等;犯罪嫌疑人的衣着特征,如衣服式样、颜色、布料、新旧程度等;犯罪嫌疑人的语言特征、声音特征;犯罪嫌疑人的某些动作习惯特征,如左撇子、走路姿势、习惯性表情、手势。

(5)犯罪嫌疑人是否持有凶器,是何种凶器。

(6)在实施犯罪过程中,双方有无搏斗过程,犯罪嫌疑人是否受伤,以及受伤的部位、程度；被害人是否撕坏犯罪嫌疑人的衣物、扯落其衣扣。

（7）犯罪嫌疑人进入现场后有哪些活动；实施犯罪的顺序；是否采用暴力、引诱、胁迫等方式；实施强奸的具体方式；是否完成性交行为；有哪些痕迹、物品可能留在现场；被害人是否呼救；整个作案过程中犯罪嫌疑人都说了什么等。

（8）犯罪嫌疑人在实施强奸的同时是否抢走了某些财物，如钱财、手表、首饰等，这些物品的数量、规格、价值及特殊记号。

（9）是否熟人。被害人与犯罪嫌疑人是否相识，即是熟人，还是有过一面之交，或完全是陌生人。

（10）犯罪嫌疑人什么时间离开现场，离开现场的方向、道路；如果犯罪嫌疑人使用了交通工具，应问明其型号、颜色、特征等。

二、对其他人员的访问

对其他人员的访问内容主要包括以下几个方面：

（1）案件发生时的情况。
①案件发生的时间、地点、天气状况、光线条件。
②是否目击了犯罪，是否听到呼叫声、搏斗声或其他声音。
（2）案件发生前后有无可疑情况。
①案发前有无可疑人员在现场附近窥视、滞留、徘徊。
②案发前是否有人对被害人盯梢、尾随、打探。
③案发后是否有人行为可疑，神色反常。
④案件发生后是否有人销售与案件有关的物品。
（3）当地的社会治安状况。

当地的社会治安状况主要包括当地强奸犯罪等情况是否突出，近期是否多次出现强奸犯罪；当地的哪些人平时有类似前科或行为，其表现如何。

第四节　强奸案件中的人身检查

强奸犯罪是一种侵害人身权利的犯罪，犯罪嫌疑人在实施犯罪过程中，常常会对被害人施加各种暴力，如用钝器打击被害人头部、用锐器刺伤被害人身体、强力捂压被害人口鼻、扼颈勒颈等，这样势必会对被害人的人身造成一定的伤害。同时，由于被害人的自卫、反抗，还常常会在其身上形成抵抗伤、防卫伤。此外，由于被害人的自卫、反抗，也常常会给犯罪嫌疑人造成一定的伤害。因此，在现场勘查中应重视人

现场勘查

身检查这一项工作，以帮助判明案件真相、犯罪过程和伤害程度，确定犯罪嫌疑人。

人身检查根据对象进行划分，可分成两种，即对被害人的人身检查和对犯罪嫌疑人的人身检查。

一、对被害人的人身检查

（一）对被害人身体的检查

1. 性器官检查

性器官检查主要是观察、检验处女膜有无破裂，是新鲜破裂还是陈旧性破裂，阴道内有无精液等。对被害人性器官的检查，需征得被害人本人或家长、家属同意，由女法医和女医师进行。

鉴于一些犯罪嫌疑人作案过程中强迫被害人口交或肛交，因此要注意应采取一定的策略进行询问，以了解案情真相，并注意对被害人口腔和肛门进行检查，在被害人口腔和肛门处提取精液。

2. 身体其他部位检查

（1）检查身体其他部位，观察有无伤痕。

（2）检查头颈面部，观察有无损伤，要特别注意被头发覆盖的部分。

（3）检查手指、手掌、手臂，以确定有无抵抗伤。

（4）检查肘部、背部和臀部，观察有无擦划伤、印压伤。

（5）检查乳房，观察有无抓伤、咬伤。

（6）检查腹部、两大腿内侧，观察有无抓伤、咬伤和其他伤痕，以及有无精斑、血迹附着。

（7）检查指甲，以寻找因抓挠留下的血迹、毛发、皮肤、组织和纤维等。

（8）注意检查被害人身体某些部位附着的异物，如阴毛、泥土、纤维、木屑、草籽等。

（二）对被害人衣物的检查

（1）注意检查被害人衣物某些部位是否黏附有纤维、毛发。

（2）注意检查被害人当时所穿衣物与人体伤痕相对应的衣裤部位上有无损伤及痕迹。

（3）注意纽扣是否完整、裤子拉链是否完好、内衣内裤是否有撕裂等现象。

（4）注意被害人被强奸时所穿衣裤，特别是内裤，以发现可疑精斑、血迹，并予以提取。

二、对犯罪嫌疑人的人身检查

（一）对犯罪嫌疑人身体的检查

（1）对于被及时抓获和在现场勘查中发现的重大犯罪嫌疑人，也应迅速进行人身检查。

（2）因被害人自卫、反抗而形成的伤痕，应注意头颈面部、手臂、手指、大腿内侧等重点部位有无抓伤；嘴唇、舌等部位有无咬伤。

（3）其他因实施犯罪活动而形成的伤痕，如手掌、膝盖等部位的擦划伤、压印伤等。

（4）检查身体某些部位有无黏附现场泥土、草籽、粉尘，被害人的化妆品、毛发、纤维等。

（5）检查身体的相应部位有无血迹、精斑、分泌物。

（二）对犯罪嫌疑人衣物的检查

（1）检查犯罪嫌疑人衣裤某些部位有无黏附毛发、纤维等。

（2）检查犯罪嫌疑人衣裤上是否留有血迹，内裤、内档部位是否留有血迹和分泌物。

（3）检查犯罪嫌疑人所穿的鞋子是否黏附有与现场相同的泥土、杂草、灰尘等。

第二十一章　盗窃案件的现场勘查

盗窃案件现场，是指犯罪嫌疑人以非法手段秘密攫取公私财物的场所，以及遗留有与盗窃犯罪行为相关痕迹、物品的场所。在我国，盗窃案件在整个刑事案件中比例最高，因而盗窃案件现场也是各类犯罪现场中数量最多的一种。由于盗窃案件的犯罪嫌疑人情况复杂，侵害目标广泛，作案手段多样，现场情况也就各不相同。在侦查实践中，常见的盗窃案件现场有入室盗窃现场、扒窃现场、盗窃交通工具现场三类。

第一节　勘查盗窃现场的任务

不同的盗窃案件现场有不同的规律特点、勘查方法和重点，但有相同的勘查任务。勘查盗窃案件现场的主要任务有四个方面。

一、查明事件性质

勘查盗窃案件现场的首要任务是查明现场是否确有盗窃犯罪发生。实践中，在所报称的盗窃案件现场中，并非所有的现场都是真实的盗窃案件现场。例如，"事主"因各种复杂的动机谎称被盗，伪造盗窃现场；现场财物被动物破坏或自然灭失，事主误认为被盗等。这就要求侦查人员到达特定场所后，要首先判明该场所是否为实施盗窃犯罪行为而留下的现场，以确定案件是否成立。

二、确定盗窃案件性质

目前，对盗窃案件的性质主要有三种分类方法：

（1）依据实施盗窃的目的，可分为非经济性盗窃和经济性盗窃。

非经济性盗窃中的盗窃目的，不仅有政治性的目的，如盗窃国家机密文件、枪支弹药；也有其他非经济性的目的，如入室盗窃财物报复陷害他人等。非经济性盗窃案件在实践中比较少见。经济性盗窃以非法占有钱财为目的实施的盗窃，实践中绝大多数盗窃案件属于这一类。

（2）依据犯罪嫌疑人是否为被盗单位内部人员，可分为内盗、外盗、内外勾结盗窃和监守自盗。

内盗是指被盗单位内部人员，即该单位正式职工及与其共同居住的家属、合同工、临时工，以及其他常住和较长时间暂住或活动在单位内部的人员，对该单位财物实施的盗窃。外盗是指外部人员侵入机关、团体、企事业单位内部实施的盗窃单位财物的行为。内外勾结盗窃是指单位内部人员与单位外部人员相互勾结，共同实施的盗窃单位财物的行为。监守自盗是指具有特定身份的单位内部人员利用职务之便，对自己经管的公共财物实施的盗窃。

（3）依据犯罪嫌疑人针对的盗窃目标，可分为现金盗窃、文物盗窃、保险柜盗窃、枪支盗窃、车辆盗窃等。

在盗窃案件侦查实践中，应当通过现场勘查，确定该现场是经济性盗窃现场还是非经济性盗窃现场，是内盗现场、外盗现场、内外勾结盗窃现场还是监守自盗现场，以确定盗窃案件的具体性质，并据此划定侦查范围，确定侦查方向，选择最佳侦查途径推进侦查工作的开展。

三、收集侦查线索与破案证据

盗窃案件现场勘查中发现、收集的痕迹、物品，现场访问所获得的情况等，不仅是极具价值的侦查线索，同时也是重要的破案证据。多数盗窃案件现场都留有一定的痕迹、物品，通过勘验，可以发现、提取撬压、钻爬、攀登痕迹和手印、足迹等，以及遗留在现场的作案工具、手套、烟头及其他随身物品等。这些痕迹、物品本身就是证明盗窃犯罪的证据。同时，再结合现场访问所获得的被盗物品的种类、数量、用途和其他相关情况，可以对犯罪嫌疑人的人身形象和犯罪条件作出推断，为侦查提供重要线索。因此，在任何盗窃案件的现场勘查中，都要牢固树立侦查意识和证据意识，从现场出发，立足现场发现线索和证据，绝不能在勘查中走马观花，漏掉任何蛛丝马迹。

四、部署紧急措施

在勘查盗窃案件现场时，如果侦查人员赶赴现场迅速，犯罪嫌疑人来不及逃离现场和转移赃物，或现场有条件能够准确判断犯罪嫌疑人的去向、赃物的下落时，应在勘查的同时，迅速部署相应的紧急措施，以达到及时控制赃物、捕获犯罪嫌疑人的目的。盗窃案件现场勘查中，常用的紧急措施有以下四种。

（1）追击堵截。

对发案时间不长，犯罪嫌疑人逃跑不久、逃离不远，其体貌、衣着、随身携带物品、所使用的交通工具等特征明显或被盗物品特征明显的，应及时组织力量追击堵截犯罪嫌疑人，同时通知沿线公安机关、巡逻执勤网点、车站、码头，注意加强对可疑人员的监视和盘查，以发现、捕获犯罪嫌疑人。

(2) 外围搜索、布控。

如果经分析认为，犯罪嫌疑人尚未离开现场，或将赃物藏匿在现场附近，应立即组织力量对现场外围进行搜索。如果发现了犯罪嫌疑人失落的物品和藏匿赃物的场所，有条件时应保持其原状，秘密布控，以捕获可能回来取物的犯罪嫌疑人。

(3) 赃物监控。

被盗物品中有支票、提货单、银行存折或其他性质特殊的物品，推测犯罪嫌疑人将到特定部门或地点进行兑取、提货、销售时，应及时通知有关单位，在对被盗物品进行挂失的同时，请有关单位在开展兑换、支取、发货等有关业务时提高警惕，加强监控，以协助缉捕犯罪嫌疑人或其他关系人。如果现金、货物等已经被取走，应及时向有关人员了解具体情况；有监控装置的，应及时调取监控录像资料。

(4) 布控捉现。

盗窃犯罪成员中，惯犯较多，一般有连续作案的规律。如果根据现场情况判断，犯罪嫌疑人可能还会在本地区或流窜到附近地区作案，应及时通报有关单位加强防范，并布控守候，争取直接将其抓获。

第二节　入室盗窃现场的勘查

入室盗窃现场是指犯罪嫌疑人侵入室内，窃取存放于室内的财物的现场，如机关、团体、企事业单位、仓库、商店、居民住宅等被盗现场等。入室盗窃案件在全部盗窃案件中占有较大的比例，是最"典型"的盗窃案件。犯罪嫌疑人侵入室内窃取财物，一般要克服两重或两重以上的障碍，会在现场进出口和被盗财物存放处所留下较多的破坏工具痕迹、手印、足印和随身物品等，有的犯罪嫌疑人还会在窥视过程中，在现场中心附近留下相关痕迹、物品。因此，对入室盗窃案件现场的勘查一般应由外到内，沿着犯罪嫌疑人在现场的活动路线，以犯罪嫌疑人选择的现场进出口和被盗财物存放处所为重点进行。部分入室盗窃案件现场，其现场外围亦可能成为勘查的重点。

一、勘验现场进出口

从理论上讲，凡是入室盗窃案件现场，都存在现场进出口。现场进出口多遗留有破坏、攀缘和翻越的痕迹。入室盗窃现场的犯罪嫌疑人对现场进出口的选择及其遗留的痕迹物证是分析判断案件性质、作案手段、技能、犯罪嫌疑人条件和人数等案件情况的重要依据。在侦查实践中，有些入室盗窃案件现场的进出口并不明显，如拔锁舌入室、配钥匙开锁入室、先潜入室等，但这并不意味着这类进出口没有勘查价值，相反，只要选用科学的技术手段，着眼于微量痕迹物证，就可以发现有价值的线索和证据。因此，对现场进出口的勘验是入室盗窃案件现场勘查的重点。

（一）常见的盗窃犯罪嫌疑人入室方式

一般而言，盗窃犯罪嫌疑人侵入室内的入口与侵入室内的方式密切相关。只要能够正确认识盗窃犯罪嫌疑人侵入室内的方式，就可以确认犯罪嫌疑人进入现场的入口。相对而言，出口比入口更加"现成"，选择余地更大，无须费力寻找。实践中，盗窃犯罪嫌疑人常见入室方式有以下几种：

（1）借机进入或潜入室内。犯罪嫌疑人利用合法身份和理由公开进入室内，寻机行窃；利用门未锁闭的间隙混入室内，或预先进入并潜伏于室内，伺机作案。

（2）破坏房门入室。犯罪嫌疑人乘室内和附近无人注意之机，撞开房门，或将门扇砸破，抵压变形，撬（削）门框，使锁（栓）失去作用，进入室内。

（3）开锁入室。犯罪嫌疑人用钥匙或专业工具打开门锁入室，这种方式对门、锁皆不造成明显破坏。具体有：①盗用原配钥匙开锁；②盗配钥匙开锁；③用"万能"钥匙和组合钥匙开锁，即通过逐步试探或者增加垫片将门锁开启；④插片（丝）开锁，即利用身份证、扁口金属丝等有一定韧性的硬质薄片从门缝插入，挤退锁舌而开锁；⑤门底缝套销开锁，即将有一定硬度的金属丝折成一定形状，在前端系上套环，从门底缝隙插入室内，旋转金属丝将套环套上门后插销或拧柄后，在门外拉动金属丝而开锁。

（4）破坏锁具（扣）入室。这是一种最常见的侵入室内方式。犯罪嫌疑人采取撬压、扭拧、钻顶、灼烧、化学腐蚀等手段，直接破坏锁具本身或锁扣后，取掉锁具或锁扣，推门入室。

（5）翻窗入室。犯罪嫌疑人破坏现场窗户的玻璃、窗纱、栅栏后开启插销，或直接翻越进入室内。对于高层室内现场，犯罪嫌疑人多利用防盗网、窗外遮雨板及窗户旁的排水管道、树木攀缘至窗前，设法侵入。窗外有防盗网的，一般都用事先准备的千斤顶或撬棍加以破坏。

（6）攀爬入室。通过徒手攀缘、搭梯、吊绳等方式，攀爬至阳台、烟道等孔道处入室。

（7）挖洞入室。有的犯罪嫌疑人在锁旁墙壁上打一个洞，使锁脱落，或伸手入内开锁，进而入室。有的犯罪嫌疑人则采取取砖、钻孔、挖土等手段，在墙体上挖洞，然后钻入室内。

（8）揭瓦入室。这种入室方式主要出现在一些偏远的农村地区。

（二）勘验顺序及方法

1. 全面观察现场状态

在进行动态勘验之前，应先观察可能被犯罪嫌疑人选作进出口的部位及周边的状态，确认门、窗、墙壁、房顶有无破坏迹象，房屋的墙壁、阳台、排水管、围墙是否有攀登痕迹，是否遗留有梯子、攀绳、垫脚物或相应的痕迹，大致确定犯罪嫌疑人进出现场的方式和部位，以明确勘验的重点和先后顺序。

2. 勘验现场门、锁

勘验现场门、锁时，一般应按下列顺序，重点查明以下问题：

（1）观察房门是开启还是关闭的，门上的气窗是否关紧。

（2）观察门、锁是否完好无损。特别要注意门扇、门框、锁、锁扣上是否有撞击、撬压等破坏痕迹，门上玻璃是否缺损，锁、扣是否脱落。

（3）勘验门前地面上有无遗留物、脱落物、泥灰条、足迹及其他微量物质。

（4）勘验门上破坏痕迹、蹬蹭痕迹，特别要仔细勘验锁、扣及门上相应部位，注意发现、提取手印、工具痕迹及其他附着物等微量物证。必要时，要对锁进行拆卸，检查锁舌、锁芯上是否有钥匙碎片、擦划痕迹和微量物质。

（5）勘验门上的气窗边缘有无破坏、翻越痕迹。

3. 勘验现场窗户、阳台、窗台

勘验现场窗户、阳台、窗台时，其勘验的顺序和重点如下：

（1）观察窗户、窗玻璃、防盗网、窗栅栏、窗插销是否完好。

（2）勘验窗户、阳台及对应地面有无足迹、玻璃碎片及其他附着物，特别要注意玻璃碎片的分布情况，其上有无手印、手套印、血迹，或黏附的胶纸、胶布等附着物。

（3）勘验阳台、窗台上有无攀登、踩踏痕迹，注意发现脚印及附着物。

（4）勘验窗插销、窗玻璃、窗边框、窗栏杆、防盗网、窗栅栏、窗上突出的铁钉和木片上有无破坏痕迹、减层手印、擦抹痕迹及擦抹的方向，注意窗上是否有蜘蛛网，蜘蛛网是否被触动。特别是对于破坏痕迹，要注意勘验破坏方式、程度、着力点，发现有无附着的铁锈、油漆、手套纤维等微量物证。

（5）勘验阳台、窗下墙壁内外侧有无手印、足迹、蹬蹭痕迹。

（6）勘验靠近阳台、窗户可能被用以攀缘的树木、雨水管、电杆等物上有无攀缘的痕迹。此外，对位于高层的现场，还应对上、下层相对应窗户进行适当的勘验。

4. 勘验墙壁

要注意观察墙壁上是否有攀登、擦划等痕迹。对于楼房等高层建筑，要注意观察其墙壁上的钉子、电线、瓷砖、落水管上有无攀登、蹬踩、架梯、擦划等痕迹，或新鲜的泥土和其他遗留物。如果是从墙壁上挖洞进出现场的，要注意勘查洞口的大小、形状和部位，洞口是否内小外大，挖出的砖、石、土等是在墙外还是墙内，以及挖洞工具痕迹的作用方向等。同时要注意观察洞口周围有无手印、足迹、坐卧痕迹，以及烟头、挖洞工具等。

5. 勘验其他出入口

有些入室盗窃案件犯罪嫌疑人选择的出入口非常特殊，要注意结合现场具体情况认真查找。比如，有的选择从天窗吊入，有的选择揭瓦破顶而入。遇此情形，在勘验时，要注意房顶距地面的高度及洞口、天窗距室内地面的高度；洞口的部位、形状、大小；犯罪嫌疑人从洞口或天窗进入室内是否借用了绳索、棍棒、梯子等工具，留有哪些痕迹、物证。

二、勘验被盗财物存放部位

入室盗窃犯罪过程中，被盗财物的存放部位一般是犯罪嫌疑人活动时间较长、活动最集中、心情最紧张或兴奋的地点，常常能集中反映犯罪嫌疑人的作案手段、经验、盗窃动机，以及其对现场环境及财物保管方式、财物性能是否熟悉等重要情况。犯罪嫌疑人破坏存放财物的箱、柜、锁等障碍物及搜寻、翻找财物的活动，往往留下大量的撬压、触摸、钻锯、锤砸、搬运、翻找等痕迹，甚至包括自己随身携带的工具和其他物品。通过勘验被盗财物存放部位，查明被盗财物存放的具体位置，是否上锁，是否有破坏痕迹，以及该痕迹的、形状、大小、作用力方向，痕迹遗留的先后顺序，箱、柜、锁等物品上及附近地面上有无手印、足迹及其他微量物证等，不仅有利于判断案件性质、刻画犯罪嫌疑人，还有利于在认识上重现犯罪嫌疑人在现场的整个活动过程。因此，被盗财物存放部位是入室盗窃案件现场勘查的又一重点。

（一）发现、提取手印和足迹

在被盗财物的存放部位，犯罪嫌疑人活动较为复杂，留下手印、足迹的概率较高。犯罪嫌疑人触摸、翻找、移动和破坏各种物品时，很容易在这些物品上留下汗垢和减层、加层灰尘手印。即使是戴手套作案的犯罪嫌疑人，亦可能因种种原因留下手印。犯罪嫌疑人在作案时的紧张心理或发现贵重物品时的兴奋心理影响下，或在破坏某些特定障碍物、搜寻某些财物（如书页中夹藏的纸币、支票）时，都有可能摘下其手套而遗留手印。因此，现场发现有手套纹线痕迹时，仍应依循犯罪嫌疑人在现场的活动顺序进行仔细查找，力争发现可能遗留的手印。犯罪嫌疑人在室内行走或蹬踩各种物品时，都会留下足迹。由于物品表面反映和痕迹保存条件不同，犯罪嫌疑人的鞋底纹路和磨损程度不同，现场足迹的清晰程度也就不同。勘查人员应根据具体情况，利用各种光源和仪器，沿犯罪嫌疑人行走路线和可能踩踏的物品有重点地寻找足迹。例如，在靠近窗边、高处箱柜前的桌椅，被撬压处所附近散落的衣物、布匹、纸张等物品上常常会发现犯罪嫌疑人的足迹。

（二）勘验各种工具痕迹

入室盗窃案件中的被盗财物一般为体积较小、重量不大、比较贵重的物品。这些物品通常存放于保险柜、加锁文件柜、抽屉、衣橱之中。犯罪嫌疑人在窃取财物前，往往需要借助一定的犯罪工具破坏这些障碍。因此，入室盗窃案件现场中心部位经常可以发现犯罪嫌疑人使用锯、钻、螺丝刀、钳子等留下的工具痕迹。由于这些工具痕迹具有出现率高、稳定性强、不易破坏、立体性强等特点，因此勘验价值较大。勘验时，注意勘验工具痕迹出现的部位、种类、形状、数量、先后顺序、作用力的方向，以分析为哪一类工具所形成、犯罪嫌疑人的动作习惯特点、犯罪嫌疑人的人数和分工等情况；注意勘验工具痕迹上的黏附物，如工具上的黏附物、从被破坏的物品上脱落的油漆等，以分析犯罪嫌疑人的作案过程、工具来源等；注意勘验工具痕迹出现部位是否准确，有无职业特点和其他特征，以分析犯罪嫌疑人是否具有专业技能或是否有该类犯罪的前科。

（三）勘验现场物品变动情况

犯罪嫌疑人在窃取财物的过程中，对障碍物的破坏，以及对物品的移动、翻找、窃取等一系列行为，必然会使现场障碍物、物品发生破损、位移、增减，较之被盗前有大小不同的变动情况。这种变动情况是判断案件性质和犯罪嫌疑人作案手段、技能、经验，以及其在现场整个活动过程的重要依据。勘查人员应在事主和有关知情人员的协助下，结合清点现场物品，查明现场有哪些物品被移动、破坏、盗走及这些物品被触动的先后顺序；现场变动面有多大，是否凌乱不堪；是见锁就撬、见物就翻，还是变动面小，目标比较准确；有无外来物品等。在此基础上，分析变动情况同整个犯罪活动的关系。此外，在有的现场勘验中，分析现场物品的变动情况还是揭露谎报盗窃案件的重要方法。

（四）发现、提取犯罪嫌疑人遗留的物证

在现场犯罪嫌疑人活动的地点，特别是在其较长时间停留或其活动内容及动作形式突然改变（如撬开柜锁后，放下工具，双手搬出柜内物品翻找）的地点，时常会发

现其遗留的一些重要的物证，主要有打火机、火柴梗、手电筒等照明工具，螺丝刀、钳子等撬压工具；烟头、毛发、人体分泌物等生物检材，以及无意间遗落的其他随身物品，如慌乱中刮破的衣服、脱落的纽扣、弯腰时衣袋中掉出的物品等。在一些复杂现场，应特别注意对各种生物检材的发现和提取。对于在现场发现的工具，首先，应分析其与形成现场破坏痕迹的工具是否一致，以及其上面有无犯罪嫌疑人的手印，以判断该工具是否为犯罪嫌疑人遗留；其次，应结合该工具是否能有效地排除现场障碍，是否有损坏，有无特殊改造迹象等情况，判断其是犯罪嫌疑人事先精心准备的，还是在现场附近顺手取用的；再次，应分析该工具上有无附着物、行业特征、制作特征，以判断该工具的使用范围和来源。同时，对上述发现的遗留物应及时加以提取，以备检验。

（五）对被盗窃保险柜的勘验

在入室盗窃案件中，保险柜已成为盗窃犯罪嫌疑人侵害的突出目标。这类案件一旦发生，损失都会十分严重。鉴于近年来侦查实践中盗窃保险柜现象十分突出，加上这类案件现场破坏严重，勘查技术难度大，很有必要在此对保险柜这一特殊的财物存放处所的勘查进行专门阐述。

1. 犯罪嫌疑人开启保险柜的方法

近年来，犯罪嫌疑人开启保险柜的方法越来越多，比较常见的有以下几种。

（1）钥匙开锁。

犯罪嫌疑人盗取保险柜钥匙仅能开启柜锁，由于号码盘仍能部分控制插销，现场常常出现号码盘被破坏的情况。如果现场的号码盘、柜锁完好，应考虑监守自盗和内外勾结作案的可能性。用钥匙开启保险柜时，犯罪嫌疑人多是使用盗配钥匙、组合钥匙和万能钥匙开锁，但由于保险柜锁较精细，使用上述钥匙开启十分不易，需较长时间反复试开，才有成功的可能。因此柜锁上常留下各种试开痕迹，如锁芯周围、锁面有多处擦划伤，锁内零件碰乱、擦伤甚至损坏，锁孔内壁偏心形擦伤，锁圆角部位不垂直、不复位等。

（2）钻锁心和号码盘。

用于破坏保险柜的钻具主要有手电钻和手摇钻两种，勘验时可依据钻口及钻孔痕迹、钻屑形状和散落情况进行分析判断。手电钻由于转速高、切削力强，钻口周围一般无印压、划动痕迹，钻孔壁光滑，进钻螺纹痕迹间隔规则，钻屑较粗且均匀，散布面宽；手摇钻由于转速低、切削力弱，进钻速度同人力加压直接相关，钻口周围多发现圆弧形印压或划动痕迹，钻孔壁比较粗糙，进钻螺纹痕迹间隔不规则，钻屑粗细不匀、散布面窄。有些保险柜仅破坏其锁心和号码盘还无法开启，所以这类现场还常常出现撬压、切割等痕迹。

（3）撬砸号码盘。

号码盘是保险柜的薄弱部位。犯罪嫌疑人将撬棍、螺丝刀或自制工具等置于号码盘的转轴上或套住号码盘，直接撬压或用铁锤等直接敲砸号码盘，进而将保险柜门锁的机械装置破坏掉，达到开启柜门的目的。

（4）焊割号码盘和锁心。

犯罪嫌疑人携带火焰喷枪等轻型焊割设备，对准号码盘和锁心的金属部位点燃喷枪直接焊割，直到将号码盘和锁心部位熔掉并失去其功能，再撬掉号码盘和锁心开启柜门。

（5）化学药物烧灼腐蚀锁芯。

这是一种以前常见的破锁手段，近年来又有死灰复燃的趋势。犯罪嫌疑人将配制好的化学粉剂倒入锁孔内，引燃并烧毁锁的零部件，有的则将特制的腐蚀剂注入锁孔，将锁蚀坏。

（6）切割门轴、折页。

犯罪嫌疑人用钢锯或焊枪将门轴或折页锯断、熔掉，破坏柜门同柜壁的联结，而后将柜门撬开。

（7）撬砸扩缝。

这是犯罪嫌疑人常用的一种破柜方式，即用螺丝刀、钢棒、自制的扁头工具等插入柜门缝隙，或借助锤、斧、铁钻、千斤顶等工具，从柜门与柜体的缝隙下手，将柜门扩缝撬压、顶、砸，使柜门变形，逐渐扩开柜门。

（8）剥皮。

犯罪嫌疑人先在保险柜的门缝处或在保险柜外层的金属皮上打一个洞，再用撬棍慢慢剥开保险柜的金属外壳，然后再掏出夹层中的填充物，扩洞后打开锁具或直接取走柜内物品。

（9）钻孔。

犯罪嫌疑人根据保险柜的构造，通常在保险柜的侧面或底部选准钻孔位置，用硬质合金钻头和高扭矩转机在这一位置反复打洞，达到局部破坏后，撬开孔洞，取走柜内物品。

此外，还有使用火烧、爆炸等方法开启保险柜的。

2. 勘验被盗保险柜的方法

（1）柜体及周围地面的勘验。

①勘验手印。保险柜的表面较光滑，加之犯罪嫌疑人在实施盗窃时，常需要用力

挪动、按压柜体,因此很可能留下较清晰的手印(包括手套印)。因此,勘验保险柜时,首先要及时处理柜体表面的手印,避免在进一步的勘验中造成手印痕迹的破坏。②勘验工具痕迹。保险柜的构造比较坚固,锁也不易破坏,犯罪嫌疑人实施盗窃时一般会在柜体上留下较清晰的工具痕迹。③勘验微量物证。在柜体周围的地面,常会发现脱落或折断的锯齿,散落的漆皮、水泥块,钳子、钻头等工具的残片,以及钻花、钻末等微量物证。勘验时,也要首先对这些微量物证进行采集,防止因踩踏、搬动柜体而造成对它们的破坏。实践中,对于金属碎末,可用磁铁进行吸附。这些微量物证,可用来分析作案工具的种类、犯罪嫌疑人的职业特点,并可在破案后作为认定犯罪的证据。

(2)对柜门的勘验。

首先,要注意查清破坏柜门的方式;其次,有针对性地勘验工具痕迹。除按常规方法找寻反映工具顶端形态的痕迹外,还可在相应的门框边棱上发现工具的支点,该支点常能反映工具顶端的形态;再次,不能忽视对柜门内侧的勘验,该处痕迹常可反映工具顶端的形态;工具支点到柜门内侧痕迹之间的距离也是分析工具的种类和长度的重要依据。如果柜门的夹层被破坏,还要对夹层的填充物进行清理,以便从中发现工具的断头等。

(3)号码盘的勘验。

要注意勘验号码盘上的工具痕迹和微量附着物。现场遗留有钻末的,要记录钻末的分布范围、粗细、均匀度等,据此分析破坏工具的类型,必要时可将号码盘拆卸检验。

三、勘验现场外围

现场外围常常是犯罪嫌疑人作案前逗留、预伏,作案后逃离、分赃的场所,很可能留有各种各样的痕迹、物品。因此,应组织力量对现场外围进行勘验。现场外围的勘验应根据现场周围环境、地形地物、犯罪嫌疑人来去现场的踪迹等有重点地进行。

1. 勘验现场周围环境

要注意发现现场与邻近建筑物有无隐蔽通道,如围墙上的缺口,彼此相通的下水道、防空洞等;现场是处于行人往来要道,还是偏僻死角;犯罪嫌疑人的来去路线等。

2. 勘验犯罪嫌疑人来去路线

犯罪嫌疑人来去现场的路线常常留有未加掩饰和破坏的痕迹、物品,如正常的足迹、步法痕迹,抛弃、遗落的作案工具、赃物、包装物等。要注意沿着来去路线搜寻、勘验相关场所,收集痕迹、物品。在城市街区或重要部位发生的盗窃案件,勘验中还要注意寻找来去路线周围的监控设施,及时提取监控资料。

3. 勘验其他相关场所

其他相关场所主要包括犯罪嫌疑人作案前踩点或预伏,以及清点、转运、隐藏、瓜分赃物的场所。这些场所虽不是盗窃案件现场的中心部位,但常常留有很多有价值的痕迹、物品,如残留食物、烟头、唾液、粪便、纸片、足迹、坐卧痕迹等,甚至还有作案工具、丢弃的被盗物品等。

四、现场勘查信息处理

在入室盗窃案件现场勘查的后期,要将现场勘查笔录、现场绘图、现场照片,以及其他勘验信息,录入侦查机关的现场勘验信息系统和其他相关数据信息库中。录入完毕后,还要利用现场勘查发现的犯罪手段和方法、工具痕迹、人体痕迹、生物物证信息、物品特征等与现场勘验信息系统、违法犯罪人员信息系统、多发性侵财案件信息系统、未破案件信息系统、已破案件信息系统、旅店人员住宿信息系统、特种行业管理信息系统等数据库中的信息资源进行查询、比对、碰撞、关联,从中发现侦查线索。

五、访问事主和有关人员

在入室盗窃案件的现场访问中,除了要重点访问事主及其亲属、财物保管人、发现人、报案人、现场保护人外,还要特别注意结合案发时段现场附近群众的活动情况,对犯罪嫌疑人可能的来去路线沿途的群众进行访问。通过访问,查清以下五类问题。

1. 被盗财物的情况

(1)被盗财物的基本特征。

主要包括被盗财物的名称、种类、数量、价值、用途、体积、重量、形状、颜色、新旧程度、维修情况、缺损情况、有何标记等。如果是现金、国库券、存折、支票等有价证券被盗,还应查明其面值、号码、捆扎方法、使用范围、有效期限等。对于被盗财物比较稀有或特征独特时,要注意索要该物的照片,如果还有同类物品,要拍照提取或提取原物,以便在控制赃物时对照鉴别。

(2)被盗财物存放现场的情况。

主要包括被盗财物的来源、存放的时间、平时存放的具体位置、被盗时存放的具体位置、存放财物的箱柜等是否上锁、存放时与现场其他物品的位置关系,以及现场门窗状况等。特别要注意被盗财物有无特殊指向,例如,只盗取有某种特殊用途的物品或机密文件,而对显而易见的贵重财物(如现金、手机、照相机等)一概不予盗取；被盗财物中有无单位内部使用的票据；单位的单据、账册等是否被盗或被毁。

（3）被盗财物的保管情况。

主要包括被盗财物的所有人、保管人、责任人在存放财物的箱、柜钥匙的保管、存放、使用等方面的情况，被盗财物及保管情况的知情范围情况，有无报警装置及报警装置使用情况，被盗财物平常的保管规律，以及巡逻、值班制度及执行情况等。

2. 发现被盗的时间和经过

主要包括谁在什么时间、因什么原因、根据何种迹象最先发现被盗；发现被盗后采取了什么措施；发现被盗前后有哪些人进出过现场，在现场进行了哪些活动，移动和触摸过哪些物品；被盗前谁最后离开现场，离开时财物及现场的其他情形如何。

3. 现场嫌疑工具和其他遗留物的来源

主要包括在现场发现的工具及其他遗留物是否是现场及附近原有的，是否是有人因其他原因将其带到现场，事主和有关知情人对这些物品有何看法。

4. 可疑人员及现象

主要包括发案前是否有人到现场附近窥探、踩点、试探或进行其他可疑活动，其体貌特征、口音及问话内容；发案时，值班人员、周围群众及事主是否听到某种声响，是否看到有人在现场附近活动，或携带物品从何方向离去；现场是否有某种特殊物品和同某种嗜好相关的零星物品被盗；存放的违反常情的物品是否被盗；单位内部及现场周围是否有人急需与被盗财物类似的财物，是否有人急需用钱，其发案后的表现如何；周围是否有类似案件发生；事主、财物保管人和群众提供了哪些怀疑对象，怀疑的根据是什么。

5. 事主和财物保管人的基本情况

主要包括事主或财物保管人平时的思想作风、主要交往关系；是否可能诬陷他人；有无家庭、债务纠纷及赌博、嫖娼等恶习；自己或家人亲友是否急需用钱或与被盗财物类似的财物；财物保管人有无贪污、失职行为，事主有无侵吞被盗财物（如代人保管的财物）的动机；事主或财物保管人在发案前是否散布与案件有关的某种舆论，发案后其在思想情绪、经济等方面是否有反常现象；被盗财物有无保险及保险情况；事主、财物保管人有无谎报案件或监守自盗的可能。

此外，勘查人员还应询问事主、财物保管人，其怀疑的作案人是谁，怀疑的根据是什么，哪些人对此亦有同样的看法等。

第三节　扒窃现场的勘查

扒窃案件的发生，严重影响人民群众的安全感，必须坚决打击。这类案件多发生在人多拥挤的公共场所，如广场、商店、集贸市场、车站、码头、电影院等，这些场所不易留有痕迹、物品，而且扒窃犯罪行动迅速、过程短暂，所以现场很难搜寻到犯罪嫌疑人遗留的痕迹、物品。同时，扒窃现场的人员流动性强，有限的痕迹、物品也多被破坏。因此，对于很多扒窃案件而言，其中心现场并不具备实地勘验的条件。但是，扒窃犯罪嫌疑人在作案前后，常常有尾随、试探、掩护等行为，其人身形象有一定程度的暴露；在扒窃中心现场及"洗赃"现场也可发现扒窃犯罪嫌疑人遗留的物品或抛弃的某些物品。所以，对于扒窃案件现场，仍然应该及时组织力量进行勘查。

一、扒窃现场的实地勘验

1. 明确现场范围

扒窃犯罪嫌疑人多活动于人员流动、拥挤之处，伺机作案。扒窃犯罪活动往往是在拥挤流动中的人群中进行的。因此，扒窃犯罪嫌疑人的窥视、跟踪、窃取、逃离、洗赃等行为涉及的范围较大。勘验中，应结合扒窃犯罪活动的规律和特点，通过详细询问事主和知情群众，了解可疑人员的活动路线，沿其活动路线确定具体的被盗地点，以便有重点、有针对性地进行勘验。

另外，还要注意结合本地监控设施的分布情况和事主的活动路线，通过分析监控录像确定可疑人员的活动场所。

2. 对犯罪嫌疑人扒窃地点的勘验

扒窃过程虽然相对短暂，但大多数犯罪嫌疑人在实施扒窃之前，都有一个观察、试探、掩护的过程，如使用报纸、杂志等作掩护，在这个过程中，犯罪嫌疑人可能在现场留下相应的痕迹、物品。如果发现或报案及时，要注意搜寻、检验可能丢弃在现场的报纸、杂志等，据此可以提取到扒窃犯罪嫌疑人的手印、笔迹，有时还可以发现记载的电话号码，以及关系人姓名、住所等文字内容，甚至可以分析出犯罪嫌疑人的个人爱好、职业特点、居住或工作范围等。同时，要注意搜寻犯罪嫌疑人遗留的刀片、烟头、瓜子壳等物品，有条件的现场，还要提取其脚印。

3. 检查事主被扒的衣物、提包

扒窃行为一般是在事主察觉自身衣物、提包被破坏且财物丢失后被发现，此时扒窃行为往往已经发生较长时间，扒窃现场早已失去勘查价值。在这种情况下，检查事主被扒的衣物、提包就显得尤为重要。通过检查事主被扒的衣物、提包，可以查清财物存放的具体部位，判断事件性质，以及犯罪嫌疑人作案的手段、方法和经验，例如，有的犯罪嫌疑人习惯掏包，有的则更喜欢割包。检查过程中，要注意纽扣、拉链是否打开，是否有被划割的痕迹，划割的部位、次数、方向、轻重、长短等。还要注意在衣物的纽扣、提包的金属饰物等光滑部位寻找、提取犯罪嫌疑人的手印和其他附着物。通过检查事主被扒的衣物、提包，综合分析犯罪嫌疑人的习惯性作案手法、动作熟练程度等，为扒窃案件的串并案提供重要依据。

4. 搜索勘验中心现场周边场所

犯罪嫌疑人扒窃得逞后，一般会迅速逃离中心现场，在中心现场附近或逃离过程中寻找僻静之处清点、处理赃物或分赃，同时，还会在此将事主存放财物的钱包、提包，事主的证件、发票、文件等特征较明显、价值较小的物品，以及犯罪嫌疑人不感兴趣的物品、犯罪工具等丢掉，以割断与案件的联系。这些场所也被称作"洗赃"场所。因此，对于发现及时的扒窃案件，应迅速组织力量，以现场为中心，对附近的公共厕所、下水道、防空洞、垃圾堆、邮筒、果皮箱、僻静街道等进行搜索，查找"洗赃"场所。在勘验"洗赃"场所时，既要注意发现犯罪嫌疑人丢弃的物品，还要注意从丢弃物品上寻找手印，在"洗赃"场所及犯罪嫌疑人来去路线上寻找脚印。另外，有时还需对"洗赃"场所所处的具体环境进行分析，这有助于推断扒窃犯罪嫌疑人是否熟悉该场所，并可据此进一步分析其居住范围或落脚点。

二、扒窃案件的现场访问

对大多数扒窃案件而言，在扒窃现场很少能提取到有价值的痕迹、物品，大量案件信息的获取主要依赖对事主、目击证人和有关人员的现场访问，如有些扒窃案件现场的确认依赖事主对其整个活动过程的回忆，有的犯罪线索的获得来自对发案地区或相关路线上的司乘人员、摊贩、执勤人员等的访问。因此，现场访问在扒窃案件勘查中显得尤为重要。扒窃案件的现场访问主要了解以下三个方面的问题。

1. 查明被扒的经过

应详细询问事主的姓名、单位、住址；被扒前后行走的路线、到过的场所、乘坐过的车辆及具体所坐的座位；在何处暴露过钱财，有哪些人在场；财物存放于衣袋中还是提包中；发现被扒的时间、地点和发现经过；财物是如何被盗走的，是掏包、割包，还是掉包等。除事主外，还应尽可能地多找一些当时在场的群众进行访问。

2. 了解被扒财物的情况

被扒财物情况包括被扒财物种类、数量、特征；被扒财物的归属，即被扒是私有财物还是公款公物，如果是公款公物，访问时要注意投案人的陈述是否有矛盾，所述被扒经过是否符合情理。有的报案人是在贪污、挪用公款后，或为了侵吞所经管款项而伪装被扒。当侦查人员产生这种怀疑时，可向报案人所在单位及其同事、家属进行调查，了解其外出是否携带了报称被扒的财物、经济收支是否正常等情况。

3. 了解现场可疑情况

扒窃犯罪嫌疑人与一般群众在衣着、神情、言谈举止等方面都有一定区别。首先，为了掩盖扒窃动作、隐藏赃物，扒窃犯罪嫌疑人的上衣多较宽大，手中、胳膊上常有书报、帽子、围巾、上衣等用于遮挡事主和群众视线的物品。为了便于奔跑，其多穿系带的轻便鞋，与衣饰和气候常不相称。其次，在寻找目标、试探和下手窃取财物的过程中，扒窃犯罪嫌疑人常常神情紧张、专注、颜面变色，且目光呆滞，身体姿势、手足动作极不协调。再次，扒窃犯罪嫌疑人的行为方式也与周围群众不同，如进了商场不看商品，却在收款处徘徊；到了售票窗口反往后挤；上车时顶着人流而进或挤在车门处，上车后东张西望，车未停稳迅速下车，等等。最后，扒窃犯罪嫌疑人多结伙作案，结伙作案时，常常可发现一些可疑迹象，如一伙人时而用污秽、难懂的暗语交谈、嬉戏，时而如素不相识，各居一隅，即使同伴和人发生争执也不关心；时而故意挤在一起，排成一列；时而一哄而散；时而在现场故意大声喧闹、争吵，吸引在场人员的注意力等。通过了解这些可疑情况，往往可以发现嫌疑线索。

对于有明确怀疑对象的，要了解可疑人员的人数、体貌特征、口音、谈话内容、衣着、随身物品、上下车地点、逃跑方向、贴近事主及掩护作案的方式等。对于无明确怀疑对象的，在听取事主陈述的基础上，应立即深入发案地区、路线，访问发案前后的周围群众，尤其是司乘人员、摊贩、执勤人员等固定工作人员，向他们了解以下情况：

（1）发案前后哪些人在语言、眼神、动作等方面有异常，如衣服上有漏兜、手提袋侧面开有口子、发案后急于逃离现场等。

（2）事主乘车的路线、停留的处所，行走途中有无可疑人员尾随。

（3）可疑人员上车、下车的地点，是否有人故意与事主的身体贴靠、碰撞或制造事件等。

（4）当地扒窃犯罪的规律性，有无"专吃一线""专吃一片"的扒窃犯经常出现。

访问中，如发现有上述可疑人员，应请事主和知情群众详细描述可疑人员的人数、人身形象和行为特征，必要的时候，可组织模拟画像或辨认。

第四节　盗窃交通工具现场的勘查

在侦查实践中，盗窃交通工具以盗窃自行车、摩托车、汽车者居多。特别是随着社会的发展，近年来以摩托车、汽车等机动车辆为目标的盗窃犯罪与日俱增，这造成了极大的社会影响和经济损失，给侦查机关提出了严峻的挑战。犯罪嫌疑人盗窃交通工具，多自带螺丝刀、钳子等工具，作案后将犯罪工具随身带走，形成的工具痕迹也多留在车上，同现场其他物品一般没有接触，无手印可查，加之被盗场所多为公共场所，现场的足迹也多被破坏。所以，这类案件虽然盗窃现场很明确，但往往勘验的价值不大，采证率低。但是，犯罪嫌疑人从接近现场、选择目标、窥测守候、接触车辆撬锁到驾车逃离现场，仍是一个较复杂的过程。因此，在接到报案后及时勘查现场，依然能收集到不少有价值的侦查线索和破案证据。

一、盗窃机动车的主要方法

盗窃机动车的犯罪嫌疑人在盗窃成功后一般都会将被盗车辆改装、拆卸后转手或出售，以牟取非法利益。有的盗车犯罪团伙更是实现了"盗、藏、改、销"一条龙，形成严密的犯罪组织。为达到犯罪目的，盗车犯罪嫌疑人也在不断改进盗窃方法，这导致实践中的盗车方法层出不穷，给勘查提出了更高的要求。目前，常见的盗车方法主要有以下几种：

（1）寻找由于车主疏忽而未锁车门或未将钥匙拔出的车辆进行盗窃。

（2）寻机秘密配制车辆钥匙，用配制钥匙开锁。如修理厂的工人利用车主修车之机偷配钥匙。

（3）用与被盗车辆型号、标牌相同的多种钥匙套开或用万能钥匙试探开锁。

（4）用锐器破坏车锁，用螺丝刀等插入车窗玻璃边缝向下加压将玻璃压下，或直接破坏车窗玻璃后，打开车门进入车内，用剪接电源线的方法启动车辆。

（5）锯断、剪断锁具，直接将车发动并盗走，或将车推至离原停车处较远的地方，再发动车辆，以防被人发觉。后者常见于盗窃摩托车、机动三轮车、拖拉机的犯罪案件中。

（6）使用解码器或解码软件开锁，此方法主要针对一些高档轿车。有的犯罪嫌疑人甚至自己驾车，带上专用电脑和工具，专门在停车场进行盲扫解码。

（7）盗窃车辆零部件，如拆卸轮胎等。

（8）其他方法，如将机动车抬至或吊至卡车、面包车或厢式车内盗走。

二、盗窃交通工具案件现场的实地勘验

1. 巡视现场环境

巡视现场环境，要认真观察现场周围有哪些建筑物、道路，道路分别通向哪里，以及现场人员流动情况；现场位于何种地区，是步行区内，还是交通要道，是专门划定的停车场所，还是事主不按规定乱停乱放的地点；现场有哪些较固定的人员，他们能否看见现场发生的情况；现场有无监控设施以及监控设施是否开启等。

2. 勘验现场中心

勘查人员应让事主到场指认具体、明确的停车地点。如果被盗现场勘查及时，可能会收集到有关的痕迹、物品。

（1）勘验轮胎印痕。

应确定停车的具体位置，观察有无相应的停车、行车痕迹，如车轮印痕、油迹、水迹等，油迹、水迹的分布面积及浸润深度如何等，据以分析犯罪嫌疑人的驾车技能、逃跑方向等情况。特别要注意通过滴落的水滴、油滴的喷溅方向和车轮辗断的树枝、草棍等折断的方向等来确定逃跑的方向。同时，要注意分析勘验现场情况与事主陈述是否矛盾，以甄别案情真伪。因为侦查实践中，谎称车辆被盗而试图骗取保险金的案件时有发生。

（2）勘验其他痕迹、物品。

要在停车地点的四周地面寻找有无反映车辆被破坏的物品，如车窗玻璃碎片、撬落的油漆、金属碎片、零部件、被剪断或锯断的锁具、电线断头等；有无犯罪嫌疑人遗留在现场的足迹及其他物品，如烟头、头发、手套、作案工具等。这些痕迹、物品既能用来分析、推断作案工具，也可反映犯罪嫌疑人特定的作案手法，又是下一步用来串并案及印证犯罪嫌疑人口供的重要证据。同时，还要注意检验相关物品上是否有手印、微量物证等。

3. 搜索、勘验现场外围场所

（1）观察现场周围环境状况。

主要了解现场位于什么方位，是否偏僻；有哪些道路可以进出，有哪些道路可供机动车进出行驶；周围有无围墙、大门、栅栏；现场附近值班、巡逻人员及其他人员

的活动规律；周围有哪些建筑物，有无监控设施等。

（2）搜索、勘验现场附近。

搜索犯罪嫌疑人作案前在现场附近窥探、伺机作案的有关场所及进出现场的路线，特别要注意现场附近的一些隐蔽场所，以发现其足迹、烟头及其他遗留物等。

（3）搜索、勘验犯罪嫌疑人逃跑路线沿途。

犯罪嫌疑人盗得车辆后一般会迅速逃离现场，为了逃避追查，有的还会在逃离途中将车上特别明显的标识物扔掉，如卸掉、更换、擦刮车牌，卸掉车上的醒目物品等。因此，要及时组织力量沿着犯罪嫌疑人可能的逃跑路线进行搜索，特别搜索沿途的水域、涵洞、草丛，发现相关物品后及时勘验，提取痕迹物证等。同时，这也可以确定犯罪嫌疑人逃跑的准确方向，为及时、快速追缉堵截提供有利条件。

另外，在搜索过程中，还要注意发现沿途的监控设施，从中查找可疑人员和车辆。

4. 勘验可疑车辆

赃车出现的场所也是盗窃车辆案件的犯罪现场之一。在这类案件侦查中，一旦发现可疑车辆后，需要及时对可疑车辆所在现场及可疑车辆本身展开勘验。通过勘验，确认可疑车辆是否确为被盗车辆，如果确系被盗车辆，应及时收集相关痕迹、物品。这些痕迹、物品是这类案件侦查中的重要证据来源。因此，勘验可疑车辆，也是盗窃车辆案件现场勘查的重要内容之一。

（1）车辆外观检查。观察可疑车辆型号，有无特殊特征，与被盗车辆是否相符；检查颜色是否改变，车驾号、发动机号是否有改动迹象等。

（2）车辆资料核对。收集、提取可疑车辆相关文件资料，通过查询比对，了解车主情况及车辆上户、维修等档案资料及行驶情况，如可以通过查询收费站记录了解车辆何时经过哪些地方。

（3）车辆身份号码修复。车辆身份号码主要有车架号和发动机号。犯罪嫌疑人盗车后经常采用一些物理、化学方法在相应部位将这些号码磨挫、销蚀掉，然后再刻上伪造的号码。遇这种情况，要借助一定的仪器和技术手段修复、显现原来的号码。

（4）收集其他痕迹、物品。注意在可疑车辆现场发现足迹、轮胎印迹，在可疑车辆上发现、提取手印、犯罪工具、毛发等。

三、盗窃交通工具案件的现场访问

1. 了解被盗经过及车辆情况

勘查人员应详细询问事主的姓名、单位、住址等基本情况，查清何时、何种原因将车停放于何处，停放时有哪些人在场；停放时车辆的状态如何，是否关闭车窗玻璃，是否上锁及拔下车钥匙；有无防盗报警装置，是否开启；何人、何时发现被盗。了解被盗车辆的情况，主要包括车辆品牌、型号、车架号、发动机号、车牌号、颜色、新旧程度、价值；有无暗记、修补特征、附加设施；车门及车厢上是否印有文字、图案、广告等；有无醒目的装饰物；车上是否装有易识别的货物等；车辆是否投保，保险的日期及价额等。

2. 了解疑人疑事

（1）在车辆被盗现场及附近访问。

在确定车辆被盗的大致时间的基础上，应围绕发案时间，向车主、停车现场的管理人员、其他停放车辆的车主及乘客、现场附近的摊贩等可能知情的群众重点了解发案前后是否有可疑人员窥探事主及其车辆，车辆是如何被盗走的，犯罪嫌疑人的人数、体貌特征、驾车技能等；了解车钥匙的保管情况，何人在何时因何故借用，谁有条件秘密复制车钥匙，何人还有原配钥匙及其保管情况等。对于投保的车辆，还要注意了解事主的基本情况及其言行、神态有无反常，陈述有无矛盾等。

（2）沿犯罪嫌疑人驾车逃离沿途访问。

在初步判断犯罪嫌疑人驾车逃离方向后，要沿途访问行人、交警、执勤人员、修车铺员工、加油站工作人员、小摊小贩以及其他相关人员，了解他们在发案后是否看到被盗车辆经过或停留，车上人员的人数、体貌特征，有无同行的车辆及其车上人员情况，逃离的方向等。沿途的收费站、检查站有监控设施的，要特别注意从监控录像中发现可疑情况。

四、现场勘查信息的录入与比对

盗窃机动车案件中，结伙作案、多次作案、流窜作案者居多。因此，在现场勘查中充分利用各类侦查信息资源，往往可以发现重要的侦查线索。勘查中，首先，要将勘验所获取的信息录入侦查数据信息库中；其次，要将所获取的各种有价值的勘查信息与现场勘查信息系统、被盗抢车辆信息系统、违法犯罪人员信息系统、未破案件信息系统、已破案件信息系统、指纹自动识别信息系统、机动车管理信息系统、二手车交易信息系统等数据库中的信息资源进行查询、比对、碰撞、关联，以从中发现侦查线索。

第二十二章 重大责任事故案件的现场勘查

重大责任事故案件是指矿山、林场、建筑企业或其他企事业单位的职工,由于不服从管理,违反规章制度,或者强令工人违章冒险作业,因而发生重大伤亡或者造成其他严重后果的案件。

根据我国《刑事诉讼法》关于案件管辖范围的规定,重大责任事故案件由公安机关管辖,公安机关接报后,应立即组织侦查人员、专业技术人员赶赴现场进行勘查。

第一节 勘查重大责任事故现场的任务

一、查明事故性质

事故发生的原因十分复杂。根据事故发生原因的不同,事故性质可分为自然事故、技术事故、责任事故、破坏事故等。自然事故是指由不能预见和不能控制的自然条件发生变化而引起的事故;技术事故指是由技术条件限制或者设备条件不良而造成的事故。这两种事故中的行为人在主观上既无故意,也无过失,因而不构成犯罪。而责任事故和破坏事故有一定的相似性,在实践中容易混淆,但二者在主客观方面却有本质的不同。责任事故是指从业人员在生产、作业过程中,违反操作规程,或不服管理造成的事故,后果不严重尚不构成犯罪的为一般事故,造成了严重后果的为重大责任事故。责任事故的责任人在主观上存在过失,客观上具有不服从管理、违反规章制度或者强令工人违章冒险作业的行为,但其并不希望或没有预见到危害结果的发生。破坏事故的行为人在主观方面有犯罪故意,犯罪动机和目的明确,在客观上实施了破坏行为,而且造成了破坏后果,属于故意犯罪。因此,勘查事故现场,首先应当查清事故的性质是自然事故、技术事故,还是责任事故、破坏事故,如果是破坏事故应当立案侦查;如果是自然事故、技术事故便不能立案侦查,已经立案的也应撤销案件。如果是责任事故,还要区分是属于一般责任事故还是属于重大责任事故,只有属于重大责任事故才构成犯罪,才能立案侦查。

二、查清和记录事故后果

事故所造成的后果,是衡量行为人是否构成犯罪及罪重罪轻的重要依据。根据现有规定,责任事故只有发生重大伤亡或造成其他严重后果才可能构成犯罪。所谓重大伤亡,是指致一人以上死亡或三人以上重伤;所谓其他严重后果,是指造成直接经济损失数额较大达到立案标准,或情节严重,使生产、作业受到重大损害。由此可见,重大责任事故的后果主要指的是直接后果,间接后果仅作量刑时的参考。因此,重大责任事故现场勘查的重点就是要查清事故的直接后果,即现场因事故造成的人员伤亡和直接经济损失等实际后果。勘查时应对因事故受到损坏的建筑物、机械设备、原材料、产品及其他物资进行详细的清点、登记,鉴定其损坏程度。对于有人员伤亡的现场,应及时查清伤亡人数,伤亡的直接原因,伤亡人员的身份及其他基本情况。查清和记录事故后果,不仅有利于及时立案侦查,也有利于正确定罪量刑,而且还可以为保险、民政、人事部门处理善后工作提供重要的依据。

三、发现、收集痕迹、物品

重大责任事故发生的原因复杂,加上案件发生后常常因开展救人、扑火、排爆、挖掘、打桩、修筑、注水等救助活动,痕迹、物品破坏十分严重,导致现场勘查技术性、专业性强,难度较大。所以,重大责任事故现场勘查时,公安机关应当在劳动部门、企业上级主管部门、安全监督和技术监督部门的协助下,充分利用不同行业领域的专业技术装备和相关专业知识,尽可能地全面发现、收集各类有价值的痕迹、物品,这对于正确认识重大责任事故现场、分析事故原因、开展技术鉴定特别重要。勘查中,要发现、收集反映现场毁损状态及程度的痕迹、物品,详细记明痕迹、物品在现场的部位和状态,如与物质发生位移、转化、破碎相关的痕迹、物品;要发现、收集反映人体活动情况及特征的痕迹、物品,如手印、足迹、毛发、唾液等;要发现、收集与事故发生环节相关的各类文书资料,如设计图纸、工作记录、会议记录、工作交接书、生产流程图、技术资料及相关规章制度等;要发现、收集事反映事故发生前后现场工作情况的视听资料,如监控录像、计算机工作数据等。

四、查明事故原因,明确事故责任

查明事故原因是正确区分责任的重要前提。勘查人员应在专业技术人员的协助下,对事故所涉及的专门性问题进行认真的分析研究,对行为人及有关人员主客观方面的情况做深入调查,从而准确认定事故发生的直接原因。对于一些复杂的案件,还应聘请有关专家进行技术鉴定或进行必要的现场实验。

责任总是与一定的原因相联系的。重大责任事故,有时其发生的原因较简单,仅是由某一个人的违章行为造成的。对这种因果关系简单明了的案件，查清和认定行为人的责任比较容易。但有时生产、作业过程环节多，涉及人员复杂，重大责任事故是由若干人共同的违章行为造成的，或者同其他人的行为有密切关系，或者同生产指挥人员和有关专职管理人员、安全人员玩忽职守的行为有直接联系。这种情况下，有关人员的责任就难以认定。这就需要认真查清每个人的行为对重大责任事故的发生所起的作用。在认定时，应以实地勘验、现场访问、技术鉴定材料为依据，从实际出发，正确区分每个行为人在事故中的具体责任，从而使案件得到公正的处理。对于已经死亡人员的责任认定，也应当客观慎重。

第二节　勘查重大责任事故现场的重点

重大责任事故主要发生在矿山、林场、建筑企业和其他企事业单位的生产、作业过程中，涉及行业繁多，情况复杂，涉及的业务知识领域也十分广泛，专业性强，所以不同类型的重大责任事故现场可能会呈现出不同的专业特点和技术难点，造成现场勘查的重点和要求各有不同。但是，就重大责任事故现场勘查的规律而言，无论勘查哪种类型的重大责任事故现场，以下三个方面都应当成为勘查的重点。

一、现场危害后果的勘验和统计

重大责任事故造成人员伤亡或其他严重后果（如财产损失严重）是构成犯罪的前提，也是量刑的依据。因此，现场危害后果是重大责任事故案件侦查中的重要诉讼证据，必须认真勘验、准确统计。

1.勘验和统计内容

（1）人员伤亡情况。

凡有人员伤亡的现场，应当在积极抢救伤员的基础上，尽一切努力积极寻找和发现死伤人员的下落，查清死伤人员的数量、身份及事故发生时其所处的位置。对于死者，要查明死者的工作岗位、死亡原因及与事故是否有直接或间接联系；对于伤者，重点查明受伤程度、受伤原因等。

（2）财产损失情况。

对于财产损失，一般是统计直接经济损失，即事故直接引起的设备损坏、建筑物倒塌、产品报废和其他受损坏公私财物的实际价值，以及恢复生产、生活所需要的费用等。由于事故造成的停工、停产的经济损失及伤亡人员的善后处理费用等属于间接经济损失，不应计算在直接经济损失之内。

2. 勘验和统计步骤

在对重大责任事故现场危害后果进行勘验和统计时，应遵循一定的步骤。

第一，拟订方案。勘查人员应在熟悉现场情况的生产管理人员和安全技术人员的协助下，共同拟订勘查方案，明确分工，以保证勘查和统计工作的有序进行。

第二，排除险情，进入现场。进入现场前，应先在现场外围进行概貌观察，了解事故对建筑物和设备破坏的大致情况，判断建筑物及设备构件是否有倒塌、掉落的危险。判明危险物品的位置、数量及状态等情况，在排除险情后依次进入现场。

第三，明确并合理选择勘验顺序。勘查时应根据现场具体情况，分组、分项目按先静后动的顺序进行，有目的、有针对性地对现场各部位的物品及残骸进行勘验和统计。统计财物损失情况，应在准确掌握事故前现场物资品种、数量的基础上进行，对确因事故损坏的建筑物、设备、原材料、产品及其他物品，要逐一、仔细清点、登记，并注明损坏程度。对某些特别贵重或具有特殊意义的物品还应编号、拍照或绘图。有条件的现场还应采取"物品（残骸）复原法"或"绘图复原法"进行勘验。

为了提高勘验效率，对毁损情况十分严重的现场，勘查人员可先行统计尚未损坏和损坏显著轻微的物品，结合现场事故前的财产情况，推断实际损失情况；对于毁损情况相对较轻的现场，应注意发现并登记损坏物品的主要残骸，直接统计损失情况。

现场勘查中应特别注意避免出现以下三种情况：一是将同一物品的残骸分别作为不同物品重复登记；二是由于物品毁损严重（如已为灰烬）而漏计；三是现场无某种物品残骸，仅凭发案单位报称而轻率地加以统计。

二、事故原点的勘验

事故原点是指事故发生的最初起点，也就是事故隐患转化为事故的、具有初始性突变特征的、与事故发展过程有直接因果联系的点。事故原点是造成事故后果的直接原因的反映点，如火灾事故的最初起火点、爆炸事故的第一炸点。事故原点具有承上启下、使事故扩大蔓延的作用。事故原点不仅是事故后果发生的起始点，在连锁事故中，其又是后发事故的直接源点或间接源点，如火灾的蔓延、第一次爆炸后引起多处连锁爆炸。因此，在重大责任事故案件现场勘查中，判明事故原点是查清事故直接原因的重要前提。分析事故原点，就是通过事故原点对造成事故的直接原因进行分析，尤其是过程异常迅速、内容复杂、造成蔓延的事故，必须首先确定事故原点，然后才可能着手对现场各种现象进行分析，找出这些现象与事故原点的因果联系，从而把事故发生、发展的顺序逐步揭示出来，最终确定事故发生的直接原因和间接原因。如果在事故原点未确定时就对事故原因作出结论，该结论必然是错误的。

对于事故过程比较明显且简单的现场，勘查人员通过观察分析事故后果和访问证人，不难确定事故原点。但有的事故由于行为人可能受到严重伤亡，现场也遭受破坏，现场可能存在着两个以上类似事故原点的情况（如多处爆炸，建筑多处垮塌），往往不易直接确定事故原点。这时，确定事故原点要重点勘验各点痕迹和状态，如物品受损情况、抛掷物飞散方向、残渣残片、炸坑表象等；注意发现原发和诱发的迹象，综合分析研究各点现象发生的先后顺序及因果关系，使事故的形成、发展过程逐渐显现出来，从而确定事故原点。对于复杂的事故现场，则应勘验调查现场的有关情况，逐项进行技术鉴定；必要时，可以进行现场实验，"再现"事故发生、发展情景，帮助确定事故原点。

三、事故发生前情况的调查

大量的事故调查分析结果表明，事故的起因和责任，可从事故发生前的有关情况找到依据。导致事故发生的原因基本上可分为两大类型，一是不安全的客观状态；二是不安全的行为。具体体现在物质不安全因素、人为不安全因素、环境条件不安全因素三个方面。

物质不安全因素主要是指设备、装置的构造不良、强度不够、磨损、老化，以及有害有毒物质、易燃易爆物品安全防护装置的缺陷等。此外，对各种机械装置、物质贮运方式在什么情况和条件下可能发生危险没有充分的预见、缺乏相应的预防措施等，这些因素都可能成为发生事故的客观原因。

人为不安全因素主要是指因玩忽职守和缺乏必要的安全常识而发生的误判断、误操作、违章指挥、违章作业，以及精力不集中、身体过度疲乏、智能体力缺陷等。这些人为的不安全因素常常会导致事故发生。

环境条件不安全因素主要是指作业的空间、照明、视线、温度、湿度、通风、噪音、震动、色彩等条件不适宜该项作业。环境条件不安全因素通常是事故发生的诱因或间接原因，有时还可成为事故发生的直接原因或主要原因。

上述情况说明，调查事故发生前的情况是勘查重大责任事故现场的重要环节。调查对象主要包括与事故隐患有关的人员和发生事故时在场的人员以及事故的目击者、其他知情群众，如现场的安全员、技术员、化验员、厂长、班组长、单位领导，以及现场周围群众等。调查中要坚持调查相关人员与广泛走访知情群众相结合，坚持调查现场现象与查阅有关资料相结合，坚持正面调查与侧面调查相结合。调查的内容一般包括以下几个方面：

（1）事故发生前进行生产、作业的设备、装置的情况，如设备有无问题或缺陷、防护装置是否有效、设备的运转情况等。

(2) 操作人员的情况,如身体状况、精神状态、思想情绪等。

(3) 事故临近发生时的操作情况及有关数据,尤其要注意有关生产、操作记录。

(4) 生产、作业过程中是否出现异常现象及其处理情况。

(5) 有关规章制度和文件资料。

(6) 其他与事故有关的情况,如气象条件、电力供应等。

第三节 生产机械设备事故现场的勘查

生产机械设备事故,是指违章操作使用生产机械设备,导致其严重损坏,原材料、产品大量损失和人员伤亡的事故。生产机械设备事故种类较多,常见的有机械事故、电气事故、原材料和产品报废事故、压力容器爆炸事故等。

一、生产机械设备事故常见原因

1. 设备质量缺陷

设备质量缺陷是指设备本身存在质量问题。导致生产机械设备本身出现质量缺陷的原因很多,主要包括在设计时设计结构不合理,设计强度或刚度不够等;在制造时采用的材料质量不合要求,或偷工减料,制造工艺不合标准等;组装时零件连接不够牢固,某些配合关系不正确,旋转零件不平衡,设备内有异物等;在运输、安装中受到损害等。生产机械设备只要存在一定的质量缺陷,即使是在正常运行和操作状态下,也可能会发生事故。

2. 设备超负荷运行

设备超负荷运行是指过度、疲劳地使用设备,这是生产机械设备事故常见的原因。超负荷运行有两种基本情况,一是超过设备最大安全功率运行;二是超过设备最大连续运行时限运行。超负荷运行,多是操作人员存有侥幸心理,认为不会发生事故,或对事故发生的可能性缺乏预见。无论属于哪一种情况,即使操作本身并无失误或失职,也可能导致事故发生。

3. 设备维护不当

设备维护不当是指在设备运行中对设备的保养、检查和维修不力,导致设备处于非正常、带病状态。任何机械设备在运行一段时间以后，都要进行定期或不定期维护。如果维护不当，致使设备隐患未能及时处理，就可能发展成事故。如各种机件长期磨损，已超过安全极限，但仍在使用；充油设备漏油造成机件非正常磨损，电路故障，但没有对其进行清洗、更换等。

4. 安全装置不齐备或失效

各种机械设备都必须装配齐备且有效的安全装置。一般而言，安全装置主要包括人身安全防护装置、设备保护装置和意外事故防护装置。对于大型的、具有一定危险性的机械设备，上述安全装置必须齐备且有效，否则不能投入使用。对于一般的机械设备，人身安全防护装置是不可缺少的。如果安全装置缺乏、存在缺陷或失效，都可能引发事故。

5. 操作人员的违章操作和错误操作

所谓违章操作，是指操作人员违反安全劳动纪律和安全操作规程，恣意而为的情形。如启动设备前盲目轻信自己的技能熟练，不先做常规安全检查，未穿戴好防护衣具；设备运转过程中擅离岗位，不集中精力操纵、监控；卸装零部件、检修设备时不遵守安全操作制度，不停机、不断电，危险作业等。只要存在这些违章操作情形，就可能导致事故发生。统计资料表明，违章操作是生产机械设备事故发生的主要原因。

另外，由于操作人员业务素质低，技术技能差，缺乏安全意识和自我保护能力，在生产、作业过程中容易采取错误操作行为，从而引发事故。特别是在遇到一些难以预见的异常情况或需要采取避险措施时，引发事故的可能性更大。因此，错误操作常常也是造成事故的原因之一。

6. 管理混乱

管理混乱在实践中的主要表现为：有的单位不重视安全生产，缺乏必要的安全生产规章制度；有的单位不认真总结经验教训，安全生产规章制度不健全；有的单位虽有安全生产规章制度但却不能严格执行，导致出现管理人员、技术人员、班组长等违反安全生产规章制度或强令操作人员违章冒险作业等现象。管理混乱势必会使生产过程中的不安全因素增加，容易导致事故的发生。

二、生产机械设备事故现场的实地勘验

一般情况下，生产机械设备事故现场（除引起火灾、爆炸的生产机械设备事故外）的事故原点清楚，勘查范围明确，不难查明事故性质和原因。

现场勘查

1. 检查事故现场临危防护情况

勘查时应首先检查现场与事故设备有关的保护设备，确认有无防护动作迹象。如各级断电保护动作，各种开关的额定电流、时限，保险熔丝的熔件残留部分情况，操作人员、安全人员是否采取了切断电源、停加燃料等安全防护措施，从而初步判断事故性质和原因。

2. 勘验统计现场事故后果

生产机械设备事故通常是由设备损坏开始，继而引起人员伤亡、火灾、爆炸、建筑物破坏等后果的连续发生。勘验时应从物质毁损最严重或伤亡人员最集中的地点开始，对损坏的设备、建筑物逐一检查、登记，查明其毁损的原始状态、毁损程度、直接原因。对于伤亡人员，要查明伤亡原因、事故发生时所在的位置、受伤程度等情况。此外，对于现场周围的一些异常现象，如损坏的机械构件、工具、非现场所有的物品及残留物也应进行仔细勘验。

3. 勘验发生事故的设备

勘验发生事故的设备，应当根据设备的种类、规格、性能，决定勘验的重点和具体内容。在一般情况下，勘验发生事故的设备时至少应重点勘验其以下部位：

（1）勘验工作机械。主要分三步进行：一是外表观察，主要查看有无机件缺少、零件不当替代、非正常磨损、断裂变形等情况；二是分析测试设备事故前是否处于正常状态，分析测试一般要求查明设备零部件是否齐备合格、组装是否符合要求、设备的保养及磨损是否正常等情况；三是作出结论。

（2）勘验电气设备。设备的电气故障一般规律性较强，勘验时应重点测试接触器、控制器、集电装置、制动器、继电保护器等。如果电气设备本身未发现故障，则应仔细检查电路中的分支点、接头、熔断器等部位。

（3）勘验安全防护装置。安全防护装置是同设备配套的，设备不同，勘验重点就不同，如金属切削机床，应重点检查其传动和切削防护罩；起重设备，应重点检查其手制动器、吊缆、配重块；压力容器，应重点检查其压力表、安全阀等。如果安全防护装置完好，则应再测试其防护性能，但安全防护装置的防护性能常常会因事故的发生而出现变化，所以应具体分析。

对于情况较复杂的事故现场，只有经过必要的技术检验、计算和专项鉴定，才能查明事故的直接原因。因此，在勘查现场过程中，认为有必要进行上述工作时，还应注重在相关部位取样，采集痕迹物证，收集相关数据。

4. 收集、提取与事故相关的资料

一般来讲,与事故相关的资料主要包括以下五类:

(1) 技术规范,如各种规章制度。

(2) 技术档案,如与设备技术性能密切相关的技术资料、检验报告、实验记录、缺陷记录、检修保养记录、安全技术登记等。

(3) 生产、作业记录,如值班记录、设备运行情况记录、操作记录等。

(4) 工作环境记录,如记录有事故发生时的天气、温度(包括室内和室外温度)、湿度、电流、电压及其他情况的资料。

(5) 其他相关历史资料,如事故记录等。

三、生产机械设备事故现场的调查访问

1. 调查事故发生过程

在对事故现场进行实地勘验的同时,应对事故发生的过程进行调查。调查的主要内容包括以下四个方面:

(1) 事故发生前设备运行情况,如工艺条件是否正常、有无异常现象等。

(2) 异常现象开始出现的时间、表现形式、采取的应急措施及安全装置的动作情况等。

(3) 操作人员的技术水平、操作的熟练程度、工作简历和工作态度。

(4) 事故发生前的劳动组合及事故发生时各有关人员所在的位置、具体活动。

2. 调查设备的以往情况

调查设备的以往情况主要是通过查阅设备档案和操作规程,以及组织有关人员回忆座谈等方法进行。调查的内容主要包括以下四个方面:

(1) 设备的历史情况,包括设备的型号或类型、制造厂、出厂日期、价值,有无产品合格证或质检证明及材料质量检验证明,安装单位、时间,过去使用情况及使用年限等。

(2) 设备管理保养情况,包括设备历次检验、维修的日期、内容、发现的问题及处理结果等。

(3) 安全装置的配置使用情况,包括安全装置的型号、性能、实际使用和维护保养情况等。

(4) 设备操作使用情况,包括设备使用条件、操作规程、主要控制指标以及使用中实际执行的情况等。

第四节 矿山事故现场的勘查

矿山事故是指矿山作业区内所发生的生产性事故。由于矿山作业环境复杂，设备多样，生产条件多变，井下生产和安全管理的难度大，在任何一个方面存在不安全因素都可能引发矿山事故，因此实践中矿山事故种类繁多。从原因上看，矿山事故可以分为瓦斯、冒顶、坍塌、透水、坠落、物体打击、伤害、触电、淹溺、灼烫、火灾、爆炸、中毒、窒息等 20 余种。其中最常见的是瓦斯事故和冒顶事故，本节主要介绍这两种事故现场的勘查。

一、瓦斯事故案件的现场勘查

矿井瓦斯通常指煤层、围岩、采空区中释放出的，以及井下生产过程中产生的各种有害气体。瓦斯的主要成分是甲烷气，其无色、无味，不易溶于水，与空气的相对密度为 0.554，具有很强的渗透性，能够穿过矿层、岩层或墙体孔隙渗出，聚集在巷道的顶板、回采巷道、隅角及向上掘进的工作面中。瓦斯爆炸有一定的浓度范围，我们把在空气中瓦斯遇火后能引起爆炸的浓度范围称为瓦斯爆炸界限。瓦斯爆炸界限为 5%—16%。即当瓦斯浓度低于 5% 时，遇火不爆炸，但能在火焰外围形成燃烧层；当瓦斯浓度在 16% 以上时，失去其爆炸性，但在空气中遇火仍会燃烧。瓦斯爆炸界限并不是固定不变的，它还受温度、压力以及煤尘、其他可燃性气体、惰性气体的混入等因素的影响。同时，瓦斯还具有窒息性，当瓦斯浓度达到 43% 时，就会使人开始窒息；当瓦斯浓度达到 57% 时，就会使人在短时间内窒息死亡。瓦斯燃烧和爆炸还可能导致煤尘爆炸，进一步扩大危害。所以，瓦斯事故包括瓦斯窒息事故、瓦斯燃烧事故和瓦斯爆炸事故。

1. 瓦斯事故现场的实地勘验

瓦斯事故现场勘查范围应当包括整个受瓦斯爆炸损害的巷道和采区，但要根据现场情况突出勘查重点。勘验人员应在专业技术人员的协助下，戴好防毒面具、安全帽等防护用具，先通过细致的现场外围观察，确定进入现场的方式、时间和入口。

（1）确定事故原点。

结合瓦斯的流向、渗透和聚集的特点，矿井安全隔离、通风防护系统的设置，爆炸、燃烧中心和死亡人员所处的位置，事故原点一般不难确定。但有时事故原点亦较难确定，如狭窄的巷道发生瓦斯爆炸，冲击波受阻反射造成的反方向破坏，容易使人误认为被破坏的地方是爆炸中心,但爆炸中心并不是事故原点,而是他处瓦斯先被引燃,并蔓延燃烧至具备爆炸条件的地方,继而发生爆炸;死亡人员所处的位置,实际上是事故发生后其逃离过程中途经的地方,并非事故原点等。凡遇上述类似情况,则不能轻易作出何处为事故原点的结论。

(2)勘验瓦斯源。

勘查人员应通过对煤层和围岩中的瓦斯含量、采矿方法、邻近废弃巷道的检测,结合事故前的作业情况(如有无开采放炮造成大量煤层崩落、突然增加新的暴露面或裂缝导致瓦斯涌出等因素),查明瓦斯的来源以及涌出积聚的原因、时间、地点和方向。一般而言,只要查清瓦斯涌出量及通风防护系统失去平衡的原因,瓦斯源就不难判断。

(3)勘验通风和隔离防护设备。

矿井都装有抽出式通风设备,以及时排出瓦斯。废弃的巷道一般要及时封堵,矿井每一翼的进、回风流的巷道装有两道反方向的风门,主扇还应有反风设备;主出风井口还必须装设防爆门,这些设备都能有效地防止或减轻瓦斯事故的危害。勘验时应仔细观察、测试这些设备是否照章安装,是否有效,是否照章使用,并结合对瓦斯含量、涌出量的分析、测算,分析瓦斯的漏出是否超过了设备的排出量和防护极限。

(4)勘验引燃引爆火源。

引燃引爆瓦斯的火源在井下并不少见,如煤层自燃、电气短路的电弧火花、架线机车火花、明火源、吸烟以及摩擦、撞击和放炮产生的火花,都可能引燃引爆瓦斯。勘验时,应以现场中心为起点,沿巷道进行,仔细观察现场及附近有无煤层燃烧的痕迹,以及其他电器设备、电缆有无短路、损坏的迹象;作业面所使用的炸药是否为规定的安全炸药;现场有无烟头、火柴、打火机及容易产生静电火花、撞击火花的物品。

(5)发现、提取有关痕迹、物品。

要注意寻找存在螺丝松动、密封垫有油、接头失效、焊接不牢、线路裸露和破裂等现象,发现防爆不良痕迹、着火痕迹等,全面发现、提取有关痕迹物品,必要时应进行技术检验和专项鉴定。对于瓦斯窒息事故现场,还应当提取现场空气样品送检,分析瓦斯含量和成分。

2. 瓦斯事故的现场访问

瓦斯事故的现场访问应坚持询问有关知情人员和查阅有关记录相结合,力求查清下列问题:

(1)事故发生前后的经过。

（2）事故发生前的瓦斯检测情况。瓦斯检查人员是否按时、按地点、按规定次数对瓦斯进行了检测，注意发现有无漏检，并查阅检查记录瓦斯的报表和检查地点的记录牌所记载的情况，特别要注意浓度测定情况及最后一次检测情况。

（3）机电、通风设备相关情况。如机电、通风设备的制造厂家、制作工艺、使用的时间、检修情况；通风设备运转、维修、保养情况及其他电路陈旧损坏情况等。

（4）事故前有无不安全因素存在。如有无违章指挥、组织生产的行为，有无违章使用机电设备和爆破器材的情况，是否有人携带引火物下井，是否使用了普通照明设备，有无火源，是否发现过自燃煤层且需处理的情况等。

（5）事故发生后的处置情况。如采取了哪些急救措施，现场的变动情况等。

二、冒顶事故案件的现场勘查

冒顶事故是指在矿井开采过程中，由于岩层的稳定性差、岩体破碎，以及支撑不及时或支撑不力，导致顶板岩石突然塌落的事故。如果是瓦斯矿井发生大面积冒顶，还会导致瓦斯大量突然涌出，造成瓦斯事故。

1. 冒顶事故现场的实地勘验

（1）确定事故原点。一般冒顶事故的现场范围明确，勘验时只要逐层检查堆积物，确定支柱、顶棚、矿石、岩层的倒伏、折断、垮塌的顺序，就可确定事故原点。

（2）勘验事故现场及邻近的巷道地质情况。应重点观察、勘验顶板岩石完整性，因采矿遭破坏的情况，查看有无裂缝、积水现象，并对巷道的高度、跨度作仔细地测量，必要时还应检测顶板岩石的结构和井巷周围应力分布情况。

（3）分析支撑设计与开采方法是否适应。勘验人员可观察、了解开采方法，分析支撑设计是否符合安全要求，如支撑装置的强度、刚度是否足够，安装结构、特殊支撑和临时支撑是否完备有效。

（4）检查支撑质量，即检查支撑的安装是否符合安全要求。应对机械安装顶孔深度、探顶杆是否符合要求及支撑数目、支撑材质、强度等主要相关因素做全面细致的勘验。

（5）发现、提取痕迹、物品。要注意发现冒顶堆积状态、金属铰接顶梁的断裂状态、支架折断掩埋状态、机器设备毁坏状况、金属顶梁销子被挤出或弹出状况；详细测量支护的规格、粗细、长短、柱距和排距，注意发现缺柱、断梁折柱不及时换补或随意撤掉不应撤的支柱现象；注意发现金属支柱质量有无问题，人工假顶有无质量问题。一经发现上述相关的痕迹、物品，要及时提取或记录固定。

2. 冒顶事故的现场访问

（1）了解冒顶发生的详细位置和冒落范围及其地质构造。通过查阅矿井地质资料，查清矿层厚度、矿质软硬、顶底板岩性和组成、地质构造和自然裂缝，以此分析采区设计和工作面作业规程编制是否合理。

（2）调查有无人为引发冒顶的诱因。如矿车脱轨撞倒支柱、开采放炮药量过大、处理浮石不当等其他机械性破坏因素。

（3）了解事故发生前是否按规定进行了顶板观测和敲帮问顶检查。按照安全作业规程要求，每次进入工作面之前，应由安全员站在安全地点观察顶棚，并用较长的工具敲打顶板和支柱，查看有无顶板脱层的空声、哑声，支柱是否松动、腐烂，确定没有危险后方能进入工作面作业。冒顶事故的发生通常同敲帮问顶制度不严、检查松懈有关，所以必须认真查明该项制度的执行情况。

（4）事故生产指挥者是否有不顾险情报告，强令或利诱工人下井的言行，或作业人员是否有无视险情存在、侥幸作业的行为。调查这方面的情况应将广泛查访知情人员与查阅有关记录结合进行。

第五节 建筑事故现场的勘查

建筑事故是指建筑行业的职工由于不服管理、违反规章制度，或强令工人违章冒险作业，因而造成重大人员伤亡和经济损失的事故。建筑事故通常表现为两类案件，一类是建筑工程质量事故案件，另一类是建筑施工安全事故案件。总体而言，由于建筑事故涉及的专业知识、技术规范繁多且复杂，事故的定性与处理十分困难，因此，对其进行现场勘查尤其重要。

一、建筑工程质量事故案件的现场勘查

（一）建筑工程质量事故及其表现

建筑工程质量事故是指建筑工程的建设单位、设计单位、施工单位、工程监理单位违反法律规定，降低工程质量标准，影响结构安全和使用功能或造成较大经济损失的事故。造成建筑工程质量事故的原因非常复杂，既有设计原因，如勘察设计或计算错误、结构造型不当、设计强度不够；又有施工原因，如施工偷工减料、材料设备质量低劣等。建筑工程质量事故主要表现在以下几个方面：

（1）地基基础发生不均匀沉降。

（2）基础或主体结构承载力不足，影响结构安全和正常使用年限。

（3）主体结构开裂、倒塌或局部倒塌。

（4）影响设备及工艺生产系统的正常运行和使用功能。

（5）严重影响建筑工程的使用功能。

（6）违反国家建设标准强制性规定，造成工程质量不符合国家有关规范、标准的要求。

（7）因质量返工造成经济损失，需要明确事故责任。

（8）建设单位对工程质量严重不满，引起纠纷或司法诉讼而需要明确责任。

（9）建设单位、用户、设计单位、施工单位等认为需要作出鉴定或明确责任的。

（二）建筑物倒塌事故的种类

建筑物倒塌事故是建筑工程质量事故中最常见、最严重的事故，倒塌是指由建筑结构丧失承载能力引起的局部倒塌或整体倒塌。局部倒塌往往可以导致整体倒塌，局部倒塌主要有以下五种类型：

（1）砌柱倒塌。其倒塌原因有断面过小、高度过大、计算错误或超载、组砖方法错误和施工马虎等。

（2）墙体倒塌。其倒塌原因与砌柱倒塌原因大致相同，只是通常失稳倒塌较多一些。

（3）楼板倒塌。其倒塌原因有钢筋数量少或板厚不够、混凝土标号不足、混凝土对钢筋握裹力不足致预应力损失、其上堆放过重的材料或构件等。

（4）模板倒塌。其倒塌原因有使用的支柱非计算确定、间距布置不合理、使用直径过小的杆件造成模板下部的横梁或立柱强度不够；立柱间的斜拉杆不足或不设支撑体系，导致空间整体失稳等。

（5）台篷倒塌。其倒塌原因有荷载漏算或配筋不足造成强度不足；受力钢筋放反；施工时不注意，使主筋向下位移；施工中过早拆除构件，或所设计的抗倾安全度不合规范要求，从而丧失或降低承载能力。

（三）建筑物倒塌事故案件现场勘查方法

这类案件的现场勘查，应重点查明建筑物的设计、地基、支撑、荷载量、施工方法、材料质量等情况，并正确定性。勘查的主要方法包括以下四种。

1. 观察倒塌堆积物的状态

构件的倾斜方向、堆积、断折等情况通常能揭示倒塌的原因。由地基不均匀沉降造成的倒塌，堆积物通常倾向于沉陷度大的一方，竖向材料常被折断；由砌柱破坏造成的倒塌，堆积物通常落入建筑物平面内，整个水平杆件呈内低外高状；由墙体失稳造成的倒塌，构件通常向外崩出；由杆件强度不足抵抗破坏造成的倒塌，砌体通常被压碎，钢筋混凝土标件受拉区严重开裂，受压区混凝土被压碎；由稳定性不足造成的倒塌，杆件通常弯曲或扭转翘曲。

2. 复查建筑工程设计

根据倒塌部位和倒塌性质有重点地查看设计图和施工组织设计方案，以查明建筑物的原始结构、施工情况和已完成情况，结合不同事故现场的特点，进一步明确勘查重点和方法。

3. 检查施工方式和材料质量

为了确定倒塌原因，勘查时应从设计、施工、材料、地质、使用等方面着眼，重点检查施工方式和质量，尤其应仔细检查砌柱、墙体、楼板、模板等重要部位的施工质量。主要包括钢筋混凝土结构有无外观缺陷，质量是否符合规定要求，物理化学性能如何，裂缝的形状及分布特征等；结构构件的支撑或联结构造是否合理可靠，有无外观缺陷及质量缺陷，焊缝质量如何，螺柱或铆钉连接是否牢固，实际承载力的大小等；施工过程采取的稳定性措施有哪些，有无不合理地加大荷载的现象，实际施工流程如何等。必要时，还要进行专业实验或技术鉴定。

4. 开展现场访问

主要向事故发生时的现场目击者、现场施工人员及主要负责人查明以下问题：
（1）事故发生前有无倒塌征兆及相应的处理方法。
（2）事故发生时建筑物倒塌情况，如倒塌的部位、先后顺序。
（3）建筑物倒塌前后变化情况，如倒塌前有关设备、物资、人员的具体位置，倒塌后有何变化。
（4）工程施工情况，如是否按设计要求施工，施工过程中有无明显的错误操作或者盲目蛮干现象等。
（5）施工作业人员情况，如技术水平、作业经验等。
（6）其他情况，如勘察设计、建材来源、作业组织指挥等方面的情况。

二、建筑施工安全事故案件的现场勘查

建筑施工安全事故是指施工人员在建筑施工现场进行作业的过程中，发生人身伤亡和重大经济损失的事故。比较常见的主要有高空坠落事故、机械伤害事故、物体打

现场勘查

击事故和触电事故等,其中最常见的是高空坠落事故。在重大建筑施工安全事故中,无论是何种原因造成的,现场往往都会出现高空坠落情形,从而造成人员伤亡或财产损失。为准确查清事故原因,分析事故发生的全过程,在这类案件的现场勘查中应当抓住以下五个方面的重点。

(一)检查安全防护设施

大多数建筑施工安全事故的发生都与安全防护设施不完善有关,所以检查现场安全防护设施是这类现场勘查的主要内容。通过现场勘查应查明以下问题:

(1)安全"三宝"的配置和完善程度。

安全"三宝",即安全帽、安全带和安全网,是高空作业施工现场必须使用的安全防护设施,勘查人员应仔细检查其配置情况、有效程度及作业人员是否遵章使用。

(2)"四口"的防护情况。

"四口"是指建筑物的预留作业孔口、出入口、楼梯口和电梯井口,它们是施工中的危险部位,必须严加防护。勘查人员应观察现场不用的"四口"是否盖严、挡牢,正在使用的孔口有无防护棚和护身栏杆,同时还应了解施工方案中对"四口"的安排和相应防护措施的制订情况。

(3)吊装升降设备的安全设施配置情况。

对于塔式起重机,着重检查规定的行走限位、超载限位、变幅限位和吊钩高度限位装置是否具备和有效,对于大吨位的起重机,还应检查其是否具备"双保险"(吊钩保险、钢丝绳卷筒保险),并检测"双保险"是否灵敏有效。对于升降机,应检查其井字架结构是否合理、安装是否正确;缆风绳锚固措施是否符合技术规范;吊盘是否配有安全门和制动装置;卷扬机是否装有过卷扬限制器。

(4)立体交叉作业防护隔离措施是否完善。

立体交叉作业是建筑施工的一大特点,但这样上层作业往往对下层作业人员构成安全威胁。勘查现场时应检查上下各层是否设有专用的防护棚和其他防护隔离设施,施工人员的安全装备是否完善。同时,还应了解指挥人员和指挥信号有无失误等情况。

(二)检查脚手架的搭建和材料质量

脚手架是建筑施工作业中必不可少的设施,其搭建质量和材料质量与施工人员的人身安全有直接的关系。脚手架要求坚固、稳定,能保证在规定荷载和各种气候条件下不变形、不倾斜、不摇晃和不倒塌。勘查人员应认真检查脚手架的选材、结构、保护支撑、拦护装置等,查明其选料质量、强度、绑扎方式和牢固程度,立杆与横杆的大小、间隔、负荷量,脚手板之间有无间隙,"探头"板、板面防滑条(沟)等是否符合有关技术规范。

(三) 勘验施工现场供电设施

建筑施工现场的用电都属于临时用电,不安全因素较多。如果安全事故可能与供电设施有关,勘查人员应仔细检查施工现场区域内有无高压电网,若有,应进一步检查其与事故点的距离、电线的安全系数、高压线下方有无电线保护网等。同时,还应勘验施工用的电器设备是否统一装在电闸箱内,有无一机多闸、电闸暴露的情况,以及用电设备的电路是否完好,有无漏电、短路故障等。

(四) 勘验坠落行程

由于建筑施工安全事故案件往往都有坠落情形存在,因此,一般应当将坠落行程作为勘验重点。坠落行程主要由始坠点、坠落空间和坠落点三部分组成,勘验一般采取由下向上的顺序进行,应尽可能全面勘验。

(1) 坠落点。

这类案件现场的坠落点一般比较明确,在勘验时,首先,应收集、固定相关痕迹、物品,搜寻散落的伤亡人员的血迹、鞋子、安全帽、工具等物品,测量血迹的面积、物品散落的范围、距建筑物的水平距离,查明承载客体的受损情况等。其次,检查伤亡人员的情况,包括受伤部位、伤亡性质、所处位置,以及个人安全防护设施的装备佩戴、破损情况等。再次,勘验致害物情况,包括致害物的位置、大小、形状、重量等。最后,勘测坠落范围半径。

(2) 坠落空间。

由坠落点向上观察,对怀疑为坠落运动轨迹经过的所有部位都应当纳入坠落空间进行勘验,如安全网、护栏、脚手架、升降机架等。在勘验时,应逐层向上寻找、发现各种擦拭痕迹、碰撞痕迹、血迹和损坏痕迹等。确定坠落空间有助于判明始坠点。

(3) 始坠点。

应注意寻找、发现足迹、手印、擦蹭痕迹、安全防护设施破损痕迹等,并与坠落人身及物品的有关痕迹进行比对。同时还应对始坠点附近进行详细勘验,以确定附近有无可造成触电的设备、上方有无物体坠落打击。另外,还要注意测量坠落点与始坠点的距离、角度等,以综合判断坠落原因及方式。

(五) 现场访问

建筑施工安全事故案件的现场人员一般较多,访问主要以同一作业区的工友、监理人员、安全人员、现场负责人及其他知情人员等为对象,且重点查明以下问题:

(1) 现场安全措施的制订、执行、监督、检查情况,有无管理缺陷、有章不循、冒险蛮干等。

（2）事故发生时现场人员的工作状态及所处的位置。

（3）事故发生的经过及造成的人员伤亡或财物损失情况。

（4）受害人的基本情况、身体状况、操作习惯、技术水平及接受安全教育培训情况。

（5）案发前受害人的言行表现、情绪及精神状态。

第六节　违反危险物品管理规定事故现场的勘查

"危险物品肇事罪"是指违反爆炸性、易燃性、放射性、毒害性、腐蚀性物品的管理规定，在生产、储存、运输、使用过程中发生重大事故，造成严重后果的犯罪。违反危险物品管理规定事故现场是指违反相关管理规定，使危险物品急剧作用，在空间上、能量释放和性能转换上失去控制而造成破坏事故的场所。这类事故现场常常兼有爆炸、失火、中毒等多种事故现场的特点，仅依据一般观察很难认定事故的性质和种类。另外，这类事故现场范围广，各种痕迹物证遭受的破坏严重，因果关系极为复杂。因此，这类事故的现场勘查难度较大，有时甚至面临一定的危险性。

一、违反危险物品管理规定事故案件现场的实地勘验

（一）巡视现场

要结合现场气温、湿度、风向、水源等情况，从外围观察并确定现场的整体状况。巡视现场要特别注意解决以下问题：

（1）熟悉现场概貌，初步确定危险物品的性质、数量、储存方式、危害形式、残余数量及所处部位等。

（2）判断现实危险性的大小。勘查人员到达现场时，这类现场一般仍然存在一定的现实危险性，要注意查看有无可能坍塌的建筑物或构件、危险物品是否仍在泄漏或反应等情况，结合危险程度采取针对性措施，及时抑制危害后果的扩大或蔓延。

（3）在初步判断危险物品的扩散程度、扩散路线及范围的基础上，确定勘验范围及重点，制订勘查具体方案。

（4）结合现场周围地形地物、气候条件等因素，迅速判明可能发生扩散性危害后果的地区范围，一经发现不安全因素，应立即采取有效措施加以防护隔离，同时向有关地区的单位和群众发出警报，并指导督促他们采取防护措施。

解决以上问题后，勘查人员必须戴上必要的防护设备方可进入现场，以确保勘查人员的安全。

（二）勘验统计危害后果

多数违反危险物品管理规定事故的危害作用范围并不仅限于现场范围，如有毒气体、液体、放射性物质的挥发、飘逸、漂流、散落可能产生更大范围的污染，造成人畜伤亡、财物损毁，甚至诱发新的事故。所以，勘查人员应在专业技术人员的配合下，及时勘验现场及周围可能发生扩散性危害后果的地区，查明人员伤亡和财产损失情况。有人员伤亡的，应勘验检查伤亡程度、伤亡原因、所处的位置等；勘验统计财物损失的，既要检查对现场原有物品造成的破坏，还要检查对贮运设备造成的破坏。

（三）勘验危险物品

应着眼于危险物品，重点围绕危险物品源点、作用始点及危险物品残留物三个方面开展勘验。查清这三个方面的情况对于明确事故性质和事故责任有着重要意义。

1. 危险物品源点

危险物品源点是指该物品原位于或来自现场何处。对于固体危险物品，一般不难确定其源点。而对于气体、液体及放射性危险物品，因其作用点和源点通常不在一处，因此需要认真勘验。危险物品源点的勘验方法主要有以下三种：

（1）通过对现场发现的残留危险物品的检查，结合其在现场的原来位置及因爆炸、流动、人为的移动可能发生的位置变动等情况，查清源点。

（2）通过勘验现场被破坏物品的破坏程度、死伤人员的位置分布分析源点所在。

（3）通过检查生产、贮运危险物品的设备和工具寻找源点。有时危险物品是在生产过程中生成或泄漏的，如错误使用了某种介质而生成毒气、腐蚀性物品；开车、停车时的卸压、排放，使设备主件和管道开裂、腐蚀穿孔，继而导致毒气、腐蚀性物品、易燃物质的大量泄漏。有些非危险性物品亦可因贮运不当发生质变、泄漏，变成危险物品源，如贮运容器、工具破裂或封闭不严造成泄漏；两种不能互相接触的物质混放一起，化合或分解成危险物品等。所以，勘查人员应对生产用料、设备、管道、贮运工具和方式进行仔细的勘验。

2. 危险物品作用始点

危险物品作用始点是指危险物品最先产生危害后果的地点。查明危险物品作用始点，可以帮助勘查人员收集到大量能证明危险物品来源、性质和诱发性客观因素的痕迹物证，因而这是勘验的重点之一。

有些危险物品，如腐蚀性、有毒性、放射性物品等无须任何促发性客观条件，本身即能产生危害后果；而有些危险物品，如易燃易爆物品往往需要一定条件才会产生危害后果。有些危险物品要求隔绝空气，防水防潮，散热降温，勘验时应检查作业方式、手段、设备是否达到这些要求；有些危险物品则要求严格控制火源，勘验时应侧重检查现场火源、用电设备、消除静电的措施，以及现场物品有无重压、摩擦痕迹；装运危险物品车船应有明显的警示标志和五防标志（防撞击、防碎、防倒置、防火、防潮），勘验时应检查这些标志是否齐备、醒目易懂，装运容器有无撞击、重压、摩擦和倒置现象。同时，也可以根据现场痕迹物证的内在联系，现场现象发生的先后顺序、因果关系，分析判断危险物品作用始点。当然，有些危险物品作用始点也是危险物品源点。

3. 危险物品残留物

危害后果发生后，固体危险物品一般有碎片可查；液体危险物品也多有余液、废液存在；比重大、挥发性和溶解性较低的气体危险物品，也可能聚集在现场不通风的地点。对这些危险物品残留物都应及时收集，为分析危险物品的种类、特征、来源、形成条件提供依据。

收集时应根据各类现场的规律特点，注意分析爆炸抛出物、燃烧灰烬、化合物、分解物、现场尘土，以发现危险品残留物，并用适当的方法加以提取。

（四）勘验安全装置和防护器具

不同的危险物品要求有相应的安全装置和防护器具。一般而言，勘查人员应重点检查现场的通风、降温、防火、防潮、防毒、防爆、防泄漏、避雷、分隔密封和安全报警等设备是否齐备完好，是否正常使用等。除进行实地观察、检测外，还应查阅、验证相关的检测、监测记录。

二、违反危险物品管理规定事故案件的现场访问

现场访问除应查清事故发生前后现场变化情况和事故发生的详细经过外，还应结合案件实际，查明有关的情况。

（一）生产危险物品过程中发生事故应查清的主要问题

（1）安全操作规程的具体内容和执行情况，如生产工艺流程，对生产生活、照明用火的管理等。

（2）事故发生前操作人员有无抛掷、拖拉金属物品、穿钉鞋的行为等。

（3）安全装置和防护器具是否完备和按规定使用。

（4）生产人员的工作态度、业务能力和操作经验等。

（二）储运危险物品过程中发生事故应查清的主要问题

（1）仓库管理制度的制订和执行情况。危险物品入库时应认真检查验收，收发时应双人收发货、双人记账、双人双锁锁库，并有齐备的领取手续；仓库区严禁烟火和铁器撞击；禁止库内住宿、打包作业及其他与收发货无关的行为。勘查人员应了解上述制度是否健全和实际执行情况。

（2）仓库保管人员是否按规定对危险物品进行检测和记录，有无发现不安全因素及具体处理情况。

（3）运输危险物品是否按规定做到了"三定"，即由规定的熟悉危险物品性能的人押运；使用规定的运输工具；在规定的地点收发货物。装载工具、装载方式、装载数量是否符合规定，是否保持了安全车距。

（4）仓库保管人、货物押运人和承运人在政治上是否可靠，是否熟悉危险物品性能和安全措施，储运过程中有无违章行为，主观上有无不安全因素等。

（三）使用危险物品过程中发生事故应查清的主要问题

（1）危险物品的领取、清退制度的制定和实际执行情况。如使用危险物品是否有经过严格的审批手续，剩余的危险物品是否及时清退，领取人有无将危险物品私自保存、使用、买卖或赠送他人的行为。

（2）使用危险物品的操作人员是否了解危险物品的性能、熟悉操作规程和安全规定，是否是经过考核合格的本岗位专职人员。

（3）事故前，使用危险物品的地点、部位、方法的情况，有关人员对不安全因素有无预测及处置意见，是否有强令工人冒险作业的行为。

附 录
公安机关刑事案件现场勘验检查规则（2015）

第一章 总 则

第一条 为规范公安机关刑事案件现场勘验、检查工作，保证现场勘验、检查质量，根据《中华人民共和国刑事诉讼法》和《公安机关办理刑事案件程序规定》的有关规定，制定本规则。

第二条 刑事案件现场勘验、检查，是侦查人员运用科学技术手段，对与犯罪有关的场所、物品、人身、尸体等进行勘验、检查的侦查活动。

第三条 刑事案件现场勘验、检查的任务，是发现、固定、提取与犯罪有关的痕迹、物证及其他信息，存储现场信息资料，判断案件性质，分析犯罪过程，确定侦查方向和范围，为侦查破案、刑事诉讼提供线索和证据。

第四条 公安机关对具备勘验、检查条件的刑事案件现场，应当及时进行勘验、检查。

第五条 刑事案件现场勘验、检查的内容，包括现场保护、现场实地勘验检查、现场访问、现场搜索与追踪、侦查实验、现场分析、现场处理、现场复验与复查等。

第六条 刑事案件现场勘验、检查由公安机关组织现场勘验、检查人员实施。必要时，可以指派或者聘请具有专门知识的人，在侦查人员的组织下进行勘验、检查。

公安机关现场勘验、检查人员是指公安机关及其派出机构经过现场勘验、检查专业培训考试，取得现场勘验、检查资格的侦查人员。

第七条 公安机关进行现场勘验、检查应当注意保护公民生命健康安全，尽量避免或者减少财产损失。

第八条 刑事案件现场勘验、检查工作应当遵循依法、安全、及时、客观、全面、细致的原则。

现场勘验、检查人员应当严格遵守保密规定，不得擅自发布刑事案件现场有关情况，泄露国家秘密、商业秘密、个人隐私。

第二章 现场勘验检查职责的划分

第九条 县级公安机关及其派出机构负责辖区内刑事案件的现场勘验、检查。对于案情重大、现场复杂的案件,可以向上一级公安机关请求支援。上级公安机关认为有必要时,可以直接组织现场勘验、检查。

第十条 涉及两个县级以上地方公安机关的刑事案件现场勘验、检查,由受案地公安机关进行,案件尚未受理的,由现场所在地公安机关进行。

第十一条 新疆生产建设兵团和铁路、交通、民航、森林公安机关及海关缉私部门负责其管辖的刑事案件的现场勘验、检查。

第十二条 公安机关和军队、武装警察部队互涉刑事案件的现场勘验、检查,依照公安机关和军队互涉刑事案件管辖分工的有关规定确定现场勘验、检查职责。

第十三条 人民法院、人民检察院和国家安全机关、军队保卫部门、监狱等部门管辖的案件,需要公安机关协助进行现场勘验、检查,并出具委托书的,有关公安机关应当予以协助。

第三章 现场保护

第十四条 发案地公安机关接到刑事案件报警后,对于有犯罪现场的,应当迅速派员赶赴现场,做好现场保护工作。

第十五条 负责保护现场的人民警察应当根据案件具体情况,划定保护范围,设置警戒线和告示牌,禁止无关人员进入现场。

第十六条 负责保护现场的人民警察除抢救伤员、紧急排险等情况外,不得进入现场,不得触动现场上的痕迹、物品和尸体;处理紧急情况时,应当尽可能避免破坏现场上的痕迹、物品和尸体,对现场保护情况应当予以记录,对现场原始情况应当拍照或者录像。

第十七条 负责保护现场的人民警察对现场可能受到自然、人为因素破坏的,应当对现场上的痕迹、物品和尸体等采取相应的保护措施。

第十八条 保护现场的时间,从发现刑事案件现场开始,至现场勘验、检查结束。需要继续勘验、检查或者需要保留现场的,应当对整个现场或者部分现场继续予以保护。

第十九条 负责现场保护的人民警察应当将现场保护情况及时报告现场勘验、检查指挥员。

第四章 现场勘验检查的组织指挥

第二十条 公安机关对刑事案件现场勘验、检查应当统一指挥,周密组织,明确分工,落实责任,及时完成各项任务。

第二十一条 现场勘验、检查的指挥员由具有现场勘验、检查专业知识和组织指挥能力的人民警察担任。

第二十二条 现场勘验、检查的指挥员依法履行下列职责：

（一）决定和组织实施现场勘验、检查的紧急措施；

（二）制定和实施现场勘验、检查的工作方案；

（三）对参加现场勘验、检查人员进行分工；

（四）指挥、协调现场勘验、检查工作；

（五）确定现场勘验、检查见证人；

（六）审核现场勘验检查工作记录；

（七）组织现场分析；

（八）决定对现场的处理。

第二十三条 现场勘验、检查人员依法履行下列职责：

（一）实施现场紧急处置；

（二）开展现场调查访问；

（三）发现、固定和提取现场痕迹、物证等；

（四）记录现场保护情况、现场原始情况和现场勘验、检查情况，制作《现场勘验检查工作记录》；

（五）参与现场分析；

（六）提出处理现场的意见；

（七）将现场勘验信息录入"全国公安机关现场勘验信息系统"；

（八）利用现场信息串并案件。

第五章 现场实地勘验检查

第二十四条 公安机关对刑事案件现场进行勘验、检查不得少于二人。

勘验、检查现场时，应当邀请一至二名与案件无关的公民作见证人。由于客观原因无法由符合条件的人员担任见证人的，应当在笔录材料中注明情况，并对相关活动进行录像。

勘验、检查现场，应当拍摄现场照片，绘制现场图，制作笔录，由参加勘查的人和见证人签名。对重大案件的现场，应当录像。

第二十五条 现场勘验、检查人员到达现场后，应当了解案件发生、发现和现场保护情况。需要采取搜索、追踪、堵截、鉴别、安全检查和控制销赃等紧急措施的，应当立即报告现场指挥员，并依照有关法律法规果断处置。

具备使用警犬追踪或者鉴别条件的，在不破坏现场痕迹、物证的前提下，应当立即使用警犬搜索和追踪，提取有关物品、嗅源。

第二十六条　勘验、检查暴力犯罪案件现场，可以视案情部署武装警戒，防止造成新的危害后果。

第二十七条　公安机关应当为现场勘验、检查人员配备必要的安全防护设施和器具。现场勘验、检查人员应当增强安全意识，注意自身防护。对涉爆、涉枪、放火、制毒、涉危险物质、危险场所等可能危害勘验、检查人身安全的现场，应当先由专业人员排除险情，再进行现场勘验、检查。

第二十八条　执行现场勘验、检查任务的人员，应当持有《刑事案件现场勘查证》。《刑事案件现场勘查证》由公安部统一样式，省级公安机关统一制发。

第二十九条　执行现场勘验、检查任务的人员，应当使用相应的个人防护装置，防止个人指纹、足迹、DNA等信息遗留现场造成污染。

第三十条　勘验、检查现场时，非勘验、检查人员不得进入现场。确需进入现场的，应当经指挥员同意，并按指定路线进出现场。

第三十一条　现场勘验、检查按照以下工作步骤进行：

（一）巡视现场，划定勘验、检查范围；

（二）按照"先静后动、先下后上、先重点后一般、先固定后提取"的原则，根据现场实际情况确定勘验、检查流程；

（三）初步勘验、检查现场，固定和记录现场原始状况；

（四）详细勘验、检查现场，发现、固定、记录和提取痕迹、物证；

（五）记录现场勘验、检查情况。

第三十二条　勘验、检查人员应当及时采集并记录现场周边的视频信息、基站信息、地理信息及电子信息等相关信息。勘验、检查与电子数据有关的犯罪现场时，应当按照有关规范处置相关设备，保护电子数据和其他痕迹、物证。

第三十三条　勘验、检查繁华场所、敏感地区发生的煽动性或者影响较恶劣的案件时，应当采用适当方法对现场加以遮挡，在取证结束后及时清理现场，防止造成不良影响。

第三十四条　为了确定被害人、犯罪嫌疑人的某些特征、伤害情况或者生理状态，可以对人身进行检查，可以提取指纹信息，采集血液、口腔拭子、尿液等生物样本。犯罪嫌疑人拒绝检查、提取、采集的，侦查人员认为必要的时候，经办案部门负责人批准，可以强制检查、提取、采集。

检查妇女的身体，应当由女工作人员或者医师进行。

检查的情况应当制作笔录，由参加检查的侦查人员、检查人员、被检查人员和见证人签名。被检查人员拒绝签名的，侦查人员应当在笔录中注明。

第三十五条　勘验、检查有尸体的现场，应当有法医参加。

第三十六条 为了确定死因，经县级以上公安机关负责人批准，可以解剖尸体。

第三十七条 解剖尸体应当通知死者家属到场，并让死者家属在《解剖尸体通知书》上签名。死者家属无正当理由拒不到场或者拒绝签名的，可以解剖尸体，但是应当在《解剖尸体通知书》上注明。对于身份不明的尸体，无法通知死者家属的，应当在笔录中注明。

解剖外国人尸体应当通知死者家属或者其所属国家驻华使、领馆有关官员到场，并请死者家属或者其所属国家驻华使、领馆有关官员在《解剖尸体通知书》上签名。死者家属或者其所属国家驻华使、领馆有关官员无正当理由拒不到场或者拒绝签名的，可以解剖尸体，但应当在《解剖尸体通知书》上注明。对于身份不明外国人的尸体，无法通知死者家属或者有关使、领馆的，应当在笔录中注明。

第三十八条 移动现场尸体前，应当对尸体的原始状况及周围的痕迹、物品进行照相、录像，并提取有关痕迹、物证。

第三十九条 解剖尸体应当在尸体解剖室进行。确因情况紧急，或者受条件限制，需要在现场附近解剖的，应当采取隔离、遮挡措施。

第四十条 检验、解剖尸体时，应当捺印尸体指纹和掌纹。必要时，提取血液、尿液、胃内容和有关组织、器官等。尸体指纹和掌纹因客观条件无法捺印时需在相关记录中注明。

第四十一条 检验、解剖尸体时，应当照相、录像。对尸体损伤痕迹和有关附着物等应当进行细目照相、录像。

对无名尸体的面貌，生理、病理特征，以及衣着、携带物品和包裹尸体物品等，应当进行详细检查和记录，拍摄辨认照片。

第六章 现场勘验检查工作记录

第四十二条 现场勘验、检查结束后，应当及时将现场信息录入"全国公安机关现场勘验信息系统"并制作《现场勘验检查工作记录》。其中，对命案现场信息应当在勘查结束后七个工作日内录入，对其他现场信息应当在勘查结束后五个工作日内录入。

《现场勘验检查工作记录》包括现场勘验笔录、现场图、现场照片、现场录像和现场录音。

第四十三条 现场勘验检查工作记录应当客观、全面、详细、准确、规范，能够作为核查现场或者恢复现场原状的依据。

第四十四条 现场勘验笔录正文需要载明现场勘验过程及结果，包括与犯罪有关的痕迹和物品的名称、位置、数量、性状、分布等情况，尸体的位置、衣着、姿势、血迹分布、性状和数量以及提取痕迹、物证情况等。

第四十五条 对现场进行多次勘验、检查的，在制作首次现场勘验检查工作记录后，逐次制作补充勘验检查工作记录。

第四十六条 现场勘验、检查人员应当制作现场方位图、现场平面示意图，并根据现场情况选择制作现场平面比例图、现场平面展开图、现场立体图和现场剖面图等。

第四十七条 绘制现场图应当符合以下基本要求：

（一）标明案件名称，案件发现时间、案发地点；

（二）完整反映现场的位置、范围；

（三）准确反映与犯罪活动有关的主要物体，标明尸体、主要痕迹、主要物证、作案工具等具体位置；

（四）文字说明简明、准确；

（五）布局合理，重点突出，画面整洁，标识规范；

（六）现场图注明方向、图例、绘图单位、绘图日期和绘图人。

第四十八条 现场照相和录像包括方位、概貌、重点部位和细目四种。

第四十九条 现场照相和录像应当符合以下基本要求：

（一）影像清晰、主题突出、层次分明、色彩真实；

（二）清晰、准确记录现场方位、周围环境及原始状态，记录痕迹、物证所在部位、形状、大小及其相互之间的关系；

（三）细目照相、录像应当放置比例尺；

（四）现场照片需有文字说明。

第五十条 现场绘图、现场照相、录像、现场勘验笔录应当相互吻合。

第五十一条 现场绘图、现场照相、录像、现场勘验笔录等现场勘验、检查的原始资料应当妥善保存。现场勘验、检查原始记录可以用纸质形式或者电子形式记录，现场勘验、检查人员、见证人应当在现场签字确认，以电子形式记录的可以使用电子签名。

第七章　现场痕迹物品文件的提取与扣押

第五十二条 现场勘验、检查中发现与犯罪有关的痕迹、物品，应当固定、提取。

提取现场痕迹、物品，应当分别提取，分开包装，统一编号，注明提取的地点、部位、日期，提取的数量、名称、方法和提取人。对特殊检材，应当采取相应的方法提取和包装，防止损坏或者污染。

第五十三条 提取秘密级以上的文件，应当由县级以上公安机关负责人批准，按照有关规定办理，防止泄密。

现场勘查

第五十四条 在现场勘验、检查中，应当对能够证明犯罪嫌疑人有罪或者无罪的各种物品和文件予以扣押；对有可能成为痕迹物证载体的物品、文件，应当予以提取、扣押，进一步检验，但不得扣押或者提取与案件无关的物品、文件。对与犯罪有关的物品、文件和有可能成为痕迹物证载体的物品、文件的持有人无正当理由拒绝交出物品、文件的，现场勘验、检查人员可以强行扣押或者提取。

第五十五条 现场勘验、检查中需要扣押或者提取物品、文件的，由现场勘验、检查指挥员决定。执行扣押或者提取物品、文件时，侦查人员不得少于二人，并持有关法律文书和相关证件，同时应当有见证人在场。

第五十六条 现场勘验、检查中，发现爆炸物品、毒品、枪支、弹药和淫秽物品以及其他危险品或者违禁物品，应当立即扣押，固定相关证据后，交有关部门处理。

第五十七条 扣押物品、文件时，当场开具《扣押清单》，写明扣押的日期和物品、文件的名称、编号、数量、特征及其来源等，由侦查人员、见证人和物品、文件持有人分别签名或者盖章。对于持有人拒绝签名或者无法查清持有人的，应当在《扣押清单》上注明。

《扣押清单》一式三份，一份交物品、文件持有人，一份交公安机关保管人员，一份附卷备查。

提取现场痕迹、物品应当填写《提取痕迹、物证登记表》，写明物品、文件的编号、名称、数量、特征和来源等，由侦查人员、见证人和物品、文件持有人分别签名或者盖章。对于物品持有人拒绝签名或者无法查清持有人的，应当在《提取痕迹、物证登记表》上注明。

第五十八条 对应当扣押但不便提取的物品、文件，经登记、拍照或者录像、估价后，可以交被扣押物品、文件持有人保管或者封存，并明确告知物品持有人应当妥善保管，不得转移、变卖、毁损。

交被扣押物品、文件持有人保管或者封存的，应当开具《登记保存清单》，在清单上写明封存地点和保管责任人，注明已经拍照或者录像，由侦查人员、见证人和持有人签名或者盖章。

《登记保存清单》一式两份，一份交给物品、文件持有人，一份连同照片或者录像资料附卷备查。

对应当扣押但容易腐烂变质以及其他不易保管的物品，权利人明确的，经其本人书面同意或者申请，经县级以上公安机关负责人批准，在拍照或者录像固定后委托有关部门变卖、拍卖，所得款项存入本单位唯一合规账户，待诉讼终结后一并处理。

第五十九条 对不需要继续保留或者经调查证实与案件无关的检材和被扣押物

品、文件，应当及时退还原主，填写《发还清单》一式三份，由承办人、领取人签名或者盖章，一份交物品、文件的原主，一份交物品保管人，一份附卷备查。

第六十条 对公安机关扣押物品、文件有疑问的，物品、文件持有人可以向扣押单位咨询；认为扣押不当的，可以向扣押物品、文件的公安机关申诉或者控告。

第六十一条 上级公安机关发现下级公安机关扣押物品、文件不当的，应当责令下级公安机关纠正，下级公安机关应当立即执行。必要时，上级公安机关可以就申诉、控告事项直接作出处理决定。

第六十二条 对于现场提取的痕迹、物品和扣押的物品、文件，应当按照有关规定建档管理，存放于专门场所，由专人负责，严格执行存取登记制度，严禁侦查人员自行保管。

第八章　现场访问

第六十三条 现场勘验、检查人员应当向报案人、案件发现人、被害人及其亲属，其他知情人或者目击者了解、收集有关刑事案件现场的情况和线索。

第六十四条 现场访问包括以下主要内容：

（一）刑事案件发现和发生的时间、地点、详细经过，发现后采取的保护措施，现场情况，有无可疑人或者其他人在现场，现场有无反常情况，以及物品损失等情况；

（二）现场可疑人或者作案人数、作案人性别、年龄、口音、身高、体态、相貌、衣着打扮、携带物品及特征，来去方向、路线等；

（三）与刑事案件现场、被害人有关的其他情况。

第六十五条 现场访问应当制作询问笔录。

第九章　现场外围的搜索和追踪

第六十六条 现场勘验、检查中，应当根据痕迹、视频、嗅源、物证、目击者描述及其它相关信息对现场周围和作案人的来去路线进行搜索和追踪。

第六十七条 现场搜索、追踪的任务包括：

（一）搜寻隐藏在现场周围或者尚未逃离的作案人；

（二）寻找与犯罪有关的痕迹、物品等；

（三）搜寻被害人尸体、人体生物检材、衣物等；

（四）寻找隐藏、遗弃的赃款赃物等；

（五）发现并排除可能危害安全的隐患；

（六）确定作案人逃跑的方向和路线，追踪作案人；

（七）发现现场周边相关视频信息。

第六十八条 在现场搜索、追踪中,发现与犯罪有关的痕迹、物证,应当予以固定、提取。

第十章 侦查实验

第六十九条 为了证实现场某一具体情节的形成过程、条件和原因等,可以进行侦查实验。

进行侦查实验应当经县级以上公安机关负责人批准。

第七十条 侦查实验的任务包括:

(一)验证在现场条件下能否听到某种声音或者看到某种情形;

(二)验证在一定时间内能否完成某一行为;

(三)验证在现场条件下某种行为或者作用与遗留痕迹、物品的状态是否吻合;

(四)确定某种条件下某种工具能否形成某种痕迹;

(五)研究痕迹、物品在现场条件下的变化规律;

(六)分析判断某一情节的发生过程和原因;

(七)其他需要通过侦查实验作出进一步研究、分析、判断的情况。

第七十一条 侦查实验应当符合以下要求:

(一)侦查实验一般在发案地点进行,燃烧、爆炸等危险性实验,应当在其他能够确保安全的地点进行;

(二)侦查实验的时间、环境条件应当与发案时间、环境条件基本相同;

(三)侦查实验使用的工具、材料应当与发案现场一致或者基本一致;必要时,可以使用不同类型的工具或者材料进行对照实验;

(四)如条件许可,类同的侦查实验应当进行二次以上;

(五)评估实验结果应当考虑到客观环境、条件变化对实验的影响和可能出现的误差;

(六)侦查实验,禁止一切足以造成危险、侮辱人格或者有伤风化的行为。

第七十二条 对侦查实验的过程和结果,应当制作《侦查实验笔录》,参加侦查实验的人员应当在《侦查实验笔录》上签名。

进行侦查实验,应当录音、录像。

第十一章 现场分析

第七十三条 现场勘验、检查结束后,勘验、检查人员应当进行现场分析。

第七十四条 现场分析的内容包括:

(一)侵害目标和损失;

（二）作案地点、场所；

（三）开始作案的时间和作案所需要的时间；

（四）作案人出入现场的位置、侵入方式和行走路线；

（五）作案人数；

（六）作案方式、手段和特点；

（七）作案工具；

（八）作案人在现场的活动过程；

（九）作案人的个人特征和作案条件；

（十）有无伪装或者其他反常现象；

（十一）作案动机和目的；

（十二）案件性质；

（十三）是否系列犯罪；

（十四）侦查方向和范围；

（十五）其他需要分析解决的问题。

第七十五条 勘验、检查人员在现场勘验、检查后，应当运用"全国公安机关现场勘验信息系统"和各种信息数据库开展刑事案件串并工作，并将串并案情况录入"全国公安机关现场勘验信息系统"。

第十二章　现场的处理

第七十六条 现场勘验、检查结束后，现场勘验、检查指挥员决定是否保留现场。

对不需要保留的现场，应当及时通知有关单位和人员进行处理。

对需要保留的现场，应当及时通知有关单位和个人，指定专人妥善保护。

第七十七条 对需要保留的现场，可以整体保留或者局部保留。

第七十八条 现场勘验、检查结束后，现场勘验、检查指挥员决定是否保留尸体。

（一）遇有死因未定、身份不明或者其他情况需要复验的，应当保存尸体；

（二）对没有必要继续保存的尸体，经县级以上公安机关负责人批准，应当立即通知死者家属处理。对无法通知或者通知后家属拒绝领回的，经县级以上公安机关负责人批准，可以按照有关规定及时处理；

（三）对没有必要继续保存的外国人尸体，经县级以上公安机关负责人批准，应当立即通知死者家属或者所属国驻华使、领馆的官员处理。对无法通知或者通知后外国人家属或者其所属国驻华使、领馆的官员拒绝领回的，经县级以上公安机关负责人批准，并书面通知外事部门后，可以按照有关规定及时处理。

第十三章 现场的复验、复查

第七十九条 遇有下列情形之一,应当对现场进行复验、复查:

(一)案情重大、现场情况复杂的;

(二)侦查工作需要从现场进一步收集信息、获取证据的;

(三)人民检察院审查案件时认为需要复验、复查的;

(四)当事人提出不同意见,公安机关认为有必要复验、复查的;

(五)其他需要复验、复查的。

第八十条 对人民检察院要求复验、复查的,公安机关复验、复查时,可以通知人民检察院派员参加。

第十四章 附则

第八十一条 公安机关对其他案件、事件、事故现场的勘验、检查,可以参照本规则执行。

第八十二条 本规则自发布之日起施行。《公安机关刑事案件现场勘验检查规则》(2005年10月1日颁布并实施)同时废止。

参考文献

一、著作类

[1] 许爱东. 现场勘查学 [M]. 北京：北京大学出版社，2011.

[2] 许锋，何芳洲. 视频现场勘查及应用 [M]. 沈阳：东北大学出版社，2018.

[3] 杨正鸣，倪铁. 犯罪现场勘查案解 [M]. 上海：复旦大学出版，2011.

[4] 裴煜. 犯罪现场勘查理论与实践 [M]. 武汉：华中科技大学出版社，2019.

[5] 倪铁. 刑事案件现场勘查体制研究 [M]. 北京：法律出版社，2016.

[6] 管光承. 现场勘查 [M]. 北京：法律出版社，2005.

[7] 马丽霞. 现场勘查 [M]. 北京：中国检察出版社，2010.

[8] 徐天合，徐倩. 现场勘查实务：狱内侦查专业技能培训教材 [M]. 上海：上海大学出版社，2015.

[9] 朱巧红，盛永彬. 犯罪现场勘查 [M]. 广州：暨南大学出版社，2013.

[10] 敖日其冷. 中美犯罪现场勘查比较研究 [M]. 上海：上海人民出版社，2017.

[11] 牛学军. 道路交通事故现场勘查 [M]. 北京：中国人民公安大学出版社，2007.

[12] 卫红泽. 刑事现场勘查学 [M]. 北京：中国人民公安大学出版社，2019.

[13] 王国民. 犯罪现场勘查 [M]. 成都：四川大学出版社，2008.

[14] 高春兴. 犯罪现场勘查 [M]. 北京：中国人民公安大学出版社，2011.

[15] 沙贵军，陈志军. 犯罪现场勘查学 [M]. 北京：中国人民公安大学出版社，2015.

[16] 蒋健. 犯罪现场勘查 [M]. 北京：中国人民公安大学，2014.

二、期刊类

[1] 李波阳，贾敏. 犯罪心理痕迹分析在现场勘查中的运用 [J]. 山东警察学院学报，2019（6）.

[2] 栾润生. 公安院校现场勘查教学改革与创新 [J]. 人民法治，2019（20）.

[3] 赵志毅，杨晟. 手机对简易现场照相的可行性探讨 [J]. 中国公共安全：学术版，2019（3）.

[4] 贾永生. 基于犯罪现场勘查学视野下的犯罪现场环境论 [J]. 政法学刊，2019（4）.

[5] 贾永生. 大数据时代犯罪现场特点新探 [J]. 辽宁警察学院学报，2019（3）.

［6］吴际，刘冲.试论现场勘查理念变化［J］.北京警察学院学报，2019（2）.

［7］李双其.论侦查中视频数据的收集提取［J］.中国刑警学院学报，2019（1）.

［8］余绍伟，邓景天.影响刑事案件现场勘查质量的因素分析［J］.安徽警官职业学院学报，2018（6）.

［9］赵峰.犯罪现场勘查课程教学改革的信任依赖与可为路径［J］.教育教学论坛，2020（6）.

［10］倪铁.错案追责的法文化智慧——以传统中国现场勘查机制为例［J］.检察风云，2016（8）.

［11］李亚可.论犯罪现场勘查中的信息管理［J］.湖南警察学院学报，2015（5）.

［12］李尧.论犯罪现场勘查中的状况证据［J］.铁道警察学院学报，2015（4）.

［13］王睿.信息化视角下现场取证规范管理研究［J］.湖北警官学院学报，2015（7）.

［14］袁正非.计算机犯罪现场勘查与对策［J］.科技广场，2015（5）.

［15］李梦，关晓曦，张明.涉爆案件现场处置措施与思考［J］.山东化工，2019（10）.

［16］陶遵臣，浦声旭.如何有效提高派出所民警现场勘查能力［J］.派出所工作，2019（6）.

［17］关颖雄.澳大利亚犯罪现场勘查领域的认证认可制度评析［J］.标准科学，2018（1）.

［18］刘自超.审判中心背景下现场勘查双重属性研究［J］.广东公安科技，2018（1）.

［19］高毅，姚德铜，刘思阳.VR技术在现场勘查的应用前景［J］.中国刑事警察，2018（1）.